CINE ARGENTINO
entre lo posible y lo deseable

Octavio Getino

cine argentino
entre lo posible y lo deseable

EDICIONES CICCUS

Primera edición: Mayo 1998

Diseño de Tapa: Alejandra Getino

Foto de Tapa: Fotograma del film "Los Hijos de Fierro" de Fernando Solanas

Diagramación y Armado: *El Sur* Comunicación Gráfica - Tel. 963-8229

Riobamba 67 Piso 2° - Tel./Fax: 954-0080
(1025) Buenos Aires - República Argentina

ISBN: 987-95631-7-4

Hecho el depósito que marca la ley 11723

Impreso en Argentina

Printed in Argentina

A las nuevas generaciones de cineastas argentinos,
particularmente a quienes hagan de la inconformidad
el motivo esencial de sus vidas y de su cine.

"Hasta ahora no hemos contado los productores nacionales con la ayuda de los poderes públicos. Tenemos las leyes alemanas, francesas e italianas que protegen a las industrias autónomas, que limitan la importación, que favorecen la exportación y que también podrían tomarse como patrón y como índice. Aquí no tenemos nada de eso."

Federico Valle, 1928

"Lo que necesitamos es un poco de cariño, de celo, y menos olvido o desprecio por todo lo nuestro."

José Agustín Ferreyra, 1932

"Hace falta que el cine se renueve de adentro hacia afuera. Estamos equivocados si dejamos advenir de afuera hacia nosotros modalidades, formas o estilos que puedan pasar por nuestros. Si no tenemos nada que decir, convengamos en que es mejor no decirlo. Un silencio prudente vale mucho más que una manifestación ostentosa e insincera."

Mario Soffici, 1939

"En mis películas no hay teléfonos blancos..."

Leopoldo Torres Ríos, 1948

Conclusión: ponerse frente a la realidad con una cámara y documentarla, documentar el subdesarrollo. El cine que se haga cómplice de ese subdesarrollo, es subcine.

Fernando Birri, 1958

Debemos modificar la actual situación, pero ello requerirá de una firme voluntad política de quienes nos gobiernen, que no teman enfrentar a las estructuras monopólicas, y dirigida a romper los que hasta ahora han sido centros de poder. Obviamente, deberá realizarse una acción revolucionaria profunda y para ello deberá formarse la actividad teniendo en cuenta que el cine debe ser, y de hecho lo es, no sólo una industria, sino un elemento informativo, en tanto testimonio, y formativo, en tanto transmisor de ideas.

DAC, AAPCI, SICA, AAA,
Asociación de Realizadores de Corto Metraje
Federación de Cine Independiente,
Laboratorios Cinematográficos Argentinos, 1983.

Conformado principalmente por los medios de radiodifusión y el cine, el Espacio Audiovisual Nacional soporta en la actualidad el impacto de las nuevas tecnologías, exigiendo de los políticos de la comunicación social una redefinición sobre el futuro de cada medio. Cine, televisión, video, e inclusive telemática, constituyen medios con características diferenciadas, aunque también con interrelaciones que se multiplican a partir de los cambios operados en la ciencia y en la tecnología mundiales... Los medios de comunicacióm audiovisual requieren de políticas integrales, pero que respeten al mismo tiempo el carácter específico e instransferible de cada medio, en sus aspectos económicos, sociales y culturales.

Foro del Espacio Audiovisual Nacional, 1988

Presentación*

De ahora en más, escribir sobre cine en la Argentina sin consultar los datos que aporta Octavio Getino en estas tres obras publicadas a mimeógrafo en su exilio peruano será cuando menos una omisión imprudente.

Por primera vez existen, gracias a estos trabajos, textos exhaustivos y estadísticos sobre el tema. No podemos dejar de señalar los pocos trabajos anteriores sobre cine argentino: por un lado el libro de Domingo Di Núbila, que aporta datos con un criterio más superficial; las obras de Agustín Mahieu. Excelentes pero sintéticas y carentes (por su fecha de publicación) de toda la última etapa del proceso, y las obras de Jorge Abel Martín, que historian estos últimos años hasta donde la censura permite en la Argentina, y todos sabemos que permite poquísimo.

La primera virtud de Octavio Getino es su coherencia. Y señalo esta virtud porque se hace más y más rara en muchos de nuestros compatriotas exiliados, vencidos por la nostalgia de un país que ya no está y que –asumámoslo– no estará por mucho tiempo. Getino no es de los que dicen que lo bueno y lo malo que se trató de elaborar alrededor del '73 es un "acné juvenil" u otros disparates. Getino asume ortodoxamente y coherentemente su ideología como lo hizo siempre. Y desde esta perspectiva ideológica historia la problemática de los medios de comunicación argentinos y su dependencia. Si hay un camino posible hacia la liberación argentina, el paso previo indispensable es el estudio hasta el desmenuzamiento más meticuloso de las líneas de poder para destapar la olla algún día. Getino lo sabe. En 1974 tuve oportunidad de ser asesor de Getino en el Ente de Calificación Cinematográfica. La experiencia de trabajo en común fue enriquecedora y permitió que el público argentino pudiera ver obras de la magnitud de *Estado de sitio* de Costa Gavras, *Los demonios* de Ken Russell, *El Decamerón* de Pasolini, *La hora de los hornos* de Solanas y el mismo Getino, *El último tango en París* de Bertolucci, etcétera.

Por el film de Bertolucci el gobierno militar, en una de sus tantas actitudes trágicamente sainetescas, pidió la extradición de Getino al gobierno peruano, disparate al que éste felizmente se negó.

Pero el proyecto de liberación para el cine de aquel Ente de Calificación iba mucho más allá. Llegamos a hacer "calificaciones públicas" donde el público de-

---

(*) *Este artículo fue elaborado en 1981 por Rodolfo Kuhn para la revista* "Resumen", *editada por argentinos exiliados en España, con el título* "Apuntes sobre Octavio Getino y sus obras: "Cine y dependencia (El cine el la Argentina)", "Medios masivos y dependencia (El caso argentino)" *y* "Medios de comunicación social y de liberación nacional". *Resumen, Madrid, junio de 1981.*

cidía si una película era apta para todo público, menores de 14 o de 18 años. Los asesores del Ente no eran las habituales ligas de padres y madres de familia, de tías vírgenes o de sobrinas frígidas, sino eran trabajadores, psicólogos, sociólogos, asistentes sociales y gente representativa de la cultura.

Estaba planeado un programa nocturno en Canal 7 para informar al pueblo de por qué se calificaba de una manera o de otra, es decir, para que la calificación fuera de ese pueblo, y para que nos pudiera criticar e incluso echar si lo hacíamos mal.

Linda aquella época de "ingenuidades"...

Ahora volvieron los padres de familia, los servicios de inteligencia y las tías que reforzaron los hímenes con acero de granadas, y las sobrinas que acentuaron su frigidez con hielos transnacionales. La censura entró en el disparate.

No me voy a poner a hacer una minuciosa crítica de los trabajos de Getino. No tendría sentido. Los tengo al costado de mi escritorio madrileño, muy manoseados, porque son textos de consulta cotidiana indispensables. Me parece solamente importante señalar –aunque sea una redundancia–, que es muy importante que Octavio esté vivo y trabaje, aunque pueda producir (como muchos) menos de lo que quisiera. Creo más y más que esta producción del exilio (y no las estériles discusiones seudo-terapéuticas y masturbatorias del mismo exilio) es fundamental para la Argentina futura (¿nuestra o de nuestros hijos?) donde los que ahora hablan del acné se esforzarán para reventar los granitos y dirán: Aquí estamos, siempre fuímos coherentes. Sólo jugamos otro rol coyuntural para abrir espacios!. Es mentira. No abren nada. Así no se abre nada. Los espacios los abren personas como Octavio con su obra.

Rodolfo Kuhn

Madrid, 1981

Introducción*

Este libro intenta revisar críticamente y en términos de integralidad, la historia y la situación actual de nuestro cine, como forma de contribuir al tratamiento de los problemas que le plantea su ingreso al siglo XXI, cuando inicia su segundo siglo de existencia. Se dirije, fundamentalmente, a las generaciones más jóvenes de cineastas, en la certeza de que muchos de ellos se proponen crear y difundir imágenes que los expresen individualmente, y que al mismo tiempo, lo hagan también con alguna de las múltiples facetas de nuestra cultura, enfrentada a la disyuntiva de enriquecer su identidad diferenciada o a disolverse en el laberinto del proyecto "globalizador".

Resulta casi obvio recordar que existen en nuestro país importantes estudios históricos y críticos sobre la producción fílmica nacional, desde los ya clásicos de Domingo Di Núbila, Agustín Mahieu y Jorge Miguel Couselo, hasta los más recientes, surgidos de la labor de instituciones académicas y de revistas especializadas, como, los que fueron promovidos o realizados por Claudio España, Sergio Wolff, Horacio González, Abel Posada y otros. Con angulaciones y enfoques diversos, ellos han aportado significativamente a una visión pluralista y rigurosa de nuestro cine.

La decisión de encarar este trabajo respondió, sin embargo, a las carencias observadas en el tratamiento de las relaciones del cine argentino con la evolución histórica y política del país, o más bien con los supuestos que están implícitos en la relación cine-sociedad. Carencias también presentes en el campo de la economía del sector, cuyo tratamiento se hace cada vez más necesario para quienes nos planteamos la necesidad de una industria cultural del audovisual, aquella que genéricamente se rige, como cualquier otra industria, por inquietudes económicas, pero que a la vez, se diferencia de las mismas por el objeto principal de su labor, que es la producción y difusión de contenidos simbólicos. Específicamente, aquello que conforma el imaginario social y la cultura de una comunidad.

Este libro tiene como antecedente principal el publicado ocho años atrás –"Cine y dependencia: El cine en la Argentina"(*)–cuyo impulso inicial tuvo lugar en los últimos meses de 1975, cuando algunos cineastas debimos replegarnos hacia actividades distintas de la producción o la dirección de películas. La investigación y la docencia aparecieron entonces como algunas de las escasas alternativas existentes en el país para seguir vinculados de alguna manera a la práctica de nuestro cine.

(*) "Cine y dependencia: El cine argentino", *Octavio Getino, Ed. Punto Sur, Buenos Aires, 1990.*

En 1974, particularmente tras la muerte de Perón, el autoritarismo –pese a ser tan viejo como la propia sociedad argentina– campeaba tal vez más que nunca en casi todos los campos de la vida nacional, incluídos los de la comunicación social, la cultura y el cine. Algunos pretendimos, quizá ingenuamente, frenar los avances de quienes, desde uno u otro extremo del espectro político, se disputaban la posesión de los "fierros" –sinónimo de "poder de fuerza"– se tratara de armas de fuego o de medios de comunicación masiva.

Introducirse en el conocimiento de la realidad de los medios y elaborar propuestas de desarrollo para la comunicación social y la cultura nos parecía entonces un aporte tan necesario como valioso en la tentativa de reencauzar la situación. Pero la realidad corrió más velozmente que las elucubraciones intelectuales, y los trabajos preliminares de la investigación quedaron inconclusos. Volví a retomarlos en Lima, en 1976, a los pocos meses de abandonar el país, logrando concluir una versión más o menos coherente de los mismos entre 1978 y 1979. El trabajo fue entonces mimeografiado y difundido entre algunos cineastas y estudiosos argentinos y de América latina. El primer capítulo, referido a la historia de nuestro cine, apareció en algunos medios, entre otros, en la recopilación histórica de las cinematografías latinoamericanas –la más ambiciosa realizada hasta el momento– que llevaron a cabo en Francia, en 1980, Guy Hennebelle y Alfonso Gumucio-Dagrón.(**)

A instancias de la Filmoteca de la Universidad Autónoma de México actualicé el trabajo en 1983. Asimismo, el capítulo referido a "Economía y Cine" sirvió de base para comenzar, también en México, un estudio sobre la economía del cine latinoamericano, que fue publicado en varios países de la región.(***)

Algunos de estos materiales conformaron, en 1990, el referido "Cine y dependencia...", primer antecedente de este nuevo trabajo. El libro desapareció de las librerías, sea por imprevisión del sello editor –sujeto a los impactos de la "liberalización" económica– o por haberse agotado. Nunca llegué a saberlo con certeza. Algunos docentes y estudiantes de cine me lo hicieron saber cuando optaban por el consabido fotocopiado. Esa situación motivó la idea de retomar y actualizar el trabajo.

También me alentó el hecho de haber participado a lo largo de más de tres décadas, en los problemas del cine nacional, sea como realizador o como funcionario, como docente o como investigador, con experiencias que entiendo pueden ser útiles a futuros cineastas. Por ejemplo, cuando en 1973 debí asumir la Intervención del entonces llamado Ente de Calificación Cinematográfica, o en 1988, cuando me tocó promover junto con otros realizadores, productores, actores y técnicos, el llamado "Espacio Audiovisual Nacional". También, cuando debí hacerme cargo, un año después –en momentos cruciales para el país y para el cine– de la dirección del entonces Instituto Nacional de Cinematografía. Si a ello

(**) "Les cinémas de l'Amerique latine", *Guy Hennebelle y Alfonso Gumucio-Dagron, Lherminier, París, 1981.*

(***) *"Cine latinoamericano: Economía y nuevas tecnologías", Universidad de los Andes-Fundación del Nuevo Cine Latinoamericano, Mérida, Venezuela, 1987; Ed. Legasa, Buenos Aires, 1989; Ed. Trillas-FELAFACS, México, 1991.*

se agregan las experiencias vinculadas al proyecto de integración del audiovisual regional, realizadas en otros países de América latina, surge un conjunto de experiencias, datos y reflexiones, propias o de terceros, que sería injusto silenciar. Particularmente, ante la avidez por conocer ciertos hechos y períodos de nuestra historia que, con toda lógica, manifiestan las generaciones más jóvenes de cineastas y los estudiantes de cine y de comunicación social.

En estos casi diez años transcurridos –algo más de veinte si se tiene en cuenta la fecha en que comencé a preparar este trabajo– cambiaron algunos datos relacionados con el cine y las políticas gubernamentales en relación al mismo. Pero la problemática esencial sigue siendo la misma. Más agravada todavía, si se considera que, nunca como en nuestros días, la producción y difusión de películas argentinas estuvo tan condicionada por la industria norteamericana y su hegemonía sobre las pantallas grandes y chicas de todo el país.

Podría haber corregido –y por qué no, también autocensurado– el trabajo publicado en 1990. Preferí en cambio dejarlo tal como entonces había aparecido, ya que tanto por su enfoque como por el lenguaje utilizado, creo que ilumina parte de la memoria de una etapa de nuestra historia y ayuda comprender la evolución de algunas ideas y propósitos que continuamos teniendo sobre la sociedad, la cultura y la producción de imágenes en movimiento en nuestro país.

"Cine y dependencia" se apoyaba básicamente en cuatro ejes temáticos: la historia, la economía, la ideología y la integración regional del cine. Sobre esos mismos ejes, intento ahora, con este nuevo aporte, reflexionar sobre la experiencia realizada en estos últimos diez años, los del llamado "cine en democracia". Es pues, una visión actualizada de lo vivido por la cinematografía nacional desde sus orígenes hasta nuestros días, incorporando aquellas reflexiones que pueden ser de interés para su desarrollo futuro.

En lo que concierne al tema de las relaciones del cine con la sociedad argentina ("Historia y dependencia"), salvo algunas correcciones estilísticas, nada ha sido alterado, pese a que por momentos existió la intención de cambiar ciertos términos o replantear diversas afirmaciones. Entiendo que lo elaborado diez años atrás tiene hoy también utilidad –aunque sólo sea como hecho testimonial– para comprender, e inclusive percibir, el clima histórico y cultural –el "estilo" de pensamiento– en el que tales reflexiones tuvieron lugar. Se incorporaron, sin embargo, varios capítulos referidos a la evolución de las relaciones entre el cine y la historia del país en el último período, desde la reinstalación de las instituciones democráticas en 1983 hasta nuestros días. Ellos son: "Cine en democracia"; "El cine exceptuado" y "El cine del espacio audiovisual".

En el capítulo de "Economía y dependencia" se suprimieron solamente algunos datos estadísticos de aquella época, que presentados ahora, podrían inducir a la confusión. Se mantienen, sin embargo otros, procedentes de períodos anteriores, que ayudan a entender la situación de nuestro cine en esos años. A ellos se han agregado las experiencias vividas en este sector durante la última década, particularmente, la evolución de la producción y de los mercados (nacionales e internacionales), las políticas oficiales desarrolladas y la creciente interrelación del cine nacional con las nuevas tecnologías audiovisuales. En este punto se destaca alguna información relacionada con el protagonismo del Estado argentino– vía INC o INCAA– en la vida del sector, un tema poco tratado en la bibliografía sobre nuestro cine, pero que permite comprender parte de los problemas de la producción y de los enfoques ideológicos de muchas de nuestras películas.

El tema de "Ideología y dependencia", se presenta también sin modificaciones sustanciales, aunque se han incorporado algunos textos que actualizan la información y las reflexiones. En "Cine e integración continental" se suprimieron algunos párrafos relacionados con estadísticas que han perdido vigencia. Se agregaron en su lugar datos recientes, relacionados con los cambios vividos en la región en esta última década.

Se suprimió el capítulo final que en "Cine y dependencia..." aparecía como "A manera de prólogo" y en su lugar, y con el mismo título, se incorporó uno nuevo, producto de una conferencia dictada en Caracas, en 1996, en el marco de un encuentro internacional sobre las nuevas tecnologías audiovisuales. Su incorporación a este trabajo –"epílogo" del mismo y a la vez "prólogo" de nuevas reflexiones– obedece, precisamente, a que puede servir al análisis de las posibles alternativas de nuestro cine.

Algunas de las opiniones vertidas en relación a diversas películas nacionales pueden ser motivo de polémica, aunque debo aclarar que no es mi propósito desarrollar un análisis crítico de los filmes producidos sino fijar algunas ideas generales en torno a los mismos, que permita entender mejor su ubicación en el contexto de nuestro cine.

Enfatizo a veces en la evolución de las tendencias del consumo fílmico por parte del público argentino, atendiendo a los cambios que se producen en el mismo como consecuencia de los que aparecen en la vida de la sociedad. Estas modificaciones en la apreciación de lo audiovisual constituyen una historia todavía no escrita en nuestro país y que merecería ser abordada en algún momento –con mayor rigor y detenimiento– por su notoria incidencia en la producción nacional y en el imaginario social.

Desarrollo también una mirada crítica sobre aspectos de la historia del país y las políticas predominantes, en sus relaciones con la cultura y el cine. Confío que ello pueda resultar objeto de debate; bienvenido sea si ayuda a clarificar sobre los nuevos rumbos que nuestra sociedad y nuestro cine deben o pueden emprender para sentirse dueños de su futuro.

Se incorporan, por último, anexos estadísticos y documentales de interés referencial, para una mejor comprensión del cine nacional.

En suma, este trabajo no se propone contentar a todos ni hacer "populismo" cultural. Se trata simplemente de una visión personal, polémica y diversa –"autoral" a fin de cuentas– no sujeta a ningún compromiso prefijado, salvo el de intentar contribuir a la información y a la formación de nuevas generaciones de cineastas. Especialmente a los insatisfechos, a los que aspiran a cambios estructurales que beneficien a los argentinos y, en consecuencia, al cine y a las artes audiovisuales que se propongan expresarlos.

El Autor

Buenos Aires, Marzo 1998

1
historia y dependencia

I. HISTORIA Y DEPENDENCIA*

"Puedo contar una historia de ángeles, pero no sería la verdadera historia".
Astor Piazzola

1. La prehistoria de la dependencia cinematográfica (1896-1915)

La historia del cine no comienza en el cine mismo, sino en la vida social de los pueblos. Es a partir de ella que el cine puede explicarse y comprenderse. Por ello, la incorporación de algunos datos que, al menos como boceto, ilustren el contexto del que se nutrió la cinematografía argentina a lo largo de su historia no es una tarea accesoria: sirve al mejor entendimiento de sus primeros sueños, sus exageradas alegrías y también las angustias de su batalla por la sobrevivencia.

Al promediar el siglo XIX, casi en la misma época en que europeos y norteamericanos comenzaban a revolucionar la fotografía y a experimentar las mágicas "linternas", uno de los propulsores de la neocolonización argentina, Domingo F. Sarmiento, escribía en su *Facundo*: *"Seamos francos: no obstante que esta invasión universal de Europa sobre nosotros es perjudicial y ruinosa para el país, es útil para la Civilización y el Comercio..."*

¿Qué "civilización" y qué "comercio"? Canning ya lo había explicado tiempo atrás desde el epicentro del poder mundial: *"Preferimos los derechos de los ingleses a los Derechos del Hombre..."*

Dentro de este panorama resulta fácil comprender por qué el país, condenado por sus núcleos dirigentes a existir como granja o estancia de la industrializada Inglaterra, estaba preparado para recibir como un agregado de más de los productos manufacturados, las máquinas y los rollos de películas de la nueva tecnología. Ella no ingresó a la Argentina requerida por necesidades peculiares de desarrollo nacional autónomo, sino como producto de exportación imperial, destinada a satisfacer inicialmente la problemática económica industrial e ideológica de las potencias dominantes.

La cinematografía se instala de este modo, casi simultáneamente con la

(*)*Los capítulos 1 a 9 corresponden, casi textualmente, al libro* "Cine y dependencia", *Buenos Aires, 1990.*

Los inmigrantes europeos se incorporan a la producción y al mercado del cine.

afirmación de los poderes oligárquicos o las burguesías entreguistas; nace con la consolidación de la *dependencia*. Ello afectó, desde el inicio mismo, el modo de uso de este medio de comunicación, influyendo en la relación que con él tendrían también, a partir de entonces, las grandes masas consumidoras.

Situación bastante distinta, como vemos, de la que hoy experimentan algunos países, por ejemplo africanos, que acceden por primera vez al cine pero en medio de procesos marcados por el ascenso hacia la emancipación nacional.

En 1894 llegaron a Buenos Aires los primeros "kinetoscopios" de Edison; pero serían los franceses, su despiadada y luego vencida competencia, quienes primero dominarían el mercado, con la tecnología de Lumière y de Gaumont.

El 28 de julio de 1896 se realizó en el teatro Odeón de Buenos Aires la primera exhibición de rollos filmados, entre los que habría figurado *La llegada de un tren*, de Lumière.

El núcleo propulsor del nuevo negocio cultural estaba conformado por europeos que dominaban en ese entonces la mayor parte del comercio porteño. El belga Enrique Lepage fue, desde 1890, el primer importador de productos y máquinas cinematográficas de origen francés. Sus empleados y socios eran el austríaco Max Glucksmann y el técnico y fotógrafo francés Eugenio Py. Fue éste precisamente el iniciador de filmaciones sistemáticas, realizando en 1897, con una cámara Gaumont, el primer antecedente de película registrada y procesada en el país: *La bandera argentina*, un "rollo" de apenas 17 metros.

A fines del siglo XIX, el control de Inglaterra sobre la economía argentina era casi total. Sin haber desembolsado prácticamente una sola libra, el imperio se había adueñado de las principales empresas nacionales: ferrocarriles, alumbrado de gas, tranvías, que se agregaban al control existente sobre la comercialización de granos y carnes. Pero había algo más aún. Las metrópolis dominantes enviaban junto con el librecambio –su principal producto de exportación– funcionarios, tecnócratas y también los excedentes de su explosión demográfica, entre los que figuraban "agitadores ácratas" y abundantes teóricos de la "revolución proletaria". Las potencias imperiales derivaban así hacia el país dependiente la esencia de sus propias contradicciones. Ellas estaban presentes en la "población trasplantada" que si en 1875 sumaba 250 mil personas, ascendía en 1890 a 751 mil y en 1913 superaría los 2 millones, controlando en 1914 el 76% de las empresas industriales y el 81% de los comercios.

Los inmigrantes se escindieron en dos actitudes básicamente distintas, influídas por su origen. Las grandes mayorías procedentes de las áreas subdesarrolladas de Italia y España no tardaron en integrarse rápidamente a la población criolla local. Los sectores con más recursos, procedentes de países desarrollados como Francia, Inglaterra o Alemania, se aislaron en sus intereses profesionales y económicos, formando verdaderas élites.

Ideológicamente, el anarquismo fue el recurso principal de los más pauperizados; recurso "instintivo" para algunos intelectuales, heredero de la "barbarie" *montonera*, dedicada a enfrentar abiertamente, en la nueva etapa, la colonización capitalista. Pero estaba también el socialismo, fundado por Juan B. Justo en 1896, el mismo año en que se proyectaba en el país el primer rollo cinematográfico. Filiado en el revisionismo de Bernstein y fuertemente influido por el positivismo, esta corriente se afirmó en los inmigrantes y en las élites locales menos integradas al país. Su pensar, a diferencia del anarquismo, fue más coherente con la idea neocolonial de "civilización" resistiendo aparentemente la colonización, pero adaptándose a su curso, para proponer su transformación y "mejoramiento".

Actitud "instintiva" o actitud "sistematizada": "barbarie" o "civilización" son líneas sobre las cuales se desarrollaría en la Argentina la ideología popular y particularmente la de los intelectuales. En ellas se sustentaron también, desde su aparición, los contenidos diferenciados o antagónicos de la producción cinematográfica nacional.

En I900 se inauguró la primera sala cinematográfica, el Salón Nacional; pronto se abrieron "biógrafos" que incorporaron junto a los filmes de Lumière, las actualidades de Lepage. Comenzaron a producirse simultáneamente con los noticiarios, numerosos rollos con espectáculos concebidos especialmente para la filmación. Se rodaba según el sistema francés, con telones de fondo, adicionándoles a las imágenes discos que se pasaban con un fonógrafo.

El primer film dramatizado se estrenó en 1908. Se trataba de *El fusilamiento de Dorrego,* un tema histórico inspirado en el éxito de *L'assassination du Duc de Guise*, y dirigido por el italiano Mario Gallo, llegado poco antes al país como maestro de coros líricos.

Jorge M. Couselo, estudioso del cine argentino, observa: *"Gallo hacía 'cine sobre teatro' pero también pretendió hacer 'cine sobre cine' es decir, imitando lo*

Eugenio Py. Fotógrafo de las primeras "vistas" argentinas

que veían, el cine europeo, con preferencia italiano y francés, más generosamente proyectado en los primeros años del siglo en Buenos Aires que el ventilado cine yanqui de cabalgaduras y paisajes rocosos. A su menguada originalidad adjuntó una imitación servil igualmente precaria. Lo deslumbró el primer cine italiano, encandilado de oropeles pretéritos, e inmigrante agradecido, buscó conciliar ese encandilamiento con el pasado argentino". [1]

En 1908, Max Glucksmann pasó a manejar la Casa Lepage, de la cual Eugenio Py continuaba siendo prolífico realizador y técnico de actualidades y documentales. Glucksmann inició una intensa actividad productiva, así como de distribución y comercialización que lo llevaría a manejar una vasta red de salas, no sólo en la Argentina, sino también en Uruguay y Chile. La industria cinematográfica contaba con su primer gran empresario dentro del país.

Poco después, en 1912, el español Julián de Ajuris fundó la Sociedad General Cinematográfica que impuso definitivamente el sistema de alquiler de películas en reemplazo de su venta para la exhibición. La distribución de filmes extranjeros se intensificó, manejada inicialmente a través de inversores locales. El país poseía además sus primeros laboratorios y la primera galería de filmación, construida en 1909 por Julio Raúl Alsina, otro empresario de intensa actividad.

Las bases de la actividad cinematográfica estuvieron consolidadas al finalizar esta primera etapa. Su momento culminante lo estableció, en 1915, el éxito rotundo de *Nobleza gaucha*, un film que llenaría de satisfacciones económicas a sus productores y alentaría nuevas inversiones industriales.

2. Los primeros pasos de la industria dependiente (1915-1930)

La primera guerra mundial trajo a las economías-satélite de América Latina cierta tranquilidad que facilitó el desarrollo industrial en algunas áreas, como fueron las de bienes de consumo. Sin embargo esa tregua duró muy poco; bastó que

---

[1] *Jorge Miguel Couselo,* "El Negro Ferreyra: un cine por instinto", *Ed. Freelands, Buenos Aires, 1969.*

cesara la guerra para que se iniciara la desnacionalización de lo escasamente nacionalizado en aquellos años.

El sistema capitalista mundial ascendía un escalón más en su proceso hegemónico, dejaba de ser el primitivo capital industrial para convertirse en el capital financiero que daría lugar al capitalismo monopólico.

Las nacientes multinacionales, productoras de artículos estandarizados, combinaron simultáneamente una labor de compra-venta y de financiación, pasando a controlar también la pujante industria cultural. Los Estados Unidos desplazaron rápidamente a Europa de la hegemonía en importantes renglones de nuestra vida económica, circunstancia que pudo verificarse no sólo en el cine nacional sino también en algunos sectores de las propias industrias cinematográficas europeas.

Pero la Primera Guerra y el proceso de industrialización interno, pese a su brevedad, incidieron en los destinos de nuestro cine. *Nobleza gaucha*, fue quizá el primer film que abordaba con cierto nivel crítico algunos aspectos de la realidad argentina, constituyendo a la vez un éxito sin precedentes en materia de público.

Sobre un argumento de Humberto Caire y dirigido por Eduardo Martínez de la Pera y Ernesto Gunche, la película estaba acompañada de textos del *Martín Fierro* de José Hernández, la respuesta literaria más contundente que había recibido hasta entonces el proyecto "civilizado".

Mahieu sintetiza así la película y su repercusión: *"La historia comienza en el campo: una bella puestera despierta la concuspiscencia de un estanciero licencioso. Este la rapta y la lleva a su palacete de Buenos Aires. El héroe, un gaucho empleado en la estancia, la rescata tras una lucha con el patrón. De vuelta al campo, aquél se vale de sus influencias con el comisario para acusar falsamente al peón de cuatrero. Pero en la escena final, 'la justicia triunfa' cuando el desalmado terrateniente muere al caer en un barranco mientras el héroe lo persigue...* (la película) *permite una acción paralela que muestra ambos mundos: el campo y la ciudad, con aspectos típicos bien observados y referencias claras a la situación del gaucho, oprimido por la explotación de una sociedad de características casi feudales... El éxito de Nobleza Gaucha fue extraordinario, y su costo, 20 mil pesos, se cubrió con una ganancia excepcional de más de 600 mil pesos. Llegó a darse simultáneamente en más de veinte salas porteñas y se estrenó en España y en diversos países latinoamericanos".*[2]

Un cine dedicado a encarar una temática sentida por las grandes masas, hallaba precisamente en éstas, el respaldo económico adecuado para estimular el desarrollo de inversiones en la producción y en la industria, aunque tal estímulo no tuviera en esos años demasiado aliento.

La Argentina comenzaba entonces una etapa política diferente; los sectores medios urbanos y rurales encontraron en la Unión Cívica Radical, el partido de Hipólito Yrigoyen, una especie de símbolo. Por medio del control del presupuesto, el dirigente popular había logrado arrebatar una parte de la renta nacional a los comerciantes importadores y a las compañías extranjeras, creando puestos en la administración nacional para amplios sectores sin trabajo y para la clase media,

---

(2) *José Agustín Mahieu,* "Breve historia del cine nacional", *Ed. Alzamor, Buenos Aires,1974.*

José Agustín Ferreyra (centro) durante la producción de un film en los años del cine mudo

quienes tuvieron por primera vez participación en la distribución de dicha renta.

Los socialistas, haciéndose eco de los conservadores, criticaron esa metodología reformista que objetivamente enfrentaba a las clases dominantes. Pero el radicalismo canalizaría las aspiraciones de grandes masas nacionales, principalmente de la pequeña burguesía progresista, reduciendo en buena medida las posibilidades del anarquismo y de los socialistas; éstos últimos nunca tuvieron mayor influencia sobre el proletariado, limitándose a expresar inquietudes de núcleos de clase media.

Nobleza gaucha surgió precisamente como anticipo de ese proceso; un año antes de que Yrigoyen triunfara con amplio respaldo popular en las elecciones de 1916.

Era, a su manera, una respuesta al cine de visión más limitada iniciado por Gallo, aquella que estaba presente, por ejemplo, en producciones como *Amalia*, film auspiciado en 1914 por un grupo de la alta burguesía porteña para estrenarse con gran pompa a beneficio de la "Sociedad del Divino Rostro" y que había contado con Glucksmann como productor y monsieur Py como operador... Sin embargo, éxitos como los de *Nobleza gaucha* no se repitieron en los años subsiguientes, caracterizados por un ascenso del movimiento obrero y del estudiantado, gestor en 1918, de la Reforma Universitaria cuya concreción obtuvo el apoyo del gobierno de Yrigoyen.

En este proceso nació también la figura principal del cine argentino de la década del '20 y parte de la del '30. Se trataba de José Agustín Ferreyra, un mestizo, hijo de madre negra y de padre español. Su primer film, *El tango de la muerte*, se estrenó en 1917, y fue calificado por el mismo autor como "cinedrama de la vida bonaerense".

El "Negro" Ferreyra, como se lo llamaba, expresa a una parte del país y de la intelectualidad argentina, aquello que, a fuerza de instinto e intuición trató siempre de definir una fisonomía nacional autónoma. Más que "pensar" el país o "teorizar" en torno a la problemática popular, el cine de Ferreyra, fue un ininterrumpido *sentir*, dedicado a traducir con sus imágenes la sensibilidad y, por ende, buena parte de la realidad de los sectores populares a quienes elegía como protagonistas de sus filmes.

Neorrealista muchos años antes de que ese término se acuñara en Europa, Ferreyra no militaba en una ideología determinada, pero practicaba mucho más que otros intelectuales "comprometidos" de su tiempo una abierta defensa de la realidad en la cual estaba inserto: la de construir la imagen del hombre y del país en unas pantallas controladas por las grandes metrópolis y sus socios locales. *"Lo que necesitamos* –decía– *es un poco más de cariño, de celo y menos olvido o desprecio, por todo lo nuestro".*

Su cine se hizo a punta de esfuerzo, de improvisación y de coraje. Era una especie de metodología de la "barbarie", enfrentada a la lógica y a las leyes de la cinematografía dominante. Ello no sólo ocurría en el plano de la realización, donde Ferreyra improvisaba totalmente su labor –nunca se le vio trabajar con un guión cinematográfico– sino también en el enfrentamiento a los comerciantes del cine, para imponerles cierta nacionalización de sus espacios de pantalla.

Couselo describe así su cine: *"Ferreyra descubrió cinematográficamente el rostro de Buenos Aires. O uno de los rostros de Buenos Aires, el de su humildad y sufrimiento. El de su pobreza cotidiana. El nació pobre, y pertinazmente se aferró a esa pobreza como no queriendo evadirla... La ciudad real es el tema. El barrio es el prisma madre de esa ciudad real, su paisaje, su horizonte. El argumento del film es nada o poco. O es el pretexto en el avistar, más humano que geográfico del paisaje".*[3]

Esta actitud se enfrentaba ardorosamente con los dueños de los cines. *"Cada estreno era una verdadera tragedia de la vida real* –comentaba Rielar, un cronista de la época–. *Había que presentar las películas, elaboradas con tantos sacrificios, los días lunes únicamente. Estrenaban 'de lástima', en la peor sección y cuando iba menos gente. Además, los empresarios pagaban por las cintas una miseria, cuando pagaban...".*

La industria hegemónica, como vemos, no necesitaba ni siquiera dar la cara abiertamente; le bastaba influir sobre el, ya entonces, poderoso empresariado de la exhibición.

Con gran autenticidad y frescura, Ferreyra sería en toda época, con su imagen poética de arrabal –por momentos melodramática, incluso– casi el símbolo de un cine resuelto a expresar al país real, o al mundo popular urbano. Lo atestigua buena parte de su cuantiosa producción, entre la que recordamos *Organito de la tarde* (1925), *La muchachita de Chiclana* (1926) y *Perdón, viejita* (1927).

Otro productor importante de la época fue el italiano Federico Valle, dedicado principalmente a los filmes documentales que, aunque ilustrativos de la geografía nacional, recuperaban al menos a ésta en medio de un panorama cultural dominante, que tendía a subvalorarla en cualquiera de sus dimensiones; salvo las que tuvieran que ver con los intereses oligárquicos.

En 1917, en pleno auge del yrigoyenismo, Valle incrementó su producción de documentales; fundó el *Film Revista Valle*, noticiario que continuaría saliendo hasta 1930 con más de quinientas ediciones; produjo el primer film de dibujos animados en largometraje, *El Apóstol* (una sátira sobre Yrigoyen), y un film que alternaba dibujos y muñecos, *Una noche de gala en el Colón*. En su galería de filmación se afirmaría el trabajo de buena parte del cine argentino de esa época.

Las dificultades de un sector industrial dispuesto de algún modo a servir al país harían decir a Valle: *"Hasta ahora no hemos contado los productores nacionales con la ayuda de los poderes públicos. La película virgen paga el mismo derecho aduanero que la película impresa (...). Tenemos las leyes alemanas, francesas e italianas que protegen las industrias autónomas, que limitan la importación, que favorecen la exportación y que también podrían tomarse como patrón*

---

[3] *J. M. Couselo, op. cit.*

Afiche de la productora de Federico Valle (1922).

y como índice. Aquí no tenemos nada de eso".[4]

Pero la reivindicación de un desarrollo nacional autónomo, no proporcionaba evidentemente lucro alguno. Por ello el pionero Valle estaría obligado tiempo después a vender –acosado por necesidades económicas– su invalorable archivo de imágenes argentinas a una fábrica de peines interesada en aprovechar el celuloide. El Archivo Gráfico de la Nación se había negado reiteradamente a adquirirlo...

Entre tanto, la ideología anarquista había sido capaz de atraer a sectores importantes del creciente proletariado a una labor de enfrentamiento total al sistema, que los socialdemócratas calificarían despectivamente como "el último acto del Martín Fierro".

En lo que fue su mayor demostración de fuerza –y la última de importancia antes de ser en gran parte absorbido por otras fuerzas políticas– el anarquismo se lanzó a la insurrección en 1919, en pleno gobierno de Yrigoyen como respuesta a una represión efectuada por la policía contra obreros huelguistas. La tentativa insurreccional tropezó, no sólo con la acción de las fuerzas armadas, más fuertes ya en ese tiempo que el propio Yrigoyen, sino con la negativa de la socialdemocracia. Esta se había fracturado en distintos grupos, uno de los cuales, el "Socialismo Internacional", gestado en 1918, dará luego vida, en 1921, al Partido Comunista.

La represión contra la insurrección anarquista de 1919, conocida como "Semana Trágica", tuvo también su expresión en el cine a través de un film que alcanzó notable repercusión de público. Se trataba de *Juan sin Ropa*, producido en 1919 por Héctor Quiroga, quien poco antes había importado al país a George Benoit, director técnico de este film y a Paul Capellani, actor, ambos franceses.

La veta de un cine "social", facilitada por la existencia de un gobierno propulsor de ciertas reformas democráticas, pudo ser explotada lucrativamente, alcanzando no sólo repercusión nacional, sino también latinoamericana. Al margen de las limitaciones que fueron propias de la época, este film constituye el primer antecedente de una cinematografía ocupada de la problemática social del proletariado urbano.

Para el historiador Domingo Di Núbila, el valor de *Juan sin Ropa* fue sobre

[4] *Revista* Lyra, *número especial dedicado al cine argentino, Buenos Aires, 1962.*

todo social: *"Buenos Aires y la pampa, como su antecesora, Nobleza gaucha, le dan ambiente; carne y cereales, riqueza del país, están en sus fotogramas, y por último, pero no 'lo' último, están en ella conmociones espirituales y el fermento reivindicatorio de una época argentina en que el hombre de trabajo renunciaba a seguir inclinándose sumiso ante el amo omnipotente, y se lanzaba a luchar por el rescate de su dignidad y de indeclinables aspiraciones humanas".*[5]

La cámara documenta las jornadas de la "Semana Trágica"

Otra veta, insinuada de manera clara en aquellos años, fue la de un cine con mayores preocupaciones intelectuales. Su ejemplo más destacable lo constituye Roberto Guidi, doctor en ciencias económicas y uno de los primeros estudiosos del lenguaje cinematográfico en la Argentina. Las preocupaciones de Guidi, que no encontrarían ningún eco en el público de su tiempo, se bosquejaron en filmes como *Mala yerba* (1920), *Ave de rapiña* (1921) y *Escándalo a medianoche* (1923).

En la década del '20, el cine argentino inicia la conquista de los mercados de América Latina, siendo uno de sus principales países productores. Cuenta ya con realizadores, técnicos y actores experimentados; empresarios relativamente poderosos, dueños de importantes circuitos de "biógrafos" entre los que existían salas modernas con capacidad para tres mil espectadores –como el "Buckingham Palace"–, productores con una visión netamente empresarial y comercial, acorde con el modo de uso que imponían las metrópolis.

Sobre estas bases, y contando con un mercado interno relativamente fuerte dada la creciente incidencia de los sectores urbanos, el cine argentino se hallaba en condiciones de abrir una poderosa vía de comunicación con los otros espacios de habla hispana. El elemento faltante, la temática y el sentido popular de su orientación, habían comenzado a imprimírselo realizadores como Ferreyra y el éxito de filmes como *Nobleza gaucha* y *Juan sin ropa*. La aparición del sonoro reforzaría esta posibilidad. Los personajes ya no serían sólo "sentimientos" para ser "vistos"; el tango –ahora escuchado– ayudaría en gran medida a que tales sentimientos pudieran calar hondo en las grandes masas latinoamericanas.

3. El auge del cine nacional (1930-1943)

La década abierta en 1930 –abierta con el golpe militar del general Uriburu

---

[5] *Domingo Di Núbila,* "Historia del cine argentino", *Buenos Aires, Cruz de Malta, 1959.*

que derribó al segundo gobierno de Yrigoyen– fue una de las más humillantes de la historia argentina. El país dejó su situación dependiente y retornó abiertamente a la época neocolonial. Distintos pactos establecidos con Inglaterra como el Roca-Runciman, comprometían al imperio a comprar determinada cantidad de carne a la Argentina (necesaria sin duda para la metrópoli), pero condenaban al país a entregar los frigoríficos nacionales y a facilitar la entrada de manufacturas británicas sin pagar impuestos, así como a ofrecer el control de las empresas de servicios públicos, ubicando al frustrado proyecto de nación en la órbita económica y financiera inglesa.

Yrigoyen cae enfrentado no sólo por los generales –liberales en el plano teórico y seudonacionalistas aristocratizantes en el accionar concreto– sino también bajo los calificativos de "chusma", por parte de los conservadores; de "mal gusto", de los socialistas, y de "burgués", de los anarquistas.

El país comienza una etapa de "Estado rico" y "Pueblo pobre". El oro, se decía, desbordaba los pasillos del Banco Central, pero las masas proletarias se hacinaban en "conventillos", deambulaban en las habituales "ollas populares" o buscaban afanosamente un espacio dentro de la ciudad que culturalmente las rechazaba.

La década se iniciaba también bajo un signo peculiar: la quiebra de Wall Street, el templo del capitalismo financiero internacional. Las grandes naciones se replegaron sobre sí, con regímenes económicos autárquicos dirigidos al autoabastecimiento. Los países periféricos tuvieron la posibilidad –o la obligación– de hacer algo semejante. En la Argentina comenzó entonces, particularmente al promediar la década, un proceso de rápida industrialización, especialmente en aquellos rubros que no competían con la economía inglesa. Grandes masas provenientes del interior del país se volcaron hacia las ciudades dando vida al nuevo proletariado, cuya presencia política se haría sentir recién al cabo de una década, pero que a los efectos del negocio cinematográfico ya existían, en tanto mercado que se multiplicaba. En esta década, y con la utilización del sonido en la producción fílmica local, se instala la industria cinematográfica más poderosa que vio alguna vez el país; aquella que le permitiría también ejercer el liderazgo indiscutido en todo el mercado de habla hispana.

A Glucksmann lo sucederían empresarios más actualizados. Un ejemplo, quizá el más representativo, fue Angel Mentasti, llamado el "zar del cine argentino", quien a través de su empresa, Argentina Sono Film, impondría una nueva línea de trabajo. Mentasti organizó industrialmente su negocio mediante la producción ininterrumpida de películas para enfrentar o negociar en mejores condiciones con la exhibición; si una película fracasaba, pronto tenía otra lista para compensar los déficits. Era la tentativa más avanzada de una burguesía que dentro del cine se apropiaba de los modelos de producción dominantes y en ellos encontraba su posibilidad y, al mismo tiempo sus límites, dadas las diferentes circunstancias históricas que existían entre el país neocolonial y la metrópoli imperial.

En 1931, Mentasti funda la Sono Film como productor, conjuntamente con Favre y Ramos, sus socios capitalistas. Dos años después, la Sono comienza a operar en sus primeros estudios. Ese mismo año, Lumiton se constituye como "estudio integral", a la manera de los existentes en Hollywood. Sus dueños eran César Guerrico, Enrique Susini y Luis Romero Carranza, técnicos en comunicaciones radiales. Importaron equipos norteamericanos, hicieron fabricar un equipo

"Epoca de Oro" del cine argentino. Avisos de grandes empresas productoras (1938).

de sonido y trajeron técnicos extranjeros: John Alton, fotógrafo norteamericano, Lazlo Kish, sonidista húngaro, etcétera.

En esa época, Connio Sanini ponía en marcha los Laboratorios Alex, que con el tiempo –sobre todo después de 1937– se convertirían en los más importantes de Sudamérica mediante la importación de reveladoras y copiadoras automáticas y un avanzado departamento de sensitometría. En todas estas inversiones de capital fijo no se apreció otra cosa que el esfuerzo local; fue la etapa donde se realizaron las más importantes inversiones nacionales en materia de infraestructura, adquirida en su mayor parte en los Estados Unidos y en Europa. Las metrópolis jamás se interesaron en arriesgar un sólo dólar en este tipo de obras.

¿Qué ocurría con el cine de la etapa anterior? Ferreyra sería –y no casualmente– el encargado de representar el tránsito a la era del sonoro. A él le corresponde el mérito de haber dirigido el primer film con sonido del cine argentino, *Muñequitas porteñas* (1931), realizado con el procedimiento Vitaphone de discos sincronizados. Sin embargo, el negocio mayor lo hizo Mentasti con *Tango*, una película dirigida por Moglia Barth; sus utilidades posibilitaron la fundación de Sono Film. Mentasti y Ferreyra encarnaban dos etapas, pero también dos concepciones distintas sobre el país y sobre el cine. El "Negro" Ferreyra aún no se había percatado de ello. Años después recordaba, incluso con orgullo, la tarjeta de felicitación que Mentasti le había enviado a raíz de su película *Mañana es domingo*

(1934), donde le hacía constar que *"ningún director argentino ha demostrado una sensibilidad artística y un sentido cinematográfico tan puro y real, como demuestra usted en su producción".*

La escritora Estela Dos Santos señala acertadamente: *"Ferreyra suponía que lo habían vencido con nobleza, rindiéndole homenaje de admiración. Pero había vencido Mentasti; había vencido la industria y el comercio, hasta el punto que el mismo 'Negro' tuvo que entrar en el sistema, produciendo y dirigiendo el ciclo melodramático tanguero que habría de convertir a Libertad Lamarque en émula femenina de Gardel, estrella máxima y monstruo sagrado a la manera de Hollywood".*[6]

La industria cinematográfica crecía ininterrumpidamente. En 1932 se rodaron sólo 2 películas, pero ellas serían 6 en 1933, 13 en 1935, 28 en 1937 y 50 en 1939. Ningún otro país del espacio hispanoparlante estaba en condiciones de competir con esos índices de producción.

¿Qué factores había posibilitado semejante desarrollo?

Enumeramos los principales:

- Existencia previa de una experiencia industrial, técnica y comercial que, aunque limitada, no tenía ningún equivalente en América Latina.
- Incapacidad momentánea de los Estados Unidos para conservar el mercado de habla hispana con sus filmes "rodados en español". Su cine fue un híbrido sin repercusión popular; malamente resuelto con los actores y técnicos latinoamericanos que fueron trasladados a Hollywood una vez abierta la posibilidad del sonoro;
- Temática y sensibilidad populares, mucho más consustanciadas con las de las grandes masas receptoras latinoamericanas; el tango sería un excelente recurso para facilitar esa comunicación;
- Características del principal público del cine argentino, constituído por masas de trabajadores urbanos, recién llegados del interior del país o provenientes de la inmigración europea; atendiendo al gusto y la sensibilidad de este público, se atendía también, de una u otra forma, la demanda de buena parte del mercado latinoamericano.

El desarrollo, sin embargo, se sustentaba sobre las mismas bases del modelo con el cual se pretendía competir. En términos industriales e ideológicos la esencia del proyecto era la misma. Las diferencias entre el contexto hegemónico y el dependiente, por el contrario, resultaban notables, aunque la metrópoli se hallara momentáneamente en dificultades.

En el plano industrial, la constante del cine argentino seguía siendo la del más acendrado libreempresismo. El Estado no ejercía ninguna intervención proteccionista y menos aún arriesgaba en materia de inverisiones para infraestructura ni en capitales que facilitaran la consolidación del cine nacional en el espacio hispano-

---

[6] *Estela Dos Santos,* "El cine nacional", *Centro Editor, Buenos Aires, 1972.*

Afiches de "Muñequitas Porteñas" (José Agustín Ferreyra, 1931), primera película argentina sonorizada y de "Tango" (Luis Moglia Barth, 1933), primer film argentino con sonido óptico.

parlante (oficinas de distribución, salas de exhibición, etc.). Los capitales locales, por su parte, buscaban la utilidad inmediata sin adoptar previsiones para el futuro. Simultáneamente, la orientación de la producción y el modo de uso de la misma, quedaban también enmarcados en los límites impuestos por la industria y la ideología imperantes. Ellas, en consecuencia, continuarían supervisando la orientación de ese "desarrollo" dependiente para intervenir, como lo hicieron tiempo después, cuando las circunstancias resultaron más aconsejables.

Ideológicamente, el cine argentino creció, en sus momentos de auge, sobre dos líneas diferenciadas. La una, de inspiración burguesa, que influyó evidentemente en el grueso de la producción. La otra, de inspiración popular, que tuvo a su vez importante presencia y fue uno de los factores fundamentales para el éxito de la producción nacional en los países de habla hispana.

Dentro de la primera corriente podemos ubicar distintas variantes:

- Un cine abiertamente burgués para consumo de las clases altas y medias, conformado por comedias almibaradas, ingenuas protagonistas y escenarios fastuosos introducidos, a partir del '37. El iniciador más notorio de este tipo de filmes fue Francisco Mugica, con una versión satírica de Margarita Gauthier: *Margarita, Armando y su padre* (1939) y, casi inmediatamente después, con una película que resultó un éxito soprendente de taquilla, *Así es la vida*, adaptación de una obra de teatro costumbrista que había obtenido gran repercusión en Buenos Aires, evocando con simpatía los prejuicios y cursilerías de las familias porteñas de fines del siglo XIX. Una de las expresiones más destacadas de este cine de "teléfonos blancos" y de actrices "ingenuas" (como las "mellicitas" Legrand y María Duval) fue *Los martes orquídeas*, también de Mugica.

- Un cine esteticista, altamente influenciado por algunos filmes europeos. Su expresión mayor fue Luis Saslavsky, quien impresionó inicialmente a la crítica local y a ciertos sectores del público de la clase media con *La fuga*, realizada en 1937, a la que continuaron algunos melodramas "bellamente" filmados, como *Nace un amor* o *Puerta cerrada*.
- Un cine de mitificación popular, relacionado a veces con el de Francisco Mugica por ejemplo, pero más especulador de la problemática de la pequeña burguesía urbana; dicho cine tuvo en los Mentasti sus productores más entusiastas y en Luis César Amadori, el director por excelencia. Amadori comenzó realizando algunas producciones de interés, como *Puerto Nuevo*, realizada en 1935 juntamente con Mario Soffici, pero pronto desembocaría en el trabajo masificado –entre 1936 y 1968 dirigió más de 60 largometrajes– cuyas primeras expresiones fueron *El canillita y la dama* (1938), *Caminito de gloria* (1939), *Napoleón, Hay que educar a Niní* (1940) y otras.

En el contexto de una corriente de inspiración popular, cabría recordar una línea que, a su vez, reconoce muchos puntos comunes con la anterior, pero con producciones netamente populistas que por momentos dejaron obras o fragmentos válidos, para ser recuperados por el proyecto de una auténtica cinematografía nacional. Uno de sus exponentes más significativos fue Manuel Romero, un realizador inspirado en la temática y en la cultura populares, pero sin mayor preocupación por expresarlas en términos rigurosos. Romero, urgido casi siempre por terminar en tiempo "record" sus producciones –de lo cual alardeaba– inició el "cine turístico" argentino basado en comedias fáciles, ambientadas en distintos escenarios del país; tocó también temas que atraían al empresariado cinematográfico, pero lo hizo de manera distinta a la de otros realizadores. Así, por ejemplo, introdujo ciertas críticas a los prejuicios de las familias finiseculares porteñas (*Los muchachos de antes no usaban gomina*), mientras que los Mugica de turno abordaban la misma temática con nostálgica indulgencia.

Finalmente, en una línea de resuelta búsqueda de la fisonomía nacional y desde un evidente respeto a los valores populares, surgieron algunos –aunque escasos– realizadores y libretistas, herederos de aquella tentativa iniciada por Ferreyra y a la cual él mismo parecía estar renunciando.

Dos nombres se inscriben abiertamente en esta opción: ellos son Mario Soffici y Leopoldo Torres Ríos, a los cuales cabe agregar un tercero, entusiasta y lúcido colaborador de algunas de las más interesantes producciones de la época: el poeta popular Homero Manzi.

Soffici fue, sin duda, la figura principal de la década del '30; provenía del teatro y se había acercado a Ferreyra para conocer el manejo cinematográfico, interpretando algunos papeles en sus películas *Muñequitas porteñas* y *El linyera*.

"Así es la Vida" (Franciso Mugica, 1939).

Di Núbila lo recuerda así, en aquella primera etapa: *"Si Ferreyra y Soffici coincidieron en su predilección por la temática argentina, en cambio estuvieron en extremos opuestos de los procedimientos formales. Frente al anárquico Ferreyra, Soffici fue un celoso perfeccionista y su primera película,* El alma del bandoneón *(1935), resultó la más cinematográfica hecha aquí hasta el momento de su estreno".*[7]

Soffici poseía, sin embargo, algo más de rigor cinematográfico; lo guiaba la voluntad de indagar en temas nacionales con un gran respeto hacia los valores culturales, evitando fáciles esquematismos. Ese afán aparece ya resueltamente en *Viento norte* (1937), drama rural sobre los conflictos sociales y humanos del peón de campo. Lo continúa en *Kilómetro 111* (1938), en el que aborda la explotación que ejercían los intermediarios acopiadores sobre los agricultores, en el marco del manejo imperial de los ferrocarriles nacionales. La búsqueda culmina en esta etapa en la producción más importante de la década de los '30: *Prisioneros de la tierra* (1939), abierta denuncia de la explotación inhumana en los yerbatales, a la cual se incorpora la propia naturaleza, como un protagonista más del drama.

Explotación social, conflicto humano, folklore y paisaje devorador, se entre-

---

[7] *D. Di Núbila, ob. cit.*

mezclan en esta película, imprimiéndole una dimensión efectivamente latinoamericanista, circunstancia que no había sido muy común hasta entonces –y después tampoco– en el cine nacional.

Los argumentos que Soffici sostenía en su labor eran sobradamente elocuentes: *"Hace falta que el cine se renueve. De adentro hacia afuera. Estamos equivocados si dejamos advenir hacia nosotros modalidades, formas o estilos, que puedan pasar por nuestros. Si no tenemos nada que decir, convengamos en que es mejor no decirlo. Un silencio prudente vale más que una manifestación ostentosa e insincera".*(8)

Torres Ríos es otro gran realizador que aparece en la década del '30, aunque recién en la siguiente logró desarrollar a fondo sus aptitudes. A diferencia de Soffici se inclinó resueltamente hacia la temática urbana, continuando la tradición de Ferreyra e incluso la de los mejores momentos –aunque muy escasos– de Romero. Al igual que ellos supo inspirarse en la cultura popular, en su poesía y en su música, así como en sus personajes más característicos, para desnudar la problemática cotidiana del hombre de los suburbios. Su film más importante de esta década fue *La vuelta al nido* (1938), quizá demasiado avanzado para su época debido a sus innovaciones lingüísticas, que sólo el tiempo llevaría a reconocer como legítimas.

También en 1938, y entre los dieciséis nuevos directores que aparecen como resultante del incremento productivo, figura uno que en su momento despertó amplias expectativas. Se trata de Lucas Demare, cuyo film *El cura gaucho* sorprendió por el vigor de su tratamiento. Sin embargo, la producción más importante de Demare ocurriría en 1942 con *La guerra gaucha*, principal antecedente de una tendencia dedicada a ilustrar con imágenes épicas –aprendidas del *western* americano– episodios de la vida nacional. La ideología de la interpretación histórica, se rigió siempre por la que era común a las fuerzas locales hegemónicas.

Mahieu confirma al respecto: *"Si su efecto objetivo (una vez deslindada la emoción patriótica) es menos convincente, se debe, quizá, a que sus elementos temáticos y su expresión fílmica no profundizaban en la esencia histórica de la gesta prefiriendo adjetivar los clásicos elementos épicos: héroes de una pieza, sentimientos puros, valor y sacrificio, en una forma algo elemental; el film pierde de vista el sentido auténtico, inexorable y terrible del movimiento total de un pueblo que lucha por su libertad".*(9)

Los capitalistas nacionales abordan –también a través del cine– la historia del país, pero la impotencia y superficialidad de su visión –regida por un proyecto que en ningún momento se había planeado un efectivo desarrollo autónomo– condenaba a las propias obras a una mediocridad ideológica, sólo compensada mediante la lectura que hacían las grandes masas desde su particular interpretación.

Esta superficialidad se verificaba también en la construcción de la industria

---

(8) *J. A. Mahieu, ob. cit.*

(9) *J. A. Mahieu, ob. cit.*

cinematográfica, donde los éxitos eran más aparentes que reales. En 1942, el apogeo de aquel sueño hegemónico era total. Ninguna otra potencia industrial –salvo México– aparecía en el continente para disputar tal hegemonía. Cerca de treinta estudios y galerías de filmación proporcionaban trabajo estable a unas cuatro mil personas en distintas ciudades del país. La producción de los 56 largometrajes realizados en ese año constituía el volumen más alto alcanzado por la industria y que nunca sería superado. Llegó a crearse incluso la "Academia de Artes y Ciencias Cinematográficas" a la manera de Hollywood.

Afiche de "Prisioneros de la Tierra" (Mario Soffici, 1939).

En 1939, el Estado resolvió intervenir, aunque sólo tímidamente, a través de la Municipalidad de Buenos Aires, para otorgar premios. Ese año, el film elegido en primer término fue *Así es la vida*, de Francisco Mugica... Obviamente los Mentasti y los Amadori serían los más beneficiados con este tipo de reconocimientos.

Del mismo modo que los más fuertes productores nacionales suponían de gran valor la interpretación ideológica que hacían de la vida y de la historia nacionales, otro tanto ocurría en relación a su visión de las estructuras industriales creadas.

Sin embargo, éstas –dependientes de un mercado cuya hegemonía real estaba en manos de las grandes potencias– resultaban tan endelebles e irreales como la misma ideología. Detrás del dorado brillo de las apariencias, apenas si existía una base frágil de yeso, como en la más fastuosa, pero ilusoria, moldura escenográfica.

4. La hora de los logreros (1943-1955)

La época del auge del cine nacional, alimentada con el respaldo de las grandes masas argentinas y en buena medida latinoamericanas, benefició sin duda al empresario argentino, pero no tanto al sector productor industrial, sino al comercial, es decir, a la distribución y la exhibición.

Carentes de visión realmente empresarial, los inversores capitalistas en

Afiche de "La Guerra Gaucha" (Lucas Demare, 1942).

materia de producción, se preocupaban más por la utilidad inmediata que por la construcción de bases estructurales para un efectivo desarrollo. *"Con una suicida improvisación* –recuerda Mahieu– *los rectores de la industria entregaban sus filmes a precio fijo, por lo cual las mayores ganancias producidas por los eventuales éxitos de público quedaban en mano de los distribuidores. Los capitales invertidos se veían así sometidos a planes limitados, de corto plazo. Sin planificación adecuada de la producción, sin capitales propios y estables que debían asegurarse con canales propios de distribución, los ejes de la industria estaban en manos de numerosos intermediarios que absorbían la mayor parte de los beneficios de boletería. Dentro de este mecanismo, los productores quedaron gradualmente en manos de esos intermediarios, que solían adelantar capitales sobre futuras películas, por lo que obtenían condiciones más ventajosas"*.[10]

Pero estos intermediarios no eran meras figuras inocuas, sino que representaban, de algún modo, a los productores extranjeros en lo interno de la cinematografía dependiente. ¿Qué industria puede, en suma, subsistir y menos aún crecer, cuando sus productos están comercializados por empresas capaces de prescindir de los mismos y que basan su negocio en la venta de producciones extranjeras?

La industria cinematográfica argentina –expresión de una burguesía históricamente impotente para enfrentar a los enemigos del desarrollo nacional, e incluso de su particular desarrollo– pocas veces o nunca enfrentó a la exhibición; antes bien eligió aceptar sus condiciones, reclamando que el gobierno de turno interviniera –aunque sólo parcialmente en las coyunturas políticas favorables– para ejercitar alguna presión en su beneficio.

México, por su parte, había empezado a resolver este problema mediante la gestión estatal directa que comenzaba a garantizar el circuito integral de la industria, a través de empresas controladas por el gobierno en la producción, la distribución y la exhibición nacional y latinoamericana.

Frente a esa política –a largo plazo más favorable para su desarrollo– poco podía hacer el libreempresismo argentino. La disputa de los mercados del continente vivida entre México y la Argentina en la década de los ´30, recién comenzó

[10] *Ibid.*

a definirse a favor del país del norte durante la Segunda Guerra mundial. Basta observar el siguiente cuadro comparativo:

AÑO	FILMES REALIZADOS	
	ARGENTINA	MEXICO
1935	22	26
1939	50	37
1941	47	46
1942	56	42
1945	23	64
1950	56	125

¿Qué factores explican este inicio de crisis en la cinematografía argentina, ubicada como estaba en un contexto de rápida industrialización y desarrollo? Veamos algunos datos.

El crecimiento industrial de ciertas áreas, iniciado en la década del ´30, asumió dimensiones más completas con posterioridad al golpe militar del ´43. Desde entonces, particularmente a partir de 1946, el país comenzó a manejar resortes fundamentales de su soberanía. Los ingleses perdieron en muy poco tiempo los ferrocarriles y el gas; los norteamericanos, la electricidad y los teléfonos. El conjunto del capital extranjero experimentó visibles retracciones: las inversiones de EE.UU. que, en 1943, eran del 13%, descendieron al 6.6% en 1952. Las inglesas, que tenían un valor índice de 100 en 1945, bajaron a un valor índice 18 en 1952. Si la participación del capital extranjero sobre el total había llegado a su punto más alto en 1913 con un 47.7%, en 1930 sería ya sólo del 30%, y en 1950 apenas si alcanzaba el 5.1%.

Por otra parte, las estructuras económicas vivieron significativos cambios. En 1935 el sector agrícola-ganadero aportaba una cuarta parte del Producto Bruto Nacional, mientras que la industria participaba con un 27% menos, en relación a ese sector en su conjunto. En 1949, esta relación se invirtió radicalmente: la industria participaba con el 23.5% y la ganadería y la agricultura con un 18.1% en total.

Socialmente los cambios serían semejantes. Una gran masa de población procedente del trabajo en el campo se incorporaba a la industria. En ella se encontraban los restos de la inmigración proletaria de extracción anarquista y socialista, y los descendientes de las masas campesinas argentinas.

La clase trabajadora emergente hallaría en el entonces coronel Juan D. Perón, una conducción nacional que no existía en ninguno de los partidos tradicionales. Pero la clase media se mantendría en la órbita de éstos; para ellos el imperialismo había dejado de ser una estructura opresora mundial y se escindía en "malos" imperialistas, como Hitler, Mussolini, Franco, etc.; y también en "buenos" imperialistas,

La imagen sigue documentando la historia. 17 de octubre de 1945.

tal el caso de Churchill, De Gaulle, Roosevelt, etc. Paradójicamente, los "buenos" eran quienes a lo largo de los años habían medrado sojuzgando a la nación.

Refiriéndose a quienes sustentaban este tipo de visión, el pensador argentino Rodolfo Puiggrós diría: *"Al oscurecer y ocultar las causas internas que determinan las contradicciones de la sociedad argentina y poner en primer plano la influencia de causas externas, sustituyeron la lucha contra el imperialismo y la oligarquía por la lucha de la democracia contra el fascismo. En otras palabras, suprimían subjetivamente la contradicción mundial".*[11]

Sin embargo, las fuerzas políticas tradicionales –desde un extremo al otro– prefirieron estar al lado de los ingleses, dueños de los frigoríficos, antes que junto a los obreros argentinos, trabajadores de aquéllos, e inmersos en sucesivas huelgas para defender sus legítimos derechos ("ilegítimos" para los "democráticos" en la medida en que afectaban los intereses de un país integrante de las Fuerzas Aliadas...).

La mayor parte de la clase media se ubicó en ese frente político, regido por la concepción liberal "civilizadora", oponiéndose a los "cabecitas negras" que, en "bárbaras" oleadas, aspiraban a ocupar un espacio en la renta nacional y en la conducción política del país.

La elección de los sectores medios, como destinatarios de la masiva producción cinematográfica que comenzaba a realizarse en los modernos estudios inaugurados entre 1937 y 1938, obligó naturalmente a una adecuación de la temática, el lenguaje, el tratamiento y los contenidos, al perfil cultural neocolonizado de ese espacio receptor.

---

[11] *Rodolfo Puiggrós,* "El proletariado y la Revolución Nacional", *Buenos Aires, 1970.*

Esta industria cinematográfica –cuyos exponentes primeros habían sido Francisco Mugica y Luis César Amadori– sustituyó entonces los escenarios naturales (la geografía del país), por los gigantescos estudios hollywoodenses (en los que podían ilustrarse fácilmente un palacio ruso, un París nevado o un suburbio londinense).

Afiche de "Madame Bovary" (Carlos Schlieper, 1947).

Redujo también los exteriores, condenando la imagen a los interiores lujosos, inmensos y cerrados, pero seguros... Otro tanto hizo con la fisonomía humana. Los protagonistas debían poseer los rasgos de aquellos a quienes se pretendía imitar, es decir, los correspondientes al modelo eurocéntrico, reservándose para la fisonomía mestiza o acriollada los papeles secundarios, los roles de personajes cómicos o "malos" o, por último, la agotadora labor de la caracterización y el maquillaje.

El lenguaje también se modificó. Perdió vigencia el diálogo realista y se puso de moda el de tipo literario hispanizante; fue la época donde el "tú" sustituyó al "vos".

Por último, se inició el saqueo de toda la novelística del siglo XIX (Tolstoi, Strindberg, Wilde, Ibsen, Flaubert, Feuillet, etc.), omitiendo las obras de la literatura nacional, incluso las de los más famosos escritores de la oligarquía.

En suma, un destinatario neocolonizado imponía un mensaje del mismo carácter. Sin embargo la tentativa resultó frustrada: muy pocas veces el cine argentino de esa época atrajo el interés de la clase media. Entre la burda y caricaturesca imitación o los modelos originales, el público de ese sector optó siempre por estos últimos. Emisores y receptores quedaban así atrapados en un círculo de esterilidad cultural-ideológica, y también industrial y económica.

Pero la imitación del cine europeo o hollywoodense no bastaba. Comenzó a regir también aquella otra referida al cine exitoso procedente del país competidor, en este caso, México. Ese país había logrado iniciar su "edad de oro" a partir de una gestión estatal mucho más inteligente que, en un principio, apoyó también una producción inspirada en un destinatario popular, aunque luego iniciaría una labor más abiertamente comercialista, pero de gran impacto en las grandes masas.

A esta situación se sumaron también las dificultades obvias impuestas por la dependencia industrial y tecnológica que se agravaron sensiblemente durante la segunda guerra mundial. La "neutralidad" asumida por el gobierno militar argentino a partir del ´43 hizo que los Estados Unidos, una vez fracasada su política de chantaje y amenazas, restringieran drásticamente su venta de celuloide, material entonces considerado como de valor estratégico. México, fue en cambio el país beneficiario del mismo. En 1943 su industria recibió 11 millones de metros de película virgen, reduciéndose la entrega a la Argentina, el país productor más fuerte, a sólo 3.600.000 metros.

Frustrados en el plano externo por el desamparo imperial y en el interno por la falta de interés de los sectores medios –además de esquilmados también por la distribución y la exhibición– los productores argentinos reclamaron la ayuda del gobierno, que fue asumida precisamente por el entonces coronel Perón, desde la Secretaría de Trabajo y Previsión.

Los investigadores Heriberto Muraro y José Cantor, recuerdan: *"En agosto de 1944 se concreta la primera medida proteccionista, con el decreto que instaura la obligatoriedad de pasar películas argentinas en todos los cines del país, en la siguiente proporción: los cines de primera línea de Capital Federal con más de 2.500 localidades, deben estrenar un film cada dos meses, los restantes de primera línea y todos los que estaban en el radio céntrico de la misma ciudad, uno por mes; los demás de la capital y los situados en el interior del país dos semanas de cada cinco (...) La industria del cine logra de este modo recuperarse a partir de 1946 con 32 estrenos, hasta alcanzar su punto máximo en 1950 con 56 estrenos. A su vez, se produce un descenso relativo de exhibición de películas extranjeras sujetas a control, que llega a su nivel más bajo en 1950: 131, que de todos modos, supera ampliamente la producción local".*(12)

El gobierno militar primero y luego el de Perón –surgido de las elecciones efectuadas en 1946– no se destacaron precisamente por lo que hubiera sido más deseable en cuanto a una visión integral del problema cinematográfico. Dejaron hacer al libreempresismo industrial, cuya incapacidad era manifiesta, negándose a asumir gestiones que hubieran resultado indispensables, como ser la consolidación de infraestructuras actualizadas, estimulando la inversión en capital fijo y estable; la elevación de los niveles culturales, ideológicos y estéticos de la producción, favoreciendo la renovación de los planteles técnicos y realizativos; el establecimiento de circuitos permanentes de producción-distribución-comercialización a nivel nacional y latinoamericano, sólo factibles en un país dependiente cuando media una directa y resuelta gestión estatal.

El gobierno tampoco requirió a los industriales una producción que ilustrara el proceso de transformaciones dadas en el país. Es más: los propios productores alardearían en 1955, tras el golpe militar que derribó a Perón, de no haber realizado jamás una sola película favorable al peronismo, hecho que –a excepción de la propaganda gubernamental efectuada en los noticiarios– era totalmente cierto.

Tampoco la política oficial se ocupó de promover la aparición de una corriente de cineastas con visión descolonizadora, tal como ocurría en las grandes mayorías populares. Existió, sin duda, una etapa de transición en la que se extinguieron la mayor parte de las figuras de la década del '30 y comenzaron a insi-

---

(12) *Heriberto Muraro y José Cantor,* "La influencia transnacional en el cine argentino" *en revista* Comunicación y Cultura, *núm. 5, México, 1978.*

Festival de Cine de Mar del Plata (1954). Encuentro de Luis César Amadori y Pedro Maratea con el Gral. Perón y Raúl Apold.

nuarse aquellas que predominarían a partir de la del '50. Sin embargo, el proceso de cambios no contó con ningún tipo de orientaciones que sirvieran al fortalecimiento de la nueva generación de cineastas. Estos, en buena medida, al igual que el grueso de la intelectualidad, consumieron la ideología de los sectores opuestos a la política del gobierno –particularmente la izquierda liberal–, y su visión del cine fue amamantada en los cineclubes y en las revistas traductoras de material teórico y crítico europeo.

Durante los diez años del gobierno peronista, los empresarios –ahora sí satisfechos de la "intervención" estatal– no necesitaban incluso que las producciones llegaran a interesar a alguien; el proteccionismo era tal, que muchas veces la inversión quedaba asegurada antes de que se iniciara la propia comercialización. Tantas eran las ventajas ofrecidas a la industria, y tal la obligación de exhibir filmes nacionales, que hasta los empresarios de la exhibición aventuraron algunas inversiones en el área productiva, comprando entonces diversos estudios, como EFA, Pampa, Artistas Argentinos Asociados, o fundando otros, como Sur.

En esta etapa –salvo las inversiones efectuadas en la modernización de los Laboratorios Alex– ningún capital arriesgó en cuestión de infraestructuras. Cuantiosas sumas de dinero sirvieron apenas para dar estabilidad a los trabajadores de la industria y para llenar, en una especie de barril sin fondo, los bolsillos de muchos empresarios y capitalistas nacionales. Era, evidentemente, la hora de los "logreros".

Pese a los altibajos de sus realizaciones, alguno de los escasos sobrevivientes de la generación aparecida en la década del ´30, desarrollarían entre el ´45 y el ´55 una producción relativamente valiosa. Es el caso de Soffici, aventurado por momentos en los espejismos de las "obras famosas" para la clase media, pero resuelto a enderezar el rumbo en otras películas de mayor interés, como *Barrio gris*, o el de figuras que adhirieron al proceso político popular, como Homero Manzi, realizador con Ralph Papier de un importante film: *El último payador*.

"Pantalones cortos" (Leopoldo Torres Ríos, 1949).

Torres Ríos, por su parte, realizó unos 15 largometrajes en esos años, secundado casi siempre por su hijo, el entonces guionista y asistente, Leopoldo Torre Nilsson. Su producción es una de las más rescatables, si no la mayor, de toda esa etapa. *"En mis películas no hay teléfonos blancos"*, afirmaba con orgullo, lo cual ya era bastante en un medio dominado por la imitación y la ramplonería.

Refiriéndose a él, dice Couselo: *"No son necesarias las grandes palabras para precisar la posición de Leopoldo Torres Rios en un momento desgraciado para el cine argentino. Cuando un movimiento multitudinario trastocaba las viejas estructuras políticas, el gobierno que se apoyaba en él impedía que el cine aventara la realidad. Individualista, el director de "Pelota de trapo" no salía a la palestra de la política ni a la directa polémica social. Mostraba, simplemente, la realidad cotidiana y ni siquiera en sus aspectos más conflictivos. Pero la mostraba".*[13]

Con *Pelota de trapo* (1948), *Edad difícil* (1956) o *Aquello que amamos* (1959), Torres Ríos mantendría su estilo exento de retórica, dedicado al mundo de los problemas cotidianos del hombre medio o de los sectores populares. Ello lo destaca en medio de una producción dominada en su mayor parte por las comedias sofisticadas de Francisco Mugica u otros realizadores recién surgidos, dedicados, por ejemplo, a la comedia ligera: *El retrato* (1947); *Cuando besa mi marido* (1950), etc., de Carlos Schliepper; a los melodramas comerciales, como *Dios se lo pague* (1948), de Amadori o "artísticos", de Saslavsky: *Historia de una mala mujer* (1948); los cómicos: *Mercado de Abasto* (1955), de Demare o *Avivato* (1949) de Hugo Fregonese o *Si muero antes de despertar*, de Christensen, etcétera.

Un realizador emergió en esta etapa con algunas producciones memo-

[13] *J. M. Couselo, ob. cit.*

rables, tal el caso de *Surcos de sangre* (1950) o *La aguas bajan turbias* (1952). Se trata de Hugo del Carril, uno de los pocos cineastas que explicitó su militancia política dentro del peronismo, e intentó llevarla de algún modo a la pantalla, atravesando incluso diversas dificultades con algunos estamentos burocráticos.

Cantor de tangos, autodidacta y provisto de escasa formación intelectual –como buena parte de los más sensibles realizadores argentinos– del Carril procuró abordar, desde sus primeras producciones, una temática de indagación y de crítica social, heredada principalmente de Soffici. Su film más importante fue precisamente *Las aguas bajan turbias*, basado en una novela del escritor comunista Alfredo Varela, quizá el más recordable de toda esa etapa.

"Al inclinarse sobre el drama de los oprimidos –recuerda Mahieu– (este film) *no hace una rigurosa identificación de las causas políticas y económicas de la explotación del hombre, ve ante todo el drama bárbaro que opone a opresores y oprimidos en una lucha cruel y violenta. Sin embargo, a pesar de la persistencia de una visión simbólica, donde naturaleza (física) y pasiones humanas tienen la fuerza mística de lo irreversible, hay ahora una oposición tangible entre el hombre y una realidad modificable, injusta pero perceptible, como se*

"Las aguas bajan turbias" (Hugo del Carril, 1952).

revela en la unión de los 'mensúes' para obtener mejores condiciones de trabajo".[14]

Frente a los cuantiosos y lucrativos filmes de la Sono Film, ahora en manos de los herederos del fallecido Angel Mentasti, y de Luis César Amadori –pilares del negociado industrial de la producción de esa época– muy pocos realizadores, como los ya nombrados, supieron aprovechar las circunstancias proteccionistas sobre la industria para salvar la dignidad de la cinematografía nacional. Entre tanto, se gestaba la nueva generación de realizadores, formada no tanto en la práctica viva con la realidad argentina, sino en las catacumbas del cineclubismo o en las tertulias de las revistas especializadas, como *Gente de cine* (1951) o *Cuadernos de cine* (1954). En ese peculiar mundo –con sus virtudes y limitaciones– crecían aquellos que, a partir del '55, darían vida a otra etapa del cine nacional, conformando lo que fue conocido como "nuevo cine argentino".

5. "Nuevo cine" y desarrollismo (1955-1966)

El golpe militar que en 1955 derribó al gobierno de Perón, lo hizo enarbolando las banderas de la "libertad" y la "democracia"; tras ellas, e influenciados aún por la ideología liberal, los sectores medios –y la mayor parte de la intelectualidad– festejaron la derrota del "totalitarismo". Muchos hombres de cine, por no decir la casi totalidad, acompañaron ese proceso.

Comenzó entonces una política de abierta represión popular que se tradujo en proscripciones políticas, intervenciones y asaltos a los sindicatos obreros, deportaciones y fusilamientos (denunciados quince años después en algunas películas de Cine Liberación y de Jorge Cedrón). Simultáneamente se inició una política de desnacionalización económica y de estímulos a las inversiones extranjeras.

Desde el fin de la guerra de Corea, la expansión de los Estados Unidos había vuelto a cobrar empuje en todo el continente, renovando el desarrollo de su subdesarrollo. La vieja política imperial de utilizar a los países latinoamericanos como simples productores de materias primas, cedió lugar a formas actualizadas de sujeción económica. Algunas de las utilidades obtenidas en décadas anteriores fueron reinvertidas en industrias destinadas a complementar su propio desarrollo.

El capitalismo multinacional trajo sus máquinas en desuso, e inicialmente también algunos subproductos, con los cuales inició una labor de ensamblaje a través de sus filiales.

"El taller de montaje y la organización comercial controlados por el capital extranjero –describe André G. Frank– *organizaron un sistema subsidiario en el que los medianos y pequeños industriales latinoamericanos producen partes para la ensambladora local por cuenta de la empresa multinacional, quien prescribe su proceso industrial, determina su producción, reduce su desembolso de capital*

---

[14] *J. A. Mahieu, op. cit.*

Nuevas imágenes para la memoria. Dirigentes socialistas (Palacios y Ghioldi) y radicales (Zavala Ortiz y Perette) saludan al Gral. Lonardi, tras el golpe militar de 1955.

apoyándose en la inversión y crédito de contratistas y subcontratistas, reservándose para sí la parte principal de los beneficios, ya sea para reinvertirlos en su propia expansión o para girarlos a donde se le ocurra".(15)

En la Argentina, el proyecto de desarrollo capitalista dependiente tuvo a Frondizi como su máximo exponente, entre 1958 y 1962. Sin embargo, la paz social requerida para garantizar las inversiones no pudo ser impuesta debido a la resistencia de las movilizaciones obreras y a la no asimilación del peronismo al proyecto desarrollista. Las victorias electorales de ese movimiento, ya sea con el "voto en blanco" o apoyando a ciertas figuras de transición –como fue el propio Frondizi, que en el '68 enarbolaba un programa de liberación nacional– hicieron temer a las fuerzas armadas un retorno a la política derrocada en 1955. Apresuraron así un nuevo golpe militar. Controlado por las fuerzas armadas existió brevemente un presidente títere: José María Guido.

Con posterioridad, los radicales alcanzaron el gobierno en unas elecciones donde también rigió la proscripción de amplios sectores populares. El gobierno de Arturo Illía asumió en condiciones de gran debilidad. Para conjurar el temor de un nuevo avance peronista, las fuerzas armadas recurrieron otra vez al golpe en 1966.

Este contexto dominado por la inestabilidad política, la resistencia obrera a la desnacionalización de la economía y a los métodos de racionalización que exigían los inversores extranjeros empujó a muchos de estos a buscar horizontes más seguros y estables, como fueron particularmente los del Brasil. El proyecto "desarrollista" sería de este modo sofrenado, pero sus efectos repercutirían sin duda en los medios de comunicación masiva.

"Producida la caída del gobierno de Perón –recuerda Estela Dos Santos– *el cine quedó paralizado. Dejaron de regir la protección y la obligatoriedad de exhibición. Hubo piedra libre para traer material extranjero que el público tragó entu-*

---

(15) *André Gunder Frank,* La inversión extranjera en el subdesarrollo latinoamericano, *Ed. Causachum, Lima, 1976.*

siasmado después de la relativa veda. Ciertas figuras se retiraron de la circulación, volvieron los exiliados y algunos que hicieron como que lo fueron; los silenciosos se pusieron a chillar, inventaron denuncias".[16]

Uno de ellos fue Lucas Demare quien se apresuró a realizar *Después del silencio* (1956), un retórico film antiperonista, como anticipo de lo que haría nueve años después con otra producción *Los guerrilleros*, (1965), dirigida a enfrentar entonces las primeras acciones guerrilleras en el país.

Pero al margen de estos episodios que no alcanzaron mayor trascendencia, lo cierto es que la industria fue paralizada. En 1956 se filmaron sólo 12 películas, frente a las 45 que se habían estrenado en 1954, y a las 43 de 1955. Paralelamente aumentó la cantidad de filmes extranjeros, alcanzando éstos en 1957 el volumen más elevado conocido hasta entonces, y también posteriormente: 697 producciones estrenadas en un año.

Por su parte, jóvenes realizadores, cortometrajistas y críticos, salidos todos ellos de los subsuelos cineclubísticos y de las revistas especializadas, se lanzaron a ocupar un espacio que la industria no tenía mayor interés en controlar. Así nació en 1956 la Asociación de Cine Experimental, en la cual estudiaríamos años después algunos de quienes entraríamos a la actividad productiva. También se constituyeron ese mismo año la Asociación de Realizadores de Cortometraje y la Escuela de Cine de Santa Fe, dirigida por el realizador Fernando Birri.

Recién en 1958, con el ascenso de Frondizi al gobierno, se inició una política de relativo estímulo a la producción independiente, llevada a cabo desde el flamante Instituto Nacional de Cinematografía, a cuyo frente estaba Narciso Machinandiarena, dueño de los que habían sido los poderosos Estudios San Miguel. Esa política –montada sobre la concepción libreempresista y las invocaciones a la libertad de expresión– permitió, sin embargo, reflotar la producción que alcanzó los 39 largometrajes en 1958 y 31 en 1959. Estimuló además una nueva vía de actividad: la del cortometraje, cuyo volumen se elevaría, de 31 filmes en 1959, a 50 en 1962, aunque nunca tendrían exhibición pública, debido a la negativa de los dueños de las salas y a la indecisa política gubernamental.

En esa etapa, como había ocurrido anteriormente, las grandes empresas no efectuaron ninguna inversión en el terreno del cine. Por el contrario, los capitales norteamericanos se dirigieron a áreas netamente competitivas, como la implementación de las primeras grandes cadenas de televisión privadas en el país –controladas originalmente por las empresas NBC, CBS y ABC de los Estados Unidos– y las inversiones en la industria automotriz que, entre otras cosas, provocarían un uso diferente del llamado "tiempo libre" de los sectores medios.

A esas nuevas actividades se incorporó la floreciente industria publicitaria dando estímulo a formas de consumo y entretenimiento que también afectarían a la producción nacional cinematográfica. Esta, por lo tanto, sufriría las consecuencias del desarrollismo, pese a los bien intencionados propósitos de los funcionarios que, desde el Instituto de Cine, trataban de construír Uniargentina, por ejemplo, a la manera de las poderosas Unifrance o Unitalia, pero sin lograr el mismo resultado.

---

[16] *E. Dos Santos, op. cit.*

La verborragia liberal y las promesas nunca cumplidas de Frondizi, habían encendido el entusiasmo de algunos realizadores y productores. El primero en abordar –aunque por poco tiempo– la problemática política de la época fue Fernando Ayala. Sus filmes más destacados en este sentido fueron *El jefe* (1958) y *El candidato* (1958), donde contó con la colaboración del escritor David Viñas. Ayala destacaba la importancia de su film *El jefe* por su carácter de *"reflejo de una idea argentina, aún más, latinoamericana, la encarnación de un denominador y la demostración de que todo jefe está mintiendo. El caudillo surge como consecuencia de la mediocridad, la abulia, de esa moral a la violeta de lavarse las manos"*[17]. En *El candidato* volvería a repetir con menor éxito esos planteamientos, no tan importantes por el enfoque de los mismos –a fin de cuentas, un psicologismo moralizante para explicar situaciones políticas– como por la decisión de abordar una temática generalmente rehuída por el cine argentino.

Afiche de "El Jefe" (Fernando Ayala, 1958) de la nueva productora Aries Cinematográfica.

Con Ayala nacía también la empresa "independiente" Aries Cinematográfica que se desarrollaría rápidamente hasta lograr un nivel competitivo frente al único gran sobreviviente de la vieja industria, Argentina Sono Film. El éxito de los "independientes" sobre la producción "estable" se apoyaba en que esta última –montada sobre infraestructuras, estudios y personal permanente– estaba obligada a producir determinada cantidad de filmes anuales para amortizar inversiones, mientras que la "independiente" –sin estudios ni personal estable– arrendaba aquéllos o contrataba servicios solamente para cada una de las producciones.

Las bases de la actividad industrial, por más importantes que ellas pudieran ser, quedaban sustentadas en inversiones provisorias sin que de ellas subsistiera alguna estructura sólida, apta para afrontar las necesidades de un efectivo desarrollo. En este contexto aparecen los realizadores que se habían formado en el cineclubismo, y que habían creído ver en Frondizi una posibilidad de Liberación Nacional, acorde con sus expectativas de clase.

Simón Feldman aventuraría algunas reflexiones sobre la realidad del país, describiendo con humor inusual la imagen que los sectores medios latinoamericanos tienen del "dictador". En *El negoción*, primer film de largometraje realizado

[17] *J. A. Mahieu, ob. cit.*

"Bazán" (Ramiro Tamayo, 1959)

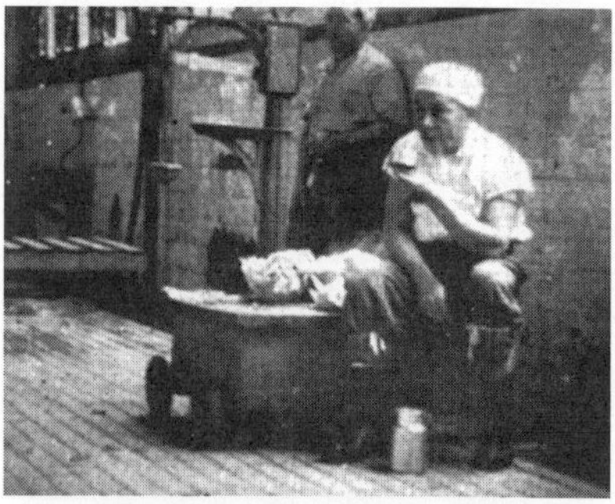

"Faena" (Humberto Ríos, 1960)

"Petrolita" (Víctor Iturralde Rúa, 1958)

"Cachivache" (Enrique Dawi, 1957)

Años de auge para el cortometraje argentino.

originalmente en 16 mm, Feldman pudo finalmente concretar parte de sus ideas liberales progresistas –insuficientes para comprender la temática que abordaba– y que habían sido ya explicitadas en la revista por él dirigida, *Cuadernos de cine*. Su segundo film, *Los de la mesa diez* (1962), menos ideológico que el anterior, se ocupó del conflicto intimista de una pareja en un marco de dificultades económicas y sociales.

Otra producción que procuró también una aproximación a la nueva realidad nacional, desde la problemática del estudiantado universitario, fue *Dar la cara* (1962), de José Martínez Suárez, sobre una novela de David Viñas. Suárez había realizado con anterioridad, en 1960, *El crack*, tentativa de indagación crítica en el mundo que dominaba el negocio futbolístico.

A su vez, Daniel Cherniavsky, con *El terrorista* (1963) –en base a un guión realizado junto con el escritor Augusto Roa Bastos sobre una novela de Jorge Masciángoli– probó, sin mayor éxito, una aproximación a ciertos aspectos de la realidad política del momento.

Los nombres de algunos intelectuales comenzaban a desplazar, al menos en las páginas de las revistas especializada, a los tradicionales productores, aunque éstos seguirían ejerciendo el poder real de la debilitada industria.

El ámbito de ejercitación cinematográfica fue, principalmente, el cortometraje; en él se habían iniciado todos los nuevos cineastas, experimentando lo aprendido en las sofocantes sesiones de los cineclubes. Sin mayores posibilidades de conexión con la realidad nacional, los jóvenes realizadores informaban de aquélla a través de múltiples formas, todas ellas coincidentes en un mismo y limitado esquema: trasladar a la pantalla, mediante los recursos aprendidos particularmente del cine europeo, el mundo o las ideas nacidas de la experiencia individual, de la clase media porteña, recortada habitualmente del país real por la influencia ideológica oligárquica. No obstante, la exposición autobiográfica, incluso la denuncia esquemática y superficial, daban a todo este proceso una dimensión progresista y de avanzada, más aún si se tiene en cuenta la mediocridad reinante en el resto de la producción. El cortometraje explicitó esta situación en numerosos trabajos, como fueron *Sin memoria*, de Ricardo Alventosa; *Buenos Aires*, de David José Kohon; *Sinfonía en no bemol*, de Rodolfo Kuhn; *Faena*, de Humberto Ríos; *La carrera*, de Alejandro Saderman; *Gambartes,* de Simón Feldman; *Bazán*, de Ramiro Tamayo, etcétera.

El grupo Taller de Cine, nacido como "equipo independiente", fue el único que funcionó como tal al promediar la década de los '50, teniendo al realizador Jorge Macario y al teórico Roberto Raschella como sus principales impulsores. En una declaración de principios, el grupo sostenía el propósito de *"filmar películas que reflejen la vida argentina en todos sus aspectos, en todos sus matices cambiantes, en pleno movimiento. La vida de la nación, los trabajos, los sueños y las realizaciones de nuestra gente de la cuidad y del campo (...) Propugnamos y defendemos la fisonomía nacional del arte como único camino hacia la trascendencia universal".*

El trabajo de este grupo se inició durante el gobierno peronista y se continuó posteriormente en diversos cortometrajes de tipo documental cultural, entre los que se destacaron *Falcini* (de J. Macario, 1968, sobre la obra de dicho escultor); *Del veinte* (de J. Tabachnik, 1959, evocación porteña a través de poetas populares) y *El hombre que vio al Mesías* (de Macario, 1961, sobre un cuento de Gerardo Pisarello).

A partir de este proceso de las nuevas generaciones fueron surgiendo las figuras del largometraje, representativas de aquello que algún crítico bautizó como "nuevo cine argentino".

Rodolfo Kuhn realizó en 1961 *Los jóvenes viejos*, que exponía la frustración de ciertos sectores medios, probando eficiente capacidad realizativa y honestidad intelectual en

"Los jóvenes viejos" (Rodolfo Kuhn, 1961).

el enfoque. Su labor, tentativamente corrosiva frente a los valores morarles imperantes en la sociedad argentina, se desarrollaría luego –en medio de algunos altibajos– a través de *Los inconstantes* (1963), *Pajarito Gómez* (1965) y un episodio del film *Noche terrible* (1966).

Lautaro Murúa, quien había tenido experiencia profesional como actor, procuró en su primer film, *Shunko (*1960) un retorno a la problemática rural que antes había tratado de emparentar a nuestro cine con la realidad latinoamericana. Provisto de muy escasos recursos, recuperó los escenarios naturales –y desolados– de una provincia del noroeste argentino, para elaborar una dolorosa reflexión sobre la injusticia social vivida en ciertas áreas campesinas.

Posteriormente, en 1961, dirigió *Alias Gardelito*, sobre un relato del escritor Bernardo Kordon con adaptación de Roa Bastos. Corrupción y poder fueron objeto en ese film de un enfoque testimonial y violento, partiendo de la historia de un lumpen y sus relaciones con los valores dominantes en la sociedad.

David José Kohon, más subjetivo e intimista que sus compañeros de generación, realizó su primer largometraje en 1960. Se trataba de *Prisioneros de una noche*, en el que la ciudad, –ásperamente tratada en su cortometraje *Buenos Aires*– volvía a aparecer ahora como un personaje eminente, dando explicación al romance imposible de dos desarraigados.

Tres historias conformaron luego su segundo largometraje, *Tres veces Ana* (1962) en el que, a diferencia de otros filmes de este mismo realizador, los personajes quedarían abstraídos de un espacio histórico concreto.

En el límite de la abstracción, coincidiendo con muchas de las experiencias del cine francés en boga, Manuel Antín llevaría a cabo una tentativa estetizante, que no obstante, careció de repercusión cultural; fue el caso de sus primeros largometrajes *La cifra impar* (1961) y *Circe* (1963).

La figura más promovida durante este proceso fue la del realizador Leopoldo Torre Nilsson, convertido en tarjeta de presentación del cine argentino para cualquier evento internacional durante la etapa desarrollista. La experiencia de Torre Nilsson, distinta de la de los jóvenes realizadores de esa época, había comenzado en 1939 asistiendo la mayor parte de las películas de su padre, Torres Ríos. Con él dirigió *El crimen de Oribe* (1950), además de colaborar en alrededor de veinte largometrajes.

Estudioso del cine europeo, Nilsson logra destacarse sobre los otros integrantes del "nuevo cine" debido a su mayor experiencia en el medio; ello le hizo merecer la confianza de la vieja industria. Fue precisamente Sono Film quien presentó algunas de sus primeras películas: *Para vestir santos* (1955), *Graciela* (1956) y *La casa del ángel* (1957).

Diferenciándose de la corriente de realizadores intuitivos, sensibilizados por la cultural popular, Nilsson continuó aquella otra línea, más racional e intelectualizada, sostenida ahora con obras literarias nacionales y una temática local. En *La casa del ángel* (1957), realizada sobre un trabajo de su mujer, la novelista Beatriz Guido, intentó, al igual que con *La mano en la trampa* (1961), criticar ciertos valores de la clase oligárquica y aristocratizante que en ese entonces carecía ya de significativo poder político.

"La mano en la trampa" (Leopoldo Torre Nilsson, 1960)

Otros filmes como *Fin de fiesta* y *Un guapo del 900* (1960), abordaban uno de los temas más sentidos por los sectores medios: el de la "inmoralidad" de los dirigentes políticos. Particularmente en el primero, Nilsson indaga con cierto rigor el deterioro de la que había sido años atrás la clase dominante, valorando la actitud de algunos personajes que habían osado enfrentarla, aunque sin conciencia de lo que estaban haciendo. *"Los personajes que se rebelan ante el orden de las cosas* –dice Mahieu– *no adquieren conciencia del sentido del cambio; sólo experimentan un rechazo emocional, individual ante ese orden. Pero no logran captar el sentido profundo de la transformación social que están presenciando como testigos desde adentro".*[18]

Realizadas en momentos en los que el cine argentino y el latinoamericano en general, carecían de proyección internacional –no habían aparecido aún el *cinema novo* brasileño– las producciones iniciales de Nilsson lograron más impacto de lo que era previsible. Tal vez a muchos críticos eurocéntricos les resultara un tanto insólito hallarse frente a películas hechas con un lenguaje moderno y "civilizado", más aún cuando ellas provenían de un continente sobre el cual reinaba la desinformación más completa. Pese a todo, los filmes de Nilsson formaban parte de aquella búsqueda que animaba a la clase media argentina a aclarar las sinuosidades de una fisonomía nacional que hasta entonces se la había ocultado.

Con mayor rigor y claridad intelectual otros cineastas, como Fernando Birri, formaban la avanzada de ese proceso. En 1956 Birri había organizado la Escuela de Cine de Santa Fe (Universidad del Litoral), en el marco de un trabajo concreto: *Tire dié*, un mediometraje documental que influiría notablemente en muchos realizadores jóvenes de la Argentina, y en algunos latinoamericanos. Este film se elaboró como encuesta social en un espacio lejano de Buenos Aires, factor a tener en cuenta también, dada la habitual centralización hegemónica porteña. Personajes e imá-

---

[18] *J. A. Mahieu, ob. cit.*

"Tire Dié" (Fernando Birri, 1958).

genes de un suburbio popular aparecían frente al espectador, refiriendo con sencillez y sin retórica, la situación que les tocaba vivir. El film buscaba documentar, en términos objetivos y reales, una determinada problemática, de tal modo que al público le cupiese la labor de reflexión sobre la misma.

"El cine de estos países –decía Birri con un lenguaje totalmente insólito para un realizador argentino– *participa de las características generales de la superestructura de la sociedad y la expresa con todas sus deformaciones. Da una imagen falsa de esa sociedad, de ese pueblo, escamotea al pueblo. De ahí que darla sea un primer paso positivo, función del documental. ¿Cómo da esa imagen el cine documental? La da como la realidad y no puede darla de otra manera. Esta es la función extraordinaria del documental social en Latinoamérica. Y al testimoniar cómo es esta realidad –esta subrealidad, esta infelicidad– la niega. Reniega de ella. La denuncia, la enjuicia, la critica, la desmonta. Porque muestra las cosas como son, irrefutablemente, y no como querríamos que fueran. O como nos quieren hacer creer de buena o de mala fe que son. Como equilibrio a esta función de negación, el documental cumple otra de afirmación de los valores positivos de esta sociedad; de los valores del pueblo. Sus reservas de fuerzas, sus trabajos, sus alegrías, sus luchas, sus sueños... Conclusión: ponerse frente a la realidad con una cámara y documentarla, documentar el subdesarrollo. El cine que se haga cómplice de ese subdesarrollo, es subcine".*[19]

Finalmente, la búsqueda de la fisonomía nacional se explicitaba en términos racionales y precisos. El planteo teórico, pero sobre todo aplicado en la realización misma, venía a recoger la mejor tradición del cine argentino; aquella que habían generado Ferreyra, Manzi, Torres Ríos, Soffici o Hugo del Carril, en su labor por momentos confusa, pero resueltamente apasionada en la idea de negar lo que merecía ser negado, afirmando los valores sustentados en las capas más relegadas de la realidad nacional.

El planteo de Birri no pretendía reivindicar un género cinematográfico, como podría ser el documental, sino que apuntaba al fortalecimiento de una actitud básica: la de combatir el subdesarrollo también mediante el cine, proponiendo al mismo tiempo un combate del subcine, es decir, de aquella producción que había dominado y que seguiría dominando la mayor parte de nuestra historia.

Birri encaró, poco después, la realización de un largometraje argumental, *Los*

---

(19) *Fernando Birri,* "Tire dié", *Universidad Nacional del Litoral, Ed. Documentos, Santa Fe, 1960.*

inundados (1962), sobre un cuento de Mateo Booz, trabajando con numerosos actores no profesionales. En este film utilizó un lenguaje netamente realista, e incorporó la picaresca para obtener un importante testimonio de la problemática social, junto con una recuperación de ciertos aspectos básicos de la cultura popular.

Su protagonista, el "cabecita negra" Dolorcitos Gaitán, evidenciaba con su sólo acto de presencia el carácter apócrifo y falso de muchos de los personajes gauchescos que hasta entonces habían poblado las pantallas argentinas. Una nueva visión de la realidad trasladaba las soluciones a la platea, incitando al público a dar su propia respuesta, en la medida en que las conclusiones de los protagonistas más que satisfacer, intranquilizaban. Era el caso de Dolorcitos, en *Los inundados*, deseando al final de la historia la repetición de una nueva inundación –para continuar viviendo gracias a la ayuda pública– o el de la madre que cierra el film *Tire dié*, confiando que pronto su hijo tendría suficiente edad para ir a mendigar monedas a los pasajeros del tren, igual que los otros chicos.

Evidentemente, los filmes de Birri no alcanzaron a tocar el mundo del proletariado –protagonista fundamental de la historia del país a partir de la década del los '40–, limitándose al universo de los "pobres" y de los marginales. Sin embargo, alcanzó a ilustrar como en muy pocas oportunidades, el hondo dramatismo de la injusticia social prevaleciente en el país.

Cabe agregar que *Los inundados* –ganador del premio Opera Prima en el Festival de Venecia, 1967– no logró, sin embargo, figurar entre las 15 producciones argentinas merecedoras de los premios que en ese entonces adjudicaba el Instituto Nacional de Cinematografía...

En 1962, el sueño desarrollista se hizo trizas, volcando a los sectores medios cada vez más pauperizados a una creciente oposición que, en la defensa de

"Los inundados" (Fernando Birri, 1962).

sus intereses, los aproximaría a las sucesivas y, a veces violentas, movilizaciones de los sindicatos obreros.

La censura oficial comenzó a hacerse sentir entonces, pese a la verborragia liberal de pocos años antes: *Alias Gardelito*, de Murúa, sería inicialmente acusada de "pornográfica" y luego liberada, por desestimación de la denuncia. Un cortometraje de la Escuela de Cine de Santa Fe, *Los cuarenta cuartos*, de Juan Oliva, sería prohibido. El decreto-ley 8205 del '63, oficializaría la censura. Asimismo se irían recortado los subsidios y las facilidades a los cortometrajistas. Quienes habían incursionado por primera vez en el largometraje no encontraban posibilidades para continuar su obra. Se dificultó notablemente el trabajo de realizadores como Rodolfo Kuhn o David J. Kohon; por varios años se interrumpió el de Murúa y el de Martínez Suárez. Birri pudo hacer sólo un cortometraje más, *La pampa gringa*, y luego debió radicarse en Italia.

"Por primera vez –recuerda Estela Dos Santos– *el cine nacional había intentado una integración con el proceso cultural. Y en él, se puso del lado de quienes comenzaron una revisión de la historia, de la tradición, de los valores, una revisión de nuestra cultura para poder ver la realidad sin anteojeras. Revisión en un sentido lato de 'volver a ver', precisamente porque se tenía conciencia de que se había deformado la realidad".*[20]

¿Qué había dejado el desarrollismo, a fin de cuentas, en el cine nacional? Simplemente desarrolló el subdesarrollo, facilitó a las nuevas generaciones la posibilidad de realizar numerosos filmes... pero de cortometraje, que además no se exhibieron nunca en los circuitos de masas. Y cuando ello concluyó, una vez conformados los cuadros técnicos, les dio aún otra posibilidad: la de realizar todavía muchas más películas... pero de supercortometraje: los *spots* publicitarios. Aumentó la cantidad de películas, indudablemente, pero a costa de reducir su extensión de noventa minutos a veinte ó treinta segundos, haciéndolas servir por último a la publicitación de las filiales de las multinacionales, en el seno de la sociedad dependiente.

Entretanto, la burguesía tradicional cinematográfica proseguía su tentativa industrialista, marcada a fuego por una ideología tan colonizada como impotente y estéril: los filmes de Mentasti, Carreras o el flamante cantante-actor Palito Ortega complementaban el cuadro del fracaso desarrollista.

6. La "argentinización" de los sectores medios (1966-1972)

El gobierno del general Onganía, instalado tras el golpe militar del '66 que terminó con el débil gobierno de Arturo Illia, pareció traer consigo un proyecto distinto al ofrecido por el desarrollismo. Sin embargo, el seudonacionalismo clerical, instalado en áreas importantes del poder, no tuvo bases sociales de sustentación en la burguesía ni en los sectores medios. Las direcciones sindicales le ofrecieron inicialmente una especie de tregua, que pronto fue quebrada por la resistencia de las propias bases, a la cual se uniría la creciente radicalización

---

[20] *E. Dos Santos, ob. cit.*

de la pequeña burguesía. El intento "moralizante" de Onganía, así como su política económica que llevaba a los sectores medios a equipararse socialmente con la clase obrera, estimularon en tales sectores, la búsqueda de un eje político para canalizar sus resistencias. El país entero comenzó a ser objeto de una nueva óptica. Se abrió entonces un rápido proceso de "nacionalización" o de "argentinización" de vastos sectores sociales de la clase media, para los cuales la realidad nacional aparecía de pronto, como recién descubierta. El fenómeno alcanzó por igual a los núcleos procedentes de la izquierda tradicional y a los influenciados por la Iglesia.

Empiezan a multiplicarse los grupos disidentes de la izquierda, situación que se advierte tanto en el terreno universitario como en el intelectual y en importantes sectores del nuevo proletariado formado durante la industrialización del desarrollismo (por ejemplo, los trabajadores de la industria automotriz de la ciudad de Córdoba).

El movimiento estudiantil comienza a ser controlado por fuerzas procedentes de la izquierda que procuran "reencontrarse" con el país, dando vida a poderosos movimientos "nacionales" que luego desembocarán, en buena medida, en el peronismo. Otro tanto ocurre con la Iglesia, donde aparecerán los "Sacerdotes del Tercer Mundo", y en menor medida, en algunos cuadros de las fuerzas armadas. Incluso algunos industriales reflotan el proyecto de un desarrollo, si no autónomo, vinculado al menos a una complementación de esfuerzos con los países del Tercer Mundo y con el área socialista.

La reacción de la pequeña burguesía y el proletariado, los sectores sociales más golpeados por la política de Onganía, iría conduciendo a un nuevo proceso de movilizaciones populares que tendrían sus puntos culminantes en Rosario y en Córdoba, es decir, en las dos ciudades más industrializadas del interior del país. A su vez estimularía la formación de grupos armados procedentes de tendencias socialcristianas como los Montoneros, pronto incorporados al peronismo, u otros nacidos con la crisis de la izquierda.

Sobre este nuevo mapa de situación, cae Onganía y asciende el general Lanusse. La insatisfacción de los sectores medios y la existencia de una poderosa clase trabajadora, definida políticamente como heredera de una nueva línea nacional que había desembocado en el peronismo, llevó a numerosos profesionales, técnicos, científicos, artistas, docentes, y a la mayor parte de la intelectualidad argentina, a volcarse al estudio de cada uno de los aspectos de la vida del país. Es la época de las "cátedras nacionales" en la Universidad, dedicadas a revisar críticamente todo lo formulado hasta ese entonces. Es el tiempo donde se habla del "boom" de la literatura argentina y de las cualidades de diversos periodistas que, a través de algunas revistas, logran abordar facetas desconocidas, o deficientemente abordadas, de la realidad nacional. Son los años en que proliferan las editoriales con tirajes masivos dedicados a enfoques histórico-sociales revisionistas, nuevas propuestas para la sociología, la arquitectura, la política, las artes... Actores, dramaturgos, cineastas, músicos, artistas plásticos, polemizan sobre los nuevos rumbos a seguir. El folklore vuelve a vivir uno de sus mejores momentos. La música nacional penetra en los hogares de la clase media, hasta entonces invadidos por ritmos extranjeros. Finalmente, el cine comercial recoge también las nuevas expectativas. Y lo hace, no tanto a través de las jóvenes

"El Santo de la Espada" (Leopoldo Torre Nilsson, 1970).

generaciones, como de los realizadores de la industria tradicional. Es el caso de Torre Nilsson, Ayala, Olivera, etcétera.

Nilsson había filmado entre el '66 y el '68 algunas películas referidas a la temática del "dictador latinoamericano" –*La chica del lunes, Los traidores de San Angel*– lamentables, tanto por su pobreza ideológica como por sus recursos técnicos y de realización. Con posterioridad a esos filmes rodados en Puerto Rico (y en inglés), advirtió rápidamente la evolución de los sectores medios argentinos y se lanzó a producir una sucesión de películas épico-históricas: *Martín Fierro*, realizada en plena vigencia del "orden" de Onganía y luego *El Santo de la Espada* sobre la figura del General San Martín, un éxito de boletería superior al anterior, concluyendo esa etapa con otro prócer nacional, Güemes, en 1971. Meras ilustraciones de la historiografía hegemónica, estas películas, sin embargo, se inscribían en la lectura diferenciada que le daba el público, expresando su voluntad de ascenso y afirmación nacional, al margen de la intencionalidad que pudieran tener los productores.

Ayala y Olivera, por su parte, introducirían con *Argentinísima* una serie de películas dedicadas a ilustrar, mediante imágenes turísticas, las canciones más exitosas del folklore nacional. Guiados por la misma óptica comercialista, harían también *Argentino hasta la muerte*, una apología liberal de la destrucción del Paraguay del siglo XIX.

Por su parte, Manuel Antín abandonaría la primitiva temática intimista y estetizante para lanzarse abiertamente a la reconstrucción de obras literarias o de grandes personalidades nacionales; es el caso de *Don Segundo Sombra* o de *Rosas*, film éste donde se advierte –a diferencia de lo que ocurría en la visión liberal de Nilsson en *El Santo de la Espada* o en la de Ayala en *Argentino hasta la muerte*– una preocupación revisionista frente a la historia nacional, sin duda el mérito mayor de dicha película.

Pero si la vieja industria, o sus grupos más fuertes, aprovechaban los devaneos seudonacionalistas de los gobiernos militares o el proceso de nacionalización de amplios sectores medios, buena parte de los jóvenes realizadores surgidos durante el frondizismo omitían en sus obras el proceso que se estaba desarrollando.

A excepción de Rodolfo Kuhn, que había procurado enfocar críticamente los modelos de la sociedad consumística con *Pajarito Gómez* (1964), los otros realizadores, iniciados en el cortometraje y consolidados productivamente con las utilidades de su labor en el film publicitario, no hicieron otra cosa que llevar al cine ciertos bocetos autobiográficos o algunas experiencias formales, en los que sólo se destacaba un nivel técnico eficiente, proporcionado por el intenso trabajo en la publicidad. Ello era visible en películas como *Mosaico* (1969) de Néstor Paternosto; *Tiro de gracia* (1969) de Ricardo Becher; *Tute Cabrero* (1968) de Juan José Jusid; *The players versus Angeles caídos* (1969) de Alberto Fisherman.

Sólo Raúl de la Torre, integrante en un principio del llamado "Grupo de los Cinco", junto con Fisherman, Becher, Paternosto y Stagnaro, emerge de esta experiencia con una línea de la cual recoge la crisis de valores de algunos sectores de clase media o alta, dentro de un enfoque costumbrista, como lo haría con *Juan Lamaglia y Señora* (1970), *Crónica de una señora* (1971) y *Heroína* (1972).

La mayor parte de los realizadores nacidos con el desarrollismo se había replegado totalmente al cine publicitario, o alternó a veces aquél con ciertas actividades en el cortometraje, cuya única fuente de sustentación era el Fondo Nacional de las Artes, propiciador de filmes sobre folklore, etnografía, artes o algunos concursos anuales con premios. En esta alternativa trabajaron realizadores como Simón Feldman: *Grabado argentino, Rebuffo, Tango;* Mauricio Berú: *Filiberto, Fuelle querido*; Pablo Szir: *El bombero está triste y llora*; Juan J. Stagnaro: *Bienvenido, Berni*; Eliseo Subiela: *Sobre todas estas estrellas*, etcétera.

Muy pocos integrantes de esta generación lograron ingresar a la producción del largometraje. Entre ellos, cabe recordar a Humberto Ríos, con un film realizado en Chile, *Eloy*, y Nicolás Sarquís, formado en la Escuela de Cine de Santa Fe, autor de *Palo y hueso*, ambos con una intencionalidad que, de algún modo, superaba los resultados obtenidos.

Entretanto, el grueso de la producción nacional tradujo las influencias del medio televisivo, incorporando a sus figuras exitosas en filmes de propósitos netamente lucrativos. Sono Film, conducida entonces por Atilio Mentasti, siguió siendo la piedra angular de esa orientación. En el intento, generalmente exitoso, la acompañaba Aries Cinematográfica de Ayala y Olivera, combinando dos líneas de producción, tal como Ayala las definía en 1978: *"Por un lado el estilo de la comedia ligera que iniciamos con Hotel alojamiento y que ahora prosigue con las que interpretan Jorge Porcel y Alberto Olmedo; por el otro, un cine serio y testimonial".*[21]

En la veta de lo que Ayala define elegantemente como "comedia ligera" se buscaba alcanzar ahora a vastos sectores del público latinoamericano, particularmente los menos exigentes en materia de calidad cinematográfica. Ello se logró en alguna medida, de tal modo que la Argentina es hoy conocida en buena parte del continente gracias al humor grueso de Porcel y Olmedo, a los desnudos de Isabel Sarli y Libertad Leblanc o a las producciones de algunas empresas que actúan

---

[21] *Fernando Ayala,* Diálogo, *en diario "La Nación", Buenos Aires, 23-3-78.*

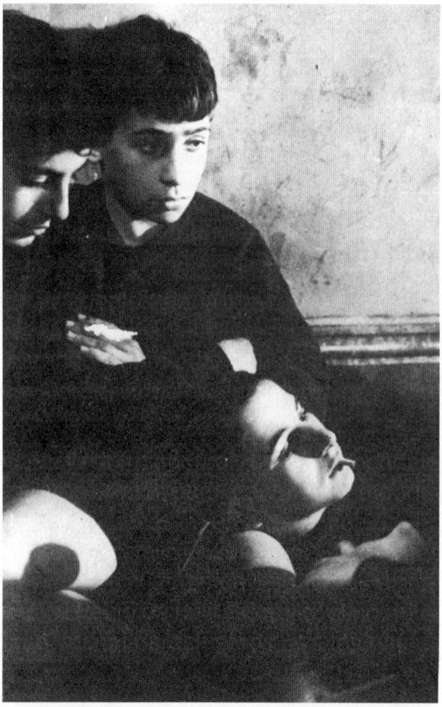

"Crónica de un niño solo" (Leonardo Favio, 1965).

vendiendo versiones para uso local, recortadas según la censura existente, y ofreciendo otras más "liberales" para Centroamérica o el mercado hispanohablante de los Estados Unidos.

Por otra parte, en la línea definida también por Ayala como de "cine serio y testimonial" –la burguesía "modernizante" que Aries de algún modo representa– quedó siempre encerrada dentro de las circunstancias políticas coyunturalmente hegemónicas, sirviéndolas de una u otra forma. Su oportunismo empresarial sirvió al triunfo militar liberal de la década del '50 (*El jefe, El candidato*); o a la misma ideología en los años '60, encabezada ahora por generales como Lanusse y otros (*Argentino hasta la muerte, Argentinísima*); y finalmente, a la nueva dictadura, como ocurrió luego con otras películas de esa empresa (*Los médicos*).

A lo largo de este proceso y vinculado al cine de difusión comercial, se destaca sin duda un joven realizador, también autodidacta, formado en sus comienzos como actor y luego como cantante de repercusión popular entre las nuevas generaciones. Se trata de Leonardo Favio, iniciado en la realización bajo la influencia de Torre Nilsson, para quien trabajó en algunas de sus películas. Su primer film fue *Crónica de un niño solo* (1965), una de las obras más valiosas de este momento. Favio logró introducirse líricamente en una línea casi autobiográfica, vinculada a las experiencias de la infancia marginal, aquella que sobrevive a las violencias de la sociedad, entre los disturbios miserables y los reformatorios inhumanos.

Posteriormente, en 1966, Favio realizó *Romance del Aniceto y la Francisca,* más apropiada para el gusto de cierta crítica y de las capas medias, por su tratamiento formalmente acabado, pero carente en cierta medida de la espontánea profundidad que afloraba en *Crónica...*

En 1967 dirigiría su tercer film, *El dependiente*, quizá su obra más despareja, pero poseedora, en cambio, de una vitalidad muy superior a las que tendrían sus otras películas, técnicamente mejor realizadas, como *Nazareno Cruz y el lobo*, producida en 1975 sobre un popular radioteatro de décadas anteriores, o *Soñar, soñar...* donde trabajó con el boxeador-actor Carlos Monzón y el cantante Gian Franco Pagliaro.

Paralelamente al conjunto de esta actividad, se desarrolló otra, a cargo de diversos realizadores que comenzaron a plantearse un uso distinto para su producción. Algunos de ellos contribuirían a dar vida a los primeros antecedentes de la "argentinización" de los intelectuales.

Una nueva forma de realización cinematrográfica. Fernando Solanas filma "La hora de los hornos" con cámara de 16 mm y bobinas de 30 metros sin sonido sincrónico.

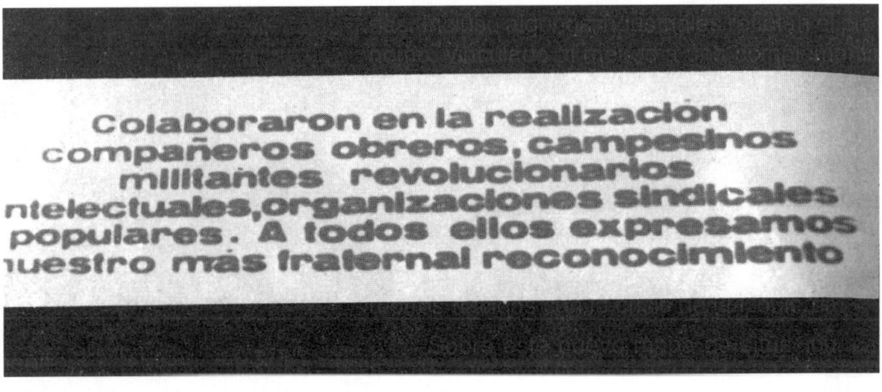

Un nuevo concepto en el uso del cine. "La hora de los hornos", cine para "actores" (Cine Liberación, 1968).

Antes incluso del gobierno de Onganía, cuando agonizaba la tentativa de los radicales con Arturo Illia, comenzó la realización de una de las películas más significativas de esta época: *La hora de los hornos*, dirigida por Fernando Solanas y de la cual participé como coautor. Ella fue una especie de anticipo de lo que acaecería posteriormente; construída en los momentos finales de Illia y a lo largo de todo el gobierno militar de Onganía, la película se insertaba conceptualmente en el proceso que se estaba operando en las capas medias y en el proletariado. El film adelantó, de algún modo, la noción de una etapa de profundas transformaciones en la conciencia de las grandes masas, así como las metodologías de acción que buena parte de ellas asumirían para enfrentar a los poderes dominantes. Con *La hora...* nació también el Grupo Cine Liberación, primer antecedente de otros grupos similares en las áreas del trabajo artístico o profesional de entonces.

Antes que competir con la actividad cinematográfica dominante, Cine Liberación, integrado inicialmente por Fernando Solanas y el autor de este trabajo, se propuso experimentar un modo de uso diferente del cine, tomando como antecedente la obra de los realizadores que habían sabido expresar a niveles más elevados la fisonomía del país. No es casual entonces que quienes hicimos esa película insertáramos como nuevo recurso distintas "citas fílmicas". La primera de ellas correspondió a *Tire dié*, de Birri, heredero a su vez de la mejor tradición cinematográfica argentina. También se incorporaron imágenes de *Faena* de Humberto Ríos. Las otras "citas" pertenecían a realizadores de otros países, como Jori Ivens, Santiago Alvarez y León Hirzman que también habían ensayado con lucidez un cine de altos valores testimoniales y culturales.

Pero las circunstancias que posibilitaba un film como *La hora...* difícilmente hubieran existido de no mediar otra cosa que importantes antecedentes cinematográficos o actitudes progresistas de algunos realizadores. El "motor" del filme fue la propia realidad nacional y la existencia de grandes masas en proceso de organización y ofensiva, estructuradas a su vez como potencial circuito de difusión, totalmente diferenciado de los circuitos convencionales.

No se trataba ya solamente de "testimoniar", sino de profundizar un proceso incorporando una actitud, al menos tentativamente, militante. *La hora...* –señalábamos– antes que un film, es un Acto; un Acto para la liberación. Una obra inconclusa, abierta para incorporar el diálogo y para el encuentro de voluntades revolucionarias. Obra marcada por las limitaciones propias de nuestra sociedad y de nosotros, pero llena también de posibilidades de nuestra realidad y de nosotros mismos".[22]

La hora... abrió un circuito clandestino de exhibición, pero en un espacio relativamente seguro, controlado por las organizaciones populares en ascenso. Allí se multiplicaron las copias y se descentralizó su uso. Cada exhibición se adecuó a las características de quienes la organizaban y a quienes fueran sus receptores. La libertad del "exhibidor" o del "público" fue así mucho más respetada que la del "autor", disuelta y al servicio de aquella otra. (Muy pocas copias de los filmes de esta corriente eran similares. Para hacer más funcional su uso los organizadores de las exhibiciones agregaban o retiraban determinados fragmen-

---

[22] *F. Solanas y O. Getino*, "Cine, cultura y descolonización", *Siglo XXI, Buenos Aires,1973.*

Escena del rodaje de "El camino hacia la muerte del viejo Reales" (Gerardo Vallejo, 1971).

tos, a fin de adecuarlos a las características propias de cada espacio o momento de proyección).(*)

Al grupo inicial se agregó muy pronto otro realizador, Gerardo Vallejo, procedente de Tucumán donde había realizado diversos cortometrajes documentales, como *Zafra, Las cosas ciertas* y *Ollas populares*. Vallejo dirigiría luego su primer largometraje, *El camino hacia la muerte del viejo Reales*, donde realidad y ficción se entremezclan testimoniando el proceso de una familia de trabajadores azucareros del noroeste argentino. También dirigió cortometrajes para difusión televisiva en Tucumán, a través de la emisora regional controlada por la Universi-

---

(*) *En un documento interno elaborado por Cine Liberación para su circulación entre las organizaciones populares, se señalaba lo siguiente:* "Todavía no existe en las organizaciones ocupadas de la difusión de cine político, suficiente claridad sobre la importancia que puede tener cada proyección para extraer de ella una utilidad política mucho mayor. Generalmente se convoca a la gente para 'ver una película', y a veces ni siquiera se estimula una conversación con los participantes una vez finalizada la misma. En cada proyección de cine militante lo que más importa no es la o las películas, sino los participantes y el trabajo político que pueda realizarse con ellos. La película opera a nivel de 'informe', de presentación de un determinado tema como pretexto para la convocatoria a la reunión. (...) Esto lleva a plantear la imperiosa necesidad de un organizador político o un pequeño grupo organizador, no de la proyección sino del ACTO.(...) Conviene recordar al o a los organizadores la utilización de todos aquellos elementos que faciliten la comunicación entre los asistentes y su participación activa. Esto depende del lugar y del momento, así como de la gente que participe, pero en términos generales, podríamos hablar de la utilización de música (canciones, poemas grabados, etc.), unos mates, un vino, distribución de pequeños textos, diarios o volantes, afiches, no descartando una guitarreada, un recitado, es decir, inventar todo aquello que sirva para crear un clima adecuado a lo que se intenta obtener del ACTO. Es precisamente de esta participación activa de los asistentes (que no debe dificultar las medidas de seguridad adoptadas), de donde cada proyección de cine político podrá extraer una utilidad política importante, principal objetivo que justificaría el esfuerzo de la realización y difusión de dicho cine". *("Recomendaciones para la difusión de cine militante", 1969, Grupo Cine Liberación. Fragmentos de este documento fueron publicados en la revista* Cine y Liberación, *Nº 1, septiembre 1972).*

"Argentina: Mayo 1969" (Realizadores de Mayo, 1969).

Octavio Getino, Gerardo Vallejo, Fernando Birri, Fernando Solanas, Edgardo Pallero y Agustin Mahieu (1971).

dad. Sus filmes *Testimonios* lograron alcanzar una gran difusión popular dentro de la provincia.

En Buenos Aires se desarrolló, asimismo, una labor de organización dirigida a facilitar la utilización de los materiales producidos, así como a generar las nuevas películas. En 1968 se realizó la primera tentativa de noticiero sindical, por medio de la CGT de los Argentinos (*Cineinformes de la CGT*), que se interrumpió con la intervención a ese organismo sindical.

Un importante número de cineastas y técnicos comenzó a acompañar el nuevo proyecto, ya sea dando vida a los circuitos de utilización o realizando películas. Dos largometrajes se concretaron así, estimulados por el "cordobazo" y el "rosariazo" (las insurrecciones populares que tuvieron lugar en las ciudades de Córdoba y Rosario). Estos filmes fueron *Argentina: Mayo 1969*, realizado en base a una serie de episodios, doce en total, testimoniales de distintos aspectos de la insurrección y dirigidos por el grupo anónimo, Realizadores de Mayo, entre quienes figuraban algunos integrantes de Cine Liberación. El otro film fue *Tiempo de violencia*, del militante peronista Enrique Juárez, muerto tiempo después, en 1976, por las fuerzas de represión.

En 1970, Solanas, quien antes de *La hora...* había realizado dos cortometrajes –uno de ellos relacionado con las circunstancias políticas del ascenso de Illia al gobierno– inició los preparativos para un segundo largometraje, *Los hijos de Fierro*. Por mi parte, comencé en 1972 mi primera experiencia en el cine argumental con *El familiar*, una alegoría sobre la historia de los pueblos latinoamericanos. Pero antes de concluir esos trabajos –el primero se terminaría recién en 1973 y el segundo en 1975–, junto con Solanas, Vallejo y otros integrantes de Cine Liberación, realizamos dos largometrajes de tipo documental, en base a largas entrevistas a Perón, efectuadas en Madrid en 1971. Las películas habían surgido como proyecto de trabajo político para ser utilizadas por los grupos de la juventud peronista y por los organismos sindicales y populares de ese movimiento. Ambas, *La Revolución Justicialista* y *Actualización Política y Doctrinaria*, tuvieron una rápida acogida de los sectores a los cuales iban dirigidas.

En ese entonces, otro realizador, Jorge Cedrón, concluía también un largometraje con actores y personajes reales, *Operación Masacre*, referido a los fusilamientos de militantes peronistas en 1956. El film pronto tuvo utilización política, aunque por su estructura y realización, buscaba también el ámbito de difusión convencional, circunstancia que pudo ser lograda finalmente en 1973, durante el gobierno de Perón.

Aprovechando esta coyuntura, favorable para una tentativa de comercialización de la temática histórica reciente, algunos productores se aventuraron en realizaciones de tipo documental, utilizando materiales de archivo, y adecuando los contenidos a las pautas de una censura en repliegue, como parte del retroceso que experimentaban las Fuerzas Armadas ante las exigencias democráticas populares. En este tipo de filmes cabría ubicar a *Ni vencedores ni vencidos*, visión desarrollista del proceso peronista y vana tentativa destinada a promover el "pacto nacional" lanussista, y *Una mujer un pueblo*, sobre la vida de Eva Perón, donde la elocuencia de las imágenes lograba sobreponerse a un texto demasiado superficial.

En una línea diferenciada, un joven realizador de formación autodidacta, emprendía también con el cine documental un film de notable factura, tanto por su nivel de realización como por su búsqueda de lo auténticamente popular. Se trataba de Edmundo Valladares, quien con *Nosotros los monos* (1972), procuró abrir una estimulante brecha en las pantallas nacionales. Sin embargo, el peso de las estructuras tradicionales del cine ahogó la continuidad de esa tentativa.

Por su parte, la izquierda tradicional, o los grupos de la nueva izquierda, no lograron realizar ninguna producción de tipo testimonial o político a lo largo de toda esa etapa. La primera experiencia fue el film de Raimundo Gleyzer, *La revolución congelada*, realizado en México de 1970, con una visión crítica frente a ciertos movimientos de masas que –por su alcance– aludía a la experiencia peronista.

Cine Liberación experimentó en ese período repetidos secuestros de copias, allanamientos de locales donde se exhibían sus películas, detenciones y prohibiciones. La censura, reforzada ampliamente durante el gobierno de Onganía –poco después de hacerse pública *La hora de los hornos*– no pudo sin embargo enfrentar el nuevo tipo de utilización que se estaba dando al cine, en tanto aquélla se encuadraba en organizaciones relativamente poderosas.

¿Era ésta la situación de otros países de América Latina, espacios a los que la experiencia argentina intentó ser trasladada? Posiblemente lo fue en unos, pero no así en otros. Lo cierto es que los objetivos de esta tentativa se proyectaron rápidamente a muchos países del continente, dando vida a filmes con metodología parecida, o a circuitos de difusión y distribución vinculados a un uso estrictamente político.

7. Los "catorce meses" (mayo 1973- julio 1974)

"Sesenta años de crecimiento industrial y económico soviético y de un sistema que concede prioridad al fortalecimiento militar –reconocía Henry Kissinger en la Conferencia de Dallas, en marzo de 1976– *han llevado a la Unión Soviética a una posición casi de equilibrio con los Estados Unidos. Ninguna decisión o política nuestra ha producido esto. Nada de lo que hubiésemos hecho lo hubiera prevenido. Nada de los que podamos hacer lo hará desaparecer."*

Ese reconocimiento, imposible de ser explicitado, por ejemplo, una década atrás, era casi simultáneo de las derrotas imperiales en Indochina, el crecimiento independentista en Africa y los efectos que tales situaciones provocaban en la economía –y por tanto, en la conciencia– de los habitantes de las áreas generalmente usufructuadoras, como los países europeos y la propia metrópoli estadounidense. Europa se convirtió en el centro principal del conflicto –¡hasta el propio Vaticano se vio rodeado de comunistas!– y, en consecuencia, allí comenzó a librarse la batalla mayor, la de las negociaciones políticas.

América Latina, por su parte, quedó como coto cerrado de los Estados Unidos, sin que ninguna otra potencia mundial se propusiera disputárselo, al menos en esa etapa. La ofensiva popular desatada en fundamentales regiones del continente, particularmente en el Cono Sur, debía ser neutralizada. Los Allende, Torres, Velasco Alvarado, Perón, triunfantes en momentos en que el Imperio atendía conflictos de mayor importancia estratégica, fueron ubicados en el centro de la mira norteamericana. Las "fuerzas de demolición" locales, estarían a cargo de la contraofensiva en una primera etapa. El proceso fue rápido. Uruguay, Bolivia, Chile, Argentina y Perú vieron frustradas sus aspiraciones de desarrollo autónomo y de independencia política.

En mayo de 1973, cuando Héctor Cámpora asumió el gobierno argentino, con el 50% del electorado a su favor, la contraofensiva se había impuesto en algunos países, como Uruguay y Bolivia. Meses después, cuando Perón asume directamente la presidencia con casi los dos tercios del electorado a su favor, Chile estaba a punto de sucumbir, y el Perú entraba también en los preámbulos de la llamada "Segunda Fase" de la revolución iniciada por el Gral. Velasco Alvarado.

En el contexto específico del cine comprometido con los procesos de liberación, la situación, lógicamente, era similar. En octubre de 1969, Glauber Rocha y otros cineastas del "cinema novo" brasileño se habían ido del país, impedidos de seguir trabajando; en agosto de 1971, integrantes del Grupo Ukamau de Bolivia (Jorge Sanjinés y Arrieta), debieron hacer otro tanto, tras el golpe militar de derecha; en mayo de 1972 la policía allanaba en Montevideo la Cinemateca del Tercer

Mundo, llevándose sus películas, equipos y archivos; en julio de ese mismo año varios cineastas colombianos, como Carlos Alvarez y Julia Alvarez, fueron detenidos acusados de complicidad con la guerrilla. Algo más de un año después, la casi totalidad del cine chileno estaría obligada a abandonar el país, simultáneamente con el golpe militar de Pinochet; sin embargo en los primeros meses de 1973, la Argentina aún sobrevivía con su proyecto emancipador, experimentando los momentos de mayor integración y movilización popular.

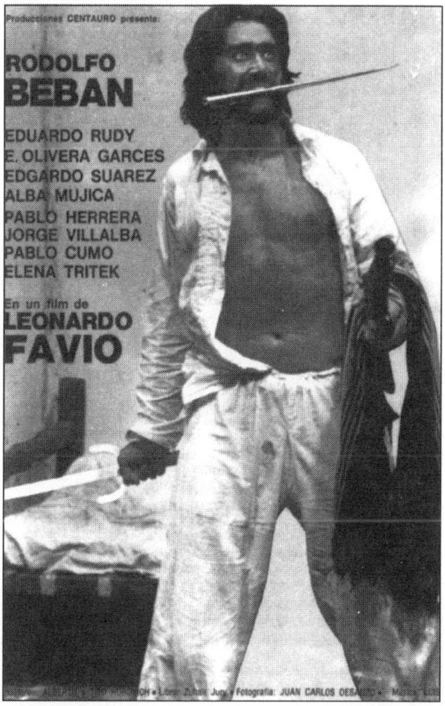

Afiche de "Juan Moreira" (Leonardo Favio, 1973).

La fiesta cundía en las calles, tal vez como nunca había ocurrido hasta ese entonces. Inmensas expectativas de liberación nacional articulaban a las grandes masas de trabajadores, junto a la pequeña burguesía, intelectuales y sectores reducidos de la burguesía nacional. A excepción de las Fuerzas Armadas –que continuaban manteniendo una cohesión prácticamente total frente al proceso que se inauguraba– el conjunto de las instituciones nacionales había sido afectado de una u otra manera por la voluntad expresada resueltamente en las urnas.

En el campo del cine, una película de Leonardo Favio convocaba grandes multitudes. Se trataba de *Juan Moreira*, un film estrenado el día de la víspera de la asunción del gobierno de Cámpora, dedicado a retomar una temática en la cual el cine argentino había alcanzado notable repercusión: la injusticia social, vivida a través de personajes marginados, como eran los gauchos de fines del siglo pasado. El tono del film lindaba por momentos con la épica, aunque ciertos efectismos le restaban hondura dramática, o por lo menos, disminuían aquella poesía auténtica que había estado presente en películas anteriores de Favio. Si *Juan Moreira* se trasformaba en uno de los mayores éxitos comerciales del cine nacional, la razón no había que buscarla tanto en el film mismo, como en las circuntancias y el estado de ánimo que enaltecía a las grandes masas.

La industria tradicional, e incluso la nueva, había iniciado ya la elaboración de proyectos para la nueva etapa que se abría. Uno de ellos fue *La Patagonia rebelde* de Héctor Olivera, producida por Aries, que se constituiría también en otro de los mayores éxitos de boletería a partir de su estreno, en junio de 1974 (semanas antes de morir Perón). Al margen de la posible intencionalidad de la empresa productora –aprovechar un momento favorable para inscribir cierta temática que podría resultar exitosa– la denuncia de las masacres campesinas de la Patagonia en 1921 significó un serio avance en la producción nacional. Nunca

"La Patagonia rebelde" (Héctor Olivera, 1973).

hasta ese momento la industria se había aventurado a una denuncia de ese tipo, que implicaba un enfrentamiento abierto con la posición de las fuerzas armadas. (Ellas se opusieron a la difusión del film, cosa que no aceptó el gobierno; la productora, por su parte, lo retiró de la circulación comercial pocos meses después, una vez concretada la operación comercial, aunque argumentando que el retiro obedecía a la voluntad de "no crear problemas a la paz social").

Otro film de valores destacados estrenado en esa época fue *Quebracho*, producida por un pequeño grupo de capitalistas que adherían al proceso de desarrollo autónomo. La película, dirigida por Ricardo Wullicher, analizaba con destacados aciertos, el enfrentamiento a la dominación inglesa en las regiones litoraleñas a comienzos de siglo.

Lautaro Murúa dirigió, finalmente, *La Raulito* una película donde el realizador retomaba lo mejor de sus experiencias anteriores, aproximándose al mundo de los marginados, en este caso una mujer.

El conjunto de la industria se movía con algunas expectativas. Salvo los grupos capitalistas más estables y antiguos como la Sono Film, la mayor parte de los empresarios productores participaban activamente en la tentativa de replantear las nuevas formas del desarrollo industrial.

Poco antes de que Cámpora asumiera el gobierno, renunciaron los funcionarios que se hallaban a cargo del Instituto de Cinematografía y del Ente de Calificación (censura); el director de este organismo había actuado a lo largo de los gobiernos de Illia y de los generales Onganía, Levingston y Lanusse. El nuevo gobierno designó a dos figuras fundamentales del cine nacional para conducir el Instituto de Cine, Hugo del Carril y Mario Soffici. En lo que a mí respecta, fui designado Interventor del Ente de Calificación Cinematográfica.

A partir de estas nuevas conducciones se inició una política radicalmente diferente. El Instituto –a cargo fundamentalmente de Soffici– estimuló un trabajo de organización gremial que condujo a revitalizar todos los sindicatos de la industria, particularmente el de los técnicos (que cambiaron su dirección anterior), de los directores (que incorporaron en su conducción a un 50% de nuevas y representativas figuras) y el de los productores independientes (quienes constituyeron una nueva agrupación, donde participaban Solanas, Kuhn, De la Torre, Ríos, Saderman, etcétera).

Esta actividad –iniciada a partir de la decisión de los propios cineastas, técnicos, directores y algunos empresarios– se canalizó a través de la Cámara de Cine, organismo coordinador del conjunto de la industria, ocupado también de preparar un Anteproyecto de Ley de Cine, el más avanzado que se elaboró alguna vez en el país. Los únicos sectores marginados de este proceso fueron los de la distribución y, fundamentalemnte, el empresariado exhibidor, quienes iniciarían una solapada y activa labor para enfrentar toda tentativa de cambio.

Entre las medidas previstas por el Anteproyecto de Ley, figuraban las de una mayor intervención del Estado en materia de producción, distribución y exhibición mediante empresas y actividades propias; estímulo a la producción industrial privada, particularmente a la de mayores cualidades culturales, así como a la que se preocupara de la renovación de sus planteles directivos, dando paso a las generaciones más jóvenes; obligatoriedad de la distribución extranjera de procesar sus copias en los laboratorios nacionales; incremento de la exhibición de películas argentinas; regionalización de la producción; estímulo a la construcción de circuitos de producción y utilización cinematográfica a nivel popular; mayor capacitación de técnicos y realizadores; circuitos de difusión en América Latina; incremento de las coproducciones en el espacio hispanoparlante, etcétera.

Este Anteproyecto, que fue ingresado a la Cámara de Diputados para su aprobación pocos días después de la muerte de Perón, sería posteriormente archivado por el gobierno que le sucedió. Sin embargo, aunque por muy poco tiempo, pudo experimentarse una política de cambios, particularmente en materia de censura, interpretando a través de una óptica ideológica diferente, la misma Ley que había dictado el gobierno del general Onganía.

Es así que la intervención del Ente de Calificación designó un Consejo Ase-

Reunión de directores de cine en la Asociación Argentina de Actores durante las gestiones por una nueva Ley de Cine. Entre otros: Nemesio Juárez, Armando Bresky, Alejandro Saderman, Octavio Getino y Mario Soffici y esposa.

MADRID, 10 de marzo de 1971

A los compañeros de los
"GRUPOS DE CINE LIBERACION"
BUENOS AIRES.

Mis queridos amigos:

Comenzaré por encomiar la tarea que Ustedes se han impuesto como felicitarles por las realizaciones ya logradas y cuanto desean realizar. Todo cuanto se haga por la liberación será una contribución a la grandeza de la Patria y a la felicidad del Pueblo Argentino. Nosotros que, de 1946 a 1955 aseguramos esa liberación, sabemos lo que élla representa para el porvenir argentino. Durante los diez años de Gobierno Justicialista se llegaron a resolver todos los problemas económicos y sociales argentinos, dando así diez años de abundancia a la poblacion del país y asegurando un desarrollo lento pero continuado, en el que un Pueblo feliz trabajaba sin sacrificios inútiles por la grandeza de su futuro.

La juventud argentina que ha presenciado también la etapa que media entre 1955 y 1971, ha podido ver cómo todo lo anterior ha quedado frustrado por la ineptitud de sus gobernantes que, desaprensivamente o premeditadamente, han permitido la penetración foránea que nos ha retrotraido a la época colonial. Si nosotros pudimos cambiar una economía de miseria por otra de abundancia, si nosotros pudimos asegurar una justicia social reclamada por las masas argentinas, fué precisamente porque antes pudimos asegurar la independencia económica y la soberanía nacional, porque ningún pais puede alcanzar ni la felicidad ni la abundancia, si no comienza, por asegurar su libertad.

En este sentido, he querido hacerles llegar por mano y amabilidad del compañero OCTAVIO GETINO, que me visitara, en Madrid, una cinta magnetofónica sobre el tema y que estudia sintéticamente "EL PROBLEMA DE LA LIBERACION", tal cual lo vemos desde el "TERCER MUNDO" que, como nosotros, se encuentra empeñado en asegurar su liberación, frente a las amenazas de los imperialismos dominantes y, en especial, contra la acción de la sinarquía internacional que, desde las Naciones Unidas, sirve esos mismos intereses. Espero que les guste.

El Continente Latinoamericano, desde donde lanzamos nosotros los justicialistas ya en 1945 una "tercera posición", tan distante de uno como de otro imperialismo, que llevaba implícita la liberación, comienza a darse cuenta de cuanto antes digo y ya cuatro paises han seguido el ejemplo con éxito. Ahora les queda a éllos y a nosotros la dificil tarea de consolidarla. El Neocolonialismo sabe que las independencias y las liberaciones son de largo aliento. Por éso no se afligen, especulando con la falta de perseverancia de los pueblos. Esa es la grave responsabilidad de la juventud de nuestros paises: luchar sin tregua y perseverantemente, que será el único modo en que puedan llegar a ser los artífices de su propio destino.

Nosotros podremos habernos equivocado en cualquier cosa, pero no en la elección de nuestras banderas: justicia social, independencia económica y soberanía política. Luchar por éllas es un deber, nó ya de peronistas, sino de argentinos. El "CINE LIBERACION" tiene ante si una larga pero honrosa misión: llegar a tódos con la demostración fehacientemente gráfica de una experiencia demasiado elocuente como para que no pueda ser comprendida y sentida. El último cuarto de siglo ha sido tan rico en enseñanzas de todo órden que sería lamentable que no se asimilaran por el Pueblo Argentino. Ese Pueblo ha pasado de la indigencia a la abundancia pero, desgraciadamente, ha tornado de nuevo a la pobreza. Alguna razón debe haber habido para que éllo sucediera. Buscarla en los hechos mismos desde 1945 a 1955 y luego hasta 1971, mostrarla a los argentinos, es una tarea realmente patriotica.

Finalmente, deseo que, junto con mi saludo mas afectuoso, les lleguen mis mejores deseos, con la exhortación mas sincera, para que sigan trabajando en la misión que se han impuesto, seguros de que con éllo, prestan un gran servicio al Pueblo y la Nación argentinos.

Un gran abrazo,

JUAN PERON.

Carta de Perón a los integrantes de Cine Liberación, 1971.

sor integrado por especialistas en materia de cine, cultura, pedagogía, psicología, sociología, religión y también representantes de la clase trabajadora organizada, Confederación General del Trabajo y Sindicato de la Industria Cinematográfica (SICA). Ese consejo sustituía al que había sido tradicionalmente formado entre anónimos integrantes de ligas y grupos "moralistas" ("Padres de Familia", "Madres de familia", "Ligas de Protección de la Infancia", etcétera).

Además de liberar todos los filmes prohibidos por razones ideológicas o políticas, el Ente aprobó los proyectos más avanzados que encaraba la industria, e inició una política de "calificaciones en público", que consistía en trasladar los momentos de la calificación de algunos filmes a ciertos ámbitos populares, como escuelas, sindicatos, etc., para estimular en ellos el debate con el público –que tenía entrada libre– a fin de tender a aclarar la profunda relación existente entre censura y dependencia.

En esta actividad participó el conjunto de los grupos que habían integrado Cine Liberación y buena parte de quienes últimamente habían conformado nuevos nucleamientos, como la Agrupación Peronista de Trabajadores del Cine. Finalmente, los filmes de esa corriente pudieron alcanzar difusión pública y masiva (*La hora de los hornos* se estrenó en Buenos Aires en más de veinte salas simultáneas). No obstante, el proceso no se limitaba a la iniciativa de Cine Liberación o grupos similares, sino que alcanzaba también a las mejores figuras del cine nacional, incluídos algunos empresarios, y al conjunto de los técnicos y trabajadores. Sobre éstos descansaba, en mayor medida, la posibilidad de lo que se estaba realizando.

A fines de agosto de 1973, se reunieron en le Sindicato de Luz y Fuerza de Buenos Aires unos cien cineastas bajo el lema: *"El cine es un patrimonio de la Nación y sólo pertenece al pueblo, que eligió el cambio y no el continuismo, la liberación y no la dependencia"*. Allí se constituyó un Frente de Liberación del Cine Nacional, alguno de cuyos integrantes participaría luego activamente en la elaboración de propuestas dirigidas a transformar la situación del conjunto de la cinematografía, mediante distintos proyectos que nunca pudieron ejecutarse: "Plan Trienal de la Cinematografía Argentina"; "Proyecto de Realizaciones Cinematográficas Estatales"; "Proyecto de Festival Internacional de Cine y Encuentro para América Latina y el Tercer Mundo"; "Proyecto de Servicios Sociales Integrales para la Cinematografía", etcétera.

Muchas de estas medidas surgieron en el ámbito del Frente de Liberación del Cine, donde participaban diversos cineastas, técninos y productores, como Rodolfo Kuhn, Fernando Solanas, René Mugica, Carlos Mazar, David Stivel, Alejandro Saderman, Nemesio Juárez, Humberto Ríos, Eduardo Calcagno, José Aguilar, Edgardo Pallero, Juan Carlos Gené, Edmundo Valladares y otros. Su traslado y discusión en el ámbito del gobierno nacional estuvo a cargo de Mugica, Mazar y el autor de este trabajo, quienes junto con Mario Soffici –entonces director del Instituto Nacional de Cine– colaboramos activamente para intentar cambios en la política oficial, colaboración que cesó con la muerte de Perón.

Nunca se había visto hasta ese momento una circunstancia semejante en el ámbito cinematográfico. Fue un proceso de confluencias nacido de lo que estaba ocurriendo en la realidad nacional; su solidez, de igual modo, dependía de la definición de contradicciones todavía no resueltas en dicha realidad.

Automarginados de este proceso, aparecieron algunos grupos, nacidos en la nueva izquierda y el trotskismo, quienes a partir del '72 produjeron sus primeros filmes. Es el caso de grupo Cine Base, donde cabría ubicar al realizador Raymundo Gleyzer, "desaparecido" por la dictadura militar, director de L*os Traidores*, el único largometraje surgido de estos agrupamientos. El film constituye un esquemático enfoque de la burocracia sindical y su principal mérito reside en abordar una temática muy pocas veces tratada en el cine nacional.

Posteriormente se hicieron filmes de corta duración, dirigidos a documentar actividades políticas del Frente al Socialismo (FAS), como *Congreso* (1973), *Congreso* (1974), o de los grupos armados de ultraizquierda, por ejemplo los *Comunicados Cinematográficos*, destinados a informar fuera del país sobre algunas de sus operaciones. El espacio de uso de esos materiales estaba naturalemente condicionado por los estrechos márgenes de control político que las organizaciones productoras tenían dentro del contexto nacional.

Del mismo modo que Cine Liberación años atrás había elegido el camino de la clandestinidad, vinculando su labor a organizaciones políticas de masas, los grupos de la nueva izquierda hacían lo propio ahora, aunque en un espacio notablemente más reducido. Los unos, elegimos la integración al proceso en el cual se desenvolvieron, pública y democráticamente, las grandes masas nacionales hasta julio del '74; los otros prefirieron la marginación o el enfrentamiento a dicho proceso. Por mi parte filmé con apoyo de la televisión italiana *El familiar* (1972) que recién se estrenaría a finales de 1975.

Entretanto, Solanas, al frente de la flamante Asociación de Productores de Películas Independientes (APPI), continuó la realización de *Los hijos de Fierro*, film que sería calificado de "interés especial" por el Instituto Nacional de Cine. El mismo es una gran alegoría del proceso histórico reciente; su búsqueda y tratamiento conceptual-lingüístico tiene pocos o ningún antecedente dentro del cine argentino y latinoamericano. Vallejo, por su parte, retomó sus trabajos para la televisión tucumana, ahora denominados *Testimonios de la Reconstrucción*, que contaron con el apoyo de las organizaciones de trabajadores de la provincia. Jóvenes realizadores, ubicados de alguna manera en la experiencia "vanguardista" lindante con el *underground*, realizaban y obtenían autorización para difundir sus filmes: *La familia unida espera la llegada de Halloween*, de Miguel Bejo; *Ceremonias*, de Néstor Lescovich; *Puntos suspensivos*, de Edgardo Cozarinsky; *La civilización está haciendo masa* y *Alianza para el Progreso*, de Julio Ludueña.

Desde una perspectiva cultural rigurosa, otro realizador, Jorge Prelorán, profundizaba la calidad y el enfoque de sus filmes documentales. Se había iniciado años atrás, junto a Raymundo Gleyzer, realizando películas de corte antropológico financiadas por universidades norteamericanas y el Fondo Nacional de las Artes. Más tarde desarrolló una importante labor que le permitió recuperar aspectos de la vida nacional, generalmente omitidos por quienes detentaban el poder cultural. Entre ellas recordamos *Hermógenes Cayo* (1970), *Araucanos de Ruca Choroy* (1971), *Los onas* (1973).

De esta etapa, convencionalmente abierta en mayo del '73 con el gobierno de Cámpora y cerrada en julio del '74 con la muerte de Perón y de su gobierno – 14 meses en suma– la síntesis de los hechos más destacables en el terreno del cine es la siguiente:

1. *Liberación de todos los filmes prohibidos hasta ese entonces por razones ideológico-políticas.* La medida alcanzó no sólo a las películas nacionales, sino también a las extranjeras.
2. *Descompresión de la censura.* No se prohibió ninguna película, aunque algu-

"La tregua" (Sergio Renán, 1974).

nas no fueron aprobadas a la espera de que se acogieran a la nueva ley de cine en preparación. Ellas se inscribían en lo que el Ente calificaba de "racismo colonial", como el film italiano *Africa ama* u otras de explícito corte pornográfico comercial. La descompresión alcanzó a filmes que anteriormente habían sido tijereteados por la censura, o que no se habían presentado a ella por temor a la prohibición: *Operación masacre* de Cedrón; *Los traidores* de Gleyzer; *Testimonios sobre la tortura en la Argentina*, 1970-72; *El diálogo de América (Fidel Castro y Salvador Allende); Voto más fusil,* de Helvio Soto; *Estado de sitio*, de Costa Gavras; *Los demonios*, de Ken Russell; *Último tango en París*, de Bertolucci; *La gran comilona*, de Ferreri; *La naranja mecánica*, de Kubrik; los últimos filmes de Pasolini, Godard, Bergman, etcétera.

3. *Mejoramiento de la producción industrial nacional.* Se inició la preparación o se realizaron películas como *La Patagonia rebelde*, de Olivera; *Quebracho*, de Wullicher; *La Raulito*, de Murúa; *La tregua*, de Sergio Renán, etcétera.

4. *Incremento de la producción nacional.* El promedio de películas anuales estrenadas entre 1955 y 1970 fue de 29. En 1973 esa cifra se elevó a 39 y en 1974 a 40. En los catorce meses a que nos referimos, el total de filmes argentinos estrenados fue de 54.

5. *Aumento de la concurrencia a las salas.* Estuvo dado por el reingreso a las mismas de sectores populares que habían ido marginándose del cine en los últimos años. La cantidad de espectadores fue en 1973 un 12% superior a la de 1972; en 1974, el incremento ascendió al 40%.

6. *Fortalecimiento de las organizaciones del cine y política de participación.* Esta labor tuvo como protagonistas a los trabajadores del la industria, nucleados en su sindicato (SICA), actores, directores y parte de los productores independientes.

7. *Elaboración de un proyecto de legislación destinada a liberar e impulsar los valores industriales y culturales de la cinematografía.* El proyecto fue discutido y acordado con la participación de las organizaciones y sindicatos del cine nacional, a excepción de la distribución y la exhibición.

Encuentro de realizadores y empresarios en la época de gestiones para autorizar la exhibición de "La Patagonia rebelde" resistida por las Fuerzas Armadas (1974).

Nunca en tan escaso tiempo logró hacerse tanto en la cinematografía nacional; tampoco nunca pudo lograrse un nivel de destrucción como el que se inauguró posteriormente.

8. La noche del cine argentino (1974-1982)

A partir de la muerte de Perón se acentuó abiertamente la contraofensiva imperial, insinuada ya durante la última etapa de vida del presidente argentino. Las fuerzas armadas, replegadas e intactas desde 1973, comenzaron a decidir directa o indirectamente la direccionalidad del proceso para encerrarlo en la misma situación que había sido ya experimentada en países vecinos. El golpe militar del '76 completó la maniobra de las fuerzas internas de "demolición", algunas pertenecientes al peronismo. A partir de entonces, la Argentina viviría uno de los momentos más trágicos de su historia. Su cinematografía, naturalmente, también.

Sobre el país cundió el terror, las matanzas sin precedentes, la desnacionalización de la economía. la quiebra de la pequeña y mediana industria, la desocupación, la pauperización de los sectores medios y populares, la represión cultural. Una noche llena de interrogantes se descargó sobre la vida de la sociedad argentina, aunque bueno es señalar que las grandes masas no dieron muestra alguna de haber sido convencidas por el proyecto dominante.

En lo concerniente a la cinematografía podríamos sintetizar lo ocurrido a través de los siguientes datos:

1. *Congelamiento del Proyecto de Ley de Cine*, elaborado entre 1973 y 1974, refrendado incluso por Isabel de Perón, fue archivado casi de inmediato durante su propio gobierno.

2. *Restricción o paralización de las actividades en las organizaciones gremiales de la industria.* Se puso fin a la etapa de consulta y participación. Cesó prácticamente la vida de la mayor parte de los gremios.
3. *Censura y prohibición de películas.* La situación fue aún más grave de lo que era habitual antes del '73; muchas de las más importantes películas aprobadas en la gestión de los "catorce meses" fueron nuevamente prohibidas.
4. *Disminución de la cantidad de películas producidas.* La cifra tope de 40 largometrajes realizados en 1974 descendió a 32 en 1975, cayendo abruptamente a 16 en 1976 y a 15 en 1977 para tender a recuperarse recién en 1979 con 31 películas. Los subsidios del Instituto Nacional de Cine a la industria se redujeron a cifras irrisorias. Los 20 millones de pesos nuevos, otorgados a los productores en 1975, no alcanzaban a cubrir el costo de la producción de 4 películas.
5. *Degradación de la calidad de las películas.* Entre 1976 y 1978 el cine argentino no pudo concretar ningún proyecto culturalmente importante. Dominó la producción de "comedias ligeras", filmes con cantantes de moda y otros de humor grueso que exhibían lo más deplorable del país.

La industria se redujo a sus niveles más misérimos, sostenida apenas en el cine publicitario.

Incluso realizadores y productores prestigiados anteriormente, como Torre Nilsson, fueron obligados a incursionar en ese tipo de producción al no encontrar ninguna otra alternativa. Nilsson, que a partir de su ciclo de filmes de ilustración histórica se dedicó a la adaptación de obras literarias nacionales como *Los siete locos* (1973), *Boquitas pintadas* (1974) o *La guerra del cerdo* (1975), debió soportar algunas dificultades con la censura en la última de sus películas, *Piedra libre* (1976). Se radicó en España y, desde entonces, hasta su muerte, en 1978, no volvió a filmar.

La Sono Film, de los descendientes de los Mentasti, clausuró sus puertas como estudio de producción en 1977, aunque los mismos fueron adquiridos en 1979 por la empresa productora MBC. Por su parte, Aries adquirió los estudios Baires. Su línea de producción debió trabajar con el seudohumor de Porcel y Olmedo y el comercialismo de algunos melodramas: *El gordo catástrofe, Las turistas piden guerra, Los médicos*, etc. Las circunstancias opresivas dominantes en ese momento parecieron impedir cualquier tentativa mínimamente digna.

De los realizadores jóvenes poco puede hablarse. Sus películas no tuvieron mayor repercusión y estuvieron dominadas, en términos generales, por una hibridez comprensible en los difíciles momentos que vivía el país. Era el caso de *Sola* (1976) de De la Torre; *Saverio el cruel* (1977), de Wullicher; *Crecer de golpe* (1977) de Sergio Renán, o *Qué es el otoño*, de Kohon. La última película de Favio, *Soñar, soñar* (1976) constituyó, asimismo, un fracaso a todo nivel.

Otros cineastas filmaban con seudónimo. Por ejemplo, Mario Sábato convertido en "Adrián Quiroga" dirigió *Los superagentes y el tesoro maldito* (1978), aunque poco después asumió su nombre real en *El poder de las tinieblas* (1979) y en *Tiro al aire* (1980).

Hacia 1978 el gobierno militar intentó una reactivación de la producción ci-

"Piedra Libre" (Leopoldo Torre Nilsson, 1976).

nematográfica mediante diversos estímulos a la actividad industrial que servirían, en el marco de la censura y la represión, a un incremento de filmes netamente comerciales, carentes en su casi totalidad de valores culturales relevantes. Baste recordar la producción argentina difundida entonces fuera del país, dominada por insípidos y aculturizantes filmes "musicales" o subdesarrolladas y groseras imitaciones de un cine "erótico-humorístico".

El mayor número de películas producidas en 1979, que alcanzó un total de 31, frente al promedio de 20 estrenadas entre 1976 y 1978, no tradujo otra cosa que una vana tentativa de favorecer a ciertos grupos de empresarios del cine nacional, sin que se incentivara en lo más mínimo el desarrollo de la calidad temática, estética o cultural de los filmes producidos.

Incluso, algunos industriales argentinos, pese a sus contradicciones estimuladas por la situación que el país atravesaba, acentuaron su posición crítica a la política gubernamental, intentando obtener una porción mayor en el reparto de utilidades que se llevaba a cabo, a expensas de las grandes masas de espectadores.

Uno de los productores más importantes del país, Héctor Olivera, copropietario de la empresa Aries –la de mayor actividad en esos años– se formulaba en 1980 algunas preguntas en el semanario *Heraldo de Cine*, tras sostener enfáticamente que *"nosotros no somos hombres de izquierda enfrentados a un gobierno de derecha, sino ciudadanos progresistas que apoyan al gobierno de las Fuerzas Armadas y desean que tenga el mayor de los éxitos de su gestión"*.

Estas preguntas, que tenían el valor de una reflexión autocrítica formulada desde el interior del propio del régimen vigente, se planteaban y se respondían de este modo: *"El 31 de marzo de 1981 finalizará la primera etapa del Proceso de Reconstrucción Nacional. Si comparamos lo ocurrido en nuestra industria en estos últimos años con referencia al lustro anterior, obtendremos las siguientes respuestas: ¿Se produjeron más películas? No. ¿Se atenuó la censura? No. ¿Se dio el mismo trato a las películas nacionales que a las extranjeras? No. ¿Mejoró la imagen interna y externa del cine nacional? No. ¿Hubo coherencia entre la política del INC y la del Ente de Calificación? No. ¿Hubo un criterio racional en el otorgamiento del subsidio? No. ¿Hubo renovación de valores? No. ¿Se sancionó la nueva ley? No. En una palabra: ¿llegó a nuestra industria el Proceso de Reconstrucción Nacional? No".*[23]

Es evidente que Olivera suponía la existencia –al menos en esas declaraciones– de un "proceso de reconstrucción nacional", cuando en realidad el país soportaba una situación de destrucción generalizada que afectaba a todas sus actividades productivas, entre las cuales figuraba también la actividad cultural e industrial cinematográfica.

El número de 31 largometrajes estrenados en 1979, simplemente alcanzó el promedio de lo que había sido habitual en los últimos decenios de la producción nacional (30 películas anuales). El "auge" experimentado en 1980, con 34 estrenos, sirvió solamente para volver a alcanzar la situación tradicional del estancamiento productivo. Además, ese incremento del número de películas realizadas, si se lo compara con la casi paralización de la industria entre el '76 y el '78, y logrado en desmedro de una serie de recursos y valores nacionales, tuvo una dimensión realmente dramática.

En primer término, cabe señalar que el aumento de los recursos disponibles en el Instituto Nacional de Cinematografía para "fomentar" la actividad industrial provino del alza del costo de las localidades a niveles nunca vistos en la historia del cine argentino y, sin duda, los más elevados en ese entonces, dentro del mercado de habla hispana.

El fomento de la actividad de ciertos grupos industriales se realizó con los siguientes costos sociales:

- Expulsión de las mayorías populares de las salas de cine y, consiguiente reducción del número de "salas de barrio", en la medida que tales mayorías comenzaron a verse impedidas de acceder al consumo cinematográfico, por lo menos en términos relativamente periódicos y estables.
- Apropiación del consumo de películas por parte de sectores sociales medios altos, particularmente en los grandes centros urbanos del país. (La Capital Federal y el Gran Buenos Aires concentraban el 55% del mercado cinematográfico nacional.)

El acceso cultural del pueblo al medio cinematográfico fue vedado con el agravante de que se trató de reducir el consumo cultural de las grandes masas –en una clara maniobra ideológico-política– al medio televisivo, plenamente controlado por los servicios de inteligencia y de guerra psicológica de las Fuerzas Armadas, y por los testaferros de la política cultural impuesta a partir de 1976.

Pese a sus limitaciones, el medio cinematográfico tuvo aún la posibilidad de introducir parte de una problemática social y mundial –distorsionada o no– que cada vez resultaba más difícil de reprimir en el plano de la censura, dadas las presiones de las empresas extranjeras necesitadas de una mayor "libertad de mercado", para lo cual requerían también –como lo siguen requiriendo– de la tan mentada "libertad de expresión". Esto resultaba menos visible en la televisión, donde la competencia privada era menor y en consecuencia pasaban más desapercibidas las tensiones con el Estado, pese a que la represión y la censura en dicho medio eran muchísimo más contundentes.

Si esto aparecía como parte del costo social e ideológico experimentado por

---

(23) *Revista* Heraldo del cine, *Buenos Aires, julio de 1980.*

el falso "auge" de la industria, habría que agregar, ya en el plano específicamente cultural, la degradación de la producción. Situación que se constata repasando simplemente los títulos de las películas producidas en los últimos años de la dictadura.

La expulsión del pueblo de las salas de cine fué simultánea de la expulsión del pueblo y del país real de las pantallas nacionales, situación totalmente congruente con la negación a las mayorías argentinas de sus derechos políticos, económicos, sociales y culturales.

La concentración económica y el predominio de los monopolios y oligopolios experimentados en los últimos años del "Proceso" para perjuicio de la pequeña y mediana empresa, encontraron en el cine argentino a diversos grupos que se vieron privilegiados con esa situación, de igual modo que sucedía en otras actividades de la industria y las finanzas, principalmente aquellas más promocionadas por la política económica de la dictadura y de su ministro de Economía, Martínez de Hoz.

La consolidación de empresas relativamente poderosas, como Aires, en el campo de la producción, o la fusión de los laboratorios cinematográficos Alex y Tecnofilm, tradujo de algún modo el proceso de concentración de los grupos que mejor supieron acomodarse a los lineamientos políticos y económicos impuestos por la dictadura. Sin embargo, cabe destacar que las grandes beneficiadas de esta situación continuaron siendo las productoras y distribuidoras extranjeras –particularmente norteamericanas– que incrementaron su poder sobre el mercado argentino en dichos años. El informe presentado en 1979 por la Motion Picture Export Association de los Estados Unidos es bien significativo. El mismo destaca el aumento de los ingresos de las distribuidoras norteamericanas en el mercado argentino: 14.800.000 dólares obtenidos por alquiler de películas en 1978, frente a 8.800.000 logrados en 1977. Es decir, una espectacular alza del 59.9% en un solo año.

En este marco, dominado por las grandes empresas multinacionales, y usufructuado a su vez por reducidos grupos locales que convalidaban en la práctica el proceso de destrucción nacional, una importante cantidad de realizadores, productores, actores y críticos estuvieron impedidos o dificultados para trabajar en el país, poblando las "listas negras" o "grises" de la censura gubernamental o de los grupos paramilitares. Amenazas de muerte o atentados obligaron a su vez a muchos a exiliarse: Gerardo Vallejo a Panamá y luego a España, Humberto Ríos a México, Rodolfo Kuhn a Alemania, Fernando Solanas y Jorge Cedrón a Francia, Lautaro Murúa a España, yo, por mi parte, al Perú y luego a México, etcétera.

Otros fueron "desaparecidos", como Raymundo Gleyzer o Pablo Szir, o resultaron asesinados: Enrique Juarez es un ejemplo. La muerte de Jorge Cedrón en Francia, en 1980, constituyó también un delito flagrante, que pese a la oscuridad que la rodeó, corresponde adjudicar a quienes se apropiaron en 1976 del gobierno argentino.

La contraofensiva, como podemos ver, se dirigió principalmente a destruir la confluencia que se había empezado a dar a fines de la década del '60. El encuentro entre los sectores medios y el proletariado, así como entre los intelectuales que, desde una u otra vertiente, tendían a confluir fue uno de los objetivos princi-

En el exilio, Octavio Getino dirige en la Selva Central peruana, documentales con los primeros equipos de video-color que ingresaron a ese país para la Universidad Católica (1977).

pales de la fuerza de "demolición". No es casual entonces, el terror desatado precisamente contra aquellos cineastas que intentaron documentar o expresar el proceso de síntesis o traducir en imágenes el proyecto del país orientado hacia su liberación integral.

Sin embargo, conviene destacar que el mayor daño a la cinematografía argentina no ha sido la expatriación, persecución o incluso el asesinato de algunos cineastas, sino la destructora paralización de su industria, que dejó a numerosos técnicos y profesionales sin trabajo, a empresarios sin ánimos de invertir, a trabajadores de la cultura sin posibilidad de expresarse, y al país entero impedido de verse a sí mismo en las propias pantallas nacionales y menos aún proyectarse más allá de sus fronteras geográficas. Una situación de dependencia regida inicialmente por la filosofía liberal que condujo a situaciones donde las propias ideas liberales concluyeron actuando como fuerzas de cercenamiento y de asfixia, de todos los sectores de la vida nacional.

No ha transcurrido siquiera un siglo –que es mucho para la vida de un individuo pero poco o nada para la de un pueblo– y el proyecto de "civilización" (en realidad de verdadera "barbarie") culmina su labor destructora impidiendo el desarrollo de bases industriales sólidas que sustituyan al país granja o estancia tradicional.

Transcurridos más de 170 años desde la formal proclamación de la independencia, la Argentina no es capaz aún de conducir por sí misma sus propios destinos históricos. El fracaso de las clases dominantes y de las Fuerzas Armadas que les sirvieron de sostén salta a la vista. Esta circunstancia condiciona la historia de la cinematografía nacional y hace sin duda al proceso de su industria y de su producción cultural. De este modo, una historia dominada por el conflicto "desarrollo autónomo" (*liberación*), versus "desarrollo del subdesarrollo" (*dependencia*), verifica, en el terreno de la cultura y la industria cinematográfica, su más dramática encrucijada.

9. La voluntad de cambio (1982-1983)

Si entre 1976 y 1980 la industria había soportado la agresión de una política destinada a reducir al máximo sus posibilidades, el fracaso de dicha política en el contexto nacional permitiría un renacimiento de las esperanzas a partir de 1981. Quienes más habían medrado con la tentativa de desmantelamiento industrial habían sido las grandes empresas distribuidoras y las cadenas principales de exhibición. El costo de las localidades, que había llegado a alcanzar los 5 dólares en los inicios del año 1981, convirtió al mercado argentino en uno de los más lucrativos de la región, de tal manera que las utilidades del sector comercial se duplicaron en relación a dos años atrás. ¿Qué interés podía existir entonces entre quienes manejaban la actividad cinematográfica local para ocuparse de la industria?

Sin embargo, el primer gran impacto inflacionario de 1981, que implicaba el estallido del plan económico de las Fuerzas Armadas (y del capital financiero internacional y local), asustó de pronto a quienes habían obtenido ganancias impensables en los últimos años. La recesión comenzó a golpear a las puertas de distribuidores y exhibidores. Aparecieron las complicaciones económicas y financieras, el incremento de los costos operativos, la obligada renegociación de los contratos, la reducción vertiginosa de la cotización del peso frente al dólar, con lo cual se devaluó a su vez el precio real de las entradas y se redujo el volumen de espectadores. La guerra de las Malvinas asestó, por su parte, una especie de golpe final a las ínfulas de una política que, con el pretexto de derrotar a la "subversión", había subvertido, sin necesidad de pretextos, las posibilidades del desarrollo nacional, hundiendo al país en una situación sin precedentes.

Nuevamente las calles de Buenos Aires y del país fueron escenario de grandes movilizaciones populares que llegaron a arrastrar inclusive a los sectores sociales medios y altos, beneficiarios hasta entonces del desmantelamiento operado en la economía nacional. Lo que estaba ocurriendo, no era tanto el fracaso de una política, sino el triunfo más rotundo de la misma, ya que no habían sido otras las intenciones reales de quienes manejaron la política y la economía argentina desde 1976.

En el terreno del cine la prueba estaba a la vista; 1982 fue uno de los años en que la producción cinematográfica argentina llegó a su volumen más bajo, apenas 17 películas. Sin embargo, este deterioro estimuló en la política nacional y en el cine tentativas de cambio. Ellas se habían venido insinuando tiempo atrás con algunas producciones, entre las que se destacó *Tiempo de revancha* (1980), de Adolfo Aristarain, una lúcida alegoría de la situación de violencia y represión padecida en el país; junto con ello, el film demostraba un inteligente y maduro tratamiento narrativo. El mismo Aristarain dirigió luego *Últimos días de la víctima* (1982), otro importante film, basado en la novela de José Pablo Feinmann.

"Tiempo de revancha" (Adolfo Aristarain, 1981).

"Plata dulce" (Fernando Ayala, 1982).

Fernando Ayala realizó a su vez *Plata dulce* (1982), describiendo la situación experimentada en años recientes en algunos sectores, dedicados a sobrevivir o a aprovecharse de la corrupción financiera impuesta por la dictadura. También otro joven realizador, David Lipszyc, se incorporó a la producción con otra película, *Volver* (1982), orientada a enfocar problemas del último período, con resultados cinematográficos que estuvieron por debajo de las intenciones político-culturales del realizador.

David José Kohon volvió a filmar, después de varios años de ausencia de las pantallas, logrando una producción de escasos méritos, *El agujero en la pared* (1981). Durante el año 1982, dos realizadores estrenaron también sus segundas obras, ambas con inquietudes culturales relevantes. Uno de ellos fue María Luisa Bemberg, con *Señora de nadie* (1981), película relacionada con la problemática femenina de los sectores sociales acomodados. El otro realizador fue Nicolás Sarquis, quien presentó *La muerte de Sebastián Arache y su pobre entierro* (rodado entre 1972 y 1977 con grandes dificultades económicas), importante película, tanto por la fuerza de sus imágenes como por la poesía que trasunta, claramente vinculada a la problemática latinoamericana (en el guión había cooperado Haroldo Conti, novelista "desaparecido" durante la dictadura).

Pese a la escasa producción, los títulos enunciados revelaban el desarrollo de una voluntad –y también una posibilidad– de expresar en términos superiores, problemas vividos en el país y cuyo tratamiento había sido reprimido por la censura de los últimos años.

Precisamente contra esa censura y en defensa del cine nacional, las principales organizaciones gremiales de trabajadores, directores y actores convocaron en diciembre de 1982, a través de la Comisión de Movilización de la Industria Cinematográfica Argentina, a una de las primeras manifestaciones realizadas frente a la Casa de Gobierno.

Meses atrás, en junio de ese mismo año, los directores habían emitido una declaración a través de su organización, DAC, en la que señalaba entre otras cosas, que *"la tremenda quiebra de valores éticos que padece el país es la fuente generadora de todas sus carencias. La violencia física, la persecución de ideas, el impuesto ocultamiento de la realidad nacional –histórica, política o social– son su consecuencia directa. Comprometidos con la verdad, los directores cinematográficos hemos denunciado prohibiciones y censuras como una de las más inmorales violencias ejercidas contra el pueblo, porque impedir el libre ejercicio de sus facultades intelectuales es negarle acceso al conocimiento (...) La crisis se da en dos planos: por un lado el productor cinematográfico local, descapitalizado, con total imposibilidad de absorber los costos financieros actuales y, en general carente de películas que interesen al espectador; por el otro, el mercado interno presionado por una producción extranjera de ingreso irrestricto que aporta, además de cantidad y alta calidad técnica y artística, una temática arbitrariamente privilegiada por la censura local. En este marco resulta nula la posibilidad de competencia para un cine nacional agobiado por su chatura y una falta de interés temático que lo margina de la consideración del exhibidor y de un público cada vez más descreído de lo que se le ofrece".*

La voluntad de terminar con la noche padecida por el país y su cine creció rápidamente en 1983. Casi unánimemente los argentinos manifestaban su vocación democrática y la decisión de reinstalar principios elementales, una y otra vez agredidos por las dictaduras militares. En materia de producción artística, dramaturgos, actores, pintores, cineastas y músicos habían demostrado en el último período su lucida percepción de la realidad. El movimiento Teatro Abierto, experimentado a partir de 1981, había probado la posibilidad de conquistar espacios libres, con la participación de más de veinte piezas de un solo acto cada una, en la que se habían comprometido centenares de profesionales. A ello se sumaría, un año después, la tentativa del llamado Cine Abierto, con resultados inferiores a los del teatro por las mayores dificultades existentes en el terreno de la producción de películas.

En 1983, aunque en términos industriales la producción cinematográfica nacional parece condenada a volúmenes prácticamente irrisorios (18 películas realizadas en el año), vuelve a manifestarse la voluntad de cambio, a través del abordaje de temas y de enfoques impensables hasta muy poco tiempo atrás. Es el caso de *El arreglo* (1983) de Fernando Ayala, con argumento de los dramaturgos Carlos Somigliana y Roberto Cossa, y *La República perdida* (1983), visión documental de los últimos cincuenta años de la vida política del país, formulada desde la perspectiva del radicalismo. La historia que la película desarrolla se inicia con el golpe militar que derrocó a Yrigoyen en 1930 y concluye con otro golpe, el que derribó al gobierno de Isabel de Perón en 1976. No contempla la etapa del llamado "proceso" por razones obvias, pero el simple hecho de recuperar parte de la historia tergiversada o silenciada en los últimos años contribuye al esclarecimiento y al debate de las alternativas nacionales. Este film despertó gran interés en la población, particularmente en la más joven, alcanzando el millón de espectadores.

Héctor Olivera retomó sus viejas obsesiones liberales con el peronismo, llevando a la pantalla la novela de Osvaldo Soriano *No habrá más penas ni olvido*, donde de nuevo –como para Ayala con *El jefe* y *El candidato* en los años '50 con el auge del proyecto desarrollista– el movimiento de masas era mostrado como una masa amorfa y confundida, sujeta a los designios de dirigentes venales o corruptos, entre los que figuraban incluso cómplices de lo que sería la dictadura militar. Conflicto de "buenos" y "malos", el film repetía los esquemas de una intelectualidad con serias limitaciones para comprender la dinámica de los movimientos históricos y sociales en el país.

Los cineastas se movilizan en favor de las libertades democráticas (1983).

En el transcurso del año '83 creció la presión de los cineastas para introducir cambios en las políticas que regian la actividad. Los productores independientes volvieron a reagruparse, ahora en la Asociación Argentina de Productores Cinematográficos Independientes (AAPCI), participando de la misma realizadores y productores que aportaron en esos años al desarrollo integral del cine (René Mujica, Alberto Fisherman, Luis Puenzo, Mario Sábato, Edgardo Palero, Sabina Sigler, Juan José Jusid, Raúl de la Torre, Bebe Kamin, David Lipszyc y otros). Encuentros y movilizaciones dieron vida a la llamada Asamblea Interpartidaria de la Cultura de la que participaron agrupamientos gremiales y políticos enrolados en una misma voluntad de democratización.

En noviembre de ese mismo año las organizaciones relacionadas con el cine elaboraron un documento, presentado como "Medidas de emergencia imprescindibles para poner en marcha la recuperación de la cinematografía nacional". El documento precisaba aspectos básicos de la problemática del cine nacional: *"A partir de la influencia del cine de los Estados Unidos de Norteamérica, que logró construir un verdadero imperio cinematográfico e imponer así sus modas, hábitos de consumo y modos de vida dentro y fuera de sus fronteras, las grandes potencias europeas –Francia, Inglaterra, Alemania, Italia, España– se vieron obligadas a estimular, impulsar y proteger un cine propio, ejemplo que fue seguido por países asiáticos como India, China y posteriormente, puesto en práctica por México, Brasil y Venezuela entre otros, pues entendieron que era deber del Estado preservar la individualidad del país en sus costumbres, su lenguaje, su literatura, su música, su cultura en fin. Como vemos, naciones con tradición artística y de libertad de expresión han debido estructurar y mantener una legislación proteccionista para hacer posible la existencia de una cinematografía propia. Nuestro país, en cambio, no ha podido hasta ahora (o no ha querido) enfrentar a una industria cinematográfica que como la norteamericana fundamentalmente, entra ya amortizada en su país de origen a favor de un mercado interno que excede los doscientos millones de habitantes, y de una legislación local que permite su ingreso con un mínimo, risible, arancel aduanero (...) Para que ese deterioro no se convierta en irreversible, debemos modificar la actual situación, pero ello requerirá de una firme voluntad política de quienes nos gobiernan, que no teman enfrentar a las estructuras monopólicas, y dirigida a romper los que hasta ahora han sido centros de poder. Obviamente, deberá realizarse una acción revolucionaria profunda y para ello deberá formarse la actividad teniendo en cuenta que el cine debe ser, y de hecho lo es, no sólo una industria, sino un elemento informativo en tanto testimonio, y formativo en tanto transmisor de ideas".*

El documento fue suscripto por DAC, SICA, AAA, AAPCI, Asociación de Realizadores de Cortometraje, Federación de Cine Independiente y Laboratorios Cinematográficos Argentinos, es decir, las organizaciones más representativas de la actividad industrial y cultural cinematográfica del país.

Como resultado de los cambios experimentados en la vida nacional con el reestablecimiento de las instituciones democráticas en diciembre de 1983, una nueva posibilidad se abre para el cine argentino. No está ella exenta de incertidumbre ni de interrogantes, pero el marco político donde podrá desenvolverse la próxima etapa de nuestro cine permite augurar un verdadero rejuvenecimiento y una mayor dinámica para los necesarios cambios.

10. "Cine en democracia" (1984-1988)

Hasta el capítulo anterior, he reproducido casi textualmente la visión que tenía en 1983 sobre las relaciones del cine y la sociedad argentina en poco menos de un siglo de historia, la misma que apareció publicada, en 1990, en *Cine y dependencia: El cine en la Argentina*. Cabe ahora ampliar y actualizar la misma, observando lo experimentado por nuestro cine en los últimos años, como parte de la historia nacional más reciente.

A finales de 1983, la victoria de la Unión Cívica Radical, con el 51% de los votos, sorprendió a todos, inclusive a los radicales. El peronismo, que apenas reunió el 40% de los sufragios, frente al 50% que había obtenido en marzo del 73 y más del 60% en octubre de ese mismo año, experimentó entonces una de las derrotas políticas más significativas de su historia.

Un país distinto emergía tras la más feroz dictadura del siglo. No era éste un hecho aislado en América Latina y en el mundo. Un año después habría de terminar la dictadura militar en Uruguay y al poco tiempo, en 1985, el Frente Sandinista de Liberación se impondría en las elecciones presidenciales de Nicaragua. La dictadura pinochetista comenzaba a perder el respaldo norteamericano y estaria obligada a estudiar las bases de una transición a la democracia, que tendría lugar en 1988, tras la derrota de Pinochet en el plebiscito al que fuera convocado el pueblo chileno.

Las dos grandes potencias mundiales, los EE.UU. y la URSS, aventuraban los primeros pasos tendientes a la desnuclearización y el desarme, en el marco de un proceso que adelantaba la *perestroika* (1985) y la implosión de las naciones del "socialismo real" (1989-90). La invasión de Granada por parte de los EE.UU. había mostrado, ya en 1983, la falta de una efectiva capacidad de reacción por parte del bloque soviético.

Si en los inicios de los años 70 el endeudamiento externo de los países subdesarrollados alcanzaba los 100 mil millones de dólares, esa cifra se multiplicaría por seis a lo largo de esa década, pasando a representar más de 600 mil millones de dólares en los años '80. A ese endeudamiento se sumaban los procesos de creciente marginalidad social y de concentración de la riqueza en cada vez menor cantidad de países e individuos. El único "desarrollo" observable en más de las dos terceras partes de la humanidad –incluidos los países latinoamericanos– era el del subdesarrollo. Cabe recordar que, en 1980, la deuda externa de América latina ascendía a más de 325 mil millones de dólares, la mayor parte de los cuales correspondían a Brasil, México y Argentina.

Pero la preocupación de la sociedad argentina no era en ese entonces prioritariamente económica, sino política. El desastre militar de las Malvinas, había representado una nueva frustración para el conjunto de la población y contribuyó a revalorizar, particularmente entre las generaciones más jóvenes, la restauración de los derechos individuales. Los años de la "guerra sucia" y del "terrorismo de Estado", habían dado prioridad en la conciencia de la gente a la llamada "democracia política", dejando para otro momento las cuestiones de la "democracia y la justicia social". *"La democracia no era un sistema funcionando sino una demanda. Este era el nudo político central que articulaba la voluntad política y las ideas de lo posible y lo necesario"*.(24)

El "estado de derecho", antes que el "estado de justicia" en su sentido más integral, era para los radicales el fin principal de su política. El discurso del presidente Alfonsín hacía de la democracia un fin en sí misma, orientándose hacia una convivencia social y política en el disenso. Pero ello era más representativo de las expectativas de los sectores medios, que de las reivindicaciones nacionales y sociales invocadas por el peronismo, su principal adversario político.

Además, éste, en los inicios de los '80 continuaba sumido en su derrota de pocos años atrás. "*Falto de líder, con una ideología que había cristalizado en un discurso vetusto o hacia un entronque con las vertientes más autoritarias y reaccionarias del proceso, totalmente ausente de autocrítica y sujeto aún a místicas y sacralizadas conducciones que, como se encargó de demostrar la dinámica social, no eran tales, el peronismo se preparaba para reconquistar el gobierno sin ningún proyecto que fuere alternativo al que intentó –sin éxito– mantener vigente entre 1974 y 1976*".[25]

En el mensaje de asunción del gobierno, el presidente Raúl Alfonsín, señaló que sus objetivos fundamentales estarían dedicados "*a los ámbitos cultural, social y político, como manera de recuperar definitivamente la democracia*". Las cuestiones económicas, que luego sellarían su imprevista salida del gobierno en el 89, quedaban relegadas a un segundo plano.

Consecuente con este planteo, el nuevo gobierno se rodeó de figuras representativas del campo de la cultura, las que se harían cargo de sus principales organismos: el dramaturgo Carlos Gorostiza, de la Secretaría de Cultura de la Nación; el actor Luis Brandoni, como Asesor Presidencial en temas de cultura; el escritor Pacho O'Donnell, Secretario de Cultura de la Municipalidad de Buenos Aires; el cineasta Javier Torre, director del Teatro General San Martín. Y los cineastas Manuel Antin y Ricardo Wulicher en la dirección y la vice-dirección del Instituto Nacional de Cinematografía.

En ese marco nacional e internacional, la actividad cinematográfica intentaba volver a afirmarse sobre bases de mayor libertad de expresión. La política de la censura seguía afectando como en años anteriores el desarrollo del cine sometiéndolo a una mediocridad más o menos generalizada.

No es casual entonces que la primera medida importante y, sin duda, la más trascendente en materia de legislación por parte del gobierno radical, fuera la elaboración de una ley para abolir la censura. En enero del 84, el historiador y crítico cinematográfico Jorge Miguel Couselo asumiría la intervención del Ente de Calificación Cinematográfica, procediendo a liberar un número importante de películas prohibidas, entre ellas, el film argentino *Los hijos de Fierro* (1974-1976), de Fernando Solanas. Un mes después, la Cámara de Senadores derogó por unanimidad, la ley 18019, más conocida como la "ley de censura", ciñendo el campo de la calificación fílmica a lo específico de la protección de la minoridad. Ello representaría un avance fundamental para el mejoramiento de la producción cinematográfica argentina.

---

(24) *Oscar Landi,* "El discurso sobre lo posible", *Estudios CEDES, Buenos Aires, 1985.*

(25) *Pablo Lerman,* "Estado, legitimidad y eficacia" *en revista* Unidos, *nº 9, Buenos Aires, 1986.*

La imagen documenta las investigaciones sobre los crímenes del "Proceso". "La República Perdida II" (Miguel Pérez, 1985).

Los realizadores Héctor Olivera y Fernando Ayala procedieron al reestreno de *La Patagonia rebelde*, producida en 1973 y que había constituido un serio aporte a la memoria histórica de los argentinos. Por su parte, Miguel Pérez, iniciaba el montaje de la segunda parte de *La República perdida,* tras el éxito de público obtenido con la primera. Juan Jusid proporcionaría, con su *Espérame mucho*, una visión particular del ascenso al poder del peronismo en los años '40. El conjunto de estas producciones, y algunas otras en ciernes, traducían una visión inquietante, sobre todo para los sectores medios, sobre la política y las prácticas del peronismo en el gobierno y en la resistencia. Por medio del documental y de la ficción, el proyecto radical encontraba en este tipo de productos la expresión fílmica que necesitaba para consolidar su ascenso al gobierno.

Los funcionarios a cargo del INC, Antin y Wulicher, dieron pronto a conocer una nómina de libros cinematográficos a los cuales se les había preadjudicado los primeros créditos de la nueva etapa del organismo. Figuraban entre ellos, *La historia oficial*, de Luis Puenzo; *Los chicos de la guerra*, de Bebé Kamin; *Cuarteles de invierno*, de Lautaro Murúa; *La Rosales* de David Lipszyc. Comenzaba una nueva época para el cine argentino. Aquella que algunos han bautizado como la del "cine en democracia" y que logró en sus inicios una merecida repercusión entre el público.

Hasta ese entonces las películas más taquilleras de la época habían sido de corte estrictamente comercial: *Qué linda es mi familia*, de Palito Ortega, y *La playa del amor*, de Adolfo Aristarain, en 1980, con más de un millón de espectadores cada una; *Los Parchis contra el inventor invisible*, de Mario Sábato (Adrián Quiroga) en 1981, con alrededor de un millón de espectadores; *Los fierecillos indomables*, de Enrique Carreras, en 1982, con más de un millón de espectadores, y *Los extraterrestres* y *Los fierecillos se divierten*, en 1983, ambas de Enrique Carreras, también con un millón o más de localidades vendidas. Pero en 1984, será *Camila*, de Maria Luisa Bemberg, la película que, con más de dos millones de espectadores, logra dejar atrás a "fierecillos", "parchis" y "extraterrestres", poniendo de nuevo en primer plano un tipo de producción más próxima al llamado "cine de calidad" que al de neto corte comercial.

En ese período, que va desde 1984 hasta 1988 –los años 83 y 89 fueron de transición entre gobiernos– la política cinematográfica estuvo a cargo de Manuel Antín. Ella se enmarcó en los objetivos principales que el presidente Alfonsín había proclamado durante la asunción del mando ante el Congreso Nacional, dando prioridad a lo político y a lo cultural y dejando en segundo término la problemática industrial y económica del sector. Los juicios y las condenas a los integrantes de las juntas militares del Proceso ocuparían el mayor interés de la política en ese período. Un tema suficiente, junto con el "Plan Austral" aplicado a la economía en 1985, para obtener en ese mismo año una nueva victoria en las elecciones legislativas.

La política del radicalismo no serviría para promover el desarrollo industrial del cine –como no lo haría tampoco con las restantes industrias– pero sería funcional desde su enfoque "culturalista" para promocionar la imagen de su gobierno a nivel internacional. Esto formaba parte, a su vez, de la política de relaciones exteriores que –con la excepción de los compromisos adoptados frente a la deuda externa– aparecía globalmente como correcta y positiva para el país.

Durante esos años, la principal función asignada al cine fue la de establecer nexos político-culturales con las naciones más desarrolladas, particularmente las europeas, una labor que dicho medio cumplió a cabalidad. Prueba de ello fue la repercusión internacional del cine argentino ("de la democracia") –obtuvo entre 150 y 200 premios en festivales internacionales durante el período que tratamos– simultánea a la aprobación, por parte de la crítica y los medios, incluídos los de nuestro país. Repercusión aquella que tampoco se sustentaba necesariamente en los méritos de los filmes –al menos no en todos los títulos laureados– sino en razones de política internacional que intentaban brindar a la flamante democracia argentina, una asistencia complaciente, parecida a la que se le había brindado a los cineastas chilenos en Europa, tras el golpe militar de Pinochet.

Además, el adversario político de esas iniciativas, el peronismo, no contaba con ningún otro proyecto de política audiovisual que apareciera como superior al de los radicales. La improvisación, más o menos generalizada, campeaba en las dirigencias políticas tras el vendabal de los generales en la labor de represión y de los Martínez de Hoz en el endeudamiento del país, hechos simultáneos con el desmantelamiento de la industria nacional.

Inclinado entonces, hacia el "culturalismo" más que hacia el "industrialismo", la suerte del cine argentino se vio condicionada, inclusive, más que en otros momentos de su historia, por las decisiones de la Presidencia y los recursos anuales –o extraordinarios– que pudiera otorgar el gobierno.

En este sentido, la fluída comunicación entre el director del INC y el Presidente de la Nación facilitó durante un tiempo el otorgamiento de fondos para ayudas y subvenciones, con lo cual se neutralizaron eventuales conflictos con los cineastas. Aunque estos existieron en alguna medida, por razones de discriminación personal o política, se trataba de situaciones fácilmente controlables. La mayor parte de los realizadores mantuvo hacia el organismo gubernamental el mismo tipo de dependencia de épocas anteriores, aunque con enfoques distintos, facilitados ahora por el nuevo clima institucional que vivía el país.

En relación a la crítica y a los medios, la posición del sector osciló entre el oportunismo y la benevolencia. Bastaba con que se facilitaran pasajes para concurrir a cualquiera de los numerosos festivales internacionales, para que la mayor parte de la crítica edulcorase su visión de la política instalada. Además, los cronistas cinematográficos, trabajaban para medios cuyo sentido de la oportunidad –y del oportunismo– les había permitido medrar exitosamente tanto con el Estado gansteril de la dictadura como con la flamante democracia. Por otra parte, los canales de televisión y las emisoras de radio, que habían sido férreamente controladas por el gobierno militar, lo eran ahora por los distintos gruplos del partido gobernante, con lo cual se reducía el espacio crítico de los medios, sometidos a los intereses del *establishment* y de los grandes anunciantes (estatales y privados).

A lo largo de la gestión de Manuel Antín en el INC se desarrollaron algunas líneas de producción que han sido tradicionales en la historia de nuestro cine:

- "Cine comercial", característica que es propia de cualquier tipo de cine que integra la industria audiovisual, pero convencionalmente definido así por estar dedicado principalmente a obtener la mayor rentabilidad posible con el menor esfuerzo productivo y creativo;
- "Cine de calidad", con no menos inquietudes económicas que el "comercial", pero interesado en elevar simultáneamente el nivel estético y técnico de la producción, según las características del mercado, atento además a la crítica especializada nacional o internacional. Una línea cuyas bases de financiamiento se repartían casi por igual entre el mercado y las ayudas del INC;
- "Cine de autor", inexistente en la época del Proceso, con menor interés que el anterior por el mercado, aunque confundido a veces con él por sus inquietudes conceptuales o formales, estimulado ahora por la política culturalista (fomento, subvenciones, etc.) del Estado, con el propósito de obtener reconocimiento de la crítica local e internacional (festivales y muestras, mediante).

En la primera de las líneas referidas, salvo la marginación voluntaria de Palito Ortega –cuya empresa Chango Producciones había sido una de las más mimadas por el INC durante la dictadura y que sólo volvería a incursionar en la producción en 1985, con *Tacos altos*, de Sergio Renán– la producción experimentó cierta retracción, pero aún así, llegó a representar, entre 1984 y 1987, cerca del 40% de los largometrajes producidos y estrenados.

En ese sector se ubicó la producción más acomodaticia del que alguna vez fue un verdadero proyecto industrial, y si en la época del Proceso debieron lisonjear con alguna de sus películas a los representantes de la dictadura (*Comandos azules* de Norberto Vieyra, *Brigada en acción*, de Palito Ortega, etc.) tratarían ahora de adaptarse a las nuevas circunstancias. Su mérito mayor en cualquier época, fue no perder nunca de vista el mercado como objeto principal de sus inversiones y afanes. Un hecho que la mayor parte de los directores-productores subestimaron, con la consiguiente y obligada dependencia de los favores de las subvenciones gubernamentales.

Terminada la censura formal, mérito principal de la gestión alfonsinista en el campo del cine, creció el interés de los productores tradicionales por aquellos temas que no habían podido abordar durante la dictadura y que resultaban atractivos para amplios sectores del mercado cinematográfico. Ellos eran los de la política y el sexo, a lo cual se sumaban otros ingredientes como los de la droga y la violencia. Sin ningún interés por adentrarse en la temática política, los empresarios que habían convivido alegremente con la dictadura, privilegiaron el sexo –desnudos abundantes, orgías, incestos, homosexualidad, etc.– combinado con las drogas y la violencia, y también con el humor grueso, fórmula ésta probada con bastante éxito en la televisión de la "democracia". El *soft-porno* vernáculo –al igual que la "porno-chanchada", en Brasil, tras la dictadura militar– fue uno de los productos fílmicos más rentables en esos años, concluida la represión política y cultural de la "guerra sucia".

Entre 1984 y 1988, la producción fílmica argentina estuvo representada por unos 130 títulos estrenados, a los cuales se sumaron alrededor de 20 películas más, que quedaron inconclusas o carentes de salas de estreno. Las empresas más prolíficas, en cuanto al llamado cine comercial fueron solamente tres: Aries Cinematográfica, Argentina Sono Film y Cinematográfica Victoria.

En la primera de ellas, perteneciente a Héctor Olivera y Fernando Ayala, se produjeron cerca de veinte títulos, dirigidos por los fundadores de Aries Cinematográfica, además de Enrique Carreras. Su propósito específico era lograr un rápido éxito entre los espectadores menos exigentes, privilegiando el mercado interno, pero apuntando también a una fácil repercusión en los mercados sudamericanos. En algunos proyectos el atractivo principal estuvo dado por la presencia de figuras altamente conocidas en el campo de la televisión. Es el caso de las películas de Alberto Olmedo y Jorge Porcel en la saga de *Los colimbas al ataque*, *Los colimbas se divierten*, *Rambito y Rambón, primera misión*, *La galería del terror*, *Atracción peculiar*, etc., todas ellas a cargo de Enrique Carreras, que realizó en ese período doce películas, entre más de un centenar que llegó a dirigir en su vida profesional.

Puede agregarse también a esta línea "comercialista", una saga de títulos, disfrazados, a veces como "coproducciones internacionales" y destinados al mercado mundial, previo doblaje al inglés, como *Reina salvaje, La muerte blanca, Matar es morir un poco* (sobre una novela de José Pablo Feinmann), en asociación con el norteamericano Roger Corman, todos ellos dirigidos por el propio Olivera, además de otros títulos, como *El ojo de la tormenta* y *Amazonas*, a cargo de Alejandro Sessa, etcétera.

Consecuente con su estrategia de "dualidad" productiva, Aries retomó una línea que había dejado casi de lado durante el Proceso, más asociada a la idea de "cine de calidad", y que consistió en tratar temas históricos y problemas sociales de probada repercusión en el público local. Si en el año 73 Olivera había realizado películas de probado interés cultural y comercial, como fue *La Patagonia rebelde*, en el 86 lo haría con *La noche de los lápices*, una obra de intenciones altamente meritorias y de elevado valor testimonial, claramente legitimada en el momento político-cultural del "nunca más" que vivía el país.

La segunda empresa en materia productiva durante el período de referencia, fue Argentina Sono Film, a cargo de los sucesores del viejo Mentasti. En este caso no hubo, como en Aries, estrategias "duales", sea para exponer ideas bien intencionadas o para tranquilizar el bolsillo. El conjunto de su producción, unas diez películas en total, no tuvo otra pretensión que "funcionar" exitosamente en el

"Los bañeros más locos del mundo" (Carlos Galettini, 1986).

"Los colimbas se divierten" (Enrique Carreras, 1985).

mercado, retomando algunas viejas normas de la Sono, como la de hacer trabajar "por encargo" a distintos directores, diseñando de antemano el tipo de productos que deseaba obtener.

Esta empresa combinó el humor burdo y el seudoerotismo que la democracia permitían (*El manosanta está cargado*, de Hugo Sofovich; *Las colegialas*, de

Fernando Siro; *Los gatos*, de Carlos Borcosque) con filmes de acción y de aventuras, a la manera de los éxitos del cine norteamericano y que estaban destinados en gran medida al público infantil, atendiendo sus períodos vacacionales: *Los bañeros más locos del mundo, Las locuras del extraterrestre, Los matamonstruos en la mansión del terror*, etc., de Carlos Galettini; *Brigada explosiva contra los ninjas*, de M. A. Fernández; *Brigada explosiva*, de Enrique Dawi, etcétera. Películas de bajo presupuesto, rodadas en cuatro semanas y de consumo fácil para un público prácticamente cautivo.

Una excepción en esta línea productiva la constituyó *Las puertitas del Sr. López*, cuyos propósitos humorísticos y seudoeróticos tuvieron un tramiento acercado a lo que podríamos llamar "cine de calidad", gracias a la capacidad de Alberto Fischermann, su director.

Con iguales criterios que la Sono, la compañía Cinematográfica Victoria, de larga trayectoria productiva en el país, produjo unos diez largometrajes en este período, dedicados en su totalidad a combinar el humor grueso con desnudos femeninos, para un público adulto poco exigente. También aquí, como en la Sono, las películas estuvieron a cargo de realizadores diversos: Gerardo Sofovich (*Camarero nocturno en Mar del Plata* y *Johnny Tolengo, el majestuoso*, en esta última, con la co-dirección de Enrique Dawi); Enrique Cahen Salaverry (*Las aventuras de Tremendo*) y Enrique Carreras, en la secuela de *Mingo y Aníbal...*, con los actores cómicos Juan Carlos Altavista, Juan Carlos Calabró, Carlos Balá, Tristán y otros.

A estas tres empresas, cabría agregar otras de menor dimensión, pero especializadas también en un cine de bajo presupuesto y rápida amortización. Es el caso de GAG Producciones, a cargo de los filmes dirigidos por Enrique Vieyra, uno de los cineastas más afines que tuvieron los militares en el Proceso, que evitó ahora las películas de la serie de "comandos", y realizó en su lugar otras, con enfoque parecido, aunque protagonizadas por policías encomiables, guardiacárceles, prostitutas y delincuentes de dudosa moral (*Todo o nada, Sucedió en el internado, Correccional de mujeres, Obsesión de venganza,* etc.).

Víctor Bo Producciones figura también en una línea parecida a las anteriores, ya que desarrolló una producción comercialista, en los casos de *Las lobas* y *Seguridad personal*, dirigidas por Aníbal Di Salvo, junto con otras, más influenciada por intenciones de calidad, orientadas a sectores medios, como fueron *La clínica del Dr. Cureta*, de Alberto Fischerman; *Seguridad personal*, de Santiago Carlos Oves, y la meritoria experiencia de Jorge Coscia y Guillermo Saura con *Sentimientos - Mirta de Liniers a Estambul*, rodada en 16 mm y comercializada en las salas con el apoyo de esta productora.

Aunque concebidas especialmente para el mercado internacional y realizadas por directores, actores y técnicos en buena medida extranjeros, las películas de GAG Producciones se inscribieron todas ellas en los mismos criterios comerciales de las empresas antes referidas. Se diferenció de éstas al priorizar un diseño basado en temas y en escenarios totalmente des-territorializados. Sus directores resultaron ser totalmente desconocidos para el cine nacional, de igual modo que sucedía con las supuestas compañías coproductoras de Panamá y de Los Angeles que participaban de dichos filmes (*La venganza de un soldado*, de David Worth; *Entre rejas*, de Phillips Schumann; *Contacto ninja...*, de Gordon Hessler; *Sin escape*, de Joel Silberg).

La línea de producción de corte comercial representó un total de algo más de 50 títulos, lo cual equivale a casi el 40% de las estrenadas en la Argentina en los años del llamado "cine en democracia" (el número de estrenos osciló entre 120 y 130 títulos en esos cinco años).

Fueron películas que no lograron ninguna repercusión en festivales internacionales ni en la crítica de los medios locales o de otros países, si se exceptúan dos o tres títulos de Aries Cinematográfica. Tampoco le dieron lustre alguno a la política de relaciones internacionales del gobierno radical. Sin embargo, cabe destacar, que la casi totalidad de las producciones enroladas en la línea referida lograron recuperar sus inversiones y obtener, en numerosos casos, márgenes importantes de rentabilidad.

La disposición favorable del INC para evaluar proyectos que contuvieran mayores inquietudes temáticas o narrativas, y que permitieran una proyección internacional del país, estimuló la aparición de decenas de nuevos aspirantes a la realización fílmica, así como la reactualización de viejos proyectos por parte de directores ya experimentados. Si en el plano de las instituciones democráticas los derechos políticos correspondían a todos los ciudadanos por igual, otro tanto se planteaba en el campo del cine según la expectativa de los realizadores. Además el acento no estaba puesto ya en el mercado ni en la repercusión comercial de los proyectos, sino en lo que estos pudieran contribuir, en el interior y en el exterior del país, a las necesidades políticas y culturales del nuevo gobierno.

Si el cine comercial de las empresas antes referidas representó el 40% de la producción total de este período, correspondería a los directores, obligados a convertirse en productores de sus propios filmes, el 60% de los títulos restantes.

La figura del director-productor ha sido una constante en el cine argentino, como en el de la mayor parte de América Latina, desde la extinción de los grandes estudios. Su papel es equivalente al que estaría obligado a cumplir el autor literario en una región carente de industria editorial, es decir, cubrir funciones que van de la concepción de la obra, hasta la fabricación del producto manufacturado –el libro–, además de todo lo referido a su puesta en el mercado. Esa obligada mezcla de roles nacida de la frustración del viejo proyecto industrial de nuestro cine marca, de un modo u otro, no sólo las limitaciones en cuanto al financiamiento y la amortización de las películas, sino también, la temática, la narrativa y el tratamiento audiovisual de las mismas.

La mayor parte de los directores-productores que se acercaron en este período al Instituto Nacional de Cine con guiones de su autoría, aspiraban a algo más que al sólo éxito comercial. Sin desatender este propósito, los movía un interés por la calidad artística de cada producto y, en consecuencia, el reconocimiento cultural de quien se había propuesto realizarlo. En este punto, las referencias de la autoridad del INC, de la crítica local y de los festivales internacionales pasaban a importar más que la del "público-mercado". Si para los Mentasti, los Carreras o los Sofovich, el cine era pura mercancía, apenas un recurso para hacerse de dinero, para la mayoría de los directores-productores, era en cambio, un bien cultural necesario de ser jerarquizado y reconocido por el *establishment* de la cultura y del propio cine.

Pero este cine con aspiraciones de calidad se confundió a veces con lo

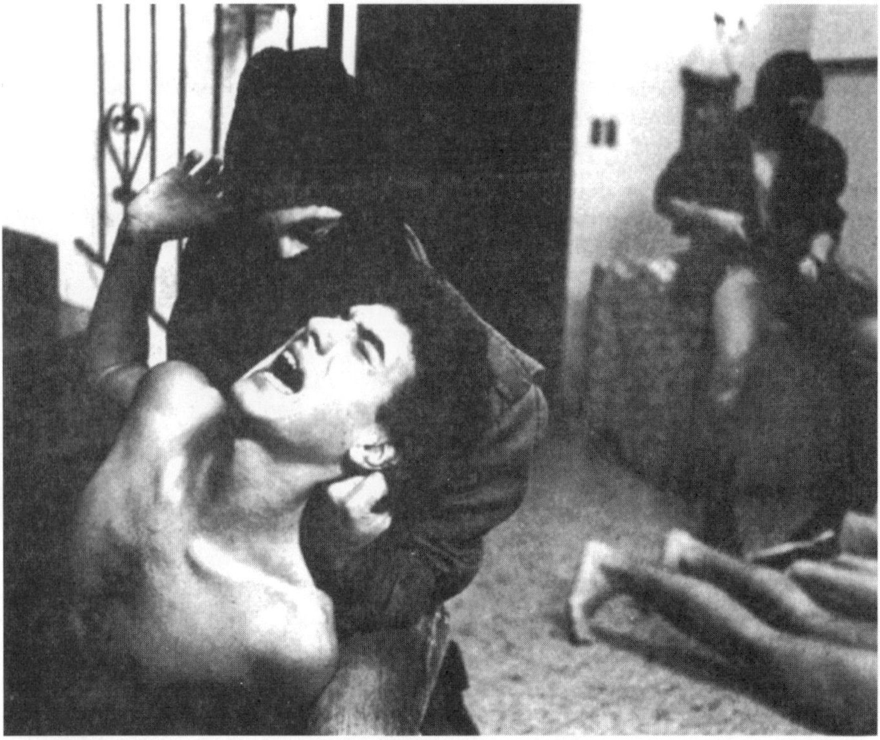

"La noche de los lápices" (Héctor Olivera, 1986).

meramente comercial o, en el otro extremo, con la omisión casi absoluta del espectador. A falta de un sólido cuerpo productivo que diese seguridad al sector, no aparecieron demasiadas posibilidades –como tampoco las hay en nuestros días– para la existencia de verdaderas vanguardias creativas. Por lo cual, diversas realizaciones que pretendían erigirse en obras de vanguardia, no trascendían el nivel de lo que podría ser una vana gesticulación de "patrullas perdidas", como bien podría definirlas Rodolfo Walsh.

Los cineastas de la generación anterior repitieron en este período sus viejos esquemas, aunque algo más agotados por el tiempo transcurrido. Fue el caso ya referido, de Héctor Olivera con *La noche de los lápices* (1986) y de Fernando Ayala con *El año del conejo* (1987). En el primero de esos títulos, Olivera reconstruía el trágico episodio de los estudiantes asesinados en la ciudad de La Plata, en 1976, con un lenguaje directo y realista que apelaba a la sensibilidad del espectador más que a su capacidad de análisis para comprender la dimensión real de los sucesos tratados. El propósito eminentemente comercial de este film –la denuncia tenía también interés de mercado en esos años– no disminuye su valor testimonial, reforzado por la lectura que habrían de darle las nuevas generaciones de espectadores. Apelar a la memoria representaba un hecho altamente meritorio, sobre todo en una sociedad donde muchos de sus integrantes, por acción o por omisión, habían sido cómplices de los crímenes cometidos.

En el film de Fernando Ayala, al igual que en el caso de los realizados en

"Camila" (María Luisa Bemberg, 1983).

"La historia oficial" (Luis Puenzo, 1986).

este período por directores más experimentados, como José A. Martínez Suárez (*Noches sin lunas*, 1984), Sergio Renán (*Tacos altos*, 1985) y Simón Feldman (*Memorias y olvidos*, 1986), apareció también la necesidad de tratar, con enfoques personalizados, la memoria y las secuelas del Proceso. Esa tentativa revelaba en muchos casos un evidente agotamiento conceptual y expresivo.

Los episodios de una sociedad que había oscilado entre el miedo a la represión, los silencios cómplices frente al Estado gansteril y las ovaciones a la Junta Militar con motivo de la guerra de las Malvinas, estuvieron a menudo presentes en la obra de los directores-productores más lúcidos y sensibles de esos años.

Dos producciones se destacaron ampliamente en los inicios de este período, por el enorme éxito logrado entre el público y, en parte, también en la crítica local e internacional. Una de ellas fue la ya mencionada *Camila*, de María Luisa Bemberg, el film más taquillero de las últimas décadas del cine argentino. Si *Juan Moreira*, de Favio, había tenido casi un carácter emblemático en la épica de comienzos de los '70, la realidad política y cultural del país en los inicios de los '80, demandaba productos a la altura de las nuevas circunstancias. Que indudablemente eran muy distintas: Moreira moría rugiendo, como bestia acorralada y con el arma en la mano, enfrentando al poder político y económico de su tiempo. Los protagonistas de *Camila* lo hacían, también resistiendo, pero ubicados en sendas sillas y en silencio. Además, con los ojos vendados.

Narrado clásicamente, casi a manera de un buen melodrama televisivo, el film de María Luisa Bemberg colocaba al Amor, con mayúscula, por encima de cualquier contingencia política, social o religiosa, desde una visión femenina que la realizadora sostendría como una constante en toda su producción. No traía este film inquietudes narrativas, salvo las de la prolijidad y la convencionalidad, pero su lectura –el fusilamiento de los amantes por un sistema autoritario– remitía de algún modo críticamente a los episodios de pocos años atrás. Así parecieron entenderlo los más de 2,3 millones de espectadores que tuvo la película.

Su impacto entre el público facilitaría también el de otra película, de no menor éxito, que un año después convocó a cerca de 1,9 millones de espectadores. *La historia oficial* fue el primer film ambicioso de Luis Puenzo, realizador de larga trayectoria en el cine publicitario y abocado también a tratar una actitud de resistencia referida a los años del Proceso.

Gracias a la letra proporcionada por la guionista Aída Bortnik –procedente de la televisión– una profesora de historia descubre a lo largo de la película, que conoce muy poco de dicha materia, pese a que la historia llega a introducirse en su propia vida con total dramatismo. Algo así como un "*no sabía lo que estaba pasando*", que se proyectaría sobre multitudes de espectadores a manera de redención generalizada. *La historia oficial* ofreció la posibilidad de acceder de pronto al "conocimiento" de lo sucedido y también, a una serena redención. En esa "resistencia" a la des-memoria, todos podían reencontrarse, mirándose sin culpas a los ojos. Con los personajes de la película, se estableció así una cómplice circularidad cognosticiva.

La realización del film estuvo a la altura de los buenos antecedentes profesionales de Puenzo, destacándose su rigor expositivo, además de su honesto compromiso con la resistencia al olvido. Pueden objetársele limitaciones en cuanto

"Los días de junio" (Alberto Fischerman, 1984).

a una profundización crítica del tema, pero cabría dudar sobre si ésta hubiera sido tan exitosamente recibida por el público, como lo fue la historia guionada por la Bortnik.

Otros filmes críticos de esta etapa fueron menos esperanzadores que los recién observados. Ello puede explicar parte de su escasa repercusión en el mercado.

Con *Cuarteles de invierno* (1984), Lautaro Murúa proporciona una mirada de la realidad contemporánea , por momentos desesperanzada, que estaba presente también en la novela homónima de Osvaldo Soriano, pero distinta al tono humanista y confiado con que había observado años antes la realidad de un país diferente; el de *Shunko* y *La Raulito*. En una perspectiva semejante, aunque con estilos diversos, se ubicaron *Los días de junio* (1984) de Alberto Fischerman y *Sentimientos... Mirta de Liniers a Estambul* (1985), de Jorge Coscia y Guillermo Saura.

En esas películas campea también una buena dosis de escepticismo, expresada por personajes jóvenes que ya no creen –como señala el historiador Abel Posada– *"en la necesidad de reconocer a un país de origen"* (en el caso de *Sentimientos...*) y donde poco o nada hay *"que rescatar en esta amarga pesadilla, por momentos grotesca, en que se ha convertido Argentina en junio de 1982, con la llegada del Papa y la guerra de las Malvinas. El gesto impotente de rebeldía infantil –la quema de esa bandera que no pertenece a ninguna parte y por ello puede ser de cualquier grupo o nación– implica un intento cansado por defender un individualismo para el que no hay lugar"* (en el caso de *Los días...*).[26]

Los años del Proceso habían afectado fuertemente la situación económica

---

(26) *Abel Posada,* "El cine argentino se fue sin decir adiós", *en revista* Unidos *nº 22, Buenos Aires, 1990.*

y política del país, pero más lo habían hecho con los valores de la población y con su cultura. Entre las complicidades, las culpas y los miedos, millones de argentinos trataban de sobrevivir a los recuerdos de esos años, marcados por la frustracción individual y colectiva, una realidad con la que tampoco querían identificarse las nuevas generaciones. (A fin de cuentas, el miedo infecta a la gente y se extiende a veces como una enfermedad casi incontrolable). Quienes comenzaban a asumir algún tipo de protagonismo después del terror eran los hijos de los derrotados o de los cómplices de los asesinos, con lo cual, toda mirada hacia atrás podía generar más inquietud que satisfacción.

Se produjeron numerosos filmes relacionados con los "recuerdos". Pero se rehuyó trabajar con la memoria. El recuerdo, como diría Alain Resnais, es apenas un "estado", mientras que la memoria implica un acto de toma de conciencia crítica, difícil de desarrollar sin entrar en colisión con buena parte de una sociedad inclinada hacia el olvido. Porque, bueno es señalarlo, las multitudes que ovacionaban al general Galtieri con motivo de la guerra de Malvinas y aquellas otras que acompañaban, pasiva o alegremente, la consigna de *"los argentinos somos derechos y humanos"*, incubaron con su posterior tendencia a la resignación, las leyes y decretos referidos al "Punto Final", la "Obediencia Debida" y al "Indulto".

En esa realidad no resultaba fácil para directores, actores, productores y críticos ponerse ante el espejo de la memoria, particularmente si ella los retrotraía al período de la llamada "guerra sucia", en el que buena parte de ellos integraban las delegaciones presididas por militares del Proceso a las muestras y festivales cinematográficos internacionales.

No abundaron en el país los Resnais que convocaban en su momento a la memoria crítica de los episodios de la guerra argelina (*Muriel*), de la guerra civil española (*La guerra ha terminado*) o de la hecatombe de Hiroshima (*Hiroshima mon amour*). Tampoco los Gutiérrez Alea con su desgarradora visión de la revolución cubana (*Memorias del subdesarrollo*), o Carlos Saura, indagando en la dolorosa cotidianeidad de la guerra española (*La prima Angélica*) sino los vendedores de recuerdos –o de meras críticas a los "otros"– excelente espacio también para la oferta de ilusiones.

"¿Es posible que nuestras mentes preclaras –se pregunta Posada– *hubieran sufrido un ataque de lucidez tan grande como para juzgar toda la historia argentina y los diversos grupos de poder, además de su comportamiento pasado o presente? ¿Cuánto tiempo le llevó a España regalarnos una obra tan depurada como 'El Sur' (Víctor Erice)? ¿Cuánto lograr que el horror pasara, en los filmes dignos de consideración, por la vida cotidiana?"*[27]

La sociedad argentina necesitaba recuperar la esperanza y expulgar complicidades. Más que una revisión crítica de su memoria buscaba construir, casi religiosamente, un imaginario de su propia existencia, distanciado de ella y cercano más a la ensoñación que a lo real-cotidiano.

El amor como puente mítico-absoluto, por encima y al margen de las diferencias sociales y de la incomprensión de las instituciones (*Camila*); el encuentro

---

[27] *Ibid.*

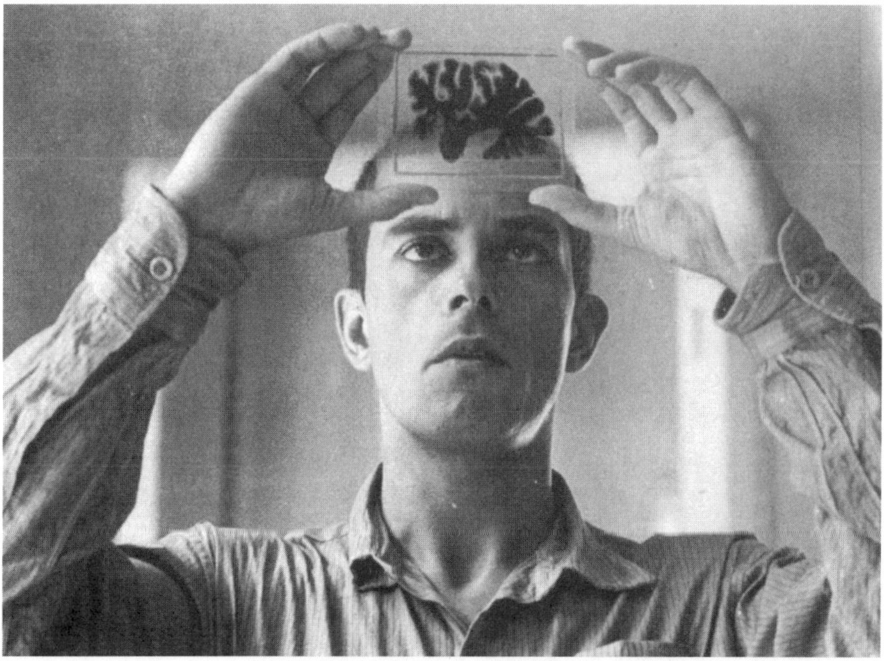

"Hombre mirando al sudeste" (Eliseo Subiela, 1985).

con una verdad antes ignorada y que casi mágicamente expurga a quienes convivieron con ella sin atreverse a verla (*La historia oficial*) y el mito no menos absoluto del hombre que se hace y se salva a sí mismo (*Darse cuenta*, Alejandro Doria, 1984). También el desgarrado sufrimiento de los muchachos que combatían en las Malvinas (*Los chicos de la guerra*, de Bebé Kamin, 1984) para un público que cerraba los ojos ante la inmediatez de los ex-combatientes. O el del individuo que, aunque sucumbe a los *electroshocks* del cientificismo, se erige en mágico puente hacia el "más-allá" para tranquilidad del imaginario colectivo (*Hombre mirando al sudeste*, 1985), en este caso uno de los escasos filmes –sino el único– que recurre simultáneamente a la ciencia-ficción y a la metafísica.

La sociedad de esta época de transición democrática necesitó –como tal vez lo sigue necesitando en nuestros días– la reivindicación del gesto subjetivo y personalizado, antes que la reflexión de lo racional o generalizante. Lo hizo además en términos lindantes con el ilusionismo y con lo mágico, identificándose rápidamente con el Ramtés de *Hombre mirando al sudeste* cuando aquel se ubica de frente al público y comienza a dirigir desde el luminoso *crescendo* de la Novena Sinfonía, una "Oda a la Alegría", tan deseada como, posiblemente, inalcanzable.

Magia y religiosidad: dos elementos siempre presentes en la historia de nuestra cultura, que cobrarían más vigencia luego del Proceso en amplios sectores de la sociedad; pero no en términos excluyentes. Buena parte del público seguía privilegiando otros mensajes, no menos ilusorios, como los que ofrecía Enrique Carreras con sus películas de "colimbas" o Hugo Sofovich con sus *soft-porno*, ambos con repercusión masiva.

Julio Troxler, militante peronista asesinado por las "Tres A", en "Los Hijos de Fierro" (Fernando Solanas, 1976).

Distantes de la metafísica y del ilusionismo, otros cineastas producen la mayor parte de los títulos más importantes de esos años. Abordan la realidad desde muy diversos enfoques, pero los une la insatisfacción y la voluntad de cambio, sea la visión de la historia o en la manera de narrar. Compensan algunas restricciones burocráticas de parte del INC con el apoyo externo de organismos y canales de televisión y productores europeos, o en menor medida, con inversiones de riesgo locales.

El cine de Fernando "Pino" Solanas se destaca en esos años con claras referencias a la cultura popular y el pensamiento nacional (Marechal, Arlt, Discépolo, Gardel, Hernández Arregui, Jauretche, etc.), y también de figuras históricas como San Martín y Perón. Lo mítico, en este caso, no remite a lo ilusorio o a la religisidad, sino a la existencia real de una franja decisiva de la sociedad argentina, resuelta a preservar su memoria.

Los hijos de Fierro se erige como una de las piezas más representativas de la cultura argentina de este último medio siglo. Aunque estrenada en el período que analizamos, sus orígenes corresponden a los inicios de los años '70, cuando se mantenían todavía frescas las ideas de construir "*un lenguaje rico y expresivo, provisto de una simbología revolucionaria, a recrear incesantemente, destinado también a descolonizar el gusto, a desmitificar los modelos de belleza, de perfección o de equilibrio y armonía impuestos por la cultura burguesa y por la sociedad de consumo, son elementos que contribuyen a revelar y a sustentar notablemente la verdad de una idea revolucionaria o los objetivos coyunturales o estratégicos de cada batalla por la liberación. Una batalla que debe ser entendida para la modificación integral de todo lo que hace a la existencia del hombre, incluida su sensibilidad, su gusto, su noción de lo bello*".[28]

[28] *Fernando Solanas y Octavio Getino,* "Cine, cultura y descolonización", *Ed. Siglo XXI, Buenos Aires-México, 1973.*

El film de Solanas, iniciado en el país y concluido en Francia, se desarrolla en el marco de esa concepción, describiendo, a través de sucesivos "movimientos", la épica de un pueblo resuelto a afirmar su derecho a la existencia. Cine antigenérico por excelencia, recurre sin embargo a narrativas diversas que oscilan entre la comedia y la tragedia, enriquecidas por la experiencia de la cultura popular y la combinación de personajes reales que se interpretan a sí mismos o a otros personajes y seres de la ficción, tan testimoniales, como los de la propia realidad.

Recurre al pasado, pero no para recordar lo sucedido, sino para proponer desde la memoria colectiva lo que debe ser y que, casi míticamente, será. Sin embargo, la gesta popular presente en *Los hijos...*, cuya filmación se inició en 1972, tendría un carácter totalmente distinto, tras los años del Proceso, en su momento de difusión en Buenos Aires en el año 84. En ese punto, pese a su fuerza conceptual y expresiva, se desencontraría con una realidad nacional que ya no era la de las grandes movilizaciones sociales de los '60 y '70.

Con mayores influencias de sus años de exilio en Francia, Solanas encara luego *Tangos, el exilio de Gardel*, film que logra una muy buena aceptación por parte del público, pero a costa de abandonar ciertos principios ideológico-estéticos. Con ello intenta elaborar nuevas formas de abordar la, también, nueva realidad del país, cuya sociedad, lejos de la epicicidad de otras épocas, trata de recuperar fuerzas tras las frustraciones de su historia reciente.

Coherente con este cambio, Solanas describe así su obra: "*El exilio de Gardel es el exilio del alma argentina, es el exilio del pueblo con sus dos brazos: el interno, de los más, los que se quedaron, de los que tuvieron que adaptarse a una situación de país ocupado. Y el brazo externo, de los que se fueron, que contrainformaron e impidieron que la dictadura tuviera un frente externo consolidado. Pero mi película no es sólo una película sobre el exilio, es una historia de ficción, de amor y de creación*".[29]

Conceptos que luego aplicaría en *Sur* (1988), refiriéndose a los exilios internos, aunque sin la solidez narrativa que había manifestado en sus películas anteriores. El tema de los exilios vinculará, sin embargo, esta obra con *Los hijos de Fierro*, pero sin pretender alcanzar el carácter de gesta de aquellos, ni tampoco la épica de la resistencia del Fierro-Perón, replegándose hacia el desierto. Quizás, como señala el crítico Luciano Monteagudo, porque "*esos vientos de epopeya no soplan en la realidad, que fue la más terrible de la historia de este siglo, aunque la saga de alguna manera es la misma*".[30]

Precisamente ese desencuentro que el cineasta percibe entre sus deseos y los de una sociedad imposibilitada de legitimar los propios, hace que lo deseable no encaje en lo real –como sucede en el idealizado abrazo de Roberto Goyeneche (el tango) y Fito Paez (el rock)– y que la idea de un pueblo reencontrándose consigo mismo y con su país, responda más, como diría Gramsci, al optimismo

---

[29] *Fernando Solanas,* "Primer tango en París", *en revista* El Periodista *nº 79, diciembre 1990, Buenos Aires.*

[30] *Luciano Monteagudo,* "Fernando Solanas", *en colección* Los directores del cine argentino, *CEDAL-INC, Buenos Aires, 1993.*

de la voluntad (reencuentro con la democracia y la esperanza) que al pesimismo de la razón ("obediencia debida", crecimiento de la disgregación social y de la pérdida de autoestima individual y colectiva). Tal vez por semejantes desencuentros la película sería presentada como una gran historia de amor: *"una película para llevar en el corazón".*

Al parecer, el intento era crear un vínculo amoroso entre una visión personal del país, con lo que ese país era en realidad, distinto a la mirada del autor. En consecuencia, el resultado no podía ser del todo feliz, como lo había sido en otros filmes de Solanas en los que el imaginario del cineasta se correspondía más fluídamente con la realidad imaginada.

Gerardo Vallejo, otro ex-integrante de lo que fuera entre los '60 y los '70 el Grupo Cine Liberación, intenta soslayar con *El rigor del destino* (1984) algunas pautas de la narrativa convencional, quebrando por momentos el orden expositivo, aunque ceñido básicamente al esquema del cine clásico. Conserva sin embargo las mismas intenciones que animaron sus producciones anteriores, tanto las realizadas en el país (*El camino hacia la muerte del viejo Reales*, cortometrajes para la televisión tucumana, etc.) como en Panamá (documentales con Torrijos) y en España (*Memorias de un salvaje*). Una búsqueda destacable, si se la evalúa en el contexto de una producción local abocada en su mayor parte a complacer al público, sea por medio del *soft-porno* y las películas de "colimbas" o bien, con la vaporosa denuncia sobre lo "que pasó" o lo que "los otros" hicieron durante el Proceso.

Las tensiones entre lo viejo y lo nuevo de la sociedad argentina aparecen también en la crítica cinematográfica. *"Rescatamos las imágenes de ese deambular final del hombre que va a morir* –señala Abel Posada en relación a *El rigor del destino– porque es en esas secuencias donde Vallejo logra transmitir una angustia producida tanto por la impotencia como por la rabia. Creemos, y es una opinión meramente, que el director no debiera filmar sólo para militantes –los pocos que quedan, a juzgar por los resultados comerciales del filme– y aunque así lo haga, si es que se le antoja, se encuentra en la obligación de entregar cine y no panfletos. Eisenstein lo sabía".*(31)

También con una narrativa fracturada, en la que se intercalan reportajes testimoniales, laudatorios o detractores –Eduardo Mignona ensaya con su *Evita, quien quiera oir que oiga*– una inteligente y valiosa aproximación al tema, tendiendo a movilizar más la memoria emotiva que la indagación histórico-política del personaje. Con ello logró acercar a una nueva generación de argentinos al conocimiento de una realidad hasta entonces soslayada casi totalmente por el cine nacional. *"El film destiló un calor infrecuente en la producción nacional* –señalaba el crítico Jorge Abel Martín– *y reemplazó el panfleto por la poesía. Tal vez no haya profundizado demasiado en la personalidad de la protagonista, pero suministró elementos necesarios como para que cada espectador arribara a sus conclusiones".*(32)

En esta mirada, entre poética y afectiva, coincide también Miguel Pereira

(31) *Abel Posada, Ob. cit.*

(32) *Jorge Abel Martín,* "Cine argentino '84", *De. Legasa, Buenos Aires, 1987.*

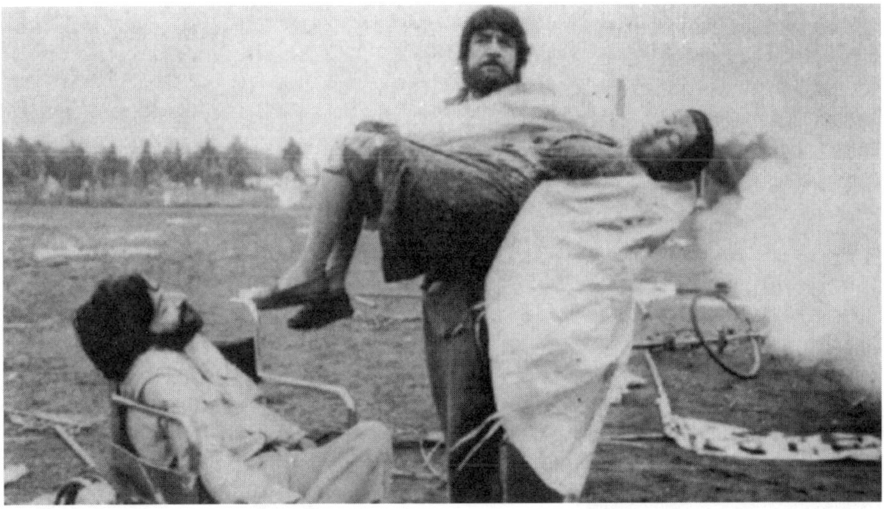

"El rigor del destino" (Gerardo Vallejo, 1985).

cuando aborda en *La deuda interna* –coproducción entre una cooperativa de cine jujeña y una productora londinense– el drama cotidiano de el coya Verónico Cruz y su ejemplar maestro. Cierta exhaltación de la figura del anti-héroe, en el marco de una narrativa "pos-neorrealista", hace de los protagonistas seres de no-acción que, antes que actuar, se detienen, y antes que hablar, callan. *"Pereira no politiza a sus personajes haciéndoles luchar contra el sistema. La estructuración del tópico psíquico parasita al personaje equilibrando el entorno de afuera con la conciencia de adentro, pero aquí sin salida política de reacción u oposición... Esto no neutraliza la obra en el aspecto político. Todo lo contrario: la abre a la caída del "sueño" argentino –de la juventud– y a la denuncia del complot de un poder siniestro, que sólo el advenimiento de una nueva generación podrá trascender".*[33]

La marginalidad étnica de los pobladores jujeños de Chorcán lograba asociarse crudamente a la marginalidad de los combatientes de las Malvinas, en un espacio nacional irredento, sólo recuperable desde aquellas conciencias que estuvieran predispuestas a hacerlo. Una mirada compasiva y tierna y un tratamiento visual estilizado, en el que aparecía la influencia de los técnicos europeos, contribuyó a la mayor repercusión del filme en los sectores medios y altos con lo cual la película se convirtió en uno de los mayores éxitos comerciales de este período. Algo parecido sucedió también con las obras de Mignona y de Solanas (*Tangos...*).

El cine argentino jerarquizó de este modo su producción, tanto por los termas tratados como por la diversidad de formas narrativas con que lo hacía. Pese a que, en diversos casos, algunas producciones no tuvieran un merecido éxito de taquilla. Ejemplo de ello fue *Gerónima*, primera obra de Raúl Toso, producida por una cooperativa de trabajo del Instituto de Arte Cinematográfico de la Municipalidad de Avellaneda. Se trata de un doloroso testimonio sobre el proceso de auto-

---

(33) *Ricardo Parodi y Jorge Zirulni,* "Cine político argentino" *(inédito), Buenos Aires, 1990.*

"La deuda interna" (Miguel Pereira, 1988).

"Gerónima" (Raúl Tosso, 1985).

destrucción al que se ve sometida una mujer de origen mapuche, como producto de una transculturación forzada, incapaz de reconocer la diversidad de lo "otro". En este autoritarismo social y cultural, el personaje Gerónima tiene semejanzas con el Victorico de *La deuda interna*. Ambos denuncian una realidad nacional que los excluye y por la cual habrán de sacrificar sus sueños y sus vidas. Toso elaboró un tratamiento riguroso, sin las concesiones y los virtuosismos formales que aparecían en los filmes antes referidos, lo cual puede explicar su escaso interés entre el público.

Es posible establecer en este tipo de desencuentros diversas relaciones con los protagonistas de otros filmes, abandonados por la sociedad a su suerte –como los chicos que combaten en las Malvinas, en el filme de Kamín– o quebrados en la esperanza de crear un país nuevo, como en los intelectuales de *Los días de Junio*, de Fischermann. Film éste, referido a los momentos finales de la guerra de Malvinas –que no se visualiza a lo largo de la obra– y a la tentativa de reencuentro entre el exilio externo y aquellos, que dentro del país, han sido quebrados por el terror o por el sentimiento de culpa.

Esto también se proyecta, con distintos enfoques y estilos en otras películas del período referido, particularmente en *La película del Rey*, de Carlos Sorín (1985) y los primeros filmes de Jorge Polaco y de Alejandro Agresti.

La primera de ellas, destaca como una de las más significativas del proceso de búsqueda abierto con el "cine en democracia". Narra precisamente, casi como una alegoría, la odisea de quien quiere alcanzar el poder –Antoine, un procurador francés con intenciones de proclamarse rey de la Araucania y la Patagonia– y termina declarado demente y asesinado por quienes quería redimir. La historia de Antoine se entremezcla con la de los personajes dedicados a reconstruir fílmicamente su odisea, quienes habrán de soportar iguales o mayores vicisitudes económicas y de incomprensión a las del procurador frustrado. El tratamiento impreso por Sorín a su obra, destacó tanto por sus hallazgos narrativos como visuales, al imprimir un clima entre irónico y patético a pretensiones casi épicas –la del aspirante a monarca y la de los cineastas que intentan reconstruir su sueño– condenadas de antemano al fracaso.

Las primeras experiencias de Alejandro Agresti –realizadas con la colaboración de productores europeos– revelan la presencia de un realizador muy sensible, además de lúcido, en el abordamiento de aspectos básicos de la sociedad argentinal. Con *El amor es una mujer gorda* (1986-87) y *Boda secreta* (1988), Agresti explora además, una búsqueda personal sobre la forma de tratar cada tema, desconstructora de la narrativa clásica, y claramente diferenciada del convencionalismo predominante en la mayor parte de las películas de este período.

A su vez, Jorge Polaco, desarrolla en sus dos primeras obras, *Diapasón* (1985) y *En el nombre del hijo* (1986), la visión de un mundo sexual cargado de tortuosidad y ritos ocultos. Para el crítico e historiador Agustín Mahieu, su cine está *"lleno de pliegues alucinantes y varios niveles de significación, provocativo y original especie de rito propiciatorio con oficiantes de compleja sicología, solo comparable lejanamente con Samuel Beckett en su angustiosa vivencia del absurdo... Una alegoría, entre tantas, de una realidad siniestra"*.(34)

Aunque los filmes posteriores no estuvieron a la altura de lo que se insinua-

"La película del Rey" (Carlos Sorín, 1986).

"El amor es una mujer gorda" (Alejandro Agresti, 1987).

ba en estas primeras obras, Polaco expresa una actitud, visible también en otros autores, de omisión manifiesta del público, como si entre éste y el cineasta –como "creador"– existiera una brecha tan profunda que no tendría demasiado sentido

(34) *Agustín Mahieu,* "Panorama del cine iberoamericano", *Ed. de la Cultura Hispánica, Madrid, 1990.*

"Jaime de Nevares, último viaje" (Marcelo Céspedes y Carmen Guarini).

intentar superar. Con el agravante de que si se procura hacerlo, sólo devendrá el fracaso. Basta recordar la frustrada experiencia de Polaco con *Siempre es difícil volver a casa* (1992) producida por Sono Film dentro de su línea comercial para aprovechar el éxito del grupo humorístico Los Midachi.

Cabe rescatar, sin embargo, la inquietud demostrada en este período por algunos autores, favorecidos por la política del INC y, a veces, de organismos culturales de otros países, para intentar expresarse de manera totalmente personal, al margen de los resultados que cada proyecto pudiera lograr entre el público. Ese enfoque estuvo presente en obras muy diversas, como lo fueron también sus respectivos logros.

Las veredas de Saturno (1984), de Hugo Santiago; *Guerreros y cautivas* (1988), de Edgardo Cozarinsky; *Nadie nada nunca* (1988), de Raul Beceyro; *Ana, ¿dónde estás?* (1989), de Narcisa Hirsch; *La sagrada familia* (1986), de Pablo César, tradujeron, entre algunos otros títulos, visiones muy particulares y diferenciadas sobre la creación fílmica, necesarias en cualquier proyecto de desarrollo integral del cine, incluido el industrial. Aunque, al mismo tiempo, ello hace también necesario un mejor análisis crítico de las obras a fin de distinguir entre la verdadera creatividad –sea o no apreciada por el público en un momento determinado– de la confusión que es propia, como decíamos antes, de las "patrullas perdidas".

Dentro del cine testimonial, se destacó en este período la labor de Marcelo Céspedes y Carmen Guarini, que junto con Tristán Bauer, Silvia Chanvillard y otros jóvenes cineastas y técnicos, realizaron a partir de 1982 los documentales de "Cine Testimonio". De esa experiencia surgieron títulos como *Los Totos* (1983), *Por una tierra nuestra* (1985), *Hospital Borda: un llamado a la razón* (1986) y *Buenos Aires, crónicas villeras* (1987) de Céspedes y Guarini, o *Ni tan blancos ni tan indios* y otros cortos de Bauer y Chanvillard.

En 1985 Céspedes, Guarini y un pequeño equipo de militantes del cine, crearon el grupo "Cine Ojo", cuya actividad sigue desarrollándose hasta nuestros días, vinculado a organismos sociales nacionales y a instituciones europeas que apoyan esa labor. Su enfoque de la narrativa testimonial se legitimó también en el plano teórico, incorporando ideas presentes en documentalistas locales y de otros países: *"El documental de creación es un polo intermedio entre el reportaje y la ficción. El documental comparte con el reportaje la realidad y sus numerosas sorpresas. Pero en lugar de querer afirmar una objetividad o un punto de vista científico, didáctico o industrial, se trata de una mirada subjetiva que se diferencia de la realidad. Se trata de mirar allí donde la mayoría no mira o bien de mirar las mismas cosas de una manera diferente".*

También en el campo del cortometraje apareció un número significativo de jóvenes realizadores, autodidactas o egresados de escuelas de cine, que sin mayor respaldo oficial y carentes de salas para la difusión de sus obras entre el gran público, produjeron filmes con enfoques de carácter antropológico, social o político, que son parte de la memoria audiovisual de esos años. Ejemplos de esta labor fueron, entre otros, *Zuco,* de Ana Poliak, directora años después del documental *Que vivan los crotos*; *Cabecita negra*, de Gustavo Postiglione; *No al punto final* y *Pampa del infierno*, de Jorge Denti, que luego dirigiría *Malvinas: historia de traiciones*; *Memoria y homenaje a la noche del 16 de setiembre de 1976*, de Carlos Vallina, etcétera.

A esa labor deben agregarse las primeras experiencias realizadas en el país en video por jóvenes realizadores e instituciones diversas, con fines educativos, sociales, de contra-información o simplemente de experimentación audiovisual. Muchos de ellos confluirán poco después en formas asociativas y en el inicio de una sucesión de muestras y encuentros que enriquecerán sustancialmente lo que hasta entonces era sólo patrimonio de lo fílmico.

Entre el lucrativo comercialismo de una franja del cine nacional y las búsquedas expresivas o testimoniales de los directores-productores –con un espacio intermedio de contradicciones e incertidumbres– el conjunto de la producción de esos años ilustró sobre la fisonomía de una sociedad con rasgos culturales nuevos, claramente diferenciados a los de otras épocas. *"La Aquilea que vos te imaginás ya no existe"*, dice un personaje en *Las veredas de Saturno*, el film de Hugo Santiago, cuando en el exilio discute con otro sobre un hipotético viaje de regreso a la mítica Buenos Aires. Un retorno que será prácticamente imposible *"porque el espacio de la mirada exiliada* –interna o externa, agregamos nosotros– *ha sufrido un irreversible proceso de desfamiliarización. Las veredas que albergan los recuerdos ahora aparecen pobladas de cuerpos calcinados que sin embargo parecen aludir más a los miedos inconscientes que a hechos identificables en lo real, más allá de los innegables ecos de la dictadura".*[35]

Si eso sucedía en la vida cultural del país, los miedos también comenzaron a deambular en las "veredas" del cine. Al margen de las distintas visiones empresariales, ideológicas y estéticas, la línea de un cine de calidad o de autor comen-

---

[35] *Florencia Garramuño y Alvaro Fernández Bravo,* "No nos une el amor sino el espanto", *en* Decorados, apuntes para una historia social del cine argentino, *Horacio González y Eduardo Rinesi (Compil.), Manuel Suárez Editor, Buenos Aires, 1993.*

zó a perder su público a partir de 1986, pese a contar con un amplio bagaje de premios y reconocimientos internacionales.

Entre los años '80 y '86 las películas argentinas habían competido con las extranjeras, casi de igual a igual, en las salas locales. *Camila* había convocado a más de 2,3 millones de espectadores en 1984 y *La historia oficial* a 1,8 millones en 1985. Inclusive, un filme intermedio entre lo comercial y la tentativa de calidad, como *Pasajeros de una pesadilla*, de Fernando Ayala, había superado la cifra de 1,4 millones en 1984. Dentro de esta misma línea, *Atrapadas* de Aníbal Di Salvo logró ese mismo año una cantidad similar de público. El promedio alcanzado en ese período por las películas nacionales más taquilleras había superado los 1,4 millones de espectadores por cada título nacional exitoso, frente a la cifra media de 1,9 millones correspondiente a las norteamericanas de mayor impacto en el mercado. Esa situación comenzó a variar sensiblemente a partir de 1986.

La sobreabundancia de pretensiones "autorales" que miraban más hacia los festivales internacionales que hacia el público local –unida al creciente proceso inflacionario que llegó al 40% en 1985, obligando al gobierno de Alfonsín a implementar el llamado "Plan Austral"– inclinó cada vez más la balanza en favor de la producción extranjera y de títulos nacionales francamente pasatistas. A esto se agregó el cierre de numerosas salas y la disminución de espectadores en todo el país.

En 1986, los títulos locales de mayor éxito fueron *Los colimbas se divierten* y *Rambito y Rambón primera misión*, ambas de Enrique Carreras, con un promedio de 1.300.000 espectadores cada una. Un año después, en 1987, las dos películas argentinas que más interesaron –*Ico, el caballito valiente* y *Hombre mirando al sudeste*, de Subiela– tuvieron algo más de 800 mil espectadores cada una, cifra que bajaría a menos de 700 mil en 1988 para *Sur*, de Solanas, el mayor éxito local de ese año. Una franja significativa del público estaba dejando de concurrir a las salas, pero en particular cuando se proyectaban títulos nacionales, ya que tratándose de filmes norteamericanos, estos seguían superando el millón de espectadores, como promedio, en sus títulos más exitosos.

La falta de una política de desarrollo nacional en el campo de la economía y de la industria, golpeó principalmente a los empresarios fabriles. Desde 1976 hasta 1986 cerraron el 20% de los establecimientos industriales y cayó en casi un 85% la inversión global en el sector. Ello se tradujo a su vez en una disminución del empleo, haciendo que el personal efectivamente ocupado fuera un 35% menos del que existía en 1975.[36]

Electroshocks, como los que recibía Rantés en la película de Subiela, comenzaban a ser aplicados al sistema productivo para concentrar el poder económico en algunos grupos nacionales y transnacionales, mientras se procuraba satisfacer las exigencias de la banca mundial en materia de endeudamiento externo.

En las elecciones para diputados de 1985, el caudal electoral del partido gobernante había representado el 43,5% de los votos emitidos, frente al 51,8% obtenido en las elecciones presidenciales de 1983. El Plan Austral lanzado por el

---

(36) *Juan P. Lumerman,* "Historia social argentina", *Universidad Abierta y a Distancia Hernandarias, Buenos Aires, 1991.*

radicalismo en el 85 apareció como un sacrificio impuesto a la población, destinado a priorizar los compromisos de la deuda externa por encima de las exigencias sociales. Estas comenzaron a ser atendidas con criterios asistencialistas –vía cajas de alimentos del PAN– como los que, con ligeras variantes, volverían a ser experimentados una década más tarde durante el gobierno de Menem.

En el plano político, las noticias de las condenas judiciales a los integrantes de las juntas militares y del "Nunca más" que documentó sus crímenes, comenzaban a ceder lugar al levantamiento de los "carapintadas" de Semana Santa del 87. También a la casi inmediata sanción de la Ley de Obediencia Debida, con la que se inició una sucesión de hechos destinados a desembocar, con el menemismo, en los indultos a los criminales del Proceso.

Empresarios y banqueros presionaban a su vez desde la *city* porteña, de igual modo que lo hacían, con finalidades distintas, los sindicatos y la población marginada en las zonas suburbanas de todo el país. A unos les motivaba el acrecentamiento de sus capitales, a otros la desocupación y la devaluación acelerada de sus magros ingresos. El tema de las instituciones democráticas estaba en boca de todos, aunque sólo los sectores medios se movilizaban en su defensa, ante las presiones militares y la creciente ambiguedad del poder civil.

Si la victoria radical en los comicios de 1983 había resultado inesperada para todos, algo parecido sucedería con su contundente derrota en 1987. El peronismo resultó ser de nuevo el gran triunfador, con el 41,4% de los votos emitidos frente al 37,2% del radicalismo, y junto con algunos partidos provinciales de la oposición ganó la mayoría de la Cámara de Diputados y la casi totalidad de las gobernaciones del país.

El *establishment* económico y financiero buscaría rápidamente un nuevo gerente para sus intereses y contribuiría a adelantar la salida del presidente Alfonsín, ante una situación económica y social que se tornaba inmanejable, sobre todo, para la defensa de sus intereses.

Los luminosos fuegos de artificio del "cine en democracia" habían comenzado a extinguirse en los inicios del año 87. Carente de una verdadera política para el desarrollo integral (industrial-cultural) del cine, el alfonsinismo abandonó aún más a los escasos portavoces de un proyecto industrialista, tan cortos de miras como los restantes sectores industriales del país y ocupados, al igual que aquellos, de disputar las migajas de un proteccionismo estatal en franca retirada.

Cerca de 25 nuevos realizadores aparecidos entre el 87 y el 88, se sumaron a la casi treintena de los que comenzaron a filmar desde el 84 al 86. Una cifra superior a 50 películas en el caso de las primeras obras presionó sobre las pantallas exigiendo legítimamente su explotación comercial. Ello representaba casi el 40% de las películas estrenadas en ese período: 10 títulos anuales frente a un promedio de 25 largometrajes nacionales comercializados cada año.

Numerosas películas habían sido formalmente beneficiadas con créditos y muchas de ellas debieron interrumpirse en las etapas de producción o de montaje. El INC había otorgado a los autores noveles el mismo tipo de derechos que a quienes llevaban años intentando sentar las bases de un proyecto industrial. Las dificultades obvias para convertir a corto plazo al autor de la "obra cinematográfica" en el fabricante y vendedor de la "película", convirtió a decenas de directores-productores en deudores morosos del organismo. Un 36% de los créditos otorgados entre 1984 y 1988 figuraron con ese signo en las cuentas del Instituto.

Las recaudaciones del INC habían bajado también de más de 8 millones de dólares en 1985 a 2,7 millones en 1988, lo que obligaría al Estado a triplicar su porcentaje de participación, vía recursos del Tesoro Público, para compensar la caída y preservar un área que consideraba vital para su política.

En el sector de la exhibición, los empresarios volvían a reclamar aumentos en el precio de las entradas, pretextando la elevación de los gastos del servicio y el menor número de espectadores. La acentuación de la crisis económica junto con el menor interés del público por el cine nacional y el auge del video hogareño, habían contribuido a reducir a casi la mitad el número de salas en apenas ocho años. Asimismo, la disminución de espectadores entre 1984 y 1989 resultaba aún más dramática: 26,4 millones en el último de esos años contra 63,3 millones en el primero.

Un crítico de cine, escribía en esos años: *"A casi cuatro años de cine argentino en democracia, parece necesario preguntarse si el proyecto que implementó el gobierno radical en ese campo fue efectivo. Si nos atenemos a un aspecto resonante y casi rutinario, el ir y venir de premios y funcionarios que fluctúa desde y hacia cuanto festival existe, acompañado por el accionar enfático de un aparato periodístico embobado, acrítico y obsecuente, tendríamos que decir que el éxito acompaña a nuestras pantallas y se ha logrado salir del pantano de la crisis, en lugar de apuntar a destrabar los problemas de fondo... Analizar la producción de los últimos años nos revela un cine impersonal, miedoso, alejado del riesgo y de la audacia, seducido por una actitud especulativa que lo hace aceptar como ley la ecuación política acciones lineales, fuertes y bien directas, con todo dicho para que a nadie se le ocurra pensar o imaginar nada. Los años del Proceso sirvieron de tema para recrear historias convencionales, folletinescas, naturalistas, de lenguaje y taras televisivas y con la tranquilizadora certidumbre del maniqueismo más extremo".*[37]

Si estas reflexiones estaban dedicadas a los contenidos y narrativas de las películas realizadas, también comenzaron a plantearse en lo específico de la producción cinematográfica, principalmente entre los técnicos y trabajadores, el sector tradicionalmente más perjudicado en las situaciones de crisis.

Un informe del Sindicato de la Industria Cinematográfica Argentina (SICA), difundido en 1988, a propósito de la celebración de su 40º aniversario, hacía esta especie de balance sobre los años del "cine en democracia": *"Participan nuestros largometrajes en los festivales más importantes del mundo. Se obtienen galardones de todo tipo. Las miradas se vuelven hacia la cinematografía argentina con asombro... Pero ocurre un curioso fenómeno: estas películas, en su mayoría, no obtienen en su propio país de origen los resultados mínimos como para recuperar el capital invertido. Los productores comienzan a retraerse, buscando recuperar algo con la venta de sus películas en el exterior. Y lentamente, empieza una nueva etapa que llevará al INC a otorgar cada vez menos créditos y de menor*

---

[37] *Alberto Poggi, "En busca del riesgo perdido", en revista* Fin de siglo, *septiembre 1987, Buenos Aires.*

monto. Han surgido los directores jóvenes. Ahora son realmente jóvenes... Estos directores obtienen sus bajos créditos y, casi como constante, sus obras de búsqueda fracasan en varios sentidos, principalmente a causa de la carencia del capital mínimo. Se produce un caos generalizado entre la gente de cine. Muy pocos son los que pueden pagar los créditos solicitados. Surge una nueva forma perversa de malversar los fondos del Estado... Se evidencia aquí la fragilidad de una industria robustecida ficticiamente".[38]

Pese a estas objeciones críticas, cabría resaltar algunos de los méritos que indudablemente tuvo la política del radicalismo en el cine, como fueron el de la eliminación de la censura, la "oxigenación" temática y estética de la producción, y la promoción de nuevos directores-productores (aunque en este caso, la proporción de esa apertura fuera superior a la conveniente para un proyecto integral). Se trató de una inversión costeada por el Estado –con recursos de los espectadores que concurrían a las salas– y cuyos resultados más efectivos se dieron en la publicitación internacional de la imagen de nuestro cine y en los éxitos de taquilla en el país de algunas películas de calidad y de autor, como sucedió con las producciones de de María Luisa Bemberg, Luis Puenzo, Fernando Solanas, Eliseo Subiela, Miguel Pereira, entre otros.

El prestigio internacional de nuestro cine –al margen de los factores que lo posibilitaron– no era, además, un recurso aleatorio, sino de enorme "valor agregado", que podría haberse potencializado en los años subsiguientes, tal como sucedió con algunos casos aislados, para avanzar sobre lo hecho y construir un proyecto más armónico y global para el sector (industrial y cultural). Pero nada de esto pudo hacerse en los años subsiguientes: el cine argentino seguiría sobreviviendo a partir de 1989, no tanto gracias a sus propias capacidades, como por el hecho de ser "exceptuado", paradójicamente, en el marco de una política de desindustrialización nacional.

11. El "cine exceptuado" (1989-1994)

A finales de los años 80 el mundo entero cambió. Se cerró, al menos aparentemente, una época histórica y comenzó otra, cargada de incertidumbres para los más, y de certezas para los menos, pero más poderosos, como era el *establishment* financiero mundial emergente. Condicionadas por sus debilidades intrínsecas y por lo que sucedía más allá de sus fronteras, las instituciones hegemónicas de nuestro país –empresariales, políticas, sindicales– estaban también totalmente disponibles para incorporar cualquier tipo de cambios.

La caída del muro de Berlin a finales de 1988 fue la punta del iceberg de esa transición hacia lo impredecible. Comenzó la disolución de la gran potencia soviética –principal obstáculo a la expansión de los EE.UU. sobre el planeta– y concluyó el "mundo bipolar" y con él, la "estrategia del terror compartido". Uno de los polos se expandió de uno a otro confín y se afirmó la llamada "globalización",

---

[38] *Sindicato de la Industria Cinematográfica Argentina, "SICA: 40º Aniversario", Buenos Aires, 1988.*

nueva denominación para lo que es también una nueva forma de dominio mundial. Aquella que en otros momentos –desde el siglo XVI y la expansión del comercio marítimo– tuvo otras nominaciones, como las de "colonialismo", "neocolonialismo", "imperialismo". Los EE.UU. emergieron con impunidad plena en este período, permitiéndose el lujo de hacer lo que hasta entonces y en lo que va del siglo, sólo era admitido en las salas de cine a sus consabidos "superman", "batman" y "mujer maravilla".

Tal como a principios de este siglo señalaba Ruben Darío, en sus *Cantos de vida y esperanza*: *"siéntense sordos ímpetus en las entrañas del mundo, la inminencia de algo fatal hoy conmueve a la Tierra, fuertes colosos caen, se desbandan bicéfalas águilas, y algo se inicia como vasto social cataclismo sobre la faz del orbe..."*

Este panorama fue contemporáneo de la disgregación de numerosas naciones. Movimientos regionalistas, autonomistas, secesionistas o nacionalistas aparecieron como nuevos actores políticos. Verdaderas mafias locales e internacionales –políticas, sociales, económicas, comunicacionales– se adueñaron de reductos claves de la vida de las naciones desmembradas y con ello comenzó el descrédito de los organismos internacionales, al cual se sumó el de las instituciones políticas en buena parte del mundo. Algún osado plumífero decretó en libros y revistas de circulación masiva, el "fin de la historia" y el "fin de las ideologías", pese a que nunca como desde entonces las tensiones de la historia y de las ideologías alcanzaron una presencia tan contundente como en nuestros días.

Precisamente, la "globalización" –la más autoritaria de todas las ideologías aparecidas en este siglo– se sustentó en la crisis de la ideología del progreso heredada de los siglos XVIII y XIX y en la aparición del posmodernismo y el nihilismo. El neoliberalismo se expande, casi como una fatalidad ineludible, junto con la economía del conocimiento y de la información, hacia la destrucción de la presencia estatal en la vida de las naciones. Un nuevo supra-Estado emerge sobre aquellas, constituído por intereses financieros –dinero dedicado solamente a producir dinero– que trascienden las fronteras nacionales.

Ello explica que la deuda externa de los países subdesarrollados –eufemísticamente denominados "en desarrollo"– se haya duplicado en apenas diez años, pasando de 650 mil millones de dólares en 1980 a 1 billón 350 mil millones de dólares en 1990. El 57% de la deuda se concentraba en unos veinte países, entre otros, Brasil, México y Argentina. Con lo cual, ya no solamente existían "tres" mundos con niveles diferenciados, sino que habían aparecido el "cuarto" y el "quinto" mundo, inclusive en el interior de algunas naciones desarrolladas.

América Latina soportaba a finales de los '80 el avance de las políticas neliberales de concentración de la riqueza y de exclusión social y territorial. La plaga de la globalización como "problema único" y "solución única" comenzó a invadir la existencia de cada país, vía *establishment* económico, político y *massmediático.*

Según la CEPAL, entre 1981 y 1989, la deuda externa regional trepó de 210 mil a 416 mil millones de dólares. La transferencia en forma de remesa de utilidades y pago de intereses hacia los países acreedores y los organismos internacionales de crédito, ascendió, para el conjunto de América Latina, a 200 mil millones de dólares netos. El 30% de las exportaciones totales de la región, fue destinado en 1989 a pagar intereses de la deuda externa, duplicando los niveles de 1980.

La Argentina entró casi de golpe en el remolino de ese proceso. Siendo tal vez, junto con los EE.UU., la única nación del continente americano dotada de una capacidad autosuficiente para subsistir aunque se cerraran todas sus fronteras –alimentos y energía mediante– pasó a integrar el mapa de los territorios más dependientes del mundo industrializado.

Si la dictadura militar había comenzado a convertir el aparato estatal en una herramienta al servicio de la acumulación de capital para un reducido grupo de empresarios nacionales y extranjeros, el gobierno democrático del radicalismo continuó, aunque tímidamente, esa política, contribuyendo a reforzarla. *"La etapa abierta por la gestión democrática no logra revertir, sino que, por el contrario, maniata y profundiza el esquema en que una deuda externa asfixiante y un comportamiento especulativo por parte de los sectores del capital conducen a un nuevo modelo de acumulación del mismo".*[39]

El gobierno de Carlos Menem, que sucedería al radicalismo, perfeccionó aún más ese proyecto, logrando para el *establishment* niveles de enriquecimiento y de apropiación de poder que no habían sido posibles con la dictadura ni con Alfonsín.

Electo en 1989 con el 47,5% de los sufragios frente al 32,4% del candidato radical, Menem tuvo la ventaja de estar al frente de un vasto movimiento político, el mismo que a lo largo de su historia encarnó intereses básicos de la sociedad argentina, pero que a partir del terrorismo político del Proceso y del verdadero caos inflacionario del último tramo del gobierno de Alfonsín –terrorismo económico no menos devastador que el político–, se llimitó a representar sin pudor alguno la decadencia de una sociedad muy debilitada por sucesivos y acumulados miedos.

La industria argentina, que medio siglo atrás había sido la más eficiente y poderosa de América Latina, comenzó a ser rápidamente desmantelada. Al igual que sucedería con los recursos y los servicios básicos nacionales, pronto pasaron a manos de capitales de otros países, e incluso, de estados de otras naciones. Más de un tercio de la población y otro tanto o más del territorio nacional, resultaron entonces crecientemente "prescindibles", acentuándose la concentración de riqueza en menor cantidad de empresas y de personas. La sanción, en 1989, de la ley Nº 23697 de "Emergencia Económica" –una de las primeras medidas de quien había invocado la "revolución productiva" durante su campaña presidencial– facultó al gobierno a privatizar los medios de radiodifusión y a suspender todas las ayudas y subvenciones al campo de la cultura, incluidas las que correspondían a la actividad cinematográfica según leyes anteriores.

Algo parecido estaba llevando a cabo en Brasil el presidente Collor de Melo, cuando en 1989 procedía a desmantelar los organismos de fomento más importantes de la cultura y el cine, eliminando así de un plumazo, la presencia de imágenes locales en las pantallas de las salas de cine. A su vez, México se aprestaba también a suprimir la presencia del Estado en la casi totalidad de las empresas productoras, distribuidoras y exhibidoras que había creado décadas atrás para el desarrollo de su cine. En el Perú sucedía otro tanto en relación a la legislación proteccionista que había sancionado en 1973 el gobierno del general

---

[39] *Juan P. Lumerman, Ob. cit.*

Velasco Alvarado y que sentó las primeras bases de un proyecto cinematográfico nacional.

En nuestro caso, luego de intensos trámites a cargo de las nuevas autoridades del INC y de algunos sectores del cine, el presidente Menem accedió a decretar la "excepción" del cine de los alcances de la referida ley de emergencia. Este hecho puede resultar hoy en día poco relevante, pero explica de alguna manera la situación de relativa excepcionalidad que el cine argentino vivió desde 1990, en el marco de una política económica totalmente incompatible con cualquier forma de proteccionismo a la industria nacional e incluso a la promoción verdadera de su cultura.(40)

Junto con la excepcionalidad lograda para el cine nacional, comenzó a instalarse también el concepto de lo "audiovisual", como nueva categoría para comprender la actual realidad del cine y sus actuales relaciones con los otros medios.

Tres años antes, en 1987, cuando la política económica global del radicalismo había iniciado su crisis terminal, casi un centenar de directores y técnicos de cine, televisión y video, reunidos en el marco del Festival Internacional del Nuevo Cine Latinoamericano de La Habana, emitieron una declaración en la que por primera vez identificaba parte de las relaciones aparecidas recientemente entre los diversos medios audiovisuales.

En dicho documento destacamos junto a cineastas de otros países, la necesidad de incrementar las acciones y las políticas para el desarrollo del cine, en el marco de una nueva concepción, la del "*Espacio Audiovisual Latinoamericano*", tomando en cuenta los cambios experimentados en el sector.(41)

Si las elaboraciones teóricas cobraban fuerza en esos años no era porque

---

(40) *El cáracter de "excepción" dispuesto para el cine por el Presidente Menem se hizo a través del Decreto Nº 1633, del 28 de diciembre de 1988 y permitió la sobrevivencia del INC en cuanto a su función básica de brindar ayudas al cine nacional. En los considerandos de la medida, se destacaba* "que entre las actividades regladas (por la ley anterior) para el INC, están el apoyo a los cortometrajistas para su futuro desarrollo; el apoyo a universidades y escuelas de cine de todo el país en pro de una cinematografía nacional integrada; los préstamos preferenciales a los productores nacionales de cine, tanto para la producción de películas cuanto para su equipamiento; los subsidios a las películas nacionales como única vía de permitir el recupero de sus costos y lograr una continuidad de presencia del cine nacional en las salas de exhibición y el envío de películas nacionales y delegaciones a las muestras y festivales internacionales de cine como afirmación de la imagen del país", procediendo a decretar, en consecuencia, el "exceptúase de la suspensión establecida en el artículo 2º de la ley 23697, a partir de su vigencia, los aportes del Tesoro Nacional que fuere necesario efectuar al Instituto Nacional de Cinematografía, para el cumplimiento de sus fines".

(41) *"IX Festival Internacional del Nuevo Cine Latinoamericano (Cine, Televisión y Video)". Documento "A veinte años de Viña del Mar: Por el video y la televisión latinoamericanos", diciembre 1987, La Habana. El documento fue suscrito, entre otros, por Octavio Getino (Argentina); Alfredo Ovando y Alfonso Gumucio-Dagrón (Bolivia); Regina Festa y Luis Fernando Santoro (Brasil); Gustavo Castaño (Colombia); Enrique González Manet y Estela Bravo (Cuba); Augusto Góngora (Chile); Ramiro Bustamante y Atilio Hartman (Euador); Karen Ranucci (EE.UU.); Fátima Fernández, Federico Weingartghofer y Vicente Silva (México); Sergio de Castro (Nicaragua); Rafaela de Lourdes y Vielka Váquez (Panamá); Rafael Roncagliolo y Kurt Rosenthal (Perú); Daniel Touron y Juan José Gutiérrez (Uruguay).*

ellas se anticiparan a la práctica audiovisual, sino porque ésta había crecido rápidamente en los '80 en casi todos los países de la región. Decenas de grupos de videastas desarrollaban una intensa y lúcida labor en el campo social, educativo y cultural –apoyados a menudo por organismos e instituciones de cooperación internacional– labor que incluía un proceso de reflexión permanente sobre la experiencia realizada. Prueba de ello eran los debates entre productores, realizadores y usuarios de video en los países donde este medio –haciendo a veces de puente entre el cine y la TV– había alcanzado mayor desarrollo, como sucedía en Brasil, Chile, Perú, etcétera.[42]

En octubre de 1988, compartimos en Buenos Aires la organización de lo que denominamos "Foro del Espacio Audiovisual Nacional". Más de un centenar de profesionales de la televisión, el video y el cine señalamos en el documento final del encuentro que *"los medios de comunicación audiovisual requieren de políticas integrales que, al mismo tiempo, respeten el carácter específico e intransferible de cada medio, en sus aspectos económicos, sociales y culturales".*

Se agregaba también, entre otros planteos, que *"los medios audiovisuales deben basarse en un régimen de propiedad mixta, en el cual, el Estado, la iniciativa privada y las organizaciones sociales, concerten y resguarden la pluralidad informativa, la diversidad de contenidos, canales y modos de procesamiento, y las relaciones equitativas y democráticas entre emisores y receptores, impidiendo cualquier tentativa de monopolio, tanto en lo que se refiere a los medios de producción y circulación, como en materia de contenido de mensajes".*[43]

Basta repasar hoy los lineamientos de las políticas entonces propuestas para darse cuenta de su inviabilidad. Ellas representaban un primer avance para crear las bases del futuro del cine y del audiovisual, a partir de la experiencia realizada por los hombres más representativos del cine argentino, aquellos que también, durante los años duros del Proceso intentaron preservar la existencia de una imagen cinematográfica nacional. Pero marcaban además un momento de inflexión: la problemática del cine no podía ser resuelta en la especificidad de dicho medio, sino en sus relaciones con el audiovisual, partiendo de los cambios y avances que se venían verificando en el sector.

Esos lineamientos fueron publicados y difundidos, incluso con una presentación del propio Menem, lo cual confirma la ambigüedad de las palabras frente a la contundencia de los hechos.

Sin embargo, intentamos materializarlos en hechos concretos desde el momento en que asumió el nuevo gobierno en 1989. Una de las primeras resoluciones emanadas por el cineasta René Mugica, nuevo director del INC –a quien me tocaría reemplazar poco después– fue la que disponía la creación en el ámbito del Instituto de un "*Consejo Asesor Permanente de la Cinematografía y el Espacio Audiovisual*" (que se integraría) *con un representante de la comisión directiva u órgano de conducción de las entidades vinculadas a la creación, el trabajo, la*

---

[42] *Susana Velleggia,* "El video en la educación no formal en América Latina: de la práctica a la reflexión", *Ed. CICCUS, Buenos Aires, 1994.*

[43] Foro sobre el Espacio Audiovisual Nacional, *Documento Final, 25-26 noviembre 1988, Buenos Aires. Ver las conclusiones del Foro, al final del libro, en Anexo Documental 1.*

René Mugica y Octavio Getino asumen en el Instituto Nacional de Cine. Junto a ellos, Manuel Antín y José Anastasio (Julio 1989).

crítica, la industria y el comercio cinematográfico y audiovisual (TV y video)". (Resolución INC Nº 1.116 del 17-8-89).

Intención meritoria tal vez, pero que encontró sus primeras resistencias en algunas entidades de la producción y el comercio cinematográfico, sólo interesadas en la permanencia de un organismo que derivase las subvenciones y las ayudas al campo específico del cine, sin distraer ningún otro recurso en los otros restantes medios audiovisuales.

Existía sin embargo la confianza, por parte de quienes estábamos al frente del INC y que tiempo atrás habíamos generado las propuestas del "Espacio Audiovisual Nacional", de que el nuevo gobierno se dispusiera a confirmarlas en el corto plazo. Uno de los indicios favorables en ese sentido fue la excepción decretada para el cine en materia de subvenciones, que, además, no había sido extendida a otras industrias y tampoco a otros organismos oficiales de la cultura, como el Fondo Nacional de las Artes.

Por otra parte, las políticas que proponíamos para el cine, eran oficializadas a su vez por la Secretaría de Cultura de la Nación e incorporadas formalmente al llamado "Plan Federal de Cultura 1990", pese a que más tarde ellas –igual que el mismo Plan– quedarían prácticamente archivadas.[44]

Dos hechos más se inscribieron dentro de esa tentativa, aunque ninguno de ellos funcionó en el país en la medida que esperábamos. Uno de ellos, fue la firma conjunta en Caracas, en noviembre de 1989, de los acuerdos y convenios de integración, mercado común y coproducción, donde surgió con el acuerdo de más de diez países de la región, la "Conferencia de Autoridades Cinematográficas de Iberoamérica" (CACI). Documentos formales que incorporaron además, el concepto de lo "audiovisual", a lo que hasta ese momento era privativo del cine. Ellos fueron ratificados con fuerza de ley por los Congresos Nacionales de la

---

(44) *"Plan Federal de Cultura 1990", Secretaría de Cultura de la Nación, Buenos Aires, enero 1990. Ver Documento Nº 2 en Anexos.*

Grupo de cineastas durante la organización del Foro del Espacio Audiovisual Nacional (Noviembre 1988).

región –incluso por el argentino– aunque en nuestro caso, y a diferencia de los restantes países de la región, productores y distribuidores locales no parecen haberles otorgado la importancia que efectivamente tienen.[45]

Otro hecho relevante, aunque marcado también por la inestabilidad de los organismos que lo suscribieron, fue el convenio que firmamos en octubre de 1990, el Instituto Nacional de Cinematografía, Argentina Televisora Color (ATC) y la Subsecretaría de Cultura de la Nación, para iniciar coproducciones, recuperar el archivo periodístico de la televisora estatal y editar filmes argentinos en video, con la finalidad de *"la cooperación mutua para viabilizar, incrementar y difundir el desarrollo del espacio audiovisual nacional"*.

Con la excepción de la miniserie de Nicolás Sarquís sobre *Facundo*, y del inicio de la edición de películas argentinas en video, ese convenio no trascendió más allá de los organismos que lo suscribieron. Sin embargo, sus principios básicos, al igual que los que animaron los acuerdos de integración regional y los del Foro del Espacio Audiovisual de 1988, servirían más adelante de base para los cambios de la legislación cinematográfica que se realizaron entre 1993 y 1994.

El período del "cine exceptuado" se extiende precisamente entre el segundo semestre de 1989 y la puesta en marcha, en 1994, de la ley de cine aprobada un año antes. En ese transcurso, la inseguridad dominó las actividades del sector, a partir de lo provisorio de cada mandato en el INC. En apenas cinco años pasaron por dicho organismo otros tantos directores nacionales (René Mugica, Octavio

---

[45] *Se trata del* "Convenio de Integración Cinematográfica Iberoamericana", el "Acuerdo Latinoamericano de Coproducción Cinematográfica" y el "Acuerdo para la Creación del Mercado Común Cinematográfico Latinoamericano". *El Convenio y los Acuerdos han sido sancionados por el Congreso Nacional de la Argentina y se convirtieron en las leyes nacionales Nos. 24.201, 24.202 y 24.203, respectivamente, puestas en vigencia en 1993.*

Getino, José Anastasio, Guido Parisier y Antonio Ottone), frente a un solo director que había tenido el Instituto durante los seis años del gobierno radical. Ello da una idea de los cambios sucesivos de orientación que tuvo el INC en el período que ahora tratamos y que incidieron sin duda en el conjunto del cine argentino.

En julio de 1989, el realizador René Mugica fue designado por el gobierno de Menem –a propuesta de quienes habíamos conformado el llamado "espacio audiovisual nacional"– para dirigir el Instituto de Cine, cargo al que renunció tres meses después. Desde ese entonces y a lo largo de la mayor parte del año 1990, período en el cual me tocó reemplazar a Mugica en la dirección del organismo, la labor principal del mismo debió reducirse a preservar el Instituto de Cine y las subvenciones y ayudas dispuestas por la correspondiente legislación (leyes Nos. 17741, 20170 y 24377) y que se veían amenazas por la nueva Ley de Emergencia Económica.

Se tramitó inicialmente la excepción del cine a los alcances de dicha ley y una vez que ello tuvo lugar, tras varios meses de negociaciones, la gestión debió abocarse a una nueva solicitud formal destinada a exceptuar al INC, de los alcances de un nuevo decreto, el Nº 1930/90, que volvía a impedir el cumplimiento de la ley de cine en rubros esenciales del fomento a la producción.

Las gestiones realizadas por el INC resultaron finalmente exitosas. Sin embargo, las demoras ocurridas desde su inicio hasta su decisión favorable, impidieron contar con suficientes fondos para cumplir los compromisos señalados por la ley en materia de "recuperación industrial" (subvenciones). Las empresas beneficiadas en este rubro, durante el año 1990, fueron 46 en total –con un monto total casi irrisorio de 744 millones de australes, equivalente a no más de 100 mil dólares– mientras que las que obtuvieron créditos en ese mismo período no llegaron a ser más de veinte, para otros tantos proyectos. En este caso, los montos no excedieron inicialmente la cifra de 25 mil dólares en cada proyecto. Recién a

Representantes oficiales del cine iberoamericano suscriben los acuerdos y convenios de integración, en Caracas, noviembre 1989.

finales de octubre de ese año ellos pudieron incrementarse aunque sin superar los 50 ó 55 mil dólares por película.[46]

Una cifra cercana a los 100 mil dólares en materia de subsidios y un monto total de 450 mil dólares en el rubro de créditos, explica la precariedad con que lograron sobrevivir el INC y el cine nacional. Son cifras que sólo pueden ser comprendidas en su justo valor si se las compara con los más de 50 millones de dólares a los cuales ha podido acceder el presupuesto del Instituto, siete años después, en 1997, a partir de la vigencia de una nueva ley de cine.

Por otra parte, los recursos del INC, que habían sido de entre 8 y 10 millones de dólares anuales en la gestión del gobierno radical, cayeron a menos de una tercera parte en 1989 (algo más de 2 millones para ese año). Sin contar las disposiciones legales ya referidas, que le impedían hacer uso de los mismos para fomento de la producción.

Las dificultades de ese período estuvieron agravadas también debido a que el gobierno radical había dejado al INC sin recursos económicos para cumplir los compromisos previamente acordados con productores y cineastas. Según un informe enviado por Manuel Antín a principios de 1989 al Secretario de Cultura –Antín estaba todavía a cargo del INC– el organismo habría otorgado unos 170 créditos entre 1984 y 1988, a empresas y a directores-productores para la realización de otros tantos largometrajes.[(47)]

En ese mismo lapso se estrenaron en el país unas 130 películas, lo cual indica que entre 30 y 40 títulos, cuya producción se inició en ese período, no llegaron a terminar su etapa de filmación, o habiéndolo hecho, figuraban como películas "inconclusas" (en proceso de montaje o de laboratorio para la copia final). Ello representaba obviamente una fuerte presión de los productores sobre el INC, con el fin de obtener de dicho organismo los recursos necesarios para la finalización y puesta en pantalla de sus obras.

Además, los créditos otorgados por el INC entre 1984 y 1988, incluyendo las ampliaciones aprobadas, representaban cerca de 13 millones de dólares (algo más de 22 millones de australes), equivalente a unos 100 mil dólares por película, o lo que es igual, un 25%-30% aproximadamente de los costos reconocidos en ese entonces por el INC. Sin embargo, el Instituto no había podido recuperar todavía los créditos otorgados ya que en noviembre del '89, más de la mitad de los mismos, un total de 77 productores, figuraba en la "cartera de documentos vencidos e impagos" del Banco de la Nación Argentina, entidad a cargo de aquellos según la ley vigente.

Lo concreto es que a lo largo de poco más de un año, entre la asunción del gobierno menemista y el inicio de la liberación de los recursos pertenecientes por ley a nuestro cine, quienes condujimos en ese entonces el Instituto de Cine, debimos aceptar como gestión casi excluyente la de garantizar la vigencia de las leyes del sector, sin lo cual la actividad productiva podía haberse congelado, como

---

[(46)] "Informe anual de gestión", *Instituto Nacional de Cinematografía, 1990.*

[(47)] *Del informe elevado por Manuel Antin, Director Nacional del INC, al Secretario de Cultura, Carlos Bastianes, el 21-3-89.*

estaba ocurriendo en otros países de la región.

En este marco de situación –que incluía en 1990 un nuevo levantamiento de militares "carapintadas" y el indulto presidencial a los responsables de los crímenes del Proceso– se explica buena parte de las dificultades vividas por el cine argentino en los inicios del período de "excepción".

La producción fílmica de este período fue una de las más bajas de la historia de nuestro cine. Un total de entre 70 y 75 películas producidas desde 1989 hasta 1994 inclusive, equivalen a una cifra promedio de 12 a 14 filmes anuales, frente al promedio histórico de más de 30 títulos por año. El número de películas estrenadas fue aún ligeramente menor, ya que algunas de ellas seguirían demoradas a la espera de mejores condiciones en el mercado o en materia de subvenciones estatales.

Presidencia de la Nación
Secretaría de la Función Pública

ESQUEMA DE INTERRELACIONES
INC-MEDIO CINEMATOGRAFICO

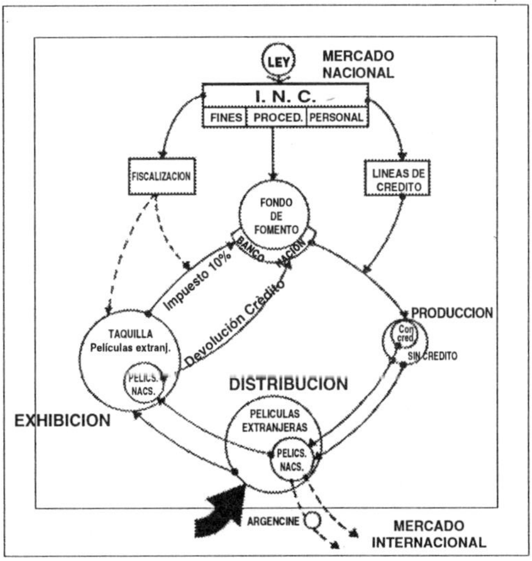

Esquema de un estudio sobre el INC realizado por la Secretaría de la Función Pública, durante la gestión de Manuel Antín.

En la línea del cine comercial las empresas tradicionales (Sono Film, Aries, Victoria) redujeron sus inversiones en el sector, limitándose a encarar solamente algunos proyectos considerados de "éxito seguro". En el caso de Sono Film se inició en 1989 una secuela de películas de acción para el período vacacional del público adolescente e infantil (*Extermineitors I, II, III y IV*, a cargo de Carlos Galettini). Producciones de bajo presupuesto y cuya realización podía insumir entre 4 y 5 semanas. También abordaron algunos temas de interés comercial contratando a directores procedentes del cine de calidad y del cine de autor, como sucedió con Alberto Fisherman en *Ya no hay hombres* (1991), de Javier Torre en *Las tumbas*, sobre la novela de Enrique Medina (1991) y Jorge Polaco, con *Siempre es difícil volver a casa* (1992) y *Kindergarten*, producida en 1989 pero no estrenada aún por conflictos judiciales relacionados con la protección de la minoridad. En términos generales, los resultados de estas películas fueron mediocres o nulos, tanto en el plano comercial como en el estético-cultural.

El fracaso de estos títulos –con la excepción de los "extermineitors" de Galettini cuya producción se mantuvo hasta el año 1992– hizo que la Sono redujera drásticamente su presencia en el rubro de la producción, abocándose a la distribución de películas y video, y a incursionar en el medio televisivo.

Aries Cinematográfica reforzó también su presencia en la distribución de producciones extranjeras para salas y video y participó, al igual que Sono Film, en la producción de obras dramatizadas para televisión, las que estuvieron a cargo de Fernando Ayala y de Héctor Olivera. Este último dirigió sólo dos películas en el período que tratamos: *El caso María Soledad* (1993), aprovechando la repercusión de un suceso policial y social originado en la ciudad de Catamarca, y *Una sombra ya pronto serás* (1994), basada en la novela de Osvaldo Soriano. En ambos casos se verificó una declinación de la capacidad narrativa que Olivera había demostrado en anteriores películas. Si en *El caso...* –pese a ser también un suceso *mass–mediático*– convocó a menos de 200 mil espectadores, con *Una sombra...* no llegaría a los 50 mil. Algo semejante había sucedido con la última obra de Fernando Ayala, *Dios los cría* (1991), que pasó prácticamente desapercibida en las carteleras porteñas.

Sumida como las dos anteriores en las incertidumbres del mercado, la empresa Cinematográfica Victoria apenas se arriesgó a producir uno o dos títulos, dentro de su línea puramente comercialista, que tampoco logró llamar la atención del público, como sucedió con *Enfermero de día, camarero de noche* (1991), de Aníbal Di Salvo.

Enrique Carreras, el director más prolífico de la historia del cine argentino, dedicado habitualmente a dirigir películas para "toda la familia", estrenó su último film en 1991 (*Delito de corrupción*). Ni Aries ni Cinematográfica Victoria se animaron a continuar produciendo ese tipo de películas con los esquemas tradicionales que habían funcionado exitosamente en otras épocas. El cine había dejado de ser un entretenimiento para el grupo familiar. Los sectores populares donde ese tipo de películas tenían su mercado mayor, eran ahora los grandes ausentes de las salas. Por último, las nuevas tecnologías audiovisuales utilizadas meticulosamente por la producción norteamericana habían modificado las pautas del consumo del público, obligando a los productores y directores locales a redefinir el diseño de sus nuevos proyectos.

Fue la decisión de los directores-productores argentinos y la de algunas alicaídas empresas productoras lo que permitió en medio de la incertidumbre de los años 89 y 90 recuperar la confianza en el cine nacional. Ello se tradujo en la aparición, en el último de esos años, de diez películas nacionales producidas y una cifra algo superior de títulos estrenados (12 en total), ya que parte de los mismos había sido realizado con anterioridad.

Entre el escaso número de estrenos del año 90 se destacaron algunos títulos. Uno de ellos fue *Yo, la peor de todas*, de María Luisa Bemberg que, por razones de economicidad productiva y de experimentación narrativa introdujo un cambio interesante en lo que había sido hasta ese momento su manera de contar historias. La vida de Sor Juana Inés de la Cruz, según la visión de Octavio Paz, tuvo un tratamiento lindante con una típica puesta teatral, pero resultó también audaz en el plano formal debido a los recursos fílmicos utilizados. Una línea cercada a la indagación narrativa que, por otra parte, no volvería a ser empleada en las posteriores realizaciones de la Bemberg que, sin embargo, continuaron mostrando su interés por indagar y dignificar los problemas de la mujer en diversos momentos de nuestra historia.

Otra película que despertó también expectativas fue la de Eduardo Mignona –*Flop, el tirador argentino*– basada en la vida del actor Florencio Parravicini, una

"Ultimas imágenes del naufragio" (Eliseo Subiela, 1989).

"Después de la tormenta" (Tristán Bauer, 1991).

producción ambiciosa que no logró satisfacer al público y a la crítica por sus resultados. Algo parecido le sucedió a Alejandro Doria con su *Cien veces no debo.*

El éxito mayor de ese año, correspondió a Eliseo Subiela, con *Ultimas imágenes del naufragio* filme dedicado a tratar de manera alegórica –y más "intelectualizada" que en *Hombre mirando al sudeste*– diversos aspectos de la problemática existencial del porteño. La película remitía especialmente a la literatura arltiana y a una mirada poética –estrictamente personal –que panoramizaba sobre la religiosidad, la metafísica y las buenas ondas de la *new age.* Cine dedicado a lanzar "24 frases literarias por minuto", más cercano a la artificiosidad que a la solidez conceptual, pero capaz de conectarse poéticamente con amplias franjas del público, incluidos los sectores más jóvenes. Cerca de 650.000 espectadores en un año como el de su estreno, cargado de incertidumbres de todo tipo, ratificaban el interés del público por un cine que, por lo menos, fuera distinto al de carácter remanido y convencional que dominaba en las pantallas grandes y chicas del país.

Los estrenos languidecieron en 1991. Sólo una producción, *Después de la tormenta*, de Tristán Bauer, destacó claramente por su riguroso enfoque crítico sobre la vida del trabajador suburbano y una narrativa de corte posneorrealista, en este caso sí, desprovista de concesiones o artificiosidades para el espectador. Un enfoque más relacionado con el del documental *La noche eterna*, de Marcelo Céspedes, que con los restantes filmes estrenados durante el año.

La nueva producción de Miguel Pereira, *La última siembra*, realizada en la provincia de Jujuy, intentó ir más allá de la visión conmiserativa que había estado presente en algunos tramos de "La deuda interna". Profundizó además una línea de cine "del interior", con claras referencias a problemas y "atmósferas" de los diversos "países" que conforman la cultura argentina, ceñida cada vez más a lo específico de la Capital Federal y alrededores. Al mismo tiempo la película no ofrecía el tratamiento visual que había estado presente en *La deuda...* Todo esto –particularmente los aspectos más rescatables del filme– puede haber contribuído al desencuentro del mismo con las expectativas del público porteño. Lo cual no le resta méritos a la película ni a la consecuente línea de cine emprendida por este realizador, en torno de ciertos temas que habitualmente no son tenidos en cuenta por el cine capitalino.

También en el interior del país, concretamente en Santa Fe, Gustavo Postiglione experimentó con *De regreso al país dormido*, una narrativa muy personal, resuelta a hacer de las carencias productivas, no una fuente de explicaciones lamentosas frente al espectador, sino un meritorio impulso para crear nuevos recursos expresivos. Aunque con menos logros conceptuales y formales, se ubicaron ese año otras producciones, como *Equinocio*, de Pablo César, y *Loraldia, el tiempo de las flores*, de O. Aizpeloea, coproducida con el País Vasco, ambas con pobres resultados entre la crítica y el público.

Finalmente, al margen de la serena y humanizada mirada de André Melançom en su *Verano del potro* (coproducción argentino-canadiense), y de las buenas intenciones de Pedro Orgambide en *El acompañamiento* o de Javier Torre en *Las tumbas* –producida por Sono Film– las otras películas estrenadas durante 1991 resultaron fracasos a todo nivel.

Habían transcurrido dos años apenas desde la firma presidencial de los decretos que exceptuaban al cine de las medidas de emergencia económica y los recursos del INC se habían multiplicado en relación a 1989 y a 1990. Si en ese período los créditos otorgados habían tenido un tope de 55 mil dólares, ahora las cifras podían ser diez ó quince veces superiores, según la calificación otorgada a cada proyecto por el director del organismo. Al frente del mismo se encontraba entonces Guido Parisier, quien había sucedido a José Anastasio tras su fallecimiento a mediados de 1991, pocos meses después de haberme sucedido en el cargo.

El nuevo responsable del INC, Guido Parisier, era ajeno a la actividad cinematográfica y cultural, pero tenía la confianza del presidente Menem. Eso le permitió disponer de una maniobrabilidad mayor en el empleo de los recursos existentes en el Fondo de Fomento, lo cual sería muy bien recibido por diversos sectores de la producción fílmica. De un promedio de 50 mil dólares que el INC estaba autorizado a otorgar, entre 1989 y 1991, en la línea de préstamos, se saltó a una media que superaba los 300 mil. Las cifras eran mayores en el caso de los directores-productores más beneficiados: 800 mil dólares a Raúl de la Torre, para *Un tal Funes* –una película de escaso interés y comercialmente frustrada; 700 mil dólares para *El caso María Soledad* de Héctor Olivera; 550 mil para *Tango feroz*, de Marcelo Piñeiro, etc. Montos todos ellos sin precedente alguno en la historia del Instituto de Cine.

El importe total de los préstamos otorgados ese año superó los diez millones de dólares, pero la mayor parte de los mismos no fueron amortizados debido al elevado número de fracasos comerciales de los filmes estrenados entre 1993 y 1994.

Diversos factores habían incidido en ese brusco incremento de los recursos del INC y de los créditos y subsidios que se otorgaban. La Ley de Convertilidad había equiparado la unidad monetaria nacional con la estadounidense, con lo cual se habían multiplicado por tres los costos de producción de largometrajes, pasando de un promedio de 350 mil dólares, a mediados de 1990, a más de un millón de dólares tres años más tarde. Asimismo, el precio de las entradas superaba entonces los cinco dólares como promedio, contra una cifra inferior a un dólar, en los inicios de 1989.

Esto implicaba un fuerte crecimiento de los recursos del Fondo de Fomento del Instituto, ya que aunque se había reducido el número de espectadores en las salas, se multiplicaron los ingresos de las mismas, con el consiguiente beneficio para el organismo, que retenía, por ley, un 10% de aquellos.

Si la cantidad de espectadores había disminuido un 17% entre 1989 y 1992, pasando aproximadamente de 24 millones a 20 millones, los ingresos crecieron más de un 400%. El principal beneficiario de este cambio era el sector de la exhibición y, de manera principal, las distribuidoras norteamericanas, dueñas de la mayor parte del mercado. El sector más perjudicado fue el de la producción nacional, obligado a depender más que nunca de las ayudas estatales, para intentar recuperar costos de producción mucho más elevados, en un mercado donde el cine argentino había perdido el interés del público.

La actividad cinematografía era, sin embargo, una privilegiada en ese contexto. La mayor parte de las industrias argentinas comenzaban a derrumbarse con la política dispuesta desde los organismos acreedores del país –firmemente resueltos a recuperar sus préstamos– y que abría las fronteras del país al *dumping* y a productos subvencionados en el exterior frente a los cuales el empresario tradicional no podía competir, acostumbrado como estaba a las beneficios del proteccionismo estatal.

La equiparación peso-dólar y la contención del proceso inflacionario –que había sido el factor desencadenante de la derrota del radicalismo en el 89– estimuló el consumo de productos importados, a través del crédito. En muy poco tiempo se duplicó el parque de automotores y el número de hogares con videocaseteras, computadoras y juegos electrónicos. Y aunque se redujo la presencia en las salas de cine de importantes sectores de la población, comenzó a crecer la concurrencia a las mismas por parte de los sectores socialmente acomodados. El consumo de películas se hizo más selectivo concentrándose aún más en cuatro o cinco grandes ciudades, especialmente en las zonas de mayor desarrollo socioeconómico (centros comerciales, *shoppings*, barrios residenciales, etc.).

El crecimiento del parque de las videocaseteras hogareñas y el consiguiente consumo de video pregrabado, fue simultáneo con el rápido desarrollo de la TV por cable, lo que habría de convertirnos en el territorio más apetecible de América Latina para las señales y los canales televisivos de las grandes potencias. En este punto, el país profundizaba la modernización de su consumo y de su mercado, pero no la de su producción, crecientemente sustituída por la importanción de manufacturas, servicios y bienes culturales.

Naturalmente, los más beneficiados por este proceso no eran los productores de películas argentinas, sino las grandes compañías norteamericanas que pasaron a dominar por completo la oferta audiovisual en la programación televisiva y en el alquiler de video.

Estos factores, junto con la escasa presencia de títulos argentinos exitosos en un mercado cambiante, explican en parte la cifra de poco más de 14 millones de espectadores que tuvieron las salas del país en 1992 y que representó el volumen más bajo de toda su historia. Aunque, insistimos, una cifra semejante, con un precio promedio de 5 dólares la entrada, resultaba económicamente más rentable para las grandes compañías distribuidoras y exhibidoras, que los 60 millones de espectadores, a un dólar por entrada. Resulta obvio que la finalidad de aquellas es incrementar el ingreso de las boleterías, no la cultura audiovisual del conjunto de la población, obligación ésta que corresponde al Estado y a las organizaciones de la comunidad nacional.

Durante el año 1992 se estrenaron 12 películas argentinas, frente a las 17 del año anterior y se produjo un total de 14 nuevos títulos. Aunque el volumen de los espectadores fue un 10% inferior al de 1991, algunas producciones locales realizadas un año antes, logró un merecido respaldo del público. Ellas fueron: *El lado oscuro del corazón*, de Eliseo Subiela; *Un lugar en el mundo*, de Adolfo Aristarain; *El viaje*, de Pino Solanas y, *Dónde estás amor de mi vida que no te puedo encontrar*, de Juan José Jusid.

Se trató de cuatro importantes películas que convocaron a casi 1 millón y medio de espectadores, el 78% de un total cercano a los 2 millones que tuvieron las 12 producciones locales estrenadas, en su mayor parte fracasos de crítica y de público: *La pluma del angel*, de J. Paternostro; *Rompecorazones* de Jorge Stamadianos, etcétera.

Con *Un lugar...*, Adolfo Aristarain volvió a recurrir al cine de género clásico, en este caso el *western*, para reflexionar por primera vez en términos explícitos sobre la problemática de una militancia social oscilante entre el quiebre y la utopía. La película trató el conflicto aparecido en una región del país frente a un proyecto de "modernización" que implicaba la entrega de recursos básicos a empresas extranjeras. Un tema que tenía una clara proyección nacional. Pero, la intención del realizador iba más allá de dicho conflicto. Como en filmes anteriores, Aristarain reafirmaba su interés por la epicidad individual, revalorizando en una historia que se prestaba a ello, el sentido más elemental de la dignidad humana. Gesto casi incomprensible, en un contexto donde lo predominante parecía ser la pérdida de los valores trascendentes del individuo y su sometimiento a otros, ajenos a él, tan endebles como inaceptables.

En este punto sus personajes se aproximan a los protagonistas del *western* y el policial "negro" norteamericano (Hawks, Walsh, Aldridch, Huston, Ford, etc.), que no pretenden emitir recomendaciones moralizantes ni erigirse en ejemplos de nada. Sus gestos hablan de su moral, al igual que sus acciones traducen lo que a cada uno le dicta su propia conciencia. Tienen la íntima convicción –explicitada en casi todas las películas de este cineasta– de "*que saber es morir, es ser un "blanco"*"(48). Cabe a los demás, a "cada uno" de los demás, hacer otro tanto: seguirlos o sucumbir ante la incertidumbre de lo colectivo o lo falsamente institucionalizado. Una épica individual que tiene que ver con una parte de la narrativa genérica de la "escuela nacional norteamericana", pero también con la historia y la cultura de los argentinos.

Subiela, con *El lado oscuro del corazón*, se aboca cada vez más a la recopilación de citas literarias –en este caso de reconocidos poetas– y al empleo de imágenes –surrealistas, futuristas, pop, etc.– que cada espectador está autorizado a interpretar como le plazca. Incluso a adjudicarle significados que tal vez nunca pasaron por la intencionalidad del autor. "*Subiela es un tipo que piensa sus historias con una fuerte marca literaria, desequilibrando esas ideas con imágenes que bordean (a veces en la misma escena) la belleza y la pesadilla visual*".(49)

Los recursos de la estética publicitaria –lugar bastante común en muchos otros realizadores argentinos– otorgan a diversos momentos del filme algunos toques de seducción e incluso de poesía. Tal vez por ello, más de 600 mil espectadores asistieron satisfechos a la proyección del filme durante el año 1992, lo que confirmaría, junto con los reconocimientos obtenidos en algunos festivales internacionales, la continuidad de una trayectoria exitosa, también en el terreno comercial.

Juan José Jusid retomó la dirección de películas de largometraje, tras algunos años de inactividad en ese rubro. En *Dónde estás amor de mi vida...* abordó un tema menos pretencioso que los recién comentados limitándose a tratar las relaciones de dos personajes solitarios –un conductor radiofónico y una oyente–, a la búsqueda de un amor tan deseado como inalcanzable. Descripción sensible, cercana al melodrama, influenciada también por el lenguaje televisivo, pero trabajada con el rigor técnico y expositivo que es común en todas las películas de este realizador.

El viaje, de Solanas, despertó buenas expectativas en el momento de su estreno, pero aunque el film contenía algunas imágenes y escenas memorables –particularmente las registradas en el sur patagónico y durante la inundación– presentaba al mismo tiempo flancos débiles en cuanto al manejo de los tiempos y

---

(48) *Sergio Wolff, en revista* Film *nº 10, octubre-noviembre 1994, Buenos Aires.*

(49) *Gustavo J. Castagna,* "El eterno problema", *en revista* El Amante/Cine *nº 11, enero 1993, Buenos Aires.*

"El viaje" (Fernando Solanas, 1992).

los espacios narrativos, como producto de una estructura visiblemente desequilibrada y de posibles imprevistos técnico-productivos durante la realización. Ello privó a este film de la solidez narrativa que estuvo presente en sus películas anteriores, particularmente en *La hora de los hornos* y en *Los hijos de Fierro*. *"Mientras que una parte de 'El viaje' intenta reencontrarse con las grandes líneas de fuerza de América Latina y con los problemas de fondo del continente, otra parte de la película parece exigida por una actualidad política que en su urgencia amenaza con neutralizar la visión en profundidad del conflicto latinoamericano... El planteo estético parece más complejo, más sutil, que su discurso ideológico, o en todo caso lo compensa".*(50)

En 1992, la aplicación por ley de un impuesto a la comercialización de video pregrabado hizo aumentar en casi un 40% los recursos del Fondo de Fomento del INC. Ello permitió al organismo otorgar algo más de 3 millones de dólares a la producción local en materia de subsidios: 886 mil dólares para *Un lugar en el mundo*; 752 mil dólares para *El lado oscuro del corazón*; 535 mil dólares para *Dónde estás amor de mi vida...*; 256 mil dólares a *Extermineitors IV*; 260 mil dólares a *El viaje*. Subsidios todos ellos dispuestos por la ley entonces vigente y proporcionales al número de espectadores de cada película.

Una visión crítica de la producción de ese período la sintetiza Gustavo Castagna en estos términos: *"El cine argentino es un problema y está permanentemente en crisis. Es una discusión económica –absolutamente comprensible– que, al mismo tiempo, refleja una vacía reflexión estética. Por un lado, diseminada por el declarado chauvinismo nacionalista implorando que al cine hay que*

(50) *Luciano Monteagudo,* "Fernando Solanas", *Centro Editor de América Latina-INC, Buenos Aires, 1993.*

defenderlo siempre. Por el otro, marcada por cierta incomprensión a priori que ignora los films argentinos sin necesidad de ver las películas. En el medio, el realizador y su objeto, los únicos destinatarios para una crítica favorable o desfavorable. La película está ahí ante nuestros ojos como solitario propósito de irritación y goce. Para que nos olvidemos de los problemas coyunturales y atrapemos las imágenes como un hecho estético que escape del antes y el después, del éxito y el fracaso en la taquilla. Tal vez falta esa mirada hacia nuestro cine: desprenderse de la carga adicional que soporta un film argentino que se estrena y evaluar ese objeto cinematográfico sólo por lo que representa".[51]

Una encuesta realizada, al promediar ese año, por la Cátedra de Sociología del CBC de la Universidad Nacional de Buenos Aires entre alumnos de 39 facultades de la misma, reveló que el 64% de los consultados había concurrido al cine, por lo menos una vez durante el trimestre estudiado. Pero destacó también la escasa valoración del cine nacional frente al extranjero. Un 47% de los alumnos sostuvo que las películas argentinas mostraban una calidad inferior comparadas con las de otros países. Un 39% afirmó que le parecían de similar calidad y sólo un 7% se inclinó por resaltar su calidad frente a las extranjeras.

El consumo mayor de películas en dicha población, representativa del nivel social y generacional privilegiado por los distribuidores de filmes, se verificaba a través del videocasete. Ya en ese año, el acelerado consumo de este tipo de equipos –como producto de la compra a crédito y la estabilidad monetaria– hacía que el 66% de los consultados en dicha encuesta dispusieran de videocaseteras en sus hogares, lo que permitía visionar unos 6 videos por mes a un 43% de los alumnos encuestados. Si a esto se agrega el creciente consumo de *videoclips* y de los efectos especiales propalados por la TV abierta en general y por la TV cable en particular, es fácil deducir los cambios operados en el consumo audiovisual por parte de los adolescentes y los jóvenes de las áreas urbanas, el sector más apetecido por los distribuidores de películas.

Las demandas de este nuevo tipo de espectadores facilitaron en 1993 el suceso comercial de *Tango feroz*, un film de Marcelo Piñeyro que, con guión de Aída Bortnik, batió records de público convocando a más de un millón y medio de espectadores.

Multitudes de jóvenes irrumpieron de pronto en el mercado de las salas, interesados en la vida de un también joven músico de rock nacional de los años 60, víctima del autoritarismo sociocultural imperante. El filme apelaba al inconformismo de la nueva generación, recurriendo al que había practicado parte de la juventud un cuarto de siglo atrás, una época aparentemente superada. La poesía y la música, presentes en la onda "transgresora" de los nuevos tiempos, facilitaba el nexo con otras épocas con una eficacia mayor a las que podrían ser propias del discurso conceptual, verbalizado o escrito.

Recursos simples y convencionales y una banda musical que, en parte ya era conocida por los jóvenes, confluyeron para el éxito del filme, probando la existencia de una numerosa masa de espectadores que sólo parecían dispuestos

---

[51] *Gustavo J. Castagna*, "El eterno... *(Ob. cit.)*

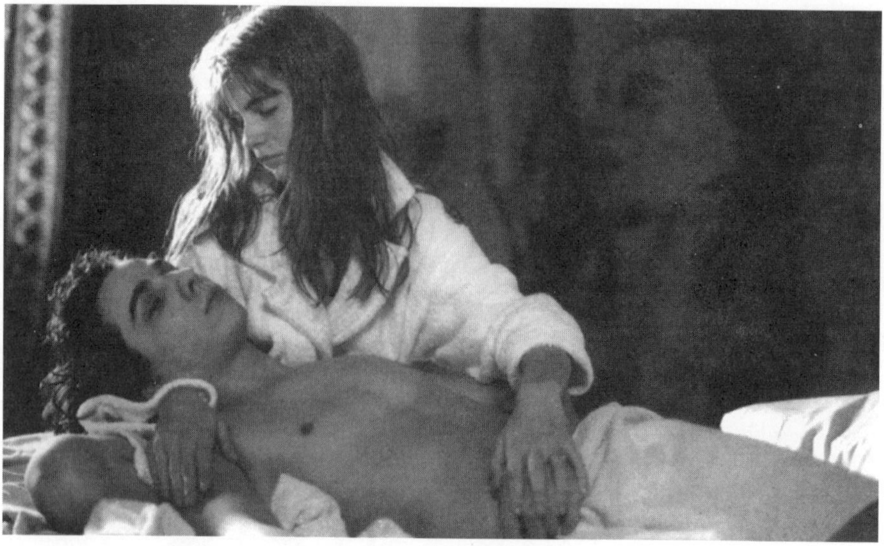

"Tango feroz" (Marcelo Piñeyro, 1993).

a concurrir a las salas, de manera episódica, cuando en ellas se ofertaran productos filmicos a la altura de su sensibilidad y sus sentimientos; además de asimilar las nuevas formas del tratamiento audiovisivo, fuertemente condicionadas por las nuevas tecnologías electrónicas.

Trás un largo período de alejamiento de la actividad, Leonardo Favio volvió al cine, de la mano de *Gatica, el mono*, confirmando una vez más su capacidad creativa y su sensibilidad para tratar temas y personajes de la mitología y la cultura popular argentina.

A diferencia del Federico Luppi de las películas de Aristarain, en las que la epicidad personalizada –lo colectivo *situado*– seduce al espectador invitándolo a imitarla, en Favio la individualidad de los protagonistas, toque o no lo épico, está condenada desde el vamos a la conmiseración. Ello sucede con los principales personajes de *Crónica de un niño solo*, *El dependiente*, *Romance del Aniceto y la Francisca, Juan Moreira* y este *Gatica*, tan golpeado por la vida como los anteriores y al igual que ellos marcado por una parecida fatalidad: la de la derrota, aunque más por forzada exclusión social que por auto-exclusión. De antemano los personajes saben que están impedidos de incorporarse a lo instituido socialmente. Nacen y mueren como "perdedores", sabiendo que su actos no servirán de mucho a nadie, pero, y esto es lo que los diferencia de la épica individualista, ni siquiera a ellos mismos.

En el cine de Aristarain, la derrota también existe y tras la misma, los protagonistas aparecen como seres vencidos, pero no nos convencen de que ella sea real. Por el contrario, sus gestos decisivos responden a estrategias personales indelegables: los sobreviven reclamando su perpetuidad. Vencidos pero no convencidos.

Gatica esgrime, en la soledad de un boliche casi marginal, lo que todavía queda de su autoestima cuando se resiste a que lo llamen "Mono". Pero él sabe, y los espectadores junto con él, que porta consigo el vergonzante, aunque resistido, virus de los excluidos. Ningún gesto que haga podrá restituirle lo que desde el origen le ha sido quitado. En cambio, el Mario que encarna Luppi en *Un lugar en el mundo* golpea nuestros alicaídos principios de solidaridad cuando *elige* quemar la lana de la cooperativa, aunque el incendio nos ilumina rápidamente los motivos de la misma. Algo parecido sucede con el mismo Luppi cuando en *Tiempo de revancha, decide* amputarse la lengua, para resistir, convencido de que la verdad *–su verdad–* está autopreservada. Una especie de (trágica) dignidad moral que, de una u otra manera, nos invita a compartirla.

Si en este caso el Luppi/personaje invita a resistir por simple acto de presencia autovalorativa, los personajes protagónicos de Favio, a manera de metáfora de la gran masa de excluídos, reclaman nuestra mirada conmiserativa, que pronto les otorgamos, aunque conservando cierta distancia, porque no es nuestro propósito imitarlos. Trasladando estas reflexiones al terreno de lo colectivo, *"el pueblo que crea Favio no tiene estrategias en tanto proyecto político: 'Nunca estuve en política, siempre fui peronista'. Se resalta el heroísmo, la ternura con la que se está en la lucha, pero no se revisan las maneras con las que se está en esos combates. Una mirada que disuelve su propia intervención crítica sobre sí, para permitir la continuidad del ternurismo de los vencidos".*[52]

"Ternurismo" que, sin embargo, reviste un enorme valor en los días que corren marcados por la exclusión social, a límites pocas veces conocidos, y por la pérdida creciente de elementales valores de solidaridad. Aunque ello no forme parte de un específico proyecto político. Pero sí de un modo de vida y de existencia que las películas de Favio han manifestado siempre, como uno de los enfoques más personales y valiosos de la historia de nuestro cine.

Otro filme que se refiere también, aunque desde un tema y un enfoque diferente, a los "vencidos" de nuestro tiempo, es *Un muro de silencio*, de Lita Stantic, quien fuera directora de producción de la mayor parte de las películas de María Luisa Bemberg. Fue también compañera, dos décadas atrás, de Pablo Szir, un cineasta de los grupos de Cine Liberación, desaparecido durante el Proceso. Stantic logra con este trabajo uno de los estudios más auténticos y rigurosos –experiencias personales mediante– sobre el tema de los desaparecidos. No se trata, como en

"Gatica, el mono" (Leonardo Favio, 1993).

---

[52] *A. Montalbán y otros,* "El ternurismo de los vencidos o la muerte de la crítica", *en* Decorados, apuntes... *(Ob. cit.).*

La historia oficial de Puenzo-Bortnik, del descubrimiento de lo que era públicamente conocido y que la protagonista desconocía, sino de la reconstrucción de la memoria a partir de personajes directamente comprometidos con ella, sea desde una militancia sin retaceos, o comprendiéndola, pero sin aceptarla, en un doloroso ida y vuelta entre el amor y la incertidumbre.

Luis Puenzo volvió a demostrar su madurez como director y su fogueado manejo de los recursos técnicos en *La peste*, adaptación de la obra de Albert Camus, transportada, aunque no arbitrariamente, a la problemática histórico-cultural del Río de la Plata. No tuvo, sin embargo, el éxito merecido. Ni la crítica ni el público apreciaron una línea de trabajo que figura entre las más autoexigentes del cine nacional de nuestros días.

Se estrenaron también en 1993, diversos títulos enrolados en lo que convencionalmente definimos como "cine de calidad". Fue el caso de *Matar al abuelito*, de Cesar Dangiolillo, primera obra de un realizador que contaba ya con una sólida experiencia en la mesa de montaje; *Perdido por perdido*, de Alberto Lecchi, filme que retoma exitosamente el policial "negro", poco tratado por nuestro cine en las últimas décadas, con un buen manejo de las reglas propias del género; *Funes, un gran amor*, de Raúl de la Torre, preocupado en imprimir más soltura a su forma de narrar, y *De eso no se habla*, una vuelta de tuerca más sobre el mundo de la mujer enfrentado a estructuras culturales autoritarias, problemática a la que María Luisa Bemberg dedicó toda su producción fílmica.

Las otras películas estrenadas en 1993, oscilaron entre tentativas de rigor narrativo, como sucedió, al menos parcialmente, con *El General y la fiebre*, de Jorge Coscia; *El camino de los sueños* de Javier Torre, y *El marido perfecto* de Docampo Feijóo, y la simple intención del lucro rápido y fácil, ejemplificada con *El caso de María Soledad,* de Héctor Olivera y *Las boludas*, de Víctor Dinezon.

Los resultados comerciales de la producción de este año fueron tanto o más pobres que los de los años previos. De un total de trece películas estrenadas, doce de ellas no alcanzaron a sumar, en conjunto, la cifra de espectadores que logró hacer una sola: *Tango feroz*, el éxito de Piñeiro.

A finales de 1993, un total de 17 películas esperaba turno de estreno, imposibilitadas de entrar al circuito comercial. Habían avanzado ya las gestiones de las entidades para elaborar un nuevo proyecto de ley de cine y, tanto productores como directores-productores, especulaban con su sanción para definir la fecha de lanzamiento de sus obras. También para emprender nuevos proyectos que se acogieran a la nueva ley. Ello explica, en parte, que el año 1994 haya sido el de más baja producción de películas en la historia del cine sonoro del país, con solo cinco títulos realizados. Ellos fueron *Convivencia*, de Carlos Galettini; *Una sombra ya pronto serás*, de Héctor Olivera, adaptación de la novela de Osvaldo Soriano; *Cortázar*, de Tristán Bauer; *El amante de las películas mudas*, debut cinematográfico de Pablo Torre, y *Fuego gris*, nueva experiencia autoral de Pablo César.

En lo concerniente a la crítica, los halagos fueron para *Cortázar*, de Bauer, que un año después acapararía merecidos premios otorgados por los cronistas a la producción del 94. Documental creativo, con sólo algunas recreaciones, destinado a evocar la personalidad y el compromiso intelectual e ideológico del escritor, junto con su obra. También destacó el trabajo de actores y la puesta en escena de *Convivencia*, de Galettini, sobre la obra del dramaturgo y guionista Oscar Viale.

Cabe destacar además el esfuerzo de Alberto Lecchi para retomar con *Perdido por perdido* la narrativa genérica del policial, demostrando conocer sus reglas, un hecho bastante inusual en el cine argentino, si se exceptúan algunos filmes de Adolfo Aristarain y de Carlos H. Christensen.

Se estrenaron también ese año algunas coproducciones realizadas años atrás, lo cual permitió elevar a el número de filmes estrenados a u n total de once durante el año. Se destacó entre ellos *Golpes a mi puerta* de Alejandro Saderman, radicado en Venezuela, país que sirvió de principal coproductor.

El film contó con la colaboración del dramaturgo Juan Carlos Gené. Un título cargado de buenas intenciones, pero con magros resultados en el plano realizativo, fue *Amigomío*, de Jeannine Meerapfel y Alcides Chiesa, residentes en Alemania, país que coparticipó del proyecto. A estos estrenos se sumaron otros dos, de neto corte "autoral", producidos cinco años atrás. Ellos fueron, *Cuerpos perdidos*, de Eduardo Gregorio (realizado en 1989) y *Guerreros y cautivas*, de Edgardo Cozarinsky (1988), ambos realizados con aportes mayoritarios de empresas y organismos de Francia.

Ninguna de esas películas satisfizo particularmente las expectativas del público local, que redujo aún más su asistencia a las salas. El filme más exitoso del año fue *Convivencia*, de Galettini, que con sus 160-180 mil espectadores superó la cifra lograda en ese año por todas las películas argentinas estrenadas. Una de ellas, *Perdido por perdido* logró algo más de 100 mil espectadores, pero las restantes no superaron, en conjunto, la cifra promedio de 4 mil espectadores por película.

La concurrencia del público a las películas nacionales, fue tal vez la más baja de la historia, ya que representó apenas una cifra media de 30 mil espectadores por título estrenado. El filme norteamericano ubicado en el puesto 15º de las recaudaciones, obtuvo más éxito en el mercado local que el conjunto de los títulos argentinos estrenados en 1944.

La presencia del cine norteamericano en las pantallas grandes y chicas del país se había incrementado fuertemente. De acuerdo con datos proporcionados por el Departamento de Estudios e Investigaciones del SICA (DEISICA), las películas argentinas representaron en 1994 apenas el 3,5% del total de títulos estrenados en las salas de cine; el 5,7% de las ofertadas en video hogareño; el 6,3% de las difundidas por TV por cable y el 9% de la TV abierta. En cambio, la producción norteamericana, ocupó ese mismo año, el 65,4% de los títulos de las salas; el 82,9% del video; el 80,1% de la TV cable, y el 80,2% de la TV abierta.

Pese a esas crecientes desventajas, el año 1994 será recordado por las intensas gestiones desarrolladas desde las entidades de productores, técnicos, directores y actores, en favor de la nueva ley de cine. Ella fue finalmente sancionada en el mes de septiembre por el Congreso Nacional –ley Nº 24377– y su promulgación se concretó un mes más tarde, para ser finalmente implementada a partir de 1995. Con ello se inauguraría una nueva etapa en la actividad cinematográfica y audiovisual nacional, signada por muchas expectativas.

Aunque la preocupación principal de las entidades no fue la de sentar las bases para un verdadero desarrollo industrial y cultural del cine, sino las de acrecentar los recursos del Fondo de Fomento en beneficio de la actividad productiva, la nueva ley vino a invocar el "espacio audiovisual nacional", un concepto que había sido instalado por primera vez en nuestro país, seis años antes, en el Foro al que hicimos referencia.

Se cerraba con esta ley el quinquenio del "cine exceptuado" y se abrían posibilidades totalmente distintas, al menos en lo referente a los recursos económicos disponibles en el flamante Instituto Nacional de Cine y Artes Audiovisuales (INCAA). La manera de distribuirlos, comenzaría a depender de las instancias que la ley al mismo tiempo señalaba, donde por primera vez se daba también representatividad a las distintas regiones culturales del país.

12. Cine y "espacio audiovisual" (1995-...)

Antes de cumplirse el primer mandato presidencial de Carlos Menem, el partido Justicialista, presidido por él, y el Radical, liderado por el ex-presidente Raúl Alfonsín, suscribieron lo que se conoció como el "Acuerdo de Olivos", destinado entre otras cosas a permitir la reelección presidencial. Ella tuvo lugar en 1995, con un nuevo triunfo del justicialismo en las elecciones convocadas al efecto.

En ese entonces la politica económica aplicada por el gobierno nacional había logrado contener el proceso inflacionario y la estabilidad monetaria, junto con privatizar las principales empresas estatales, incluidos los servicios públicos (teléfonos, ferrocarriles, subterráneos, obras sanitarias, gas, electricidad, etc.). Es decir, el patrimonio, cuya construcción medio siglo atrás, había sido uno de los mayores méritos del primer gobierno peronista.

Poderosas empresas multinacionales, asociadas o no con capitales locales, se adueñaron de los resortes más importantes de la economía argentina. Fusiones y concentraciones empresariales, terminaron por desmantelar muchas de las industrias nacionales, particularmente las de dimensión pequeña o mediana, particularmente en las provincias. Invocando el ideario peronista, el menemismo procedió a sumarse pragmática y obsecuentemente a los dictados de la globalización económica, acentuando a mayores niveles que nunca su dependencia en relación a la política norteamericana.

En el plano social, la "convertibilidad" y las exigencias del *establishment* local e internacional en materia de compromisos de deuda externa y de "flexibilización" laboral, dejaron a millones de trabajadores en la calle, con las consiguientes resistencias de algunos sectores sociales y elevaron los índices de desocupación a cifras desconocidas en el país en la historia de este siglo. Como sucedía en otras partes de América Latina, la exclusión social –junto con el deterioro de la clase media– sería uno de los elementos sobresalientes de la nueva política.

A ello se sumó el deterioro de los servicios básicos de salud y educación, que habían figurado entre los más privilegiados durante los anteriores gobiernos peronistas. Sin embargo, la estabilidad monetaria imperante, y la ausencia de otro proyecto político de desarrollo que fuera más convincente que el aplicado, volcaron el voto de los sectores sociales más pobres en favor del gobierno, uniéndose electoralmente a los de mayores recursos.

Un excepticismo creciente en relación a las instituciones formales de la democracia (partidos políticos, poder judicial, poder legislativo, etc.) contribuyó a jerarquizar el papel de los medios de comunicación y del periodismo. La libertad de información existente y la competencia para adueñarse de la "opinión pública" permitió que viejos y nuevos medios –algunos de los cuales habían sido cómplices directos de la dictadura– lograran una credibilidad en la población que superaba ampliamente a la que tenían la mayor parte de las instituciones políticas y sociales. Fenómenos que dan una idea del nivel de desmembramiento y desmovilización en el que quedó sumida la sociedad.

Por su parte, la preocupación mayor de los cineastas no era tanto la de abordar los problemas de la realidad social inmediata, como la de poner cuanto antes en marcha la nueva legislación del sector. Esta, modificaba las anteriores leyes Nos. 17741 y 20170, reemplazando el viejo INC por el nuevo INCAA, y abría grandes esperanzas en cuanto a las ayudas y subvenciones que podían resultar de su aplicación.

Desde el año 95, la nueva ley de cine ha permitido incrementar sustancialmente los recursos del Fondo de Fomento Cinematográfico del INCAA, ya que al 10% habitual que se aplicaba a las entradas vendidas, se suma ahora un porcentaje similar por venta y alquiler de video pregrabado, y un 25% del impuesto que percibe el actual Comité Federal de Radiodifusión (COMFER) –según la ley actual de radiodifusión– de lo que facturen los canales de TV por publicidad o venta de programas. De ese modo, si en 1990, primer año del gobierno de Menem, los recursos del INC no superaban los 2 millones de dólares, ellos se han multiplicado en más de veinticinco veces en solo seis años, representando en 1997 un total de 53 millones de dólares, según el presupuesto elaborado por dicho organismo.

También la ley sirvió para incentivar la participación de la televisión en la producción cinematográfica. En 1994 se creó la Sociedad Argentina para la Promoción de las Artes Audiovisuales (SAPA), integrada por empresas de TV por cable y de señal abierta: Sociedad Anónima de TV (SATV), Video Cable Comunicación, Multimedios América, Telefé, Artear y Productores Asociados. Uno de sus primeros acuerdos fue participar en la producción de unos ocho largometrajes anuales.

Poco tiempo después comenzó a funcionar una nueva entidad: la Asociación de Entidades de Cine y Artes Audiovisuales (ADECA). Su objetivo es el de respaldar y corregir el funcionamiento de la ley de cine y participar en la elaboración de las leyes de radiodifusión y telecomunicaciones. Integran esta asociación las entidades de directores, técnicos, productores y actores (DAC, SICA, AAA, APIMA y CAIC). Comenzó así a instalarse el nuevo concepto de "audiovisual", en una actividad que hasta muy pocos años atrás se circunscribía al tema de lo "cinematográfico".

En el período 1995-96 –y en plena vigencia de la nueva ley de cine–, se estrenaron en el país un total de 61 películas, algunas de las cuales –casi un tercio de esa cifra– estaban demorando su lanzamiento desde hacía varios años (*SOS Gulubu*, de Susana Cozzi; *Otra esperanza*, de Mercedes Frutos; *Reflexiones de un salvaje*, de Gerardo Vallejo; *Que vivan los crotos*, de Ana Poliak; *Hundan al Belgrano*, de Federico Urioste; *La bailanta*, de Luis Rodrigo; etc.).

Contribuyó inicialmente a este súbito interés por la comercialización de pe-

"Caballos salvajes" (Marcelo Piñeyro, 1995).

lículas realizadas entre los años 1978 y 1992, la interpretación de que la nueva ley contemplaba una cifra de 70 mil dólares para el lanzamiento de títulos nacionales, además de 675 mil dólares por película –vía "subsidio de medios electrónicos"– cuando aquellas fueran estrenadas en un canal de televisión (abierta o de cable), o se editaran en video para su comercialización. No tardaría en aclararse esa situación, cuando el INCAA dispuso que los beneficios referidos sólo se aplicarían a las producciones realizadas desde la promulgación de la ley, es decir, desde el mes de noviembre de 1994.

En 1995 se estrenó un número total de 23 películas argentinas. Una de ellas, *Caballos salvajes*, de Marcelo Piñeyro –coproducida por Artear, del Grupo Clarín– representó casi la mitad de los espectadores habidos ese año para el cine nacional. Otros dos filmes realizados en base a coproducciones internacionales lograron también cierto impacto en el mercado, contribuyendo a incrementar el número de espectadores de las películas reconocidas por el INCAA como argentinas. Se trataba de *Las cosas del querer II*, del español Jaime Chavarri, una secuela inspirada en el éxito de su anterior película, que logró interesar a 350 mil espectadores, y de *De amor y de sombra*, de la realizadora Betty Kaplan, con cerca de 300 mil espectadores.

Aunque Piñeyro no repitió el éxito de su película anterior, supo aprovechar las recetas de aquella, recurriendo de nuevo a la guionista Aída Bortnik. Logró así una obra digna, combinando algunas observaciones críticas moralizantes y una estructura narrativa clásica, que no desestimó los recursos formales utilizados en muchos éxitos del reciente cine norteamericano.

Encuentros y tensiones entre personajes de generaciones muy distintas, y una rebeldía latente frente al (des)orden imperante, motivaron la concurrencia a las salas de cientos de miles de jóvenes espectadores, habitualmente desconfiados de los temas y de los tratamiento formales de muchas películas argentinas.

Con *No te mueras sin decirme adónde vas*, que contó también con la participación de Artear (Canal 13), Eliseo Subiela, reiteró una problemática y un tratamiento experimentado con éxito en filmes anteriores, aunque con una mayor presencia de citas poéticas y filosóficas, que no alcanzaron a dotar al conjunto de la obra ni de poesía ni de filosofía, situación que se agravaría en sus películas posteriores. Un formalismo efectista, de fácil digestión intelectual o como diría el historiador Román Gubern refiriéndose a los productos de la estética *kistch*, *"dedicada a la imitación estilística de productos culturalmente prestigosos, socialmente aceptados y estéticamente consumidos"*.(53)

Ello no le impidió ocupar, en 1995, el tercer lugar en materia de recaudaciones para los títulos nacionales, ratificando la existencia de un público interesado –aunque en menor medida que en otros filmes del mismo autor– en su visión de los problemas existenciales del hombre, convertidos cada vez más, según la mirada de Subiela, en una sucesión de disquisiciones tan inconsistentes como superficiales.

Aunque con una repercusión de público muy inferior a la que obtuvieron en este año los filmes referidos, *Facundo, la sombra del tigre*, de Nicolás Sarquís, se destacó como la producción más estimulante y provocadora de este período. El film recupera la veta épica del viejo cine argentino, cada vez vez más ausente en la producción nacional, pero lo hace con un sentido imaginativo y poético a través del cual la figura trágica del mito no sólo informa sino que, a la vez, conmueve. La película, inicialmente concebida como miniserie televisiva (según los acuerdos firmados en 1990 entre el INC, ATC y la Secretaría de Cultura de la Nación) presenta, sin embargo algunos puntos débiles en su versión cinematográfica; por ejemplo, las sucesivas "redundancias" temáticas y de imagen que pueden justificarse en una serie de episodios televisivos pero no tanto en un resumen de los mismos, destinado a una proyección en salas.

En el plano de una producción dedicada a tratar temas nacionales con un enfoque conceptual altamente valorable y un correcto tratamiento fílmico, figuraron este año *Casas de fuego*, de Juan Bautista Stagnaro –una línea temática tan necesaria como infrecuente en nuestro cine, que se ocupó de reivindicar la labor del científico Salvador Mazza –que dedicó su vida a investigar el mal de chagas, frente al cinismo de funcionarios e instituciones– y los documentales *Que*

"Facundo, la sombra del tigre"
(Nicolás Sarquís, 1995).

(53) *Román Gubern*, "Medios icónicos de masas", *Historia 16, Madrid,1997.*

"Casas de fuego" (Juan Bautista Stagnaro, 1995).

vivan los crotos, de Ana Pliak, y *Jaime de Nevares*, de Marcelo Céspedes. En ambos casos –financiados también gracias a la cooperación internacional– se observó una valiosa inquietud para innovar en el tratamiento de un género esencial, que parece quedar cada vez más reducido al campo del video y la difusión televisiva.

A esa producción cabe agregar las experiencias, no siempre logradas de *Hijo del rio*, coproducción argentino-alemana y primera obra de Ciro Capellari; *El largo viaje de Nahuel Pan*, de Zuhair Jury y *Reflexiones de un salvaje*, de Gerardo Vallejo, rodada en España en la década anterior. Fueron películas prácticamente condenadas, como los documentales de Poliak y Céspedes, a una explotación comercial en pequeñas salas, para un reducido público de cinéfilos o de militantes de organizaciones sociales.

Se destacó, este año, la presencia de una nueva generación de realizadores, surgidos en su mayor parte de las escuelas de cine, que probaron una manera distinta de tratar temas y narrativas, a través del cortometraje y de la producción de video. *Historias breves*, una serie de cortos reunidos como largometraje, atrajo a la crítica y también a un importante sector del público, particularmente el más interesado en la "oxigenación" de la producción local.

En 1995, el promedio de espectadores de las películas nacionales fue de algo menos de 90 mil por largometraje –un 100% más que en 1994– debido al éxito de *Caballos salvajes* y, en menor medida, a la película de Subiela y las coproducciones *Las cosas del querer II* y *De amor y de sombra*, que volvieron a revelar las antinomias existentes en el mercado entre la oferta y la demanda de películas. Sólo seis títulos superaron los 100 mil espectadores, mientras que casi la mitad de la producción –once películas– no alcanzó los 5 mil espectadores cada una.

Cifras casi incomprensibles si se estima que el costo reconocido por el INCAA para una producción nacional es de 1.250.000 dólares y que para recuperar esa inversión se hace necesario interesar a unos 700 mil espectadores, a 6 dólares por localidad vendida, en caso de que no existan ayudas estatales.

El panorama de 1996 fue superior al del año anterior en materia de películas estrenadas –38 en total frente a las 23 de 1995– aunque la falta de grandes éxitos, redujo la concurrencia del cine argentino a 1,7 millón de espectadores frente a los 2,4 millones del 95. Asimismo, si el promedio de espectadores por título nacional había sido de 100 mil en el año anterior, se reduciría a 45 mil en 1996. Un dato ilustrativo: 10 de los 37 títulos estrenados no interesaron a más de mil espectadores cada uno.

Ninguna película descolló netamente en cuanto a temática, calidad narrativa o logros en el plano de la innovación formal. Prosiguiendo la rutina de algunos años anteriores, la producción se limitó en términos generales, a repetir viejos esquemas, técnicamente bien realizados, sin profundizar conceptualmente en la realidad del país y mucho menos en los aspectos narrativos o estéticos. Las imágenes de la realidad argentina siguieron desfilando más por las pantallas televisivas y por el video de realizadores independientes, que por las salas de cine. Además, en estos espacios se visualizaron inquietudes y búsquedas formales, altamente meritorias, casi inexistentes en la producción fílmica.

Una producción sin garra de ningún tipo, pareció quedar satisfecha con alcanzar un volumen más o menos rentable de espectadores, obtener respaldo de la crítica local y, de ser posible, conseguir algún premio internacional. Amén de las cada vez más requeridas ayudas y subvenciones estatales, mientras se preparaban los nuevos trámites ante el INCAA para dar curso a nuevos proyectos similares.

Dentro del contado número de filmes que se destacaron en 1996, figura *Sol de otoño*, de Eduardo Mignona, quien tras el fracaso de *Flop* recuperó su coherencia expositiva para sensibilizar al público con un lenguaje más televisivo que cinematográfico, en el tratamiento de lo cercano y lo cotidiano. En este caso, abordando con ternura no exenta de ironía, el encuentro de una pareja madura, cuyos integrantes pertenecen a dos universos culturales argentinos: el judío y el porteño. Por su parte, *Despabílate amor,* de Subiela desarrolló con ligeras variantes la línea autoral que le es propia. Filme de impecable factura técnica, con obvias influencias de la imagen publicitaria, y el mismo tono entre irónico y desencantado de sus últimas películas. La producción contó con el apoyo de la televisión local y obtuvo casi el mismo caudal de público de sus últimos trabajos: algo más de 320 mil espectadores, cifra parecida a la que logró el film de Mignona.

Con guión de José Pablo Feinmann, el realizador Juan Carlos Desanzo encaró la figura de Eva Perón, sólo abordada hasta ese momento en filmes documentales y en la película de Mignona. Se trató de ilustrar la visión personal de Feinmann sobre un período crucial de nuestra historia, con más logros en el tratamiento del personaje central, que en lo referente al análisis crítico de la figura de Evita y del papel desempeñado en esos años por el general Perón. Las falencias serían compensadas con la memoria emotiva de los sectores de la población que fueron protagonistas de dicha historia y que debieron esperar casi medio siglo para reencontrarse con el imaginario de aquella. Una obra que devino más de la presencia en el país de Alan Parker y de Madonna para rodar su musical *Evita* –con el apoyo del gobierno– que de una política cultural destinada a preservar nuestra memoria. Pese a todo, casi logró duplicar el número de espectadores de la película norteamericana: 230 mil frente a 135 mil, del film de Parker.

"El dedo en la llaga" (Alberto Lecchi, 1996).

Algunos documentales registrados en película o en video aportaron también al debate sobre episodios históricos recientes, como fueron la guerra de las Malvinas y el Proceso. Entre los mismos se destacaron, *Cazadores de utopías*, de David Blaustein; *Tierra de Avellaneda*, de Daniel Incalcaterra; *Montoneros*, de Andrés Di Tella y *Hundan al Belgrano*, de Federico Urioste.

A su vez, algunas películas de género, ubicadas dentro del cine de calidad, probaron un inteligente manejo de los recursos técnicos y expresivos. Fue el caso de *El dedo en la llaga*, de Alberto Lecchi y *Sotto voce* de Mario Levin. A ellas cabría agregar *El mundo contra mí*, de Beda Docampo Feijóo.

A estas experiencias se sumó *Moebius*, una meritoria experiencia a cargo de un equipo de alumnos de la Fundación Universidad del Cine, coordinados por el cineasta Gustavo Mosquera. Junto con mostrar un buen dominio en el plano técnico y formal, la película tuvo el mérito de aventurarse en una temática, como la ciencia-ficción, muy poco tratada en nuestro cine.

El año terminó con la reaparición del Festival Internacional de Cine de Mar del Plata. Su saldo más positivo estuvo dado por las muestras paralelas de producciones de cinematografías desconocidas en el país, que difícilmente puedan acceder a los multicines de los circuítos comerciales, y la presencia activa de cientos de jóvenes estudiantes de cine y artes audiovisuales, visionando y debatiendo nuevas y estimulantes narrativas, cuyo conocimiento resulta indispensable para el desarrollo de nuestro cine.

Con unas 30 películas en cartel, el año 1997 mantuvo un nivel de producción parecido al de los dos años anteriores. Desde una perspectiva industrial, el hecho más destacado fue la presencia, por primera vez en la historia del cine argentino, de empresas televisivas coproduciendo algunos títulos de gran repercusión en el mercado. Se trató de películas, como *Comodines*, de Alejandro Nisco y *La furia* de Juan Bautista Stagnaro, basadas en la capacidad convocatoria de intérpretes y actores provenientes del campo televisivo. También de esquemas narrativos

–como en el caso de *Comodines*– empleados en una conocida serie local (*Poliladron*), especie de *remake*, a su vez, de las películas de acción norteamericanas.

A ellas se sumó *Cenizas del paraíso*, de Marcelo Piñeyro, desarrollando –con su guionista Aída Bortnik– la receta que facilitó el éxito de sus filmes anteriores. Buen nivel técnico, adecuada estructura narrativa y un enfoque marcado por algunas observaciones moralistas y críticas, a la medida del espectador buscado. Filmes destinados a un público adolescente y joven, deseoso de reencontrarse en la pantalla grande, con figuras, temas y lenguajes altamente conocidos en la pantalla televisiva.

El notable éxito comercial de estos títulos se apoyó además en la intensa promoción publicitaria que hicieron los conglomerados de multimedios que participaron como coproductores de los proyectos. *Comodines* superó la cifra de 1,3 millones de espectadores en las salas del país; *La furia* logró más de un millón y *Cenizas del paraíso* se aproximó a los 850 mil espectadores.

Por su parte, el largometraje de dibujos animados, *Dibu, la película*, de los los realizadores Oliveri y Stoessel, volvió a confirmar, con 1,1 millones de espectadores, el interés del mercado por películas destinadas al público infantil.

El éxito de estos cuatro títulos permitió elevar el porcentaje de las recaudaciones nacionales en un 22%, un hecho que no sucedía en las salas argentinas desde hacía muchos años.

Sergio Renán volvió a la dirección de películas con *El sueño de los héroes*, correcta, aunque muy convencional adaptación, de la obra de Bioy Casares. Eliseo Subiela, repitió en *Pequeños milagros*, y con menor éxito que en sus películas anteriores, su habitual línea de trabajo. A su vez, Juan Carlos Desanzo dirigió un filme, prácticamente de encargo, *Hasta la victoria siempre*, sobre la vida del Che, a la medida de los coproductores españoles. Películas todas estas sin ningún elemento conceptual, formal o narrativo digno de ser destacado.

En este panorama, dominado por la hibridez autoral o por el afán meramen-

"Martín (Hache)" (Adolfo Aristarain, 1997).

te comercialista de los conglomerados de multimedios sobresalieron, sin embargo, dos producciones relevantes. Una de ellas fue *Martín (Hache)*, de Adolfo Aristarain –coproducción con España que convocó a cerca de 400 mil espectadores– y *Buenos Aires viceversa*, de Alejandro Agresti, que concitó el interés de la crítica y de un importante sector del público, principalmente joven, de Buenos Aires. (Se aproximó a los cien mil espectadores en la Capital Federal).

Con esta película, Aristarian profundiza su visión de la ética personal, aunque a través de una mirada cuestionadora, no presente, al menos a ese nivel, en producciones anteriores. Se trató de un film con mayores riesgos narrativos –se lo criticó por sus diálogos excesivos– pero totalmente coherente con la personalidad del autor, así como por su inquietud de exorcizar viejos fantasmas y enfrentar algunos interrogantes que son propios del intelectual de nuestro tiempo.

Esta película, como la anterior del realizador, *La ley de la frontera*, protagonizada también por Luppi, tuvo además la virtud de constituirse en modelo de coproducción iberoamericana. No se trataba ya de un forzado encuentro de temas y actores que pudieran convertirse en un film atractivo para uno u otro país coparticipante, sino de una acertada síntesis que ha hecho que ambas películas –particularmente *Martín (Hache)*– fueran reconocidas como propias tanto entre el público español como el nuestro.

Por su parte, *Buenos Aires viceversa*, de Agresti, ofrece una mirada entre optimista y desencantada sobre aspectos cruciales de nuestra realidad –que evoca a la literatura arltiana– panoramizando en un paisaje cultural cargado de nostalgias y de utopías. Personajes, diálogos y escenarios tienen más que ver con el Buenos Aires de este tiempo que la mayor parte de las películas argentinas realizadas en los últimos años. Agresti "percibe", como muy pocos, la visceralidad de sus actores-personajes y antes que pretender encorsetarla en esquemas convencionales, la deja fluir, oscilando entre el *cinema-verité*, los *reality-show* y el *"groteico"* de Solanas. La "desprolijidad" a la que acude en el tratamiento de sus imágenes, se corresponde con una estimulante indagación que no antecede, sino que acompaña, el trajinar de sus personajes, imprimiéndoles mayor verosimilitud y dramatismo. Cine de tensiones formales, tanto en la especificidad de su texto como en sus relaciones con con el espectador, y un estilo entre "imperfecto" e "inconcluso", que resulta congruente con los tiempos que corren.

Si en Aristarain el personaje protagónico se repliega detrás de una impermeabilidad ética –enfrentada a menudo con el pragmatismo o el "sentido común" de quienes lo rodean– en Agresti el protagonismo se distribuye entre diversos personajes cuyo sentido de la eticidad está todavía indefinido, cargado más de incertidumbres que de certezas.

Películas ambas, como algunas otras realizadas en este período, que confirmaron la vigencia de un cine capaz de expresar parte del imaginario cultural de los argentinos. Más sobresalientes aún, si se las compara con la pereza intelectual y creativa que parece campear en muchas de las películas locales.

Convengamos que la mayor parte de la producción cinematográfica de esta década estuvo ausente de los temas que más preocuparon a la sociedad argentina. Con la excepción de algunas alusiones a un pasado más o menos superado (el de los años duros del Proceso o la guerra de las Malvinas, por ejemplo), la nueva problemática nacional (social, cultural, política, económica, etc.) no apareció en las pantallas de las salas. Cualquier espectador del futuro que quiera conocer las imágenes de lo que fue este país en este período, deberá acudir más a los archivos de la televisión y del video que a los fílmicos.

Salvo la visión crítica de algunos escasos autores, como Aristarain, Solanas, Agresti y muy pocos otros, la producción argentina se limitó a cumplir los deberes de un cine "bien hecho", con temas a menudo interesantes y dignamente tratados, consiguiendo incluso en diversos casos convocar a importantes sectores del público. En términos críticos o autocríticos, podríamos arriesgar que predominó más la autocomplacencia que el interés o la capacidad para innovar o profundizar seriamente temas y narrativas, al margen del estilo o el género particular de cada autor.

Convengamos, para ser justos, que ello no ha sido privativo del cine y que, antes bien, constituyó una característica distintiva de buena parte de la intelectualidad argentina. En el caso de la literatura, por ejemplo, no fue la de carácter ficcional la que sobresalió en estos años, sino la dedicada a la investigación periodística, con sus equivalentes en la radiofonía, la televisión, el video y algunos documentales cinematográficos.

Títulos como *Robo para la corona*, de Horacio Verbitsky; *El Jefe*, de Gabriela Cerruti; *Recuerdo de la muerte* y *El Presidente que no fué*, de Miguel Bonasso, fueron aportes que cubrieron vacíos testimoniales frente a los que el cine de largometraje estuvo bastante ajeno, y que en otros países –pensemos en la industria norteamericana– hubieran convocado la labor de productores y cineastas y el interés del público.

¿Qué pudo impedir el tratamiento cinematográfico de asuntos de tanta importancia para el país, y para el público nacional, como los señalados cuando ello resulta común en algunas naciones de mayor desarrollo? Tal vez, una de las causas sea la creciente dependencia de nuestros productores-directores de los organismos gubernamentales ocupados de distribuir ayudas y subvenciones, situación que nos remite más a los países europeos que a los EE.UU. Es un tema de reflexión.

Pero, al margen de los grandes temas contemporáneos, tampoco se visualizó una preocupación por indagar en situaciones menos ambiciosas, ocupándose de personajes cuyas vidas y peripecias pudieran proporcionarnos algo más inteligente o conmovedor que lo que es propio de algunos telefilmes y programas televisivos.

En materia de investigación o experimentación narrativa, las carencias podrían justificarse aún más en el caso del largometraje –ellas no fueron tantas en el caso del video y de la televisión– dado el nivel de riesgo de cada inversión productiva. Pero convengamos también que éste no es tan dramático como en otros países, si se tiene en cuenta la dimensión de las ayudas estatales, derivadas a menudo hacia productos carentes de interés conceptual, temático o de investigación audiovisual.

En cuanto a innovación estética su relegamiento es aún más claro si se lo compara con lo que estuvo sucediendo en la labor teatral, tanto en el circuito comercial, con Gasalla, como con el *under,* de Cemento al Parakultural, con Batato-Urdapilleta-Tortonese, Los Melli, Gambas al Ajillo, Atilio Veronelli y muchos otros.

"En la Argentina hacen falta huevos", cantaba Miguel Mateos, de igual modo que Charly lo hacía con *"todo se construye y se destruye tan rápidamente que no puedo dejar de sonreir"*, y Spinetta con *"si es este un mundo de locos y fascistas, dime nena que debo hacer para cambiarlo"*. Junto a ellos y en términos parecidos, se expresaban Fito Páez, León Gieco, la Negra Sosa, Los Fabulosos Cadillacs, Los Redonditos de Ricota y numerosos intérpretes, capaces de convocar en pocas semanas a públicos más numerosos que los que muchas películas –con un costo indudablemente mayor– conseguían en meses o en años.

El saldo de estos diez años, siendo altamente positivo en algunas de las producciones realizadas, deja todavía mucho que desear, si se tiene en cuenta el carácter privilegiado que sigue teniendo nuestro cine en relación a otros campos del arte y la cultura argentina (música, teatro, literatura, artes visuales, video, etcétera).

Salvo las excepciones de algunos títulos realmente exitosos en cuanto a logros artísticos y de mercado (*Hombre mirando al sudeste, Tangos, el exilio de Gardel, Gatica, el mono, La historia oficial, Un lugar en el mundo*, etc.), u otros que tuvieron más interés de mercado que artístico (*Rambito y Rambón..., Los fierecillos..., Los extraterrestres...*, etc.), el público argentino mostró durante el período 1989-96 un creciente y a la vez preocupante desinterés por la mayor parte de la producción realizada.

En el transcurso de estos últimos ocho años se estrenaron algo más de 120 largometrajes de cineastas argentinos. A escala nacional, el promedio de concurrencia a los mismos fue de alrededor de 96 mil por película. Una cifra aceptable en países de poco volumen poblacional pero que en nuestro caso representa una respuesta de sólo 0,2% de concurrencia persona/año a nuestras producciones. O lo que es igual, 11,5% de los espectadores necesarios para amortizar los costos de producción de una película, si no existiera un régimen de fomento a la cinematografía.

Pero en esta década el cine nacional debió confrontar, no sólo contenidos simbólicos con los de otros medios, sino también tecnologías, economía y mercados.

Desde los años '80 el uso de la videocasetera comenzó a extenderse en buena parte del país, alcanzando en la actualidad a más de 4 millones de hogares –algo menos del 50% de la población total– contando con una oferta disponible de entre 800 y 900 títulos editados en ese formato. Una cifra superior aún la representa el servicio de TV por cable que llega a 4,5 millones de hogares, el 52% de la población, ofreciendo entre 15 mil y 20 títulos diferentes de películas al año.

Si a lo largo de las últimas décadas la producción estable desapareció para dar paso al cine de directores-productores, el panorama iniciado en 1996 parecía insinuar –hipótesis un tanto provisoria– la reaparición de un proyecto industrial cinematográfico asociado ahora –a diferencia de los años 1930–50– a otros medios audiovisuales y comunicacionales manejados por verdaderos *holdings* de multimedios, en los comienza a estar presente el capital financiero internacional. Ello podría instalar nuevamente la conocida brecha entre "industria" e "independientes", con un régimen de ayudas estatales similar para ambos sectores, cuando se trata, en realidad, de situaciones totalmente distintas: dos ó tres grandes conglomerados multimediales por un lado, frente a decenas de pequeñas empresas del audiovisual, por el otro.

A ello se suma la creciente presencia de capitales extranjeros, preferentemente norteamericanos, en el manejo directo de importantes complejos de multicines, o en un control mayor del mercado, vía acuerdos empresariales con poderosos distribuidores y exhibidores locales. La concentración del poder de decisión en este campo podría excluir en plazos más o menos previsibles a numerosas empresas de pequeña dimensión –aquellas que han venido representando el grueso de la producción nacional– si sus proyectos no se avienen a los criterios políticos, económicos y *mass-mediáticos* de quienes controlan el mercado.

Un síntoma de esta nueva realidad puede estar dado por la aparición, en julio de 1997, de la Asociación de Realizadores y Productores de Artes Audiovisuales (ARPROART), integrada por las más importantes empresas y productoras televisivas (Telefé, Artear, Promisa), a las cuales se agregan productoras internacionales de cine, como Walt Disney Latinoamérica y Patagonik Film Group, y algunos productores y directores-productores locales (Sabina Sigler, Raúl de la Torre, Nicolás Sarquís y otros).

Una situación como ésta hubiera despertado, en otras latitudes, el interés y la inquietud de los organismos oficiales a cargo del sector. Pensamos principalmente en los países europeos, altamente preocupados en defender a sus industrias audiovisuales e identidades culturales. Pero ello no sucede en nuestro caso. Las autoridades del INCAA no sólo parecen omitir esta realidad, sino que incluso la aceptan, de manera complaciente. La celebrada recepción de Jack Valenti –auténtico "padrino" de las *majors* norteamericanas– en el Festival de Mar del Plata de 1997, parece ratificar esta línea de promover inversiones para el control del mercado, omitiendo que la existencia de cualquier cinematografía nacional depende, por el contrario, del control que esta tenga sobre aquel, así como sobre el universo de medios de promoción y organización que lo condicionan.

Contenidos simbólicos y tecnologías audiovisuales competitivas, han convergido en los últimos años en nuestro país, a niveles nunca vistos, como un desafío crucial a nuestra capacidad de producir imágenes propias. A todo ello se sumó el *video-game*, la computación y la intercomunicación, complejizando el consumo e incidiendo sobre la percepción audiovisual y cultural de millones de argentinos. "*Una pantalla que se fragmentó* –recuerda el investigador Luis Alberto Quevedo– *y se volvió neobarroca, un espectador que se transformó en un navegante errático al que le gusta la velocidad, y un espacio audiovisual globalizado donde los bits comienzan a cruzarse cada vez más y donde ya nadie sabe bien qué diferencia hay entre una pantalla de computadora, de videojuegos o de televisión*".[54]

Estos cambios son congruentes y simultáneos con la fragmentación y liquidación de la industria nacional y con las sucesivas asociaciones y fusiones de capitales para la globalización del espacio económico nacional. Entre 1992 y 1997, según datos del Centro de Estudios para la Producción (CEO) de la Secretaría de

---

(54) *Luis Alberto Quevedo, "El ajuste cambió al país", en diario* Clarín, *28-8-97, Buenos Aires.*

Industria, más de 420 grandes y medianas empresas privadas locales fueron vendidas a empresas extranjeras, por un importe de 20 mil millones de dólares. Cifras que no incluyen las privatizaciones de las empresas públicas, las que en su mayor parte también fueron acaparadas por grupos extranjeros, asociados o no a firmas locales.[55]

A mediados de 1997, la deuda externa había trepado a 98.255 millones de dólares, es decir, el 31% del PBI, con sus dramáticos efectos sobre la situación socioeconómica de los argentinos y pese a la venta de las empresas públicas.

Años de ajuste salvaje para la mayor parte de la población que expresan, entre otras cosas, los porcentajes más elevados de la historia nacional en materia de desocupación y subocupación (17,4% y 13,6%, respectivamente, en 1996, contra el 5,7% y el 8,5%, en 1986) y en una desigualdad social sin precedentes.

En estos últimos años, la Argentina *"perdió preciosos atributos: una amplia clase media que ayudaba a metabolizar el conflicto social; vastos sectores obreros con inserción laboral estable y niveles de vida modestos pero dignos; altísimos flujos de movilidad social ascendente que permitían transitar la vida en términos de un proyecto. Pérdidas que, hoy por hoy, parecen irreversibles".*[56]

Inflación controlada y estabilidad monetaria; crecimiento del PBI y de la deuda externa; brutal devaluación educativa; aumento del desempleo a tasas más altas que nunca; disgregación social y familiar; empresas extranjeras que se adueñan de los recursos nacionales más importantes; disminución del salario real y regresividad en la distribución del ingreso; dominio casi absoluto de las pantallas grandes y chicas por parte de una sola industria, la norteamericana; capitales financieros dictando políticas de ajuste al Estado; crecimiento desmesurado de las tasas de violencia y de delincuencia; asesinos del Proceso justificando impunemente sus crímenes en las pantallas televisivas; partidos políticos y organizaciones sindicales con menos capacidad de convocatoria que nunca; una justicia en la que la sociedad ha dejado de tener la más mínima confianza; tecnócratas de la globalización dictando clases en los medios para derribar las últimas defensas nacionales; incentivación del individualismo y de la insolidaridad; sometimiento del país a las estrategias transnacionales a niveles desconocidos hasta ahora.

Pero el mayor daño producido a buena parte de la sociedad argentina, no radica tanto en lo econónomico o en lo político, como en lo cultural. El terror instalado por la dictadura militar y legitimado por significativos sectores de la población, instaló –o bien, reforzó– un proceso de creciente erosión de la autoestima y el sentido elemental de la dignidad personal y social. Proceso que la cultura impulsada por el actual gobierno –a través de la política económica y de sus prácticas sociales– se ocupó de acentuar en los años '90.

Algunas culturas denominan a esto "zombificación", y lo ejemplifican en el abandono que se produce en un individuo o en un sector de la comunidad, de lo que es su "alma", su "voluntad", o lo que es igual, aquella particularidad que hace

---

[55] *Secretaría de Industria, Centro de Estudios para la Producción, en diario* Clarín, *23-11-97, Buenos Aires.*

[56] *Susana Torrado,* "El ajuste cambió al país", *en diario* Clarín, *28-8-97, Buenos Aires.*

de su personalidad algo único y diferenciado, sobre lo que se pretende ser. Sólo desde una situación de este tipo o por lo menos muy cercana a ella, es posible explicar la pérdida de capacidad de reacción de importantes sectores de la sociedad argentina, particularmente los más perjudicados por la exclusión social, a los que se suma –como la otra cara de una misma moneda– una nueva y numerosa franja de la clase media, claramente satisfecha de la llegada de hipermercados, megaservicios y autos importados.

Como alternativa esperanzadora se desarrollan algunos movimientos de protesta social, todavía sectorizados y episódicos, en diversos puntos del país. Las últimas elecciones legislativas, celebradas en octubre del '97, explicitaron el creciente nivel de insatisfación de la mayor parte de la sociedad, insinuando la posibilidad de cambios positivos en plazos más o menos previsibles.

En tal contexto aparecen los nuevos desafíos en los campos de la cultura y el cine –condicionados por el marco histórico y social donde ellos se explican– y a los cuales deberían dar respuesta las políticas estatales y privadas, así como los proyectos de producción de imágenes en movimiento para el período que se inicia, puerta de entrada al siglo XXI.

2
economía y dependencia

II. ECONOMIA Y DEPENDENCIA*

1. La dependencia estructural

Para los objetivos de las cinematografías hegemónicas, los países periféricos continuamos siendo meros consumidores, al igual que decenios atrás lo fuimos en relación a todas las otras industrias. Algunas de éstas sufrieron modificaciones, originadas en las necesidades de expansión de los centros de poder mundial. Así, por ejemplo, desde hace pocas décadas América Latina ya no interesa solamente como simple proveedora de materias primas, sino que tiende a convertirse también en fabricante de determinados productos, al menos en algunas regiones. En el transcurso de este siglo el capitalismo multinacional realizó cierto tipo de inversiones que, aunque sólo fueran empleadas en industrias complementarias con sus intereses (automotores, textiles, manufacturas, etc.), dejaron en los espacios geográficos nacionales una base de instalaciones, maquinarias y tecnología.

Pese a las deformaciones y condicionamientos que implica este proceso, él no existe ni existió nunca en el terreno de la industria cinematográfica.

El espacio nacional dependiente existe –desde el nacimiento mismo del cine– como espacio esencialmente comercial y consumidor. Las cámaras filmadoras, los proyectores, las grabadoras, el material sensible, los equipos de procesamiento y sobre todo, las películas terminadas, fueron elementos producidos habitualmente en Europa o en los Estados Unidos allí quedaron y no buscaron en ningún momento otra cosa que el mercado de consumo, en un proceso similar al ocurrido en el siglo pasado, cuando Inglaterra procuraba la venta de sus tejidos e impedía o destruía simultáneamente el nacimiento de industrias textiles locales.

Europa y los Estados Unidos construyeron, con recursos extraídos de nuestras regiones, las máquinas y los insumos básicos con los que ellas se realiza-

---

(*) *Los datos referidos en la primera parte de esta sección -Capítulos 1 a 3, inclusive- corresponden a los años '80, tal como aparecieron en* Cine y dependencia, *en 1990. Su inserción en este trabajo puede servir a una mejor comprensión del proceso vivido por el cine argentino en las últimas décadas.*

Oferta de los primeros equipamientos cinematográficos importados. Casa Lepage (1910).

ban, trasladando a los países periféricos sólo los productos ya terminados para su consiguiente consumo. Tratándose de la industria del cine en América Latina, el llamado "capital fijo" o "capital constante" –medios técnicos de filmación: cámaras, lentes, equipos, moviolas, instalaciones– se mantuvo en las naciones centrales; otro tanto ocurre con buena parte de lo que constituye el "capital circulante" (fabricación de emulsiones fotográficas, magnéticas, productos químicos, etc.). Sólo en la última etapa algunas empresas han procedido a realizar algunas inversiones en laboratorios, aunque limitadas a los países que ofrecen un nivel aceptable de consumo y estabilidad política y socioeconómica.

Las inversiones de capital fijo o circulante, en el área de la distribución y la comercialización (exhibición), tampoco han existido. Las distribuidoras por lo general alquilan oficinas locales, y envían desde los Estados Unidos el material ya procesado: copias, afiches de propaganda, etc. En el caso argentino, sólo las distribuidoras locales procesan sus copias en los laboratorios del país, situación que no ha logrado imponerse totalmente aún a quienes dominan el grueso de la distribución extranjera: las empresas norteamericanas.

La comercialización-exhibición se ha construido sobre la base de pequeños o medianos capitales locales, invertidos en la compra o construcción de salas, equipos de proyección y sonido (en su mayor parte importados). De este modo, la Argentina fue y sigue siendo un espacio receptor que invierte sólo volúmenes irrisorios en capital fijo o circulante, siempre complementario y dependiente a su vez del complejo industrial transnacional.

En algún momento Marx señaló, aproximadamente, que *"la producción no solamente produce un objeto para el sujeto, sino también un sujeto para el objeto".* Es decir, el consumo de maquinarias, materiales, filmes, ideas, lenguajes, etc., producidos en las naciones centrales, fue creando a su vez *modelos de uso,* que, en la medida en que se rigieron por los objetivos de aquellas naciones, terminaron condicionados totalmente por circunstancias no necesariamente legítimas en el espacio consumidor. Estos modelos de uso trascendieron obviamente el plano industrial, para incidir en la ideología, la cultura y la relación de las grandes masas con el cine.

Las grandes metrópolis han dejado en nuestros países sólo hábitos de consumo de productos materiales (economía) y culturales (ideología). Quienes intentaron, desde el espacio nacional, construir –mediante inversiones de capital– productos competitivos frente a los importados, terminaron generalmente dominados por los dueños de la industria cinematográfica hegemónica, siendo ésta a su vez una de las tantas expresiones del capital monopolista mundial. El desfasaje histórico entre los contextos nacionales, de los cuales el cine es un simple emergente, frustró hasta ahora la posibilidad de contar en nuestro país con una industria cinematográfica competitiva, tal como ella es concebida desde la óptica capitalista.

Hace cuatro décadas, la Argentina controlaba los más importantes mercados de habla hispana del continente, llegando a producir alrededor de 50 largometrajes anuales. Era la "edad de oro" de nuestro cine. Di Núbila recuerda al respecto: *"John B. Nathan, director de la Paramount en Buenos Aires, había informado en Estados Unidos que la popularidad de los filmes argentinos torna dificultoso para las compañías norteamericanas el mercado de exhibición sudamericano. Y como el público de América Latina de ese modo estaba librado en buena medida a la influencia del cine de su propia lengua, Washington quiso que las películas en castellano fueran producidas por un país amigo. Temió que las argentinas pudieran eventualmente ser vehículos para la filtración de propaganda enemiga en América Latina. Y prefirió no correr riesgos. Además de apoyar a México, envió equipos y película virgen a Chile".*[1]

Se trataba, naturalmente, de la época en que la Argentina asumía, ante la Segunda Guerra Mundial, una posición neutral. Pero el desarrollo de nuestro cine en el espacio de habla hispana continental se había iniciado años antes, con la aparición del cine sonoro. Sin embargo, pese a la importancia que tuvo esta demostración del poderío competitivo en el plano industrial y cultural, ni aun en los mejores momentos de su historia, la cinematografía nacional pudo extraer demasiado beneficio de los ingresos de las salas de cine. Así, por ejemplo, en 1938, uno de los años cumbre de nuestra industria, las películas nacionales recibieron apenas 6 millones de pesos dentro del país, sobre un total de 20 millones que representaba el ingreso de las producciones exhibidas durante ese año. En la actualidad el panorama se ha agravado fuertemente.

En el período 1955-1975, se estrenaron en la Argentina 8723 películas, de las cuales sólo 630 fueron realizadas dentro del país. Es decir, aproximadamente el 93% de las películas que se exhibieron en la Argentina fueron de procedencia extranjera (volumen "escaso", sin embargo, si se lo compara con la mayor parte de los países del continente, en los cuales el porcentaje asciende al 98 ó al 100%...).

La línea que se destaca de una primera lectura de los índices de producción nacional muestra claramente una dirección ascendente entre 1932 (2 largometrajes) y 1950 (56 largometrajes). A partir de ese momento la línea se congela y comienza a retroceder hasta estabilizarse en alrededor de 30 produccio-

---

(1) *Domingo Di Núbila,* "Historia del cine argentino", *Cruz de Malta, Buenos Aires, 1959.*

Rodaje en uno de los primeros estudios. (Martínez y Guinche ,1916).

nes anuales, para ascender con rapidez entre 1971 (36 filmes) y 1974 (40 filmes) y caer luego abruptamente –tras el golpe militar del '76– a 16 películas, volumen aproximado que se mantiene durante ese año y que constituye uno de los más bajos de toda la historia del cine nacional, inferior incluso al de un país como Venezuela que recién se inicia prácticamente en la industria cinematográfica.

Comparando dos períodos clave para el cine argentino, podemos verificar la línea declinante de la actividad productiva:

- **Durante el período 1945-1955**

  (Epoca del proteccionismo estatal sobre la industria)

  Cantidad de películas nacionales estrenadas: 427

  Promedio anual: 42.7

- **Durante el período 1956-1972**

  (Apogeo del libreempresismo)

  Cantidad de películas nacionales fue de: 500

  Promedio anual: 29,4

La estabilización de la producción anual en alrededor de 30 largometrajes, no es motivada por la libre decisión de los productores locales, ni por un descenso de la concurrencia a la exhibiciones de cine nacional, ni tampoco por factores económicos de la producción (aumento del precio de los insumos, bajas recaudaciones, etc.). El congelamiento –y en consecuencia el creciente retroceso de la producción anual cinematográfica– obedece antes que nada a las necesidades de las empresas transnacionales, cuyos representantes locales son los circuitos programadores de la exhibición. Treinta largometrajes anuales es la cifra máxima que, según ese sector, y a partir de 1955, puede admitir la actividad industrial local para no entrar en contradicción con sus propios intereses, entre los que se hallan sus compromisos con los dueños mundiales de la industria cinematográfica.

Esta decisión restrictiva contó de algún modo con el abierto o solapado beneplácito de la política oficial, incapaz de enfrentar a los monopolios del cine, en tanto éstos son simples apéndices de las fuerzas económicas y financieras cuya incidencia en la economía nacional –y no ya en el cine– es básica para el proyecto de "desarrollo" dependiente. La historia del cine argentino probó más de una vez que, apenas se modificaba la política de relaciones con las naciones dominantes, en pos de un desarrollo autónomo, ello rerpercutía directamente en un crecimiento industrial de la actividad cinematográfica. Lo ocurrido durante la década del '40 es un claro ejemplo, así como la tentativa frustrada de 1973-1974 cuyos efectos se extendieron hasta 1975; en este período el promedio de películas estrenadas fue de 37 por año. No es casual, en suma, que las crisis de nuestro cine hayan ocurrido a partir de la derrota de los proyectos políticos de desarrollo autónomo, caracterizados por un incremento de la intervención estatal en la política cinematográfica.

El dominio de los espacios de pantalla nacionales lo ejercieron habitualmente cuatro ó cinco países, principalmente los Estados Unidos. Según una investigación realizada por Heriberto Muraro y José Cantor, a mediados de los años '70, *"las películas extranjeras representaron entre 1971 y 1975 el 90.4% de los filmes estrenados en el país. Dicha tasa varió entre un máximo de 92.3% registrado en 1972 y un mínimo de 87.3% registrado en 1975. Asimismo se observa que el 29.5% de las películas estrenadas corresponde a producciones de origen norteamericano; el 40.6% de países europeos (no socialistas); 3% de países socialistas (Unión Soviética y europeos); 2.2% de países latinoamericanos; 2,9% a producciones de otros países; y el resto (3.2%) a diversos tipos de coproducción".*[2]

De este modo, los Estados Unidos, con el 29.5% del control del filmes estrenados, Italia con el 11.3%, Inglaterra con el 9.5% y Francia con el 6.7%, manejaban el 57% de las producciones exhibidas en la Argentina, a lo cual habría que agregar un 20% más, como consecuencia de las coproducciones efectuadas entre esos mismos países o con otros (9.8% de coproducciones de Italia con otro país; 6.7% de coproducciones de Francia, etcétera).

Si el 77% de las películas exhibidas en el país procedía de sólo cuatro grandes naciones productoras –57% de producciones y 20% de coproducciones– el 13% sería suministrado por más de 20 países. El resto, es decir, el 9.5% correspondería a la producción nacional, cuyo índice creció en los años '71-'75 con motivo de las circunstancias vividas en el país y en el cine a partir de 1973.[3]

---

(2) *Heriberto Muraro y José Cantor,* "La influencia transnacional en el cine argentino", *en revista* Comunicación y Cultura, *núm. 5, México, 1978.*

(3) *De las 37 películas que superaron los 10 mil espectadores durante 1985 en salas de "primera línea" de Buenos Aires, sólo una era de orígen argentino.*

Recaudación básica: 35.393 millones de pesos viejos*

De lo cual correspondió:

- **A recaudación básica para la producción nacional: 7.459 mill.**
- **A recaudación básica para la producción extranjera:27.934 mill.**

Admitiendo que el producto básico se liquide por partes iguales, las utilidades tuvieron este destino:

- **Para las empresas de exhibición** (50% de 35.393 millones de pesos viejos): **17.696 mill.**
  - ➨ ***Para la producción extranjera (50% de 27.934 mill.): 13.967 mill.***
  - ➨ ***Para la producción nacional (50% de 7.459 mill.): 3.729 mill.***

Resumiendo:

- **Para las empresas de producción nacional: 3.729 mill.**
- **Para las empresas de exhibición locales y para las empresas dedistribución y producción extranjera: 31.663 mill.**

Si actualizamos estas cifras según los datos de 1976, sobre un ingreso en boleterías de alrededor de 40 millones de dólares, referidos únicamente a las salas centrales de Buenos Aires, la distribución habría sido aproximadamente la siguiente:

- **Para las empresas de distribución y producción extranjeras** (90% del mercado)**: u$s 16 mill.**
- **Para las empresas locales de exhibición u$s 18 mill.**
- **Para el Fondo de Fomento del INC u$s 4 mill.**
- **Para los productores nacionales u$s 2 mill.**

(*) En 1978, 100 pesos viejos equivalían a un peso nuevo. En 1972, el dólar se cotizaba a 990 pesos viejos; en 1979 el dólar representaba alrededor de 120.000 pesos viejos.

Estas proporciones se extendían a todo el mercado cinematográfico nacional. Es decir, la mayor parte de los ingresos en boleterías se dirige hacia las empresas que no han invertido en el país ningún capital fijo, y cuyo interés por el desarrollo de una industria cinematográfica nacional es nulo. Sólo los empresarios de exhibición han construido algunos edificios o locales que, en momentos críticos, fueron convirtiéndose en depósitos o supermercados.[4]

En suma, apenas el 10-15% del monto que los argentinos dejan en las salas de exhibición –volumen irrisorio para el mantenimiento de un proyecto industrial cinematográfico– está destinado a la sobrevivencia del capital constante invertido

---

[4] *Esta situación ha cambiado en los años '90 con la presencia de inversiones directas extranjeras en la creación de complejos de salas en distintas partes del país.*

en laboratorios, edificios o maquinarias, o en el capital circulante de la producción de filmes.

El centro del negocio cinematográfico se halla, por otra parte, en la ciudad de Buenos Aires y alrededores (Gran Buenos Aires). Allí se localiza el interés de las transnacionales, tanto a nivel económico como cultural.

Ello explica que el mayor consumo de cine extranjero –a nivel global y por habitante– tenga lugar, precisamente en la capital del país, donde el cine nacional encuentra, a su vez, menor acogida, comparado proporcionalmente con el resto de las ciudades. Buenos Aires concentraba, en los años '70, las salas con mayor número de butacas, los mayores precios por localidad y las más grandes audiencias:

PORCENTAJE DE CAPITAL FEDERAL EN RELACION CON EL RESTO DEL PAIS. AÑOS '70	
NUMERO DE SALAS	7,7 %
CANTIDAD DE BUTACAS	15,0 %
CANTIDAD DE ESPECTADORES	37,0 %
RECAUDACION DE BOLETERIAS	50,0 %

También el cine extranjero recauda en el país, por cada espectador, un porcentaje superior al del cine nacional. Así, por ejemplo, según el Instituto Nacional de Cine, en 1972, la cinematografía argentina obtenía 228 pesos viejos por espectador, mientras que la producción norteamericana o extranjera lograba una cifra de 322 pesos, es decir, casi un 50% por localidad vendida.(5)

2. El cine como industria cultural

Una estructura de tipo capitalista se caracteriza por la existencia de un capital que aparece en el mercado de trabajo y de mercancías, como comprador, para proceder en una segunda etapa a la transformación productiva de los elementos adquiridos, con lo cual obtendrá un valor superior al que poseen aquellos que han posibilitado la transformación. Finalmente, el capitalista vuelve al mercado como vendedor, convirtiendo sus mercancías en dinero a fin de volver a comprar de nuevo otras mercancías y nueva fuerza de trabajo. El objetivo principal de este proceso es la "reproducción ampliada", vigente en toda actividad productiva capitalista, incluida la relacionada con la industria cultural y, por ende, con la industria y el comercio cinematográficos.

---

(5) *Instituto Nacional de Cinematografía,* Memoria, *Buenos Aires, 1973.*

En la industria cultural, el objetivo capitalista se sintetiza en realizar un producto destinado al consumo, en el marco de un proceso guiado por el lucro ("reproducción ampliada del capital invertido"), y consiguientemente por una ideología que concibe al hombre como "espectador-consumidor", es decir, no como fin a cuyo desarrollo y mejoramiento hay que condicionar la actividad productiva, sino como objeto y materia de uso, para mejoramiento y desarrollo del capital.

En cualquier país altamente industrializado, las distintas fases de la producción observan un nivel de coherencia y "legitimidad" que permiten hablar de la existencia de una verdadera industria cinematográfica nacional. Producción, distribución y comercialización operan sirviendo a intereses más o menos semejantes, dueños en primera instancia del complejo industrial-comercial del propio país, y proyectados simultáneamente hacia el exterior, en abierta o solapada competencia con otros complejos nacionales.

Los ciclos de "reproducción ampliada de capital" se desarrollan principalmente desde la misma aparición de la industria cinematográfica en los espacios altamente industrializados, es decir, en las sociedades centrales.

Los países periféricos o, lo que es igual, el proletariado de las metrópolis capitalistas, no interesan nada más que como meros consumidores de productos cuyo costo ya está amortizado. Al respecto, un informe emitido por la MPEA (Motion Pictures Export Association), señalaba a mediados de los '70 que el 50% de los ingresos obtenidos en el exterior, entre 1963 y 1973, por la industria cinematográfica de aquel país, procedía básicamente de seis mercados: Italia, Canadá, Alemania Occidental, Gran Bretaña, Francia y Japón. Frente a esta realidad, el conjunto del cine latinoamericano apenas si representaba el 10% del negocio de exportación cinematográfica norteamericana, o lo que es igual, un volumen similar al de un solo país europeo, Italia con el 10.4%. Brasil, principal comprador, significaba sólo el 3.9% de las ventas de los Estados Unidos; México, el 3%; Venezuela, el 1.3%; etc. La Argentina, con el 1.2%, ocupaba el 15$^{vo.}$ puesto como consumidor mundial del filmes norteamericanos, y el 4$^{to.}$ consumidor en el espacio latinoamericano.

Como vemos, los países de América Latina cumplen un rol secundario para el negocio del capitalismo multinacional, insuficiente hasta ahora para estimular inversiones en infraestructura o en coproducciones más o menos permanentes. Estas se dirigen en su casi totalidad hacia las naciones centrales; basta recordar la presencia condicionante, cuando no determinante, del capital norteamericano en las industrias cinematográficas europeas.

Sin embargo, la importancia de nuestros espacios no se mide solamente comparando de manera mecanicista los índices económicos locales con los que corresponden a las regiones dominantes, sino destacándolos allí donde su verdadero valor se clarifica siempre, es decir en la realidad inmediata y concreta que los explica o lo que es igual, la realidad de los espacios latinoamericanos. De este modo, podemos convenir que si América Latina representa, en su conjunto, apenas el 10% del negocio de la exportación cinematográfica norteamericana, su importancia es indudablemente secundaria para la economía de esa industria. Pero también habremos de aceptar que ese 10%, unos 40 millones de dólares anuales, representaría para nuestra realidad, la posibilidad de producir alrededor de 260 largometrajes cada año (calculados, en los años '70, a un promedio

Logotipos de lo que fueron grandes empresas productoras argentinas.

de 150 mil dólares por película), o lo que es igual, el 60 ó el 70% de la producción que requiere anualmente cada país para abastecer las necesidades de sus mercados.

Es decir, la solución al problema de abastecimiento industrial y cultural de las salas de cine en Latinoamérica podría darse a través del simple desplazamiento de una sola de las potencias productoras mundiales, si es que entretanto nosotros fuéramos capaces de incrementar y coordinar el desarrollo de una industria propia de alcances continentales, apta para ganarse, además, el respaldo de las grandes masas de espectadores, condicionadas culturalmente por el cine hegemónico.

El problema, como vemos, es muy complejo porque no tiene alcances meramente económicos o industriales. Sin embargo convendría que nos detuviéramos a analizar éstos, aunque sea de manera aproximativa, para intentar clarificar las eventuales soluciones.

a) La producción

La actividad industrial cinematográfica se desenvuelve a través de distintas etapas, cada una de las cuales posee varios niveles. En un trabajo dedicado a investigar este tipo de actividad, el estudioso Pierre Vigier destaca principalmente tres niveles:

1. Industrias que producen las materias primas necesarias a la realización.
2. Industrias que producen los medios técnicos (máquinas) de producción.
3. Industria consumidora de 1 y 2 que produce el film, producto material y cultural.

De esta manera –dice Vigier– nos encontramos con la primera división industrial de la producción. Dentro de cada rama de la producción se producen a su vez nuevas divisiones, por ejemplo, en la número 2, algunas industrias dedicadas a la producción de medios técnicos producen filmadoras; otras, copiadoras y reveladoras; otras, equipos de sonido; otras, equipos de iluminación. También existen varias fábricas que se dedican a producir la misma tecnología, luchando entre sí por conquistar un espacio dentro del mercado o por su hegemonía total. Por otro lado, sus posibilidades de desarrollo están estrechamente condicionadas por el crecimiento de la industria.[6]

A estas tres etapas de la producción industrial se acoplan lógicamente otras que completan la estructura económica donde circula el dinero y el interés capitalista: la distribución y la comercialización, ambas sujetas a nuevas subdivisiones.

Veamos algunas características de las etapas industriales de producción aplicadas al caso argentino:

- *Primera etapa de la Inversión de Capital*

Ver Cuadro de la página siguiente.

- *Segunda etapa de la inversión del capital*

En esta etapa interviene el capital nacional cubriendo prácticamente el total de los costos. Las inversiones se dirigen a la adquisición o alquiler de elementos señalados para la etapa anterior (compra de material virgen, alquiler de maquinarias, contratación de laboratorios de imagen y sonido, etc.). Asimismo compran la fuerza de trabajo técnica e intelectual (directores, guionistas, fotógrafos, músicos, sonidistas, actores, personal técnico, montajistas, etc.). Conviene destacar que en este último rubro, algunos técnicos, particularmente fotógrafos, sonidistas y montajistas, constituyen pequeñas o medianas empresas personales, dotadas de una inversión importante de capital en maquinarias y equipos.

En esta segunda etapa de inversión, intervienen básicamente tres niveles distintos de actividad empresarial:

- *Empresas de producción estable*

Se conoce como empresas de producción estable a aquellas que cuentan con estudios propios y personal permanente, para desarrollar una actividad productiva sistematizada y continua. Es la base principal de una producción cinematográfica nacional, por sus inversiones en infraestructuras, maquinarias, personal técnico y películas realizadas de manera ininterrumpida, precisamente para solventar las inversiones efectuadas.

- *Empresas de producción independiente*

Dentro de este nivel, las empresas denominadas comúnmente "independientes" (que cuentan también con su propia estructura de organización gremial diferenciada de la correspondiente a las "estables") carecen de estudios propios

---

[6] *Pierre Vigier,* "Economía política de la industria cultural", *inédito, Buenos Aires, 1970.*

RUBRO	CAPITAL	CARACTERISTICAS
MATERIALES SENSIBLES		
Película virgen	Radicado en el exterior: Estados Unidos y Europa (Kodak, Agfa-Gevaert, Fuji). Estados Unidos vende al país más del 80% de la película que se importa. El resto procede de Europa y Japón.	En el país no existe producción de material sensible cinematográfico. Las fábricas instaladas, de capital extranjero, han comenzado a producir solamente película para fotografía fija. En el país no existen fábricas de material magnético de sonido. La venta se efectúa a través de agentes de empresas extranjeras.
Sonido	Idem (Agfa-Gevaert, Basf, Ampex, 3 M, etc.)	
MAQUINAS CINEMATOGRAFICAS		
Filmadoras, grabadoras, micrófonos, óptica, fotómetros, colorímetros, iluminación, moviolas, etcétera.	Radicado en el exterior: Estados Unidos y Europa (Arriflex, Nagra, Perfectone, Ampex, Bell & Hollew, Angenieux, Beyer, Lowell, Prevost, etc.)	En el país no se fabrican maquinarias cinematográficas. Existen representantes o agentes de empresas extranjeras, ocupados de la venta. La única producción local se concentra en algunos equipos que no requieren alta precisión. Otras tentativas no alcanzan todavía nivel profesional. Se han constituido empresas que alquilan equipos y maquinarias para filmación.
LABORATORIOS		
Filmadoras, grabadoras, micrófonos, óptica, fotómetros, colorímetros, iluminación, moviolas, etcétera.	Nacional, vinculado a otras actividades empresarias en los casos más importantes. En los años '70, eran Laboratorios Alex y Tecnofilm, seguidas por Cinecolor, Citeco, Bacca, Phonalex, etc. (Desde finales de los '80, Cinecolor pasó a monopolizar prácticamente el procesamiento fílmico en el pais). La mayor parte de los productos químicos que se utilizan en los laboratorios de imagen procede de fábricas extranjeras.	Utilizan maquinarias producidas en su casi totalidad en el exterior (copiadoras, trucas, videoanalizadoras, transcriptoras ópticas, etc.). En el área de sonido ha comenzado a desarrollarse cierta capacidad para el diseño de estudios y producción de equipos que no requieren gran precisión. Otro tanto ocurre con algunas máquinas y accesorios para el procesado de la imagen.
ESTUDIOS		
Productoras con estudios para filmación.	Nacional. Ante el cierre de los estudios de Argentina Sono Film, en 1977, adquiridos un año después por MBC, quedaron solamente los relativamente estables de Baires, manejados en ese entonces por la productora Aries Cinematográfica.	Existen algunas pequeñas empresas dedicadas a alquilar galpones, adaptados para servir como estudios de filmación y que trabajan esencialmente para la producción de filmes publicitarios.

(los arriendan para cada producción), y de personal permanente (lo contratan en cada trabajo). Ello les ha permitido una mayor agilidad productiva y económica, en la medida en que no están obligadas a filmar para cubrir los gastos fijos de instalaciones y personal – como ocurre con las "estables"– y lo hacen sólo cuando organizan un proyecto que creen rentable.

■ *Empresas de producción circunstancial*

A diferencia de los otros niveles señalados, este tipo de empresas sólo conserva relaciones muy excepcionales con la industria cinematográfica. Intervienen en ella por diversas razones, pudiendo intentar, a veces, segundas experiencias para asentarse en la producción "independiente", lo cual no suele ser común. Entre las causas, podríamos señalar el hecho de buscar relaciones con el "medio artístico", o de ganar prestigio en alguna labor de "tipo cultural".

Pero abunda, sobre todo, la tentativa de evadir tributos al fisco, en la medida que la inversión en actividades cinematográficas no paga impuestos hasta el momento de la comercialización de las películas; por otra parte, las inversiones en la producción de un film suelen ser difíciles de controlar por los organismos oficiales e, incluso, por el propio Instituto Nacional de Cinematografía.

b) La distribución

Cubierta la fase primera de producción de una película, ésta entra obligatoriamente en una nueva etapa: la de su distribución, a través de la cual el film arriba a su tercero y último momento, el de la comercialización (exhibición).

Las empresas de distribución intervienen solamente en el alquiler de locales o edificios para oficinas, depósitos o microcine, y en algunos casos, en cierta maquinaria (proyectores, moviola, etc.). Tratándose de empresas locales dedicadas a distribuir filmes extranjeros, arriesgan obviamente el grueso de su inversión en la compra o arrendamiento de los mismos, así como en los correspondientes gastos de publicidad y lanzamiento.

Su actividad radica en centralizar aquellas películas que creen más adecuadas para el mercado de la exhibición, disputando luego con ese sector –o incluso entre sí– el espacio de pantalla existente. Los beneficios radican en el eventual porcentaje que cobren, cuando se trata de la distribución de películas nacionales, o en la diferencia que pueda surgir entre lo que se pagó por un film extranjero y aquello que éste deje en boleterías- deducido el porcentaje correspondiente al exhibidor y los impuestos.

Una empresa distribuidora puede procurar vender a la exhibición películas de cualquier origen; sin embargo, la actividad esencial que realice define sus características. Por ello podemos distinguir tres tipos básicos de distribución:

■ *Distribuidoras extranjeras*

Son, por lo general, filiales de empresas productoras y/o distribuidoras extranjeras, ocupadas de ofrecer lo que éstas les proporcionan. No importa la forma legal que asuman, ya que no existe prácticamente control estatal sobre este nivel de actividad.

La casi totalidad de la distribución extranjera pertenece a capitales norteamericanos, reunidos en el llamado Film Board, que aglutina a las principales compañías de ese país. Estas oficinas pueden actuar aisladamente o conformar, a veces, asociaciones entre unas y otras, para la distribución de películas.

Según la investigación de Muraro y Cantor antes citada, el conjunto de las empresas extranjeras de distribución de origen norteamericano manejaron en el quinquenio 1971-1975, el 43.1% de las películas estrenadas en la Argentina. Un 74.5% de aquel porcentaje correspondía a producciones o coproducciones de los Estados Unidos; el 27.2% a producciones o coproducciones de países europeos.(7)

Asimismo, más del 60% de las recaudaciones se orientaron hacia las distribuidoras norteamericanas.

El hecho de manejar casi el 50% de las películas que se estrenan en el país, así como las más "taquilleras", convierte a este sector de la distribución en el poder principal para decidir la programación anual de los cines argentinos, cuyo ejecutor inmediato en el empresariado de la exhibición.

En un plano de menor importancia, pero dentro de este nivel de distribución, habría que ubicar también a la mexicana Pel-Mex, que en el decenio 1970-1979 distribuyó 115 películas de esa empresa productora, es decir, el 4% de las películas estrenadas en el país; también correspondería agregar a la empresa Artkino Pictures of Argentina, distribuidora de filmes de los países socialistas que, en el decenio mencionado, comercializó un total de 73 películas.

En lo que respecta a las distribuidoras norteamericanas, sus inversiones locales son prácticamente inexistentes. No efectúan mayores gastos en el procesado de copias para exhibición o duplicados de los negativos de los filmes (para efectuar las copias necesarias). Introducen al país prácticamente todo: diseño de campañas, y buena parte de las copias de comercialización, y los "traillers" ("colas" de publicitación), etc. En cambio, imponen a la exhibición la programación de aquellas películas que les interesa comercializar, a cambio de la cesión de determinados filmes de "éxito seguro".

■ *Distribución local*

Existe, en segundo término, un nivel de inversiones nacionales en el arriendo o adquisición de derechos para comercializar filmes extranjeros. Se ocupa de producciones de origen europeo, en su mayor parte, y también de algunas películas norteamericanas que escapan al control de las grandes distribuidoras. Ellas representaban, en los años '70, el 66% de las películas europeas que se difundian en el país, el 24% de las norteamericanas, y el 33% de las procedentes de los países socialistas.

A diferencia de las distribuidoras norteamericanas, estas empresas no comercializan aquellos filmes que les envían las centrales productoras internacionales, sino que deben efectuar un trabajo de selección, a través del cual compran los derechos de distribución por tiempos determinados en un área que, por lo general, se extiende a los mercados de la Argentina, Uruguay y Paraguay. A nivel de comercio internacional del cine, el mercado latinoamericano está dividido en áreas que suelen comprender a varios países limítrofes y complementarios.

---

(7) *Heriberto Muraro y José Cantor, ob. cit.*

Rodaje de un film de Nelo Cosini, en la época del cine mudo.

En esta labor de adquisición o arrendamiento, las distribuidoras locales sufren también las imposiciones de las grandes empresas internacionales, quienes, a cambio de un film de "éxito seguro", obligan a la compra de un "paquete" donde aquel film aparece acompañado de producciones de rezago. Ellas, sin embargo, obligan a su vez, a la distribuidora, a encontrar un espacio disponible para la producción nacional.

Esta situación, unida a la que provocan las distribuidoras norteamericanas, es mucho más grave si se contempla que el espacio de pantalla no admite elasticidad alguna, y que se circunscribe –económicamente hablando– a ocho meses de cada año, ya que los otros cuatro, de verano, son considerados como insuficientemente rentables.

Los precios de los filmes, que las distribuidoras locales deben abonar en divisas, pueden oscilar entre 5 mil y 60 mil dólares, a lo cual hay que agregar gastos de procesamiento de copias en el país y lanzamiento publicitario, que comprende promoción, presentación en las salas, avisos en diarios, revistas, radios y TV, y copiado de "colas". En 1979 los costos de lanzamiento oscilaban entre 50 y 150 mil dólares.

Las relaciones con el empresariado de la producción nacional, así como el de la exhibición, son de mera intermediación, no verificándose significativas inversiones en uno o en otro sector.

Estas compañías distribuyen también títulos nacionales, según el interés que tengan por los mismos, de igual modo que hacen las filiales de las *majors* cuando descubren algun producto local que puede ser lucrativo.

c) La exhibición

Es indudable que quien decide lo que los argentinos ven diariamente en las salas de cine, el video y la TV, es, antes que nadie, el monopolio de las grandes empresas productoras y distribuidoras internacionales, principalmente norteamericanas.

Pero no menos cierto es, también, que la exhibición actúa en la práctica como agente local de aquellos intereses. A fin de cuentas, el empresario exhibidor, al igual que la distribución de películas extranjeras, puede prescindir absolutamente de la producción cinematográfica nacional. El dominio de la industria estadounidense sobre el área es suficiente, como para abastecer sin problema alguno las demandas de los circuitos de comercialización. Tal es el panorama, además, en la mayor parte de los países de América Latina. A fin de cuentas, sostienen los exhibidores, el cine nacional –salvo aquellos filmes de "éxito seguro"– sólo ha servido para "crear problemas". ¿Con quién? Con la distribución extranjera, obviamente interesada en reservarse para sí el mayor espacio de pantalla posible.

Incluso los filmes de "éxito seguro" deben ser limitados, ya que si exceden de cierto volumen adecuado harían peligrar las relaciones con las empresas internacionales, de las cuales no se podría prescindir...

¿Significa esto que *todos* los propietarios de salas de cine han hecho o están haciendo grandes negocios con la comercialización? Evidentemente no. Basta observar las numerosas salas que han cerrado en los últimos años, así como aquellas otras que apenas alcanzan a mantenerse, particularmente en las áreas suburbanas (cines de barrio). Por eso, cuando nos referimos a la exhibición, hablamos básicamente del núcleo dominante, es decir, del monopolio –en la práctica– del negocio cinematográfico, que no tiene reparo alguno en imponer también sus despiadadas leyes sobre los pequeños empresarios o exhibidores.

Dos ó tres meses antes de finalizar cada año, un núcleo de empresarios, que no llegan a diez, programa en una oficina del centro de Buenos Aires, la exhibición de los filmes que los argentinos verán el año siguiente en los principales circuitos de consumo. Tal programación se elabora, conforme a los acuerdos previos existentes con los integrantes del Film Board, en primer término; con las principales distribuidoras locales de películas extranjeras, después; y por último, con el sector hegemónico de la producción nacional, particularmente aquel cuya línea de películas posea mayores garantías comerciales.

Obviamente, quien posee los productos de mayor rentabilidad –jerarquizados por las leyes que rigen la industria cultural y los medios masivos (temas, elenco, promoción, etc.)– impone las condiciones que mejor le convengan. Además, el dueño de tales productos no maneja sólo películas sino medios de comunicación masiva, recursos económicos o políticos persuasivos y todo el andamiaje de dominación que caracteriza al poder transnacional.

La situación privilegiada de manejar la programación anual –que no implica preocupación alguna por el desarrollo cultural de las grandes masas de espectadores– permite al empresariado monopolizador de la exhibición, proponer e imponer, no sólo las fechas de estreno de los filmes, sino también el tipo de temas, intérpretes y características de las películas que entiende más acordes para su negocio. Lo cual rige, principalmente, para la producción nacional. Por ello, algunos núcleos dominantes de la exhibición han intervenido más de una vez en la actividad productiva, ya sea con aportes parciales, o adelantando recursos a cuenta de comercialización en aquellos proyectos considerados "éxito seguro". También en algunas oportunidades participaron en la producción directa de filmes bajo sellos empresarios de distinto tipo. (Cabe recordar su incursionar obligado en la producción en la década de los primeros gobiernos peronistas –1945-1955– para cumplir con la obligatoriedad de exhibir más filmes nacionales, y también para satisfacer las mismas expectativas de lucro que movilizaron entonces a la mayor parte del empresariado productor).

Filmación en estudio de "Mestro Levita" (Luis César Amadori, 1938).

Las inversiones empresarias del sector exhibidor se reducen a la sala, instalaciones y equipos de proyección. Los riesgos son siempre de muy escasa cuantía: el fracaso de un film es el fracaso de una semana cuando más, rápidamente superado con las películas de éxito.

El empresario de la exhibición está comúnmente asociado a los llamados "circuitos" de salas que operan con similares tipos de programación. A la cabeza de tales circuitos se ubican las grandes empresas, o grupos empresarios, que suscriben los respectivos contratos con los distribuidores para la comercialización de determinados filmes en todas las salas integrantes del circuito. Es decir, el núcleo hegemónico de aquellos se ocupa de programar y aprovisionar de películas a los empresarios asociados, a cambio de lo cual, éstos abonan un porcentaje de sus recaudaciones. Obviamente, mientras mayores sean las posibilidades de la "cabeza" de un circuito para conseguir filmes "taquilleros", mayor será el interés por asociarse a él y superior será también el sometimiento de los pequeños empresarios al tipo de programación general que se les imponga.

La estructura generada a través de los años por los dueños de los circuitos a nivel nacional constituye, en la actualidad, uno de los mayores impedimentos –si no el más decisivo– para incrementar los volúmenes de producción nacional. Sin modificación de los circuitos existentes, a fin de adecuar éstos a una racionalización del uso de los filmes, resultará de cualquier manera imposible superar los índices de producción, congelados desde hace varias décadas en 30 películas anuales, precisamente por esta situación. Pero el hecho de querer transformar dichos circuitos en estructuras de comercialización que sirvan al desarrollo armónico e integral del conjunto de la actividad cinematográfica del país, obligaría a una intervención estatal en ese sector, cosa que casi siempre se ha evitado para no enfrentar la compleja red de relaciones económicas y políticas, que asocia a la exhibición con núcleos hegemónicos de la vida nacional (y extranjera...).

Hasta el momento no existe en el área de la exhibición posibilidad alguna de desarrollo independiente. Los empresarios aislados tienen poca o ninguna relevancia en este terreno, limitados cuando más, al manejo de alguna pequeñas salas de público "selectivo", que trabajan directamente con las distribuidoras dueñas de las películas más "difíciles".

En el caso de las distribuidoras extranjeras, éstas no tienen necesidad de poseer salas propias (se verían obligadas a inversiones innecesarias); les basta decidir el tipo de producciones que se ofrecerán al público y las condiciones básicas del negocio. En lo que respecta a los productores locales, la exhibición es un mundo de intereses tan odiado como temido. Sabedores del poder de aquella, están obligados a aceptar sus disposiciones, y muy pocas veces –o nunca– se han animado a enfrentarla directamente, por temor a las seguras represalias.

Otro tanto ocurre con el campo de la distribución nacional de filmes, dedicada a disputar el espacio que le deja la distribución norteamericana. Por lo general, cada distribuidora tiene un solo y determinado circuito de exhibición para el cual trabaja; en cambio, los circuitos operan simultáneamente con distinto tipo de distribuidores.

3. Una industria carente de proyecto industrial

La industria cinematográfica argentina ejemplifica, tal vez mejor que cualquier otro sector, la enfermedad básica de la dependencia. Adjudicar las causas de su evidente retroceso a situaciones tales como los aumentos de los costos, la reducción de los mercados, o la falta de un respaldo estatal, sería –pese a la realidad de esas situaciones– una conclusión parcial y falsa. Los problemas de la industria del cine en la Argentina residen principalmente en las circunstancias políticas que atraviesa cíclicamente el país, caracterizadas por la ausencia de un proyecto de desarrollo nacional autónomo en las clases dirigentes, y por la proscripción o la represión violenta de las fuerzas que lo propugnan. Sin desarrollo de ese proyecto, no podrá afirmarse ningún proceso serio de crecimiento industrial –y menos aun cultural– de nuestro cine. Verificar esta afirmación no cuesta tampoco demasiado: los únicos momentos de desarrollo más o menos efectivo del cine argentino se dieron simultáneamente a procesos políticos y socioeconómicos encaminados a tentativas de autonomía. Las crisis mayores fueron a su vez, paralelas a la política de dependencia. El ejemplo actual es bien elocuente. Ello es así, porque la industria cinematográfica sintetiza y vive el conjunto de la problemática nacional, en tanto se halla condicionada por situaciones económicas y políticas que tienen implicancias internas y externas.

Podríamos señalar, sin embargo, situaciones parciales y reales que desnudan, antes que nada, la falta de una política coherente y orgánica para el conjunto del área; la carencia, en suma, de un proyecto. Veamos algunas:

■ *Aumento de los costos de producción*

En el informe emitido por el Instituto de Cine en 1973, se sostenía: *"tomando como ejemplo una película,* La guerra gaucha*, estrenada en 1942, uno de los años pico de producción, vemos que su costo fue de 269.000 pesos y que a precio de entrada su estreno de 3 pesos (básico 2.70 con 1.15 para el productor), necesitó 234.780 espectadores para cubrir su costo. En cambio,* Argentino hasta la muerte*, con un costo de 9.500.000 pesos, estrenada en 1971 a 400 pesos*

Rodaje de "Mujeres que trabajan" (Manuel Romero, 1939).

Escena de filmación de "El fin de la noche" (Alberto de Zavalía, 1944).

(básico 320, 136 para el productor), necesitó a precio de entrada de estreno, 735.290 espectadores. Mientras que hoy se necesitan tres veces más espectadores que en 1942 para amortizar una película, la población del mercado interno no alcanzó a crecer una vez".[8]

En los inicios de 1976, la cantidad de espectadores necesaria para amortizar los costos de producción de un largometraje era de más de un millón; sin embargo, el promedio de concurrencia a las películas argentinas –muy superior enton-

---

(8) *Instituto Nacional de Cinematografía, ob. cit.*

ces al de los filmes extranjeros –no excedía los 400 mil espectadores. Muy pocos títulos –salvo algunas excepciones– superaban la cantidad necesaria para cubrir los costos, cuyo incremento estuvo originado en gran medida, en la dependencia del país en cuanto a materias primas, insumos, película virgen, maquinarias, etcétera.

■ *Reducción de los mercados*

En las décadas del '30 y del '40, la industria argentina dominaba, como dijimos, el mercado de habla hispana de Latinoamérica. En los '70 ocupaba el tercer lugar, después de México y Brasil, quedando reducidos sus mercados externos a Perú, Colombia, Venezuela y Chile, que cubrían el 50% de sus exportaciones, basadas en filmes netamente comercialistas, con cantantes de moda, humor grueso y abundantes desnudos (versiones de "exportación"). Es el caso del gordo Porcel, Olmedo, Isabel Sarli, Libertad Leblanc, etcétera.

A nivel interno, existió en las dos últimas décadas una reducción visible del mercado, en la medida en que amplios sectores comenzaron a emplear nuevos recursos para su tiempo libre (televisión, automóviles, etc.). Sin embargo, conviene destacar el resuelto interés de los espectadores argentinos por el cine nacional, particularmente en los momentos en los que éste supo acercarse más a la problemática y sentimientos populares. Recordamos, por ejemplo, que en 1973 y 1974 los filmes argentinos ocupaban la mayor parte de los primeros puestos en materia de recaudaciones. Según datos del Instituto Nacional de Cine, en 1974, diez de las quince películas más taquilleras eran argentinas; entre ellas figuraban: *La Patagonia rebelde* (Olivera), *La tregua* (Renán), *Boquitas pintadas* (Torre Nilsson), *La Mary* (Tinayre), *La madre María* (Demare), etc. Tres años después, en 1977, por la represión y la censura de la política dominante, de las diez películas más taquilleras, no existía un solo título argentino: todas ellas eran de origen norteamericano.

■ *Censura*

Este es uno de los aspectos que más ha perjudicado sin duda al cine nacional, impidiéndole competir exitosamente con películas extranjeras capaces de abordar audazmente determinados tipo de situaciones y temáticas que, en la Argentina, resultan habitualmente prohibidas.

La inestabilidad política incidió siempre en este punto, empujando a la industria a películas de "éxito seguro", capaces de ser aptas en cualquier situación, con lo cual la producción deambuló entre temas ambiguos, tratamientos grisáceos y contenidos anodinos. La gran beneficiaria, fue, sin duda, la competencia extranjera.

■ *Falta de protección estatal*

Cuando se refieren a este punto, los productores hablan particularmente de lo que afecta o no sus específicos intereses económicos; por proteccionismo entienden –como hicieron entre 1945 y 1955– una política de apoyo indiscriminado, que sirva para el lucro inmediato y personal. Toda medida estatal que suponga una injerencia mayor para intervenir en la reorganización de la estructura de producción y comercialización es vista, en cambio, como una especie de atentado a la "libre empresa" o al "libre comercio". En este sentido, su visión es sensiblemente inferior a la del empresariado de la exhibición para el cual sus objetivos aparecen mucho más claros.

Lo cierto es que un Estado, limitado a administrar burocráticamente los recursos que los espectadores dejan en boleterías, desatiende los problemas de la industria nacional, precisamente por el carácter librempresista que ella enarbola, pese a que tal situación reduce sus posibilidades de desarrollo e incrementa las de la competencia extranjera.

Como vemos, diversas circunstancias confluyen para imposibilitar el desarrollo de una industria nacional, aunque existe un "mercado" interno, deseoso de brindarle su apoyo. ¿Cuáles son las alternativas que se ofrecen para reorientar la direccionalidad de este proceso?

Reparemos en la experiencia de los países hermanos del continente. En ellos aparecen tres modelos básicos de política cinematográfica:

a) *Libreempresismo total:*

b) *Coexistencia de gestión estatal y privada*

c) *Estatismo total*

Los resultados de la política de esos modelos saltan a la vista: Cuba, el único país con una conducción estatal sobre el conjunto de la actividad cinematográfica (Instituto Cubano de Arte e Industria Cinematográfica, ICAIC), logró afirmar una industria allí donde aquélla no existía y, al mismo tiempo, desarrolló una producción diversificada (largometrajes, cortos y mediometrajes, filmes educativos, documentales, etc.), cuyas cualidades técnicas y culturales se destacaban entre las más elevadas de América Latina. Son obvias las razones que impiden la producción cinematográfica cubana difundirse, como debiera ocurrir, en otros países y continentes. Sin embargo, pese a esas dificultades actuales, el manejo estatal de la producción, distribución y exhibición probó un rotundo éxito en el marco de la política de la Revolución Cubana.

Podrían enumerarse algunos datos sobre la nueva relación de dependencia establecida entre ese país y algunas naciones del este europeo (insumos, material virgen, maquinarias, estilos, ideología, etc.); sin embargo, lo que importa destacar es que un modo de uso diferente al que es típico en la concepción capitalista, y que se rige, no tanto por el lucro, sino por la cualidad de sus productos, demostró en Cuba su enorme capacidad para levantar una industria cinematográfica relativamente importante, en medio de un continente donde esa posibilidad parece momentáneamente bloqueada.

México, por su parte, experimenta la coexistencia de la actividad estatal y la privada. A partir de 1970, la incapacidad empresaria para desarrollar armónicamente el conjunto de la actividad cinematográfica llevó al Estado a construir sus propias empresas productoras, como fueron Conacine (Corporación Nacional Cinematográfica), Conacite I y Concacite II (Corporación Nacional Cinematográfica de Trabajadores y Estado).

Asimismo, los dos grandes estudios y laboratorios cinematográficos, Churubusco-Azteca y América, son de propiedad estatal. Otro tanto ocurre con los circuitos más importantes de la exhibición (Compañía Operadora de Teatros) y con la distribución, donde el Estado participa a nivel nacional en Películas Nacionales, y maneja la que opera en el plano internacional, Películas Mexicanas (PelMex).[9]

En la Argentina, la política cinematográfica dominante ha sido siempre de corte librempresista, limitándose la gestión estatal –en las breves etapas de mayor proteccionismo– a establecer alguna restricción sobre la producción extranjera, incrementar la obligatoriedad de exhibición y de subsidios a la producción nacional, pero sin pretender en ningún momento inmiscuirse en el dominio del área "privada", aparentemente inviolable.

El cine argentino no experimentó en su historia el mismo tipo de gestión que fue aceptada en otras áreas de las comunicaciones masivas y de la industria cultural: televisión, radiodifusión, teatro, espectáculos, medios impresos, etc. En todos esos medios, el Estado, o algunas instituciones gubernamentales nacionales, provinciales e incluso municipales, o universitarias, llegaron a poseer y manejar emisoras de radio y televisión, salas de teatro, editoriales, etc., sin que ello afectara para nada el libre desenvolvimiento de la actividad privada. Por el contrario, la gestión estatal directa salió más de una vez a cubrir vacíos notables en materia de necesidades de información, educación o cultura, que los empresarios dejaron de lado, en tanto no producían lucro.

La actividad cinematográfica, sin embargo, nunca experimentó acción alguna del Estado en materia de producción directa de largometrajes, o de control de circuitos de distribución o de salas de exhibición. El empresariado –incluyendo el de la producción– se opuso siempre a ese tipo de ingerencias, oposición que tuvo en los exhibidores y en la distribución a sus principales portavoces.

La crisis del cine argentino, entonces, al margen de las causas que ya se han enumerado, tiene también otro responsable concreto: el propio empresariado de la producción, incapaz de articular un proyecto de desarrollo propio, para incrementar el potencial industrial. Temió tanto a las eventuales ingerencias estatales en este terreno (siempre de carácter tentativo y excepcional) que prefirió someterse a la "protección" del empresariado exhibidor, y por lo tanto, a las fuerzas externas asociadas a aquél. Las migajas de un espacio racionado en las salas de cine, perecieron ser más útiles que la voluntad de resolver el conjunto de la situación de la industria y el comercio, sin lo cual difícilmente exista posibilidad alguna para la sobrevivencia de una actividad cinematográfica estable en la Argentina.

Todo indica, hasta el momento, el rotundo fracaso de una política librempresista, incapacitada para dinamizar la industria (y naturalmente, la cultura cinematográfica). El fracaso es mayor, cuando se lo compara con las experiencias de aquellas otras políticas que en el continente permitieron el control total del Estado sobre el medio cinematográfico (Cuba), o bien, sobre parte sustancial de aquél (México).

Es evidente que la Argentina tiene dificultades mayores a las de países como México o Brasil, cuyos mercados internos son mucho más importantes; superan

---

[9] *A finales de los '80 la presencia estatal en el cine mexicano comenzó a disminuir, anunciándose la privatización de las empresas para los años subsiguientes.*

los 200 millones de espectadores anuales cada uno, frente a los 60 de la Argentina. También atraviesa momentos más difíciles que Venezuela, donde una situación económica coyunturalmente próspera permitía producir, en los años '80, unos 15 filmes por año y obtener una recaudación anual bastante importante, pese a contar con una población muy inferior en número a la de la Argentina.

Sin embargo, estas dificultades pueden superarse; la historia del cine argentino lo probó más de una vez. Es más, no resultan tan lejana la experiencia del período 1973-74, en la que alcanzó a insinuarse una vía para organizar el desarrollo integral de la industria cinematográfica.

El proyecto de legislación elaborado por los sectores de la producción nacional, nucleados en la llamada Cámara del Cine, apuntaba precisamente a posibilitar soluciones integrales, que pasaban necesariamente por una gestión más activa y enérgica del Estado –no ya sólo en su propia capacidad de producir, distribuir y exhibir–, sino de reestructurar los circuitos de exhibición para ponerlos en función del desarrollo industrial cinematográfico del país.

Dicho proyecto, cuya redacción final trabajamos conjuntamente con René Mugica, Mario Soffici (el más mesurado y lúcido de todos) y Carlos Mazar Barnet, sostenía en su presentación, refrendada por el Poder Ejecutivo Nacional: "(La exhibición) *deberá regularse no para atender las necesidades que puedan devenir de su actividad específica, sino para integrarse a las necesidades del conjunto de la producción cinematográfica. De esta forma, el ciclo global de la producción, la distribución y la exhibición habrá de quedar armonizado para lanzar el despegue de la cinematografía nacional hacia la conquista de espacio en los hermanos pueblos de América Latina, del Tercer Mundo y de las naciones centrales. Será ésta, por otra parte, la única forma de fortalecer una industria y a un comercio que hasta ahora, y como producto de la dependencia y de los anacronismos que ella origina, se debate entre la paralización y la crisis".*[10]

Frente a estas propuestas, el empresariado de la exhibición hizo elaborar dos voluminosos estudios tildándolas de "tendenciosamente comunistas" y "estatizantes", y desarrollando al mismo tiempo una intensa gestión para su congelamiento, en los pasillos gubernamentales y ante los diversos factores de poder; Iglesia, Fuerzas Armadas, partidos políticos, etc. Por su parte, el empresariado industrial no tardó en escindirse cuando los representantes de la producción "estable" decidieron dejar de lado a los "independientes", para ubicarse, con rigor bien pragmático, junto a los exhibidores y los distribuidores locales (atemorizados éstos por la proyectada obligación de distribuir un film nacional por cada seis películas extranjeras).

El proyecto, cuyo trámite parlamentario se inició el 13 de agosto de 1974, sostenía en el mensaje presidencial que lo acompañaba: "*Atendiendo al hecho de que el Estado subsidió el mantenimiento de la producción nacional y que ese subsidio está basado obviamente en contribuciones que el propio Estado recauda con los porcentajes que el pueblo deja en boleterías, se tratará de que ese dinero del pueblo vuelva a él a través de productos con cualidades siempre en*

---

[10] *Proyecto Ley de Cine. Presentado por el Poder Ejecutivo Nacional. Cámara de Diputados de la Nación. Trámite Parlamentario. Agosto de 1974.*

desarrollo, para cimentar una cinematografía que incluya a los valores jóvenes y que a corto plazo pueda competir por sus valores culturales, expresivos y técnicos con las cinematografías más modernas y avanzadas. Se tratará, en suma, de sostener las estructuras productivas ya existentes, y de reactivar otras más jóvenes y nuevas, tendiendo a que el conjunto de la producción dé una imagen rica en valores de todo tipo de aquella problemática de un pueblo como el nuestro, pleno de resolución y de fe para quebrar definitivamente la dependencia en todas sus manifestaciones, desde las más históricas y colectivas, hasta las más cotidianas y personales (...) La intervención del área estatal prevé un complejo cinematográfico apto para producir una película desde la idea inicial hasta la copia de exhibición; la aparición de complejos productivos regionales en las áreas culturales del país, destinados a posibilitar la aparición de una cinematografía consustanciada con la problemática y la manera de expresarse de cada una de dichas áreas, admitiendo así la extensión a nivel nacional que requiera tal cinematografía, rompiendo lo que hasta ahora es privilegio único de una provincia o una ciudad; la realización de películas destinadas especialmente a la juventud y la infancia, así como también informativos cinematográficos para su difusión nacional e internacional; la distribución de películas de países hermanos de América Latina y el Tercer Mundo, prácticamente desconocidas en nuestro pueblo por el dominio que sobre estas áreas ejercen los imperialismos; la exhibición masiva y a nivel nacional, mediante un circuito adecuado de salas, a fin de que el conjunto del pueblo pueda acceder más activamente al conocimiento de una cinematografía que exprese el verdadero ser argentino y que acreciente su patrimonio cultural; la creación de centros de distribución y comercialización de películas nacionales en cabeceras de áreas en América Latina, Europa, Africa y Asia.[11]

El Proyecto de Ley de Cine se complementaba naturalmente con planes de acción concreta, entre los cuales se destacaba el "Plan Trienal para la Cinematografía Argentina", que redactamos a principios del '74 en la Casa de Gobierno tras consultar a las entidades más representativas del cine nacional, pero cuya posibilidad de ejecución estuvo negada por los cambios políticos ocurridos en el país a partir de la muerte de Perón.

Obviamente, este Plan, cuya posibilidad de instrumentalización dependía de la Ley de Cine donde se establecían normas y pautas para el conjunto de la actividad cinematográfica, debe ser entendido en el marco de un "Proyecto Nacional de Liberación", como era el que los argentinos habían votado en las elecciones de 1973. Sin la existencia de aquél, las propuestas hubieran resultado meramente ideologistas.[12]

Ello explica también que el conjunto de medidas proyectadas: leyes, planes, decretos, etc., terminaran sustentadas solamente por las organizaciones sindicales de los trabajadores del cine, actores, directores y los productores independientes de mediana o pequeña importancia; es decir, por las fuerzas sociales y

---

(11) *Proyecto Ley de Cine presentado por el Poder Ejecutivo Nacional. Cámara de Diputados de la Nación. Trámite Parlamentario. Agosto de 1974.*

(12) *Proyecto Ley de Cine. Ob. Cit.*
Ver texto del "Plan Trienal", al final del libro en Anexo Documental 3.

económicas equivalentes a las que en otras áreas de la vida nacional intentaban afirmar nuevas vías para el desarrollo del país.

El golpe militar del '76 vino a echar por tierra aquellos proyectos, cuyo congelamiento se había iniciado en las postrimerías de 1974, restituyendo en cambio los que enarbolaban la exhibición, la distribución extranjera y los escasos grandes propietarios de la industria. Ese golpe doblegó momentáneamente la posibilidad de un proyecto de desarrollo cinematográfico autónomo para una industria que, desde sus capas empresariales dirigentes, nunca fue capaz de elaborarlo por sí misma.

En 1979, los principales estudiosos del negocio cinematográfico mundial, los norteamericanos, destacaban sintéticamente el éxito de la política oficial argentina, en lo que respecta a impedir sistemáticamente la posibilidad de un desarrollo industrial propio. En un informe sobre cine argentino aparecido ese año en la revista *Variety*, y reproducido en el país por *Heraldo de Cine*, se informaba sobre el brillante negocio que llevaban a cabo las distribuidoras norteamericanas y las argentinas dedicadas a comercializar filmes extranjeros. Textualmente, el informe sostenía: *"De las 45 películas que lograron más de 100 mil espectadores en las salas de estreno durante 1978 –de acuerdo a cifras suministradas por el Instituto Nacional de Cinematografía– 25 fueron distribuidas por compañías norteamericanas, 19 por 'independientes' y la restante fue una película argentina. En dólares el vigor económico del mercado argentino de películas se explica por el constante incremento del precio de las localidades, desde menos de un dólar a comienzos de 1976, hasta alcanzar actualmente 2.25 dólares. En términos generales, la comercialización cinematográfica se ha concentrado en el sector pudiente de la población, dado que el poder adquisitivo de los trabajadores no calificados comenzó un proceso de deterioro hace unos tres años. El resultado ha sido mejores ingresos con menos espectadores. Un factor contribuyente a este desenvolvimiento fue la virtual desaparición de películas argentinas como principal competidor a partir de 1975".*[13]

A confesión de partes...

4. Producción y financiamiento del "cine en democracia"

De las "actividades" cinematográficas al proyecto "industrialista"

Producir imágenes propias es un requisito indispensable para toda comunidad que aspira a existir libremente. También lo es para garantizar los necesarios intercambios entre los pueblos y el enriquecimiento de las culturas nacionales, junto con el fortalecimiento de una cultura universal que sea expresión de la diversidad sobre la que se cimenta el desarrollo de la humanidad.

Sin imágenes propias, no existe la posibilidad de dar vida plena al imaginario de cada individuo. Menos aún al de las naciones. Pero las características específicas de su producción devienen de la situación histórica de cada comuni-

---

(13) *Revista "Variety", citada por* Heraldo de Cine, *Buenos Aires, 1979.*

dad. Tratándose de una producción permanente y sistematizada, destinada a una difusión de masas, nacional e internacional, ello demanda de la existencia de una industria cultural audiovisual y no solamente de actividades episódicas o artesanales. Ello no impide a los países de menor volumen poblacional y más bajo índice de desarrollo –en consecuencia, de menor dimensión de recursos y de mercado– sostener actividades productivas para cubrir sus necesidades en este rubro. Actividades que pueden ejercitarse tanto con el cine, ayudas estatales mediante, por ejemplo el cortometraje, telefilmes, etc., como con otros medios audiovisuales, estatales o privados (televisión, video, etc.).

Afiche de "Nacha Regules" (Luis César Amadori, 1949).

El hecho de que la mayor parte de los países latinoamericanos no haya contado nunca con industrias cinematográficas (Uruguay, Paraguay, Bolivia, Perú, Ecuador, etc.), no les ha impedido realizar acciones de pequeña o mediana importancia –y a veces de enorme valor cultural– en la producción fílmica, coherentes con la dimensión de su población y de su mercado. Las posibilidades de creación de industrias en estos casos están condicionadas por la evolución de los procesos integrativos subregionales, ya que la aparición de mercados comunes del cine y del audiovisual, pueden transformar lo que ahora son actividades, en verdaderas industrias.

En las naciones desarrolladas, la industria del cine es un hecho probado desde los orígenes del medio. Es el caso de los EE.UU., algunas naciones europeas y países asiáticos, como la India y el Japón. También lo fue en países latinoamericanos, como México, Cuba, Brasil y el nuestro. Las dificultades competitivas que hoy tiene la región frente a los procesos de globalización, dificultan en esos casos la existencia de industrias del audiovisual que excedan las del medio televisivo. Un medio que ha desplazado al cine, en cuanto a capacidad económica, productiva y comercial allí donde aquel experimentó décadas atrás cierta solidez y autosuficiencia.

Argentina, Brasil y México, son naciones que pueden aspirar a construir verdaderas industrias audiovisuales, dentro de las cuales la cinematografía no se limite a actividades episódicas o artesanales, sino que actúe como eje dinamizador de aquellas, tal como sucede en otros países del mundo. Más aún, si dichas industrias son concebidas como parte de proyectos de integración regional, abarcativos también de la comunicación social, la cultura y las artes.

Con este enfoque deberíamos tratar el futuro del cine en nuestro país, asumiéndolo como proyecto de verdadera industria cultural y no como mera sucesión, más o menos circunstancial, de actividades productivas. Y cuando hablamos de industria cultural, estamos refiriéndonos a aquella dedicada a fabricar manufacturas o productos (películas), con contenidos simbólicos (obras cinematográficas) que informen, testimonien o expresen artísticamente nuestro imaginario.

Atender, pues, la dimensión económica, productiva y comercial del cine, no es una labor secundaria, sino que involucra también a las posibilidades mismas del desarrollo creativo, ideológico y estético de las obras cinematográficas. Al menos, esa es la experiencia viva de este medio a lo largo de más de un siglo de historia.

El proteccionismo estatal ejercido sobre la industria cinematográfica –en los años '40 y parte de los '50– y sobre las actividades del sector que continuaron cuando ella cesó, atendió principalmente uno de los dos rubros básicos del sector: el de la producción, dejando más o menos librado a su arbitrio, el de la comercialización (distribución y exhibición). Cuando se intervino sobre éste, no fue tanto para promoverlo o modernizarlo, en función de las necesidades de la producción nacional, sino para imponerle condiciones supuestamente proteccionistas de dicha producción, por ejemplo, cuotas de pantalla, medias de continuidad, etc. La relación producción nacional versus comercialización, terminó finalmente perjudicando a la producción misma.

La disminución del número de salas, que dejó a varias provincias carentes de cine, afectó particularmente a pequeños y medianos empresarios de la exhibición, contribuyendo a la concentración del negocio en muy pocos circuitos, ubicados a la Capital Federal y Buenos Aires y en tres provincias más (Córdoba, Santa Fe, Mendoza). Pero afectó también a los pequeños y medianos productores de películas –los grandes desaparecieron hace casi medio siglo– que se quedaron sin sus "mostradores" tradicionales. Aquellos que han representado históricamente más del 90% del financiamiento de la producción nacional.

Cabe recordar que el mercado local ha sido siempre la base principal para la amortización de las películas argentinas (algunas excepciones a esta norma no afectan la generalidad de la misma), una situación que no es privativa de nuestro país sino que es común a todas las naciones. Por ejemplo, ningún cine nacional en Europa tiene presencia significativa más allá de sus fronteras y es dentro de las mismas donde define sus posibilidades principales de financiamiento y amortización. Otro tanto ocurre con el cine de los países asiáticos, árabes y africanos.

La única excepción a esta norma puede ser la que en diversos casos –no en todos– experimenta la industria norteamericana. El control que las *majors* ejercen sobre la mayor parte de los sistemas de distribución y comercialización en el mundo, es lo que permite a las grandes compañías obtener habitualmente suculentas utilidades. También, a veces, compensar eventuales fracasos comerciales en su propio mercado. Pero esa situación particular no se sustenta sólo en la calidad de sus productos o en la habilidad de sus distribuidores, sino en el conjunto de factores que definen las relaciones mundiales de poder (económicos, políticos, militares, comunicacionales, culturales, etc.) entre los que se incluyen los que tienen que ver con el audiovisual.

Es bien sabido que el corazón económico de la actividad cinematográfica y audiovisual radica, hoy más que nunca, no en la producción de las películas, sino en la comercialización de las mismas. Si el cine norteamericano ha incrementado su rentabilidad en todo el planeta, se debe más a la capacidad de la asociación de productores de ese país para extender sus mercados internacionales y diversificar las "ventanas" de comercialización de sus productos, que a la habilidad para producir los mismos. (Lo cual no reduce el valor de ésta en materia de diseño de productos que, además, pueden satisfacer diversas expectativas de los distintos mercados).

El cine argentino en los mercados internacionales. Afiche de "Pampa Bárbara" (Lucas Demare, 1945).

El desarrollo científico y tecnológico de las últimas décadas ha facilitado ampliamente esta hegemonía de los productos norteamericanos sobre las pantallas mundiales. Ello explica que, con un volumen casi constante de producción en los últimos años, los estudios norteamericanos hayan saltado de un ingreso total de 2.895 millones de dólares por venta de derechos en 1981, a 15.742 millones de dólares en 1994, lo que representa un incremento del 409 por ciento.[14]

Por otra parte, el cierre de las salas tradicionales –falta de fomento a la distribución de películas locales y de incentivos a la exhibición para modernizar sus instalaciones y difundir películas locales– no se compensó tampoco con políticas estatales ni privadas, para ocupar un espacio creciente –económico y cultural– en el mercado de las nuevas tecnologías audiovisuales.

La desaparición de la mayor parte de las salas del interior del país y los suburbios de las grandes ciudades dejó a nuestros productores sin bocas de salida para sus productos. Una situación de extrema gravedad cuando se observa que las mismas representan el 90%, o más, de la amortización de las inversiones, si se excluyen las ayudas estatales. Muy diferente además, a la de otras cinematografías –de nuevo la norteamericana– donde las salas apenas significan el 40% de los ingresos, como promedio, corriendo a cargo de las otras ventanas de comercialización, nacionales e internacionales, el 60% restante (televisión, video, *merchandising*, etc.).

Desde hace varias décadas, la posibilidad de una industria o de un proyecto

(14) *Goldman Sachs, citado por J. M. Alvarez Monzoncillo, en* "Historia general del cine", *Vol. XII, Ed. Cátedra, Madrid, 1995.*

industrial, no se sustenta tanto en sus potencialidades de fabricación de productos –en este caso, audiovisuales– sino en la inteligente ubicación de los mismos en el mercado. Si esto último no ocurre, tampoco se asegura la necesaria, además de segura y rápida, circulación de capital.

Tratándose de películas o imágenes en movimiento, la situación podrá cambiar, tal vez, en los inicios del próximo siglo, pero sólo cuando las nuevas tecnologías digitalizadas permitan hacer llegar directamente los productos audiovisuales desde el "fabricante" de los mismos a los suscriptores, usuarios o compradores, prescindiendo de los tradicionales sistemas de explotación comercial (distribuidores y exhibidores, por ejemplo). A fin de cuentas, la imagen en movimiento, a diferencia de otros productos o manufacturas, tiende a convertirse cada vez más en "energía", con tendencia a desligarse de sus viejos soportes físicos.

Ello hace que en cualquier industria, el capitalismo preste suma atención a un conjunto de elementos, de cuya inteligente articulación o integración depende su desarrollo, incluyendo, obviamente, a la producción misma. Nos referimos a los aspectos de capacitación, investigación, promoción, mercadeo, modernización, fusiones empresariales, etc., sin los cuales vería reducida su capacidad de competencia en los diferentes mercados. Cuando tratamos el sector de las industrias culturales, debemos incluir, además de todos esos rubros, el de mejorar y actualizar también, creativamente, el diseño y la realización de contenidos simbólicos. En nuestro caso, las obras cinematográficas.

La producción: entre el proteccionismo y la globalización

Una revisión superficial de las políticas y las prácticas seguidas por el Estado argentino en el campo del cine, así como las de nuestros productores y directores-productores, permite observar serias limitaciones en cuanto al tratamiento de los problemas que estamos considerando. Ellas no provienen sólo de lo específico del sector, sino que están muy relacionadas, a su vez, con la inestabilidad política y económica que ha caracterizado la historia argentina de las últimas décadas, afectando casi por igual a las industrias y al empresariado nacional.

La política del "Proceso" en relación al cine, formó parte de la misma concepción con que se manejó, no tanto a la economía en general, sino a los medios de comunicación que habían quedado bajo el control militar, es decir, la televisión, la radio y la información. Si en la economía en general, controlada por el sector privado, dicha política alentó la presencia de capitales internacionales, en los medios de comunicación hizo predominar el interés político a fin de someter los mismos al férreo control de las Fuerzas Armadas.

Martínez de Hoz negociaba con empresarios privados los destinos de la industria y la economía argentinas, en tanto los militares se distribuian entre sus distintas armas el manejo absoluto de los canales de televisión, las emisoras de radio, el COMFER, el Instituto Nacional de Cine, la agencia informativa Telam, además de las actividades culturales a cargo del Estado. Vicealmirantes, comodoros y coroneles de la marina, de la aeronáutica y del ejército, ejercieron, sin delegación alguna, el manejo directo de los medios, como forma de asegurarse el desguace de la economía nacional, labor reservada al sector privado.

Ello explica el mantenimiento del régimen de ayudas y subvenciones al cine, un medio de elevado valor estratégico en la "guerra ideológica", con la intención de utilizarlo para el hipotético prestigio de la dictadura a cuanto festival o muestra de cine el país fuera invitado.

Fue esa una política que no estuvo sólo a cargo del estado gansteril, sino que contó también con la presencia, legítima o no, de algunos cineastas locales. Basta recordar que en la misma época en que se asesinaba o secuestraba a miles de argentinos y cuando el capital financiero y las multinacionales hacían lo equivalente en el plano económico con muchas industrias nacionales, el comodoro Bellio, director del INC, junto con el coronel Sánchez de la SIP, y los capitanes Mare y López, representaban a la dictadura en la Muestra de Cine Argentino de Punta del Este, acompañados por conocidas figuras de nuestro cine y de nuestra cultura –autores, productores, directores, actores, etc.– cuyos nombres figuran en algunas publicaciones de ese entonces.[15]

Los representantes de la dictadura no pretendieron destruir lo poco o mucho que pudiera existir en cuanto a industria fílmica ni a legislación proteccionista, sino que trataron de poner ambas cosas a su servicio. Ello explica que, entre 1976 y 1983, el INC haya colaborado en la realización de cerca de 200 largometrajes, con un promedio de 24 películas por año, ocupándose principalmente de los contenidos de los filmes. La economía del cine no fué perjudicada en ese período más que en otras épocas.

A un mes del golpe de estado de 1976, el capitán de fragata Carlos Corti, Director de Prensa de la Presidencia, dio a conocer las pautas que orientarían, de ahí en más, la producción cinematográfica. Dos años después, en 1978 –época donde decenas de miles de argentinos coreaban con los militares el conocido "*somos derechos y humanos*"– el contralmirante Oscar Franco hacía conocer el proyecto de ley de cine, elaborado en la Secretaría de Información Pública (SIP), donde fijaba nuevas pautas a quienes pretendieran beneficiarse de las ayudas del INC. Dentro de las mismas, por ejemplo, se obligaba al productor, a contar con certificados previos de autorización para iniciar el rodaje, de igual modo que las empresas de laboratorios fílmicos debían informar del comienzo del proceso de todas las películas locales, reservándose el INC la potestad de negar certificados de exhibición y exportación a cualquier película "*por razones de seguridad nacional o por considerar que (ella) atenta contra el estilo nacional de vida o las pautas morales o culturales de la comunidad, o vaya en detrimento de los intereses de la Nación*".[16]

Proyectos y disposiciones que encontrarían también en el sector más representativo de la cinematografía y la cultura argentinas crecientes objeciones y resistencias, como fue el caso de las acciones a las que, en esa misma época, convocaron las entidades del cine y la cultura nucleadas en el Comité Permanente en Defensa del Cine Argentino (DAC, SICA, AAA, etc.).

---

[15] *Para mayor información sobre este tema consultar los trabajos de Jorge Abel Martín sobre* "Cine argentino" *de los años 1976 a 1978 (Ed. Metrocop) y de 1979 a 1981 (Ed. Legasa), Buenos Aires.*

[16] *Jorge Abel Martín,* "Cine argentino '78", *Ed. Metrocop, Buenos Aires, 1979.*

Debilitada la dictadura tras el fracaso de Malvinas, crecieron los reclamos de cineastas, actores y autores, contra la censura, y en favor de modificar el sistema de préstamos y subsidios entonces vigente, elaborando al respecto una nueva ley de cine "*acorde con la Constitución*". Una época de exigencias democráticas que llevó a la renuncia de comodoros y vicecomodoros y a la instalación en el INC de un civil, Mario Luis Palacios, quien pronto se rodeó de algunos hombres de la cultura, previendo una etapa de transición institucional y política. Entre quienes lo acompañaron figuraban nombres muy conocidos, como Guillermo Fernández Jurado, Emilio Villalba Welsh y Andrés Rolando Fustiñana ("Roland").

Las empresas productoras más fuertes de ese entonces nucleadas en la Asociación General de Productores Cinematográficos –Sono Film, Aries, Chango, etc.– cuyos éxitos comerciales acompañaron la gestión de los militares al frente del INC, protestaron ante el nuevo director del organismo, temiendo que los recursos destinados a créditos fueran dispersados entre directores-productores de escasa experiencia. Sin rubor alguno reclamaron que dichos recursos se otorgasen "*sólo a quienes presenten una solidez empresaria adecuada y avales reales*".(17)

Días más tarde, el flamante director del INC, contestó dichos reclamos argumentando sobre las posibles ventajas de una industria descentralizada, cuestionando simultáneamente a quienes pretendían la monopolizacián del sector "*con evidente menoscabo de los valores éticos, estético-culturales y espirituales*". Según él, lo propuesto por la asociación de los productores tradicionales "*menoscabaría los derechos de noveles productores sin experiencia en la materia, que esa entidad pretende tutelar*".(18)

Esos términos que hoy en día podrían resultar casi "subversivos" para los agentes de la globalización económica y cultural en nuestro país, mostraban la existencia de un enfoque "culturalista" en las postrimerías del "Proceso", opuesto al de carácter "industrialista" que sostenían aquellos que, en los años previos de la guerra sucia, no habían tenido reparo alguno en acogerse a los beneficios del Estado, produciendo solamente mensajes en la línea de quienes gobernaban.

El enfoque del entonces director del INC sobre la descentralización productiva y los "*noveles productores sin experiencia*", sería retomado meses más tarde, por el nuevo responsable de ese organismo, Manuel Antín, en lo que terminaría siendo una de las etapas de mayor estímulo y ayudas a los numerosos directores-productores de primeras obras.

Una posición intermedia fue suscripta por un grupo altamente representativo de cineastas en julio de 1983, tres meses antes de las elecciones que llevarían al Dr. Alfonsín al gobierno, cuando decidieron crear la Asociación Argentina de Productores Cinematográficos Independientes (AAPCI). Integraban la misma, entre otros, Alberto Fischeman, Luis Puenzo, René Mugica, Edgardo Pallero, Mario Sábato, Juan José Jusid, Isidro Miguel, Raúl de la Torre y Juan Carlos Desanzo. Su propuesta fue la de *"un cine artísticamente maduro e industrialmente sano,*

---

(17) *Jorge Abel Martín,* "Cine argentino '83", *Ed. Legasa, Buenos Aires, 1984.*

(18) *Ibid.*

INDICADORES DE LA ACTIVIDAD CINEMATOGRAFICA ENTRE LOS AÑOS 1984 Y 1994		
RUBROS	**1984**	**1994**
Películas argentinas producidas	23	5
Películas argentinas estrenadas	23	11
Películas extranjeras estrenadas	270	160
Espectadores	63.357.479	16.123.533
Porcentaje películas nacionales	18%	2%
Porcentaje películas extranjeras	82%	98%
Concurrencia media espectadores/año	2,1%	0,46%
Precio localidades (salas estreno)	U$S 1,2	U$S 6,00

Fuentes: INC, INCAA, DEISICA.

que recupere el mercado nacional e internacional; abolición de todo tipo de censura; ejercitar un cine de entretenimiento y otro de indagación de problemas nacionales; desarrollo de nuevas formas de producción que permitan la aparición de nuevos productores y la ampliación de la industria". Plantearon también la autarquía del INC y la elaboración de una nueva ley de cine.[19]

Entre 1983 y 1989, el promedio de películas producidas por año fue de 22, una cifra parecida a la del período anterior, aunque muy distante de la media de 42 títulos anuales que tuvo nuestro cine en sus mejores momentos productivos (anos 1945-55).

Esa producción cayó abruptamente entre 1989 y 1994, siendo este último año uno de los peores de la historia del cine nacional, con sólo 5 largometrajes producidos y 10 estrenados. El promedio en ese período descendió a 12 títulos anuales. Esas cifras comenzarían a crecer recién en 1995, con la puesta en marcha de la nueva ley de cine que fuera sancionada un año antes.

La cantidad de espectadores en las salas se redujo en esos años a menos de un tercio: 19 millones en 1995 contra 63 millones en 1984, lo cual significó también una caída mayor en el índice de concurrencia a las salas: 0,5 veces por persona/año en 1995 frente a 2,1 en 1984.

La demanda de películas nacionales también cayó a casi la mitad, pasando de representar un porcentaje del 18% del total de espectadores en 1984, al 11% en 1995, con un pico inédito de caída del 2% en 1994.

---

(19) *Ibid.*

Tal situación sólo pudo ser compensada en el mercado, gracias a la estabilidad monetaria y al fuerte aumento del precio de las localidades: 1,20 dólar en 1984 frente a 7 dólares en 1995, en las salas de "primera línea", que son las principales recaudadoras.

La exitosa competencia del cine mexicano frente al nuestro a partir de la Segunda Guerra, unida a la no menos exitosa labor de la televisión local frente a las salas de cine nacionales, obligaron a los sucesivos gobiernos a dictar medidas de fomento a la producción de largometrajes, sin las cuales los productores no hubieran tenido la psobilidad de seguir realizando películas.

Exito comercial y protección estatal

Cuando en 1990 me tocó estar al frente del INC, se llevó a cabo un estudio para legitimar la necesidad de exceptuar al cine de los alcances de la restrictiva Ley de Emergencia Económica. Las cifras analizadas no se referían a superproducciones, sino a una película de producción de nivel medio (4 semanas de preproducción, 6 semanas de rodaje, 8 de post-producción y 12 mil metros de negativo color) que incluia un lanzamiento de perfil mediano para la comercialización. Según dicho estudio, el costo se elevaba en ese año a unos 375 mil dólares. (La relación entre el austral y el dólar era entonces de 6.000 a 1).

Ateniéndonos a los precios estimados del boleto cinematográfico desde las salas de estreno "A" y "B" hasta las denominadas "de provincia" y "populares", el promedio de los mismos era de 3,52 dólares (el precio en sala de estreno equivalía a 4,33 dólares). Deduciendo el 10% del impuesto para el INC, el 50% para el exhibidor y un 20% para el distribuidor, la cifra correspondiente al productor, se reducía a 1,26 dólar por entrada vendida. Ello obligaba a convocar una cifra de 300 mil espectadores por película para amortizar una inversión de entre 350 mil y 400 mil dólares, de no mediar las ayudas del INC, conocidas entonces como de "recuperación industrial".

Si se considera que el promedio de concurrencia a las películas argentinas entre 1988 y 1989 era de sólo 100 mil espectadores por título estrenado –frente al promedio de 300 mil que había sido habitual en períodos anteriores– la conclusión resultante era obvia: *"la producción cinematográfica sería prácticamente imposible en la actualidad de no existir una legislación de fomento industrial".*

Con dicha legislación en vigencia era posible admitir una cifra superior a 150 mil espectadores por película en los casos donde ella lograra la calificación de "*interés especial*", y más de 200 mil si la calificación era menor (películas *"sin interés especial"*).[20]

En la medida que la legislación cinematográfica premia, hoy como ayer, el éxito y no el fracaso de las películas en el mercado –el público aparece como jurado inapelable para la adjudicación de subvenciones– las ayudas estatales se

---

[20] *Estos datos corresponden al* "Estudio preliminar de costos de producción y estimados de financiamiento del cine argentino en el mercado interno", *un documento de trabajo a cargo de la Dirección de Producción e Intercambio del INC, septiembre 1990, Buenos Aires.*

concentran en las productoras más exitosas. Un estudio semejante al anterior nos permitió confirmar que, entre 1980 y 1989, el INC había distribuido la mayor parte de las ayudas entre cuatro empresas tradicionales:

Afiche de "La Raulito" (Lautaro Murúa, 1974).

- Aries Cinematográfica (Olivera-Ayala), recibió casi 9 millones de dólares, una cifra equivalente al 30% del monto de los subsidios y al 40% de los títulos subsidiados;
- Cinematográfica Victoria, Argentina Sono Film (Mentasti) y Chango Producciones (Palito Ortega), obtuvieron, en conjunto, unos 6 millones de dólares, el 25% de los subsidios y un porcentaje casi semejante de los títulos.
- Otras 20 empresas, dueñas del 45% de los títulos producidos, recibieron algo menos del 50% de las subvenciones globales.

En resumen, veinte pequeñas productoras fueron acreedoras de igual monto que las cuatro empresas más importantes del sector, aunque, debe precisarse, que estas últimas son las que menos perjudicaron las finanzas del INC, al responder en término a los compromisos contraídos, debido al éxito comercial de sus películas.

Las pequeñas empresas productoras de cine sufrieron más que las de nivel "mediano" o "grande", el peso de los fracasos comerciales, originados en los criterios eminentemente "culturalistas" que rigieron la política del INC en los '80, y que hicieron pasar a segundo plano la problemática integral del sector, que incluye necesariamente su situación en los mercados.

Ello explica el elevado número de deudores de créditos ("documentos vencidos e impagos", según el léxico del Banco de la Nación Argentina a cargo de los mismos) que fue particularmente grave en el último período del gobierno alfonsinista con la devaluación acelerada e incontrolable. Inclusive, las deudas se acrecentaron todavía más en el primer tramo del gobierno de Menem, de tal modo que, en el mes de marzo de 1993, la suma de créditos adeudados al INC se aproximaba a los 6 millones de dólares, según consta en los documentos de dicho organismo.

Fue esta una situación que llevó a más de un productor a rehusar el crédito,

Afiche de "Los Inundados" (Fernando Birri, 1962).

a pesar de que el mismo le había sido ya autorizado por el director del INC, por cuanto los valores reales del mismo se reducían a cifras casi insignificantes entre el momento de su otorgamiento y la fecha en que aquél comenzaba a efectivizarse realmente, a través de sucesivas cuotas durante el proceso productivo.

No faltaron los productores que prefirieron recibir las primeras cuotas crediticias para especular con ellas a través de las ventajas que ofrecía en aquellos años el mercado cambiario y las elevadas tasas de interés. Ello les permitía contar con un capital suficiente para optar, al cabo de un tiempo, entre la realización del proyecto o la renuncia al mismo, devolviendo al INC los montos percibidos, cuyo valor real era muy inferior al resultante de las especulaciones en el mercado financiero.

Lo cierto es que si en la actualidad prescindiéramos de las ayudas del INC, las dificultades serían mucho mayores que las de cualquier otro momento de la historia de nuestro cine. Superiores incluso a las que refería el INC para el año 1971.

Veamos algunas cifras, aunque sólo tengan un mero valor referencial. El costo de producción de una película argentina es actualmente de 1.250.000 pesos (dólares), según estimaciones oficiales del INCAA y, de entre 1 y 2 millones de dólares, de acuerdo a los cálculos de los productores. Si consideramos un precio medio para todo el país de 6 pesos por entrada vendida, el productor recibe aproximadamente 1,80 pesos, una vez deducidos el 10% de impuesto para el INCAA, el 50% para el exhibidor y el 20% para el distribuidor. Esto implica que quien se proponga producir un largometraje, prescindiendo de las ayudas y subvenciones del Instituto Nacional de Cine, estará obligado a interesar a unos 750 mil espectadores como mínimo, para amortizar su inversión. Sin embargo, el promedio de espectadores de las películas argentinas en los últimos años no ha superado la cifra de 100 mil por título estrenado, considerando el total de los estrenos de cada año. Recordemos que, en buena parte del período analizado, más del 50% de las producciones no alcanzaron los 20 mil espectadores cada una.

Recursos del INC y dependencia productiva

Los fondos destinados a fomentar la producción fílmica en el país procedieron habitualmente de los espectadores y de los recursos provistos por el gobierno. Hasta la sanción de la nueva ley de cine a finales de 1994, el INC dispuso de

RECURSOS DEL INC SEGUN FUENTES. AÑOS 1986-89 (en dólares)

AÑO 1986 (1 dólar = 0,964 australes)

Recaudación 10%	7.675.388,00	*(67,53%)*
Tesoro Nacional (sueldos)	2.504.032,60	*(22,04%)*
Reembolso de préstamos	932.338.89	(8,20%)
Otros (multas, etc.)	253.463,87	(2,13%)
Total	***11.365.223,36***	***(100%)***

AÑO 1987 (1 dólar = 2,254 australes)

Recaudación 10%	U$S 5.034.436,50	*(64,50%)*
Tesoro Nacional	1.372.107,90	*(17,58%)*
Reembolso de préstamos	2.455.161,96	*(13,95%)*
Otros	306.878,35	*(3,17%)*
Total	***7.805.663,70***	***(100%)***

AÑO 1988 (1 dólar = 9,135 australes)

Recaudación 10%	2.751.727,80	*(31,66%)*
Tesoro Nacional	5.550.450,10	*(63,86%)*
Reembolso de préstamos	199.069,45	*(2,29%)*
Otros	199.069,45	
Total	***8.691.495,80***	***(100%)***

AÑO 1989 (al 31-07-89) (1 dólar = 83,250 australes)

Recaudación 10%	827.642,90	*(56,14%)*
Tesoro Nacional	554.590,33	*(37,62%)*
Reembolso de préstamos	11.903,26	*(0,80%)*
Otros	80.138,55	*(5,44%)*
Total	***1.474.275,40***	***(100%)***

Fuente: Documento de trabajo de la Dirección de Administración del INC, agosto 1989.

la recaudación correspondiente al impuesto del 10% que se aplica a las entradas vendidas, más los reembolsos naturales de los préstamos que otorga, a lo cual se sumaron los fondos procedentes del Tesoro Nacional para pago de personal administrativo. Ello representó, en los '80, un presupuesto oficial estimado entre 8 millones y 10 millones de dólares por año.

En la página anterior se describen los recursos del período 1986-89, teniendo en cuenta que los fondos destinados a subsidios y préstamos, así como a otras actividades del INC (capacitación, muestras, etc.), se basaban casi exclusivamente en la recaudación del impuesto del 10%.

Esas cifras se redujeron bruscamente en 1989, año del cambio de gobierno, y mantuvieron un muy bajo nivel a lo largo de todo el año siguiente. Un corto período donde el INC estuvo impedido de suministrar subvenciones –pese a contar con una suma cercana a la de los años anteriores– debido a la restricción impuesta a las mismas por la ley de emergencia económica.

El panorama cambió por completo tres años después con la promulgación de una nueva legislación para el cine, a través de la cual se creó el Instituto Nacional de Cine y Artes Audiovisuales en reemplazo del Instituto Nacional de Cinematografía.

RECURSOS DEL INC SEGUN FUENTES. AÑOS 1990-91
(en dólares)

Año 1990 (al 30 octubre) (1 dólar = 1 peso)		
Recaudación 10%	2.53.600*	
Menos	225.360	*(10,00%)*
Ingreso Neto	2.028.240	*(68,97%)*
Tesoro Nacional	500.000	
Reembolso de préstamos	- - -	
Otros	412.000	*(14,01%)*
Total	***2.940.240***	***(100%)***

(*) Un 10% derivado a Economía Dec. 225/90.

AÑO 1991 (primer semestre) (1 dólar = 1 peso)		
Recaudación 10%	1.905.300	*(71,75%)*
Tesoro Nacional	92.200	*(3,38%)*
Otros	660.300	*(24,86%)*
Total	***2.655.800***	***(100%)***

Fuentes: Informe Anual de Gestión 1990, INC; documentos de trabajo de la Dirección de Administración del INC, 1991; DEISICA.

La nueva legislación cinematográfica

La ley Nº 24377, sancionada en octubre de 1994, reemplaza a las anteriores Nos. 17741 y 20170, y establece que los beneficios comprendidos en la misma sólo alcanzan a las *"películas nacionales producidas por personas físicas con domicilio legal en la República o de existencia ideal argentinas, cuando reúnan las siguientes condiciones: ser habladas en idioma castellano; ser realizadas por equipos artísticos y técnicos integrados por personas de nacionalidad argentina o extranjeros domiciliados en el país; haberse rodado y procesado en el país; no contener publicidad comercial*". (Artículo 7).

Prevé posibles excepciones a los incisos a) b) y c), como el uso de material de archivo, pero ellas sólo podrán ser autorizadas por el INCAA antes de la iniciación del rodaje .

En la línea de créditos, previos a la realización, la ley dispone el otorgamiento de los mismos *"para la producción de películas nacionales o coproducciones de largometraje y su comercialización exterior; para el mejoramiento de las salas cinematográficas y* (...) *las empresas productoras, exhibidoras y laboratorios cinematográficos nacionales en materia de equipamiento industrial"*. (Artículo 41).

Los montos de los créditos a proyectos *"no podrán superar el 50% del costo de producción reconocido por el INCAA. En los casos de proyectos de interés especial, este monto podrá elavarse hasta el 70%. Cuando se trate de coproducciones sólo se tendrá en cuenta como costo el aporte del coproductor argentino"*. (Artículo 44).

El porcentaje del 70% equivalía en 1997 a 875 mil pesos, si se considera que el costo reconocido para ese año era de 1.250.000 pesos.

En materia de subsidios a la producción terminada, establece que los mismos habrán de beneficiar a las películas de largometraje que el INCAA *"juzgue contribuyen al desarrollo de la cinematografía nacional en lo cultural, artístico, técnico e industrial, con exclusión, en especial, de aquellas que, apoyándose en temas o situaciones aberrantes o relacionadas con el sexo o la droga no atiendan a un objetivo de gravitación positiva para la comunidad"*. (Artículo 30).

A esos efectos, las películas serán calificadas como de *"interés especial"*, de *"interés simple"* o *"sin interés"*. Se ubican dentro de las primeras *"las que ofreciendo suficiente calidad contengan relevantes valores morales, sociales, educativos o nacionales; las especialmente destinadas a la infancia, y las que con un contenido temático de interés suficiente, su resolución alcance indudable jerarquía artística"*. (Artículo 31).

Los subsidios benefician *"a todas las películas nacionales o de coproducción nacional que sean comercializadas en el país a través de cualquier medio de exhibición"*. (Artículo 32).

Este subsidio es proporcional a los ingresos obtenidos por entradas vendidas en cada película y representará, en las que son calificadas de "interés especial", hasta un máximo del 100% de los que le sean reconocidos por el INCAA. En el caso de las de "interés simple", el monto del mismo no excederá el 70% de dichos costos, y en las de "sin interés" no habrá derecho a retribución alguna.

Existe también otro subsidio, conocido como de "medios electrónicos", que se otorga a las películas cuando éstas se exhiben en canales de TV abierta o cable, nacionales o provinciales, o cuando sean editadas en video. El subsidio alcanza hasta un máximo del 50% del costo medio reconocido para cada película, es decir, puede llegar a 625 mil pesos si recordamos que el costo medio establecido por el INCAA desde la implementación de la ley es de 1.250.000 pesos.

A estas medidas de fomento se suma también la facultad del Instituto para producir películas de largometraje *"por el sistema de coparticipación con elencos artísticos, técnicos y terceros, mediante aportaciones de capital y de bienes por parte del primero y de capital, de bienes y de servicios personales por parte de los segundos".* El aporte del organismo *"no podrá exceder el 70% del presupuesto de producción de cada película".* (Artículo 52).

Además, el Instituto de Cine podrá producir y realizar películas de cortometraje *"y producir aquellas cuyos anteproyectos seleccione en llamados que realice con tal propósito".* (Artículo 47).

La ley dispone también para este formato la reglamentación de sistemas de crédito y normas *"de exhibición y distribución obligatoria en las salas y los derechos de retribución que le correspondan".* (Artículo 46). Esta disposición no había sido reglamentada todavía a finales de 1997.

La ley permite la participación del INCAA en la producción de telefilmes. En 1995 se otorgaron cuatro subsidios de unos 185 mil pesos cada uno, para obras que fueron rodadas en formato super-16 mm, con un costo estimado de entre 200 y 220 mil pesos. En estos casos los directores se reservan los derechos de comercialización durante tres años. Queda a su cargo el difícil trámite de ubicarlos en el mercado televisivo, reticente a invertir en este tipo de productos. De cualquier modo, un canal de primer nivel puede abonar hasta 50 mil pesos por cada telefilme si es que el mismo resulta de interés para su programación.

Asimismo, la ley fija algunas medidas de fomento a la exhibición y a la distribución –que veremos más adelante– aunque de menor relevancia que las referidas al sector productivo.

Con estas normas de fomento, las más importantes alcanzadas en toda la historia de nuestro cine, el INCAA está en condiciones de ayudar a la producción a través de distintas vías complementarias: créditos, subsidios por comercialización en salas y en medios electrónicos, coparticipación productiva, concursos de proyectos, premios para la producción de primeras obras y de películas de cineastas del interior del país, cortometrajes, telefilmes y artes audiovisuales.

Aunque la decisión final sobre el manejo de los fondos originados con esta ley está en manos del Director Nacional del Instituto, ella prevé la existencia de una Asamblea Federal, integrada por los responsables de los organismos de cultura provinciales y de la Municipalidad de Buenos Aires, y un Consejo Asesor en el que participarán "*personalidades relevantes de la cultura, uno de cada región cultural*", además de representantes de las entidades de la industria (directores, productores de cine y de TV, técnicos y actores). Las recomendaciones de carácter técnico sobre proyectos, concursos, etc., corren a su vez a cargo de comisiones asesoras, integradas también por los sectores de la actividad cinematográfica.[21]

---

[21] *A manera de ejemplo del funcionamiento de la Asamblea Federal del INCAA, ésta tiene lugar*

CONSTITUCION DEL FONDO DE FOMENTO CINEMATOGRAFICO, SEGUN FUENTES DE RECAUDACION. AÑOS 1994-96			
FUENTE	**1994**	**1995**	**1996**
Impuesto de salas de cine	7.422.569	9.169.095	9.753.596
Impuesto al video	506.953	3.537.396	2.671.450
Del gravamen a la TV	1.609.565	20.939.963	22.783.175
Totales	***9.539.087***	***33.646.454***	***35.208.221***
Fuentes: INCAA, DEISICA			

Los nuevos recursos del INCAA

Desde la vigencia de la ley se han duplicado o triplicado los recursos destinados a subvenciones y ayudas. Al tradicional impuesto del 10% "*aplicable sobre el precio básico de toda localidad o boleto entregado gratuita u onerosamente para presenciar espectáculos cinematográficos en todo el país, cualquiera sea el ámbito donde se realicen*", se ha sumado "*un impuesto equivalente al 10% aplicable sobre el precio de venta o locación de todo tipo de videograma grabado, destinado a su exhibición pública o privada, cualquiera fuere su género*", y el 25% del total de las sumas efectivamente percibidas por el Comité Federal de Radiodifusión (COMFER) en concepto del gravamen aplicado a la facturación de los canales de televisión. (Artículo 24).

---

una vez por año y se ocupa de aprobar el plan anual, con la participación de los delegados de las provincias. En la Asamblea que se realizó en el mes de abril de 1996 –la segunda que tuvo lugar desde la promulgación de la nueva ley de cine– se conformó un nuevo Consejo Asesor, integrado también por representantes de las cinco regiones culturales del país: Nuevo Cuyo, Noroeste, Noreste, Patagonia y Centro. Se acordaron en dicha reunión siete programas para dicho año. Ellos fueron los siguientes: Recuperación y puesta en valor de salas de cine en las provincias; Muestras, semanas y festivales de cine en las provincias; Circuito de distribución permanente de películas nacionales, enlazado con el Complejo Tita Merello de la Capital Federal; Programa Nacional de capacitación; Producción de programas culturales para la TV en las provincias; Cine argentino para los argentinos; Ciclos especiales para escuelas primarias y secundarias.

Entre los estimulos y ayudas acordados, figuraron: Créditos para diez largometrajes como mínimo; Concurso de cortometrajes en el que se otorgarían 17 premios (Centro de Experimentación y Realización Cinematográfica del INCAA, escuelas de cine de la Capital, del interior e independientes); Subsidio a las subsecretarías de cultura de las provincias, consistente en 70 mil pesos a cada una de ellas, de los cuales 20 mil pesos debían destinarse al reacondicionamiento de salas y 50 mil pesos a concursos de programas de artes audiovisuales para la TV; Subsidios de 125 mil cada uno para realizar 8 largos a ser producidos en las escuelas de cine oficiales; Concursos en las regiones culturales con otorgamiento de 5 premios –uno a cada telefilm ganador– de 185 mil pesos por producción; Subsidio con un adelanto de 625 mil pesos a cada una de las 3 películas premiadas en el interior del pais; Concurso de largometrajes para una "opera prima" y un largometraje de autor del interior del país.

PRESUPUESTO DEL INSTITUTO NACIONAL DE CINE Y ARTES AUDIOVISUALES. AÑO 1997	
Descripción	**Presupuesto requerido en uso**
a) Gastos e inversiones	
Gastos personal	1.813.00
Gastos generales	392.818
Servicios *(públicos, alquileres, contratos pasajes, viáticos, mantenimiento)*	9.246.423
Inversiones *(escuela, compras, películas de colección)*	1.747.938
Subsidios varios *(cortos, festivales, terceros, provincias)*	2.166.707
Aportes para publicidad *(Agencia Telam)*	195.000
Subtotal de gastos	***15.511.886***
Préstamos a la producción	19.215.777
Subsidios a la producción *(exhibición salas y medios electrónicos)*	18.706.337
Subtotal préstamos y subsidios	***37.992.114***
Total general	***53.434.000***
Festival de cine de Mar del Plata	3.043.091
b) Ingresos	
Impuestos (salas cine, video, Comfer)	44.600.000
Otros ingresos	8.834.000
Total ingresos año	***53.434.000***

Fuente: INCAA. Informe económico presentado a la Comisión de Cultura de la Cámara de Diputados, septiembre 1997.

La suma de estos recursos permitió que las recaudaciones del INCAA saltaran de 9,5 millones de pesos en 1994 (antes de la aplicación de la nueva ley), a 33,6 millones en 1995 y 35,2 millones en 1996, estimándose un presupuesto de 53 millones para el año 97.

Un informe económico presentado por el INCAA en setiembre de 1997 a la Comisión de Cultura de la Cámara de Diputados, precisaba que el presupuesto requerido (en uso) del organismo para dicho año, era de 53,4 millones de pesos, de los cuales, 44, 6 millones se originarían en los impuestos aplicados a las salas de cine, comercialización de video y los que fueran derivados por el COMFER por facturación televisiva.

Señalaba también que, hasta el 31 de agosto del 97, el organismo había devengado en concepto de subsidios (por exhibición en salas y medios electrónicos) un total de 14,8 millones de pesos y en préstamos a la producción, 14,3 millones, un total de 29,1 millones por ambos conceptos, sobre una suma final estimada de casi 38 millones de dólares para todo el año.

El monto de los créditos superaba los 500 mil dólares en cada uno de los 22 proyectos de producción aprobados (en su mayor parte de, entre 600 mil y 800 mil pesos, y en un caso, de 1.7 millones de pesos), y los 200 mil en otros 12 proyectos.[22]

Estas cifras eran impensables, tanto en el momento de asunción del gobierno de Alfonsín en 1983, como en el de Menem, en 1989. Posibilitan un desarrollo efectivo de la cinematografía aunque ello estará condicionado por las políticas y los criterios que rijan durante la aplicación de los recursos. A su vez la evolución de estos, dependerá de distintos factores no necesariamente favorables para el cine. Por ejemplo, la fuente principal del Fondo de Fomento sigue siendo el impuesto aplicado al gravamen sobre facturación que el COMFER recibe según lo dispuesto en la actual Ley de Radiodifusión. Sin embargo, poderosos intereses de los medios y las telecomunicaciones, estaban compitiendo en 1997 para lograr una nueva ley, la que en caso de modificar los recursos que ahora obtiene el COMFER –o incluso, eliminar a este organismo– afectaría directamente al Fondo de Fomento del INCAA.

Los desafíos "industrialistas"

Lo que hemos referido permite observar una situación totalmente distinta en nuestros días a la que caracterizó a las últimas cuatro décadas. A diferencia de aquellas, la actual esta marcada por un creciente proceso de interrelaciones entre los medios audiovisuales y la articulación o fusión de quienes dominan algunos de ellos con otros sectores industriales y financieros, como son los que operan en las telecomunicaciones y otras tecnologías en curso de implementación. La presencia de estos intereses ya ha repercutido sobre la actividad cinematográfica, por ejemplo, con la presencia de algunos conglomerados de multimedios en la producción de películas nacionales, como *Cenizas del paraíso* (Patagonik Film Group) y *Comodines* (Pol-ka/Flehner Film) dos títulos que convocaron a más de un millón de espectadores cada uno. Uno de esos conglomerados, el Grupo Clarín, estuvo a su vez a cargo de la promoción y buena parte de la organización del Festival de Cine de Mar del Plata, realizado en noviembre de 1997.

El crecimiento de la producción incide favorablemente hasta ahora en los índices de empleo de técnicos y actores. Además ha sido simultáneo del que

---

(22) *Boletín* "APIMA" *nº 1, octubre 1997, Buenos Aires.*

también se ha experimentado en los últimos años en las inversiones publicitarias audiovisuales (televisión y cine) con el consiguiente incremento de la producción de cine publicitario.

Según un estudio realizado, en 1996, por el investigador Rolando Santos para el SICA, el aumento de la producción de películas de largometraje y de cortos publicitarios, representó un crecimiento de casi el 55% de los puestos de trabajo de la industria. (El dato "puestos de trabajo" indica la cantidad de contratos-diarios generados durante un año, mientras que el de "personas que trabajan" se refiere a los puestos de trabajo que corresponden a un mismo trabajador).

Durante el año 1996 la mayor parte del mercado laboral –el 56,9% del total de los puestos de trabajo– fue absorbido por la producción de largometrajes, lo que significa un fuerte crecimiento si se lo compara con 1995, año en que el cine publicitario representaba casi un porcentaje semejante.

COMPARATIVO DE PUESTOS DE TRABAJO, POR AÑO, ENTRE EL CINE DE LARGOMETRAJE Y EL PUBLICITARIO
AÑOS 1995-1996

	1995		1996	
	Puestos de Trabajo	%	**Puestos de Trabajo**	%
Largometraje	15.846	43,3	33.174	56,9
Publicidad	20.728	56,7	25.111	43,1

Fuente: Boletín DEISICA Nº 6, abril 1997.

En la producción de largometrajes fueron contratados, en 1996, 442 técnicos con un promedio de 75 días continuos al año para cada técnico. El promedio de contratación fue de nueve semanas por técnico, cifra que estuvo por encima de la "media" debido a que varias producciones extranjeras requirieron de personal por muchas más semanas de lo que habitualmente hacen las empresas locales.

En el sector del cine publicitario se ocuparon 950 técnicos, con un promedio de 35 días continuos de trabajo anual cada uno. El promedio de contratación de técnicos de publicidad resultó de 4,3 días por técnico.

De acuerdo a la información suministrada por el INCAA, dicho organismo facilitó, en 1996, la realización de un total de 59 producciones fílmicas entre largometrajes, telefilmes y cortometrajes, lo que permitió generar trabajo directo para 1.481 actores, 2.100 técnicos y 10.118 extras.[23]

---

[23] *Rolando Santos, en boletín* DEISICA *nº 6, abril 1997, Buenos Aires.*

PyME's vs. "industrialistas": la disputa del mercado

La inexistencia de una industria que garantice la continuidad y la permanencia de la producción –y en consecuencia de las "personas que trabajan" en el sector–, obliga a los productores a realizar contrataciones temporarias –"puestos de trabajo"– con el consiguiente incremento de los honorarios del personal, obligado a compensar con mayores ingresos los períodos de inactividad. Esto repercute directamente en los presupuestos de producción con cifras inusuales para lo que es habitual en la industria cinematográfica de otros países y en las industrias culturales del nuestro.

La producción se concentra, en consecuencia, en muy pocas empresas locales, cuyas actividades son todavía episódicas y están condicionadas por la evolución de las políticas económicas nacionales y de los mercados. De acuerdo con datos ofrecidos por el INC en los dos catálogos del "nuevo cine argentino", referidos a los períodos 1984-86 y 1987-88, de las casi 190 películas que se iniciaron y/o concluyeron su etapa de producción entre 1984 y 1988 –período en el que sólo se estrenaron 130– el 35% de dicho total estuvo a cargo de siete empresas. En cambio, alrededor de 120 empresas, equivalentes al 65% de la producción total, sólo alcanzaron a producir una película cada una y en muy pocos casos esa cifra fue de dos títulos por empresa.

Ello traduce la preminencia de obras aisladas de numerosos "directores-productores", a lo cual debe agregarse otro dato no menos significativo para este período, como es que, entre las 190 películas que comenzaron y/o terminaron su proceso de producción, 50 de ellas, aproximadamente, estuvieron a cargo de directores que filmaban por primera vez. Ello representa, para este rubro de primeras obras, entre el 25% y el 28% de las películas producidas o en etapa de producción, y casi el 40% de las realmente estrenadas en el quinquenio. Un porcentaje alarmante si lo referimos a un proyecto industrial, pero no tanto, si lo circunscribimos a lo que fueron sus finalidades manifiestas de valerse del cine para lograr una promoción político-cultural.

Al margen de la necesaria franja de elevado riesgo o de inversiones a pérdida –que en ninguna industria del mundo supera habitualmente el 10% o el 15% de la producción total– la preocupación mayor radicaría en implementar políticas destinadas a incentivar el apoyo efectivo de nuestro público en el mercado interno. Por ello, el análisis de la actividad productiva no puede medirse tanto por la cantidad de títulos que ofertamos cada año, como por el volumen de recaudaciones que los mismos pueden llegar a obtener en las salas, compitiendo con la producción de las industrias más desarrolladas. Si se parte de que el público ha reaccionado siempre de manera positiva frente a los títulos nacionales que expresaron en uno u otro nivel parte de su imaginario, la repercusión en el mercado no es un mero dato económico sino también político y cultural.

Conviene reiterar que, tal como lo prueba la historia de más de un siglo de cine, ninguna cinematografía nacional logró trascender las fronteras del país productor si previamente no interesó en su propio mercado. Hablamos de "cinematografía" y no de "cineastas" aislados, los que a menudo fueron captados por industrias ajenas a la de su país de origen para disolverse finalmente en las necesidades de aquellas. (La industria norteamericana ha sido la más intelegente del mundo en saber aprovechar las aptitudes de directores, actores y técnicos de todas las latitudes, tanto para mejorar el diseño de sus productos como para enriquecer a sus empresas).

En este punto cabría enfatizar en el indicador de la concurrencia de espectadores a películas nacionales, como dato relevante de las posibilidades efectivas de desarrollo productivo. Dicho indicador no ha sido muy favorable para nuestro cine en los últimos años, más allá del éxito de media docena de títulos entre casi un centenar de filmes realizados. Baste confrontar datos de 1995 y 1996.

Tomando como referencia el mercado de la Capital y el Gran Buenos Aires, la concurrencia promedio de espectadores a películas argentinas, en el primero de esos años, fue de aproximadamente 42 mil por película, frente a más de 63 mil para cada uno de los títulos norteamericanos. En 1996, en cambio, el promedio de la concurrencia a filmes locales no llegó a los 24 mil espectadores (una caída del 41%) mientras que la de las películas norteamericanas superó la cifra de 100 mil.

Esos porcentajes globales presentan, a su vez, variantes cuando se compara el mercado de la Capital y Gran Buenos Aires, con el del interior del país. Ciertos filmes de autor, que en la Capital logran tener cierto éxito, pueden resultar fracasos de público en las provincias. Sin embargo revelan en su conjunto una insatisfactoria cifra media de apenas 98 mil espectadores por película argentina, cuando se analiza el total de los estrenos efectuados entre 1989 y 1996 contando ellos los títulos excepcionalmente exitosos del período.

PROMEDIO NACIONAL DE ESPECTADORES DE PELICULAS ARGENTINAS. AÑOS 1989-1996

1989	93.404
1990	85.532
1992	148.330
1993	209.381
1994	32.351
1995	88.492
1996	44.688

Fuente: Elaboración propia sobre datos del INC y del INCAA.

Ese promedio se modificó sólo en 1997, a partir del éxito de algunas películas que fueron fuertemente promovidas por complejos de multimedios, coparticipantes de la producción, como sucedió con el Grupo Clarín. Fue el caso de *Comodines*, *La furia* y *Cenizas del paraíso*, que junto con *Dibu*, largometraje de dibujos animados destinado a los períodos vacacionales infantiles, y *Martín (H)*, compensaron el escaso nivel medio de concurrencia de los restantes estrenos argentinos. Con estos éxitos comerciales, el conjunto de las películas estrenadas en 1997 –un número superior a la treintena– elevó su participación en el mercado del 8% en 1996 a más del 20% en el último año.

La presencia del medio televisivo en la publicitación de un filme es cada vez más necesaria para motivar el interés del público. Basta observar la importancia que dicho medio alcanzó en los últimos años en materia de inversiones publicitarias –aproximandamente el 50% del total en 1996– relegando a los otros medios en dicho rubro.

El responsable de la producción del filme *Bajo bandera*, de Juan José Jusid, estrenado en 1997, refería a mediados de ese año que la inversión prevista para la publicidad de la película, excluído el apoyo que brindaría un canal televisivo coproductor de la misma, arrancaría de un monto estimado entre 150 mil y 200 mil dólares. *"Todo dependerá de la cantidad de salas para el lanzamiento, de las películas que estén en cartel en ese momento, de si hay que estrenar en menor cantidad de cines o esperar una fecha posterior"*.(24)

Al margen del fracaso comercial que tuvo este filme, importa recuperar el hecho de que hasta hace muy pocos años, la televisión podía participar de la producción de una película aportando publicidad o pagando las pautas de la misma, con un promedio de entre 800 y 1500 segundos por título. En el caso de las producciones exitosas de 1997, donde participaron canales de TV y multimedios, esas cifras saltaron a más de 8 mil segundos por película. Lo cual no implica seguridad alguna de éxito, pero lo facilita cuando el producto cuenta con atractivos para el mercado.

A fin de cuentas, una fuerte campaña de mercadeo puede arrastrar en algunos casos a multitudes a las salas durante los primeros días de exhibición de un filme, pero también, puede resultar incapaz de revertir la contrapropaganda que desarrollarán esas mismas multitudes si la película no ha satisfecho sus expectativas.

Las dificultades del financiamiento productivo

Pero el mercado interno no se circunscribe a las salas de cine, pese a que ellas sigan representando en nuestro caso la principal fuente de financiamento. Desde los años '80, las nuevas tecnologías abrieron posibilidades insuficientemente aprovechadas aún por nuestra producción.

Una investigación realizada por Susana Velleggia en 1989 y publicada un año después por el INC y la Fundación CICCUS, daba cuenta de que en esa época existían en el país unos 3 mil videoclubes con un total de 2 millones de abonados. La cantidad de videocaseles editados era de entre 500 a 1.500 copias por título, elevándose en las películas de las *majors* a entre 1.300 y 3.000. En ese entonces ya existía en el mercado una oferta de alrededor de 10 mil títulos de películas editadas en video.

En ese mismo estudio se sostenía también que la venta anual de películas en video por parte de las distribuidoras-editoras a los videoclubes, representaba una cifra de 40 millones de dólares y que la sumatoria de todos los alquileres

---

(24) *Revista* La Maga, *23-7-97, Buenos Aires.*

realizados en el país arrojaba un total estimado de alrededor de 100 millones de dólares por año.(25)

Ya en 1990 el INC estudiaba y proponía medidas para incursionar en el video –la televisión en ese momento era un gran interrogante– con el fin de obtener mayores ingresos para el Fondo de Fomento del organismo, cuando refrendaba la propuesta de incrementar también *"la producción del video aplicando similares mecanismos de fomento que a la industria cinematográfica, a fin de impulsar la formación de un sector productivo que procure un equilibrio frente a la actual hegemonía del sector de la comercialización"*. Lo que se intentaba llevar a cabo para *"impulsar el establecimiento de relaciones equitativas entre los diversos medios e industrias culturales que conforman el espacio audiovisual, como mecanismo idóneo para promover un desarrollo sano y armónico del mismo"*.(26)

La promulgación de la nueva ley de cine ha venido a convalidar y a mejorar esas propuestas.

De cualquier modo el financiamiento de la producción nacional sigue dependiendo casi absolutamente de las ayudas del Estado, incluídas las que proceden de impuestos y gravámenes a otras industrias del audiovisual. Estas, sin embargo, siguen representando poco y nada para la amortización de los presupuestos fílmicos.

Un estudio realizado por una consultora española sobre las posibilidades de amortización de las películas en los mercados iberoamericanos, adelantaba en 1997 los siguientes datos, referidos a la experiencia de los filmes argentinos del último período, en cuanto a las fuentes de financiamiento y estimando para los mismos un costo medio de un millón de dólares.(27)

ESQUEMA DE FINANCIAMIENTO DE UN LARGOMETRAJE MEDIO

FUENTE	DOLARES	PORCENTAJE
Créditos o coparticipación INCAA	350.000	35%
Aportes productora	400.000	40%
Aportes televisión	200.000	20%
Coproducción internacional	50.000	5%
Total costos medios	***1.000.000***	***100%***

(25) *Susana Velleggia,* "Cine y espacio audiovisual argentino", *INC-CICCUS, 1990, Buenos Aires.*

(26) *Ibid.*

(27) *Media Research & Consultancy Spain,* "La industria audiovisual iberoamericana. Datos de sus principales mercados, 1997". *Estudio realizado para la Agencia Española de Cooperación Internacional (AECI) y la Federación de Asociaciones de Productores Audiovisuales Españoles (FAPAE), junio 1997, Madrid.*

En relación a la amortización de estos costos, ella era, siempre según los cálculos del estudio referido, la siguiente:

ESQUEMA DE AMORTIZACION DE UNA PELICULA DE PRESUPUESTO MEDIO		
FUENTE	**DOLARES**	**PORCENTAJE**
Subvenciones INCAA	875.000	82,1 %
Recuperación industrial (INCAA)	250.000	32,9 %
Medios electrónicos	625.000	49,3 %
Salas de cine	137.200	12,9 %
Video	5.000	0,5 %
Televisión	30.000	2,8 %
TV por cable	8.000	0,8 %
Ventas internacionales	10.000	0,9%
Total	***1.065.200***	***100 %***

Aunque los datos anteriores –referidos al promedio de las experiencias del conjunto de la producción argentina entre 1995 y 1996– son pasibles de diversas observaciones, proporcionan una información bastante clara en lo referente a la fuente principal del financiamiento y de la amortización del cine nacional, que no es otra que las ayudas procedentes del Estado, convertido en receptor de impuestos aplicados a las salas, a la televisión y al video.

Tal situación, no parece ser la vía más deseable para nuestro cine si éste aspira a prescindir gradualmente de las mediaciones políticas implícitas en las ayudas gubernamentales, para ir fortaleciendo, al mismo tiempo, las relaciones con su principal y potencial asociado –el público argentino– sea en las salas o en las pantallas de televisión, y en todas las posibles formas de comunicación que existan entre los productores de imágenes y la sociedad que aspira a sentirse expresada por ellas.

"Incremento" o "desarrollo" productivo

Al señalar, en 1997, que pocas veces como ahora había existido un número tan elevado de películas en proceso de producción y comercialización, las autoridades del INCAA ratificaban que, a su criterio, se estaría viviendo uno de los mejores momentos del cine nacional. Sin embargo, existen diversos interrogantes sobre el "realismo" o el "virtualismo" con que se observa esa situación. A fin de cuentas, nuestro cine atravesó en su historia períodos muy diversos, en los que se alternaron momentos de gran optimismo con otros de prolongadas crisis. Recuérdese, si no, la época de crecimiento industrial de los años 40, la de los primeros festivales internacionales de Mar del Plata –coherentes entonces con el fomento a la industria argentina en general y a la del cine en particular– la aparición del "nuevo cine argentino" en los 50, el esperanzado y breve período de 1972-73, el auge del "cine en democracia" de los años 84-86...

Una sucesión de éxitos de corta duración seguidos de largas frustraciones, obligan a evaluar con cierta cautela la situación actual de nuestro cine. Recuperando aquello que decía Gramsci, sobre la necesidad de armonizar los desencuentros que a menudo aparecen entre la voluntad y la razón.

"Para cualquier espectador desprevenido nuestra cinematografía vive un momento de gloria –recuerda Roberto Miller, representante del SICA– *Lo que pocos saben, y es obligación de quienes hacemos al desarrollo de la industria hacer conocer, es que este auge se produce luego de la sanción de la Ley de Cine, hace ya dos años... La cinematografía local debe en general su existencia al otorgamiento de créditos y subsidios que otorga el Estado a través del INCAA, ya que al ser una actividad de riesgo financiero –el cine sólo vende sueños y fantasías– aún no existen en nuestro país inversores importantes, interesados en producir al margen de la articipación estatal. En ningún caso, y consideraríamos maravilloso que así fuera, se producen en nuestro país 100 largometrajes en un año. A la fecha* (del presente año) *se han finalizado o están en vías de hacerlo, 28 películas. Sería milagroso que llegáramos al término del año con 72 filmes más. Las cifras se exageran en beneficio político propio y se hacen eco de ellas quienes quieren obtener réditos al amparo del 'gran conductor' de nuestro cine. Tal es el desparpajo y la obsesión por los números, con el criterio que es lo único que le da validez a una gestión, que en el año 96 se mostró como un logro el estreno de 37 realizaciones nacionales, sin mencionar que unas 20 correspondían a filmes producidos en años anteriores y que estaban 'congelados' por diferentes motivos. La difusión de imágenes amenaza quedarse en manos de grandes corporaciones que tienen la capacidad de producir y transmitir al mundo sus productos, imponiendo un modelo cultural excluyente... La batalla es difícil pero no dejaremos de darla. Sólo un cambio que debe producirse en todos los aspectos del modelo económico-cultural imperante, logrará variar la tendencia de la hora. El sindicato de los técnicos... se ha nucleado con las entidades que agrupan a directores y productores grandes y pequeños en ADECAA, Asociación de Entidades Cinematográficas y de Artes Audiovisuales, para velar por el cumplimiento de la ley".*[28]

Lo cierto es que, pese a todas las ventajas que ofrece la nueva ley de cine, ésta quizá resulte insuficiente por si sola, si las producciones a realizarse no logran motivar cada vez más el interés del público local, principal reaseguro para su futuro desarrollo como actividad cultural o como industria cultural autosuficiente.

En este punto convendría distinguir como posibilidad de desarrollo productivo dos líneas posibles a la vez que compatibles. Ellas son:

---

[28] *Roberto Miller,* "El mérito de la ley de cine", *en boletín* Corriente Grande, *agosto-septiembre 1997, Buenos Aires.*

- Una producción orientada, al menos como popósito, a "funcionar" exitosamente en el mercado local (salas, televisión, video, etc.) con criterios de creciente calidad industrial y cultural, para proyectarse subsidiariamente en otros mercados de la región y del mundo.
- Una producción sostenida en nuevos realizadores y en nuevas formas de mirar nuestro imaginario colectivo, que el Estado debe apoyar por su importancia social y cultural, aunque en algunos casos sólo puedan representar inversiones de elevado riesgo económico –inclusive, "a pérdida"–, pero de indirecta rentabilidad sobre la industria y la cultura audiovisual.

El proyecto de una industria cinematográfica, se sustenta antes que nada en los resultados de la primera de las líneas planteadas. Pero es bueno reiterar que la misma necesita imperiosamente de la segunda para proyectarse en el siglo XXI como verdadera industria cultural de la imagen.

El debate puede establecerse entonces sobre los porcentajes de producción que una y otra línea –así como aquellos que correspondan a otras variantes posibles en cada una de ellas– habrán de significar para beneficio del conjunto. En este sentido no parece ser recomendable la experiencia de los años '80, cuando el llamado cine de autor y de "operas primas" llegó a significar el 50% o más de la producción, con indudable costo –económico y cultural– para la cinematografía nacional.

Puede haber otras líneas posibles, como la de tipo "comercialista" que estuvo siempre presente en nuestro cine y a la cual le interesa poco elevar la calidad de sus productos (sólo pretende obtener rentabilidad económica con el menor esfuerzo técnico y creativo posible). Menos aún estaría en sus planes encarar inversiones de cierto riesgo. Las subvenciones y las ayudas estatales, basadas en los aportes que la sociedad otorga a través de impuestos y gravámenes, carecerían en este caso de sentido alguno. A lo sumo correspondería para esta línea de producción el mismo tipo de facilidades que el Estado debería otorgar también a otras empresas nacionales –vía créditos blandos, exención de cargas tributarias, reducción de tarifas de servicios, etc.– con el fin de estimular inversiones en favor de la cinematografía y la cultura de los argentinos.

Cabe reflexionar también sobre la necesidad de establecer, desde una mejor comprensión de la problemática del cine, políticas de articulación más eficientes y equitativas entre los distintos medios audiovisuales, así como entre los diferentes sectores que conforman el circuito producción–mercados de cada medio y del conjunto de los mismos. De lo contrario, podría suceder que el más poderoso de esos medios, en la actualidad la televisión abierta y la de cable, se consolidara como la única y excluyente industria del audiovisual argentino, reduciendo el papel del cine a una labor de mendicidad de los subsidios gubernamentales, según el estado de ánimo de cada gobierno.

Esta situación afectaría las posibilidades reales de un proyecto de industria cinematográfica y audiovisual en el país y haría depender, a niveles mayores que nunca, las actividades que pudieran desarrollarse en el sector, de las políticas coyunturales de cada gobierno, con la consiguiente hibridación temática, ideológica y artística. Pero también perjudicaría, de una u otra forma, cualquier proyecto de industria del audiovisual nacional, entre cuyos soportes fundamentales, figura el cine. Por lo menos, si se aspira a que la imagen en movimiento responda legítimamente al imaginario de los argentinos.

Un concepto esencial a tener en cuenta para un verdadero desarrollo independiente y democrático de la producción de imágenes en nuestro país, es que las "ayudas" estatales –hoy por hoy, necesarias– serán mucho más útiles en el futuro mientras menos debamos depender de ellas.

De cualquier modo una definición en torno a las políticas a seguir reclama del concurso y la participación consensuada de los agentes principales de la actividad cinematográfica, en la medida que esa participación anteponga los intereses del conjunto de la comunidad (sociales, culturales y económicos) a los de cualquier corporación o grupo sectorizado.

5. Los mercados como protagonistas

El cine: entre la "manufactura" y el "bien cultural"

Cuando nos referimos a los mercados del cine y del audiovisual, estamos tratando una realidad muy distinta a la que es propia de otras industrias culturales. En la totalidad de éstas, la industria fabrica manufacturas con contenidos simbólicos –discos, libros, reproducciones, etc.– que el espectador compra para darles el uso que más le convenga. En el caso de las industrias audiovisuales, con la excepción de la venta directa de videocasetes o videodiscos pregrabados, el productor no vende copias de películas, sino que lo hace cediendo derechos de distribución y comercialización a empresas que, a su vez, se dedican a brindar el servicio de su exhibición. El público adquiere, simplemente, el derecho de visionar los contenidos simbólicos de la obra cinematográfica en un lugar y en un momento determinados, tras lo cual, la copia de la película vuelve a su propietario.

Esta es una situación diferente a la prevista por algunos pioneros de la industria en los orígenes del cine. Inicialmente, el negocio se desarrolló a través de la visión individual en los primitivos kinetoscopios, tras lo cual se experimentó durante varios años la venta directa de copias a los dueños de las salas (*theatrical*) tal como ahora se practica en el negocio del video. (En este caso, el editor o el distribuidor de videos pregrabados procede a su venta directa, sea al público o a los videoclubes, dedicados estos a facilitar el servicio de visionado de la copia en cada hogar, a cambio de una determinada tarifa, de igual modo que hacían también, décadas atrás, algunas bibliotecas con los préstamos de libros).

La decisión de sustituir la venta de copias a los empresarios de la exhibición por su alquiler, revolucionó de algún modo la comercialización cinematográfica. El negocio siguió basándose en la producción de películas, pero el rubro principal del mismo comenzó a estar manejado cada vez más por la distribución y las distintas "ventanas" a las cuales ella puede acceder para su oferta en el mercado. La diversificación de las mismas, incidiría también sobre las características físicas de los productos, a diferencia de lo que sucede en otras industrias.

La suerte de cualquier producto manufacturado depende obviamente de la mayor o menor capacidad que existe por parte del fabricante en el dominio de un determinado mercado. Un mismo producto siempre se ofrece con una misma manufactura. Pero en el caso de algunas industrias culturales, una obra puede tener manufacturas distintas, con lo cual se diversifica su comercialización para diversos públicos y usos, potenciando sus posibilidades de rentabilidad. Es lo que ocurre, por ejemplo, en la industria fonográfica (disco, casete, CD, disco láser, etc.) y con el cine (película de 35 mm para las salas, videocasete para la venta en las librerias o quioscos, video para videoclubes, video-disco, DVD, tape para televisión abierta, emisión satelital, etc.).

Son observaciones casi obvias entre quienes están abocados profesionalmente al negocio cinematográfico. Sin embargo, no sería recomendable omitirlas en ningún análisis sobre las transformaciones que se están dando en el mercado audiovisual y que modificarán también sus características en el futuro. A fin de cuentas, desde el *taylorismo* y el *fordismo* en la industria, quedó en claro que era más fácil producir manufacturas que venderlas. Un problema que las grandes empresas resolvieron en EE.UU. y en Europa relegando a un segundo plano a sus, hasta entonces, reconocidos ingenieros técnicos, y privilegiando a los diseñadores de *marketing* y publicidad, convertidos en verdaderos "ingenieros de imagen".

En el caso del cine, ello se tradujo en la creación de campañas permanentes y sistemáticas de sus películas y de sus estrellas (*star system*), vía "ingenieros del sentimiento", lo cual contribuyó poderosamente a la organización de los mercados propios y a la conquista de los ajenos.

En nuestros días, el indicador principal del éxito o el fracaso de una industria no radica tanto en el volumen de producción que ella tenga, como en su capacidad de organización y manejo del mercado. No es ésta, sin duda, la única vara para evaluar la situación de una industria cultural, pero, convengamos, que aparece como predominante o excluyente (desde una perpectiva meramente economicista) para definir el "valor" de cada producto. Es sabido, que siguiendo el modelo industrial norteamericano, el valor de determinado producto cultural no radica principalmente en sus cualidades intrínsecas (ideológicas, artísticas, estéticas, etc.) sino en su repercusión cuantitativa en el mercado: *rating* de determinados programas radiales o televisivos; *ranking* de la tabla semanal de posiciones de las películas en las taquillas de los cines, o de los libros o los discos en los lugares de venta; etcétera. Además, diversos mecanismos psicosociales permiten probar que uno de los mayores incentivos para la elección individual de un determinado producto cultural está dado por la repercusión previa que el mismo haya logrado como aceptación social. Razón por la cual, la labor de promoción comercial tiende a apoyarse cada vez más en el manejo interesado de cifras logradas, efectivamente o no tanto, por cada producto cultural que se lanza al mercado (unidades vendidas, recaudaciones, televidentes, espectadores, cantidad de premios, etc.).

Sin embargo, una película, como otras obras o bienes culturales, no puede ser catalogada como simple manufactura, tal como reclaman permanentemente el Departamento de Estado y la MPEA de los Estados Unidos para invadir los mercados audiovisuales con sus productos. Los que, en el caso del cine, no se limitan solamente a ocupar de manera inocua parte del tiempo "libre" o de "ocio" de los espectadores, sino que, además inciden, vía contenidos simbólicos, en los

Afiche de "Seré cualquier cosa pero te quiero" (Carlos Galettini, 1986).

procesos de formación del público. O lo que es, también el "alma" de los individuos y de las comunidades. Algo mucho más importante que lo que podría ser el mero consumo de productos materiales.

El espectador de películas no es, pues, una simple cifra estadística, sino un ser humano al que la percepción fílmica debe ayudar a vivir con más plenitud, particularmente en nuestros días, cuando la coherencia de su personalidad –su identidad– está amenazada por el conflicto entre la globalización técno-económica y la cultura de su espacio histórico de origen.

Hechas estas advertencias, cabe destacar, sin embargo, que el análisis económico del mercado cinematográfico resulta cada vez más indispensable para lograr cualquier finalidad político-cultural. Omitir esto llevaría a la frustración de cualquier proyecto de desarrollo sostenido en este campo, dado que el mercado de una industria cultural, es, también, y básicamente, cultura. Por otra parte, todo mercado expresa demandas y tendencias de consumo, que la industria audiovisual debe contemplar con suma atención para definir el diseño integral de sus productos, incidiendo así en lo económico y en lo cultural. Sin que ello resulte antagónico de la función indelegable que cabe al Estado, de propiciar simultáneamente la producción y circulación de obras cuyo propósito mayor no es, necesariamente, la rentabilidad económica, sino la de carácter cultural.

No obstante, estamos enfatizando la problemática de un proyecto de industria audiovisual nacional –dedicada a la producción de contenidos simbólicos representativos de nuestra realidad– y ello nos lleva a destacar aspectos a menudo subestimados en nuestro cine, pero que tienen que ver, directa o indirectamente, con las posibilidades de cualquier tentativa de desarrollo, aunque ella sea meramente "culturalista".

Evolución del mercado nacional

Al igual que el de otros países de América Latina, el mercado cinematográfico argentino ha experimentado en los últimos años cambios sustanciales, referidos a los índices de consumo y también a las características de los consumidores y a sus respectivas demandas.

En lo referente al mercado tradicional de las salas, hemos destacado ya el proceso de concentración sociocultural y territorial que caracteriza hoy a las mismas. También se habló de la presencia, a niveles mayores que nunca, de la industria norteamericana en las pantallas grandes y chicas, imponiendo modelos de narrativas y de consumo, a los cuales debe atenerse la producción local para poder competir o, inclusive, sobrevivir.

Lejos estamos hoy en día de aquel millar de salas que teníamos en el país en 1980 –o de las más de 2.000 de los años '60 y '70– reducidas actualmente a menos de 500. O de los más de 60 millones de espectadores por año, cifra registrada en 1980, y los apenas 20 millones de 1996. (Mucho más distantes estamos aún de los 27 millones de espectadores que cada año concurrían en los años '20 a las 127 salas existentes en la ciudad de Buenos Aires).

ESPECTAORES DE CINE, SEGUN PELICULAS NACIONALES Y EXTRANJERAS. AÑOS 1980-1996

AÑO	NACIONALES		EXTRANJERAS		TOTAL
	Cantidad	%	Cantidad	%	
1980	13.765.810	16,26	47.639.280	83,74	**61.405.090**
1981	7.269.810	14,71	42.143.583	85,29	**49.413.393**
1982	6.419.397	14,35	38.287.117	85,65	**44.706.514**
1983	8.260.533	15,60	44.737.366	84,40	**52.927.899**
1984	12.201.058	19,25	51.156.050	80,75	**63.357.108**
1985	7.510.107	13,71	47.259.107	86,29	**54.769.214**
1986	11.867.457	21,54	43.202.490	78,46	**55.069.947**
1987	7.556.937	19,63	30.938.594	80,37	**38.495.531**
1988	4.641.398	16,35	23.739.235	83,65	**28.380.633**
1989	1.214.259	4,76	25.268.187	95,24	**25.482.446**
1990	855.320	3,86	21.246.322	96,14	**22.101.642**
1991	1.157.129	7,59	15.243.220	92,41	**16.400.349**
1992	1.483.298	10,07	13.246.070	89,93	**14.729.368**
1993	2.721.956	14,00	16.716.680	86,00	**19.438.636**
1994	323.513	1,91	16.567.784	98,09	**16.891.297**
1995	2.123.830	11,08	17.032.306	88,92	**19.156.136**
1996	1.653.460	7,96	19.694.829	92,04	**21.348.289**

Fuentes: Elaboración propia con datos de INC, INCAA, boletín "DEISICA", revista "Argentina Audiovisual".

Cifras comparativas de la década anterior y de la presente permiten observar que, entre 1980 y 1988, el promedio de espectadores representó 44,9 millones por año en todo el país, mientras que entre 1989 y 1996, dicho promedio se redujo a menos de la mitad: 19,4 millones cada año.

A su vez, el mercado interno de nuestras películas, históricamente conformado con el 10% de los títulos estrenados y el 20%- 25% de las recaudaciones, representa hoy un porcentaje mayor de estrenos, pero es sensiblemente menor en materia de entradas vendidas. La concurrencia del público a la proyección de películas argentinas se redujo a casi la mitad entre la década anterior y la actual. Si el porcentaje de espectadores de nuestro cine ocupaba, entre 1980 y 1988, el 15% del volumen total, en el período 1989-96 lo hizo tan solo con el 7,6%.

En esta reducción del volumen general de espectadores y del interés del público argentino por el cine nacional, el sector más perjudicado es el de la producción local de películas, obligada a depender cada vez más de las ayudas gubernamentales.

Quienes menos sufrieron las consecuencias de estos cambios fueron los sectores a cargo del mercado –la distribución y la exhibición– a los cuales les importa más el monto neto de recaudaciones que la cifra de concurrentes a las salas. Por ejemplo 63 millones de espectadores en 1984, con un precio medio de 0,80 centavos de dólar por entrada, representó ese año una recaudación de más de 45 millones de dólares, mientras que, en 1996, una cifra de espectadores tres

PORCENTAJES DE TITULOS OFERTADOS Y DE RECAUDACIONES EN SALAS DE PRIMERA LINEA DE CAPITAL Y GRAN BUENOS AIRES AÑO 1996

PAIS	TITULOS	RECAUDACIONES
EE.UU	65,0 %	82,00%
ARGENTINA	9,5 %	3,20 %
FRANCIA	5,0 %	2,20 %
AUSTRALIA	0,7 %	2,10 %
ESPAÑA	2,2 %	1,50 %
NUEVA ZELANDIA	0,7 %	0,50 %
JAPON	1,4 %	0,40 %
REINO UNIDO	2,2 %	0,30 %
CANADÁ	2,2 %	0,20 %
ALEMANIA	0, 7 %	0,09 %
ITALIA	0,7 %	0,02 %

Fuente: Revista "Newline Report", noviembre 1996.

veces menor (19,6 millones de espectadores) a un promedio de 6 dólares la entrada, habría representado una recaudación de más de 115 millones de dólares. Sin contar las ventajas económicas que ofrece para el sector comercial la concentración territorial y social del consumo en un menor número de salas (mayor control del mercado, menores gastos en instalaciones, servicios, personal, etcétera).

En ese contexto, las *majors* norteamericanas han reforzado su presencia en el mercado nacional, tanto en la distribución de películas para las salas de cine como para las distintas ventanas de comercialización (TV abierta, cable, video).

De acuerdo a estudios realizados en 1996, la Capital Federal y el Gran Buenos Aires, mercado que concentra la mayor parte del negocio cinematográfico en el país, un 65% de los títulos ofertados procedieron ese año de los EE.UU. El porcentaje de sus recaudaciones, ascendió al 82% del total. En orden de importancia, nuestro país se ubicó a continuación con el 9,5% de los títulos y el 3,2% de las recaudaciones.

Entre las diez primeras películas de mayor recaudación a nivel nacional en 1996, nueve procedieron de los EE.UU. y una de Italia (*El cartero*). Sólo dos títulos, entre los 25 más exitosos, correspondieron a producciones argentinas. *Sol de otoño*, de Mignona, se ubicó en el puesto 19 con algo más de 300 mil espectadores; *Despabílate amor*, de Subiela, ocupó el puesto 25 con unos 240 mil espectadores. Ambos, representaron apenas la tercera parte de lo que acaparó el film norteamericano más exitoso de ese año, *El jorobado de Notre Dame*, con casi 1,6 millones de espectadores.

Las fusiones entre compañías norteamericanas modificaron en los últimos años el panorama de sus filiales en el país. Así, por ejemplo, el sello Columbia-Miramax, representaba en 1996 a las productoras Columbia, Tristar, Disney, Miramax, Orion, Touchstone, Hollywood Pictures y Castle Rock, captando el 27% del mercado. Por su parte, UIP lo hacía con MGM/UA, Paramount y Universal, ocupando el segundo lugar, con el 25% de las recaudaciones. A su vez, la nueva asociación Warner-Fox, había logrado retener 15% del mercado.

En ocasiones, estos agrupamientos empresariales comercializan por separado títulos de diversas procedencias, a través de compromisos bilaterales; Columbia-Buenavista; UIP-Universal; UIP-Paramount; Columbia-Tristar; Columbia-Castle; Columbia-Miramax; UIP-AU; UIP-Metro. También pueden funcionar aisladamente en el mercado: UIP, Columbia, Warner, etcétera. Las filiales responden de ese modo a las instrucciones y estrategias de comercialización que fijan las sedes centrales o las oficinas regionales.

Algunas distribuidoras de capitales nacionales, dedicadas a comercializar títulos norteamericanos o de otras procedencias, no sujetos al control de las *majors*, decidieron crear en 1996 el sello Líder Films, como manera de contrarestar el dominio de aquellas sobre el mercado local. Integraron este nuevo emprendimiento las empresas Transmundo, Transeuropa y Distrifilms, que al poco tiempo llegaron a ocupar el tercer lugar en materia de recaudaciones (el 23% del total) ubicándose por encima de la asociación Warner-Fox y algunas operaciones bilaterales o aisladas de otras filiales de EE.UU.

Dos distribuidoras locales, Artistas Argentinos Asociados-Vigo y Filmarte (Ber-

PORCENTAJES DE ESPECTADORES POR EMPRESA DISTRIBUIDORA. AÑO 1996	
EMPRESA	**PORCENTAJE ESPECTADORES**
Columbia/Buena Vista (EE.UU)	27,00 %
UIP (EE.UU)	27,00 %
Líder (Argentina)	23,35 %
Warner/Fox (EE.UU)	15,45 %
Filmarte (Argentina)	5,66 %
Artistas Argentinos Asociados (Argentina)	0,99 %
Otros	2,01 %

Fuente: Boletín "DEISICA", Nº 6, abril 1996.

nardo Zupnik), se especializaron en comercializar producciones argentinas, muchas de ellas ubicables como "cine de autor", además de películas "de calidad" de otras procedencias, con porcentajes en el mercado del 0,99% en el primer caso y del 5,66% en el segundo. Filmarte distribuyó durante ese año 10 títulos locales (*Sol de otoño, El mundo contra mí, El verso*, etc.) mientras que AAA-Vigo se ocupó de 8 producciones (*Al corazón, Moebius*, etc.). La nueva Lider Films representó a cuatro de los títulos nacionales que figuraron entre los más taquilleros (*Despabílate amor, Eva Perón*, etc.).

Tomando como base las declaraciones juradas de las salas de exhibición que son procesadas en el INCAA para controlar la retención del impuesto del 10%, la Capital Federal representó, en 1996, el 59,83% de las recaudaciones de todo el país, seguida de la provincia de Buenos Aires, con el 23,08%. Esto implica que el 82,91% del total de lo recaudado en salas procede del territorio conformado por la Capital y la provincia de Buenos Aires. Si a ello se suman las provincias de Santa Fe, con el 5,20% del total; Córdoba, 4,42% y Mendoza, 2,40%, la conclusión es obvia: entre la Capital, la provincia de Buenos Aires y tres provincias más, acaparan el 94,93% de la recaudación nacional de las salas de cine, mientras que el 5,03% restante se reparte entre otras 14 provincias. Esto implica que un total aproximado de 120 salas, de las casi 400 que tenía el país en 1996, absorbió la casi totalidad de las recaudaciones cinematográficas.

Además, en cada uno de esos mercados territoriales, la venta de localidades se concentra en las zonas de mayor desarrollo comercial o residencial. Un estudio realizado en 1997 por Rolando Santos para el SICA confirmaba ese proceso de concentración en determinados lugares de las grandes ciudades. En el Cuadro siguiente podemos ver, en el caso de la Capital, los porcentajes de espectadores por zona.

De ese modo, las zonas de Lavalle, Barrio Norte y Belgrano, donde habita la mayor parte de población de nivel social medio y medio-alto, acapararon en 1996

MERCADO CINEMATOGRAFICO, SEGUN ZONAS GEOGRAFICAS. AÑO 1996	
ZONA	**PORCENTAJE**
CAPITAL FEDERAL	59,83
BUENOS AIRES	23,08
SANTA FE	5,20
CORDOBA	4,42
MENDOZA	2,40
TUCUMAN	1,09
SALTA	0,81
NEUQUEN	0,67
JUJUY	0,48
ENTRE RÍOS	0,37
LA PAMPA	0,29
RÍO NEGRO	0,18
SAN LUIS	0,16
CATAMARCA	0,16
SAN JUAN	0,14
SANTA CRUZ	0,09
SANTIAGO DEL ESTERO	0,02
LA RIOJA	0,01
MISIONES	sin espectadores
CHACO	sin espectadores
CORRIENTES	sin espectadores
FORMOSA	sin espectadores
TIERRA DEL FUEGO	sin espectadores

Fuente: INCAA, en Boletín "DEISICA", Nº 6, abril 1996.

el 59,61% del mercado cinematográfico de una población, que incluyendo el Gran Buenos Aires, se estima en alrededor de 10 millones de personas.

Cabe reiterar, que el fenómeno de la concentración social y territorial no tiene solamente implicancias económicas sobre el sector de la exhibición, sino que afecta, de manera destacada, el diseño de la producción de largometrajes nacionales, para que el mismo responda al perfil predominante del consumidor local.

MERCADO CINEMATOGRAFICO DE CAPITAL FEDERAL Y GRAN BUENOS AIRES. AÑO 1996	
ZONA	**PORCENTAJE**
Lavalle	21,23 %
Barrio Norte	20,19 %
Belgrano	18,19 %
Palermo	9,01 %
Norte Gran Buenos Aires	8,66 %
Centro Capital	7,51 %
Sur Gran Buenos Aires	6,75 %

Con datos proporcionados por el INCAA, el estudio antes referido observó un aumento global de espectadores en 1996, del orden del 11,4% con respecto al año anterior, previéndose que el mismo se acentuará en los próximos años. *"La tendencia comenzó a principios del 90 como subdivisión de salas de 1000 espectadores que se remodelaron para conservar las mismas butacas pero en dos o tres salas pequeñas. El fenómeno siguió con la creación de salas en los shoppings y a medida que estos centros de compras se fueron inaugurando, las salas acompañaron la apertura".*[29]

Como dijimos, entre las décadas de los 50 y los 70, la cantidad de salas existentes en todo el país superaba la cifra de 2.000, experimentándose una brusca reducción de más de la mitad en los años 80 (alrededor de 900), seguida de una similar caída desde finales de ese período hasta el año 1992, donde el número de las mismas, sólo 290, llegó a su cifra más baja en la historia de nuestro cine. La estabilidad monetaria y las inversiones introducidas por las empresas más fuertes del sector para la creación de multicines y la modernización de los mismos, hizo crecer dicha cifra, elevándola a 427 salas en 1995 y a 499 a finales de 1996.

Esa tendencia se afirmó en 1997, con un crecimiento de complejos de salas destinadas a un público más asiduo a las mismas, debido a la mejor calidad del servicio y también por estar dedicadas, principalmente, a la población adolescente y juvenil. Por ejemplo, en los meses de julio y agosto –período vacacional y post-vacacional– de este año, la concurrencia a los cines ubicados en *shoppings* y centros de consumo de la Capital y el Gran Buenos Aires, se había incrementado en casi un 40%, comparada con la de igual período de 1996.

Las vinculaciones principales de la SAC son con las distribuidoras norteamericanas Columbia, Miramax, Tristar, Disney, Warner-Fox (Distrifilms). Las de Coll-Saragusti, con UIP, (Universal, Paramount, MGM-UA) y Transmundo.

---

[29] *Boletín* DEISICA *nº 6 (Ob. cit.)*

RELACIONES DE PODER EN LA EXHIBICION CINEMATOGRAFICA DE CAPITAL Y BUENOS AIRES, SEGUN PORCENTAJE DE ESPECTADORES. AÑO 1996		
EMPRESA	**1995**	**1996**
SAC	48,98	45,51
Coll-Saragusti	38,83	43,00
Independientes	12,19	11,48

Fuente: INCAA.

Los circuitos referidos han manejado habitualmente, con las *majors* y, en menor medida, con las dos o tres principales distribuidoras locales, la programación anual de la casi totalidad de las salas del país. Un título "fuerte", promovido desde los grandes estudios de Hollywood en todos los medios locales, incluso desde antes de ser estrenado en los EE.UU., sirve de obligado incentivo para acompañar los consabidos "paquetes" de películas que habrán de ofertarse a las salas, al margen de la calidad cultural o del interés comercial que representen. En este sentido poco ha cambiado en el sector de la comercialización de películas en nuestro medio. Por el contrario, la dependencia de nuestras salas en relación a los intereses de la producción norteamericana, es hoy mucho mayor que en épocas pasadas.

Los nuevos agentes del mercado

A este panorama confluye un fenómeno de fecha reciente, aparecido en el campo de la exhibición y que también se proyecta sobre los mercados más importantes de América Latina. Se trata de la presencia de empresas norteamericanas o de otras latitudes en la explotación directa de películas, tanto a través de salas propias, como por medio de asociaciones con exhibidores y distribuidores locales. Un hecho nuevo que puede quedar circunscripto a una simple cuestión anecdótica, o que por el contrario, podría formar parte de una estrategia de mediano o largo plazo, para manejar desde las filiales locales las salas más lucrativas, tal como está sucediendo también en el comercio del video pregrabado, los sistemas de TV por cable, las librerías y algunos medios de comunicación masiva. A fin de cuentas no se descarta que en plazos más o menos previsibles, la emisión directa de imágenes desde un punto determinado del planeta pueda arribar a cualquier pantalla del mundo –con igual o mejor calidad que hasta ahora– en el idioma que sea necesario, tal vez, con mayor puntualidad que la que hoy tienen las salas de cine y a menor costo.

Si hasta hace muy poco tiempo sólo la distribuidora norteamericana UIP controlaba en Buenos Aires su propio complejo de salas (Metro 1, 2 y 3), en la actualidad son varias las compañías de ese origen que han incursionado fuertemente en el sector de la exhibición.

La norteamericana Cinemark fue una de las primeras empresas en desembarcar en el país, en 1997 y, en sociedad con la SAC y Coll-Saragusti, instaló un primer complejo de 8 salas en la Capital (zona de Puerto Madero), anunciando poco después nuevos emprendimientos para el año 98, con la apertura de nuevas salas y multicines en la Capital y el Gran Buenos Aires. Fue la primera reacción de los grandes exhibidores locales frente a la presencia de otra cadena norteamericana: la National Amusement International. Una reacción que sustituye la competencia con el capital extranjero por la asociación acomodaticia con él.

La National forma parte del grupo que maneja un gran espectro de medios audiovisuales: Paramount Pictures (productora y comercializadora de películas; MTV (TV por suscripción), y Blockbuster, cadena multinacional de videoclubes. Recientemente asociada con una empresa constructora dueña de un *shopping* comercial, inauguró, en 1997, 14 salas equipadas con la más moderna tecnología, en el Show Center de Haedo, en el Gran Buenos Aires y proyectaba abrir dos *show center* más, uno en la periferia de la Capital y el restante en la ciudad de Córdoba, con un total de 24 salas.

United Artist, otra de las *major*s, se alió con las empresas locales Transeuropa Cinematográfica (distribuidora de cine y video) y Cencosud, en la construcción de multicines en dos zonas del Gran Buenos Aires, proyectando un total de 30 nuevas salas para el año 1998.

Un nuevo inversor extranjero es también la Village Cinema, subsidiaria de la australiana Village Road Show, con presencia en 18 países y asociada a la Warner Brothers. A mediados de 1997 informaba de las ventajas que brindan las nuevas salas: capacidad de entre 200 y 250 espectadores, butacas reclinables, alfombras lavables, posa-vasos, sonido digital y *fast-food* (antes, durante y después de la proyección). Esta compañía inauguró 10 salas en la ciudad de Mendoza y se propone crear nuevos complejos propios en Rosario, La Plata, Pilar y Gran Buenos Aires, con un total de 64 salas, en las que se combinarían proyección de películas, gastronomía y entretenimiento, apuntando al público adolescente y joven. Un público que más que elegir un determinado filme, se orienta al consumo cinematográfico como espacio de entretenimiento y relaciones sociales y como manera, también, de marginarse por algunas horas de las tensiones familiares.

La australiana Hoyts Cinema Limited maneja a su vez proyectos semejantes, para administrar conjuntamente con shoppings locales, un complejo de salas en Córdoba y otro en Tucumán (unas 18 salas).[30]

Afiche del Complejo del Cine Argentino del Instituto Nacional de Cine y Artes Audiovisuales

Esta presencia casi inédita de grandes multinacionales de la comercialización de películas en la Argentina y en otros países ha motivado ya la inquietud de algunos poderosos circuitos de la exhibición. Por ejemplo, en Colombia, Brasil, Venezuela, etc. ¿Podrán ellos ser desprovistos de la representación de los títulos más atractivos del cine norteamericano, en el caso de que los mismos sean lanzados directamente por las compañías exhibidoras de ese país? ¿No será hora de buscar otras fuentes de suministro de películas para negociar de mejor manera con las *majors*? ¿Estará la región en condiciones de atender ese suministro? Son algunos de los interrogantes que parecieran estar planteándose algunos de los exhibidores latinoamericanos, que hasta fecha muy reciente se sentían dueños absolutos del sector.

Aunque no parece previsible una estrategia de agresión por parte de las *majors* –posiblemente sólo aspiren a tener un margen mayor de poder y de negociación en el mercado regional– los cambios ocurridos no deberían ser pasados por alto en la elaboración de políticas cinematográficas nacionales, dado que de una u otra manera, habrán de afectar la comercialización de las películas propias o ajenas. Sobre todo, si se tiene en cuenta que quien determina finalmente lo que se oferta en el mercado no es el productor de películas sino el dueño de las ventanas de comercialización. Al menos, en sistemas como el nuestro, donde se impone cada vez más la llamada "libertad de comercio", que no es otra cosa que la libertad de quienes tienen el poder suficiente para ejercerla.

Hasta el momento, la única respuesta dada por el INCAA a esta situación ha sido la creación del Complejo Estatal Tita Merello, conformado por tres pequeñas salas en el centro de Buenos Aires. El complejo está dedicado por el momento a la exhibición de títulos argentinos, aunque también podría hacerlo con producciones iberoamericanas, según los convenios de reciprocidad vigentes y los que se suscriban en el futuro. Un dato importante en este sentido, es que las salas de dicho complejo se han visto más concurridas desde su control por parte del INCAA que cuando se encontraban en manos privadas, ofertando películas de otras nacionalidades. En este sentido, la experiencia de este complejo manejado por un

---

[30] *Diario* Clarín, *11-8-97, Buenos Aires.*

organismo estatal podría servir también de valioso incentivo en el plano nacional, a través de su adopción por parte de las capitales provinciales y los grandes municipios, introduciendo las modificaciones que pudieran mejorarr su desenvolvimiento en cada caso. (Cabe recordar aquí la valiosa labor ejercida, por ejemplo, en la provincia de Mendoza, por el gobierno provincial y los de algunos municipios para mantener salas de cine que estaban a punto de cerrar, redefiniendo el uso de las mismas).

El estudio de nuestro mercado interesa especialmente por lo que pueda aportar al desarrollo de la industria y la cultura audiovisual de los argentinos. Su importancia es suficientemente conocida como principal fuente de financiamiento de la producción local, más allá de las ayudas que provengan del Estado. Ello obliga a prestarle suma atención, dado que la reducción del mismo o su control por fuerzas poco interesadas en nuestra industria y cultura, podría significar un serio golpe a nuestro cine. Aunque de nada serviría que el Estado o la producción local tuviera el control de las salas si al mismo tiempo la oferta de productos locales no satisfaciera la demanda y las expectativas del público argentino.

La comercialización internacional

Desde hace casi medio siglo, la comercialización de películas argentinas en el exterior ha representado un porcentaje ínfimo, en la mayor parte de los casos inexistente, para el financiamiento de la producción. No es éste un problema estrictamente local. Sólo la industria norteamericana, dueña de poderosos circuitos de comercialización y promoción en todo el mundo, ha logrado obtener recursos significativos del mercado internacional.

Los filmes europeos logran su amortización en el interior de cada país o están condenados, por lo general, al fracaso. Es lo que ha ocurrido también habitualmente en América Latina, con la excepción de México, país que obtuvo importantes dividendos de la comercialización regional y del mercado hispano-hablante de EE.UU, cuando ella estuvo dentro de la orbita estatal. En ese entonces, Pelmex llegó a manejar once oficinas de promoción y ventas en otros tantos países latinoamericanos, además de las salas que programaba en grandes ciudades de Norteamérica.

No existen demasiados datos sobre los resultados de la comercialización de películas nacionales fuera del país. Es una actividad que corre por cuenta de los productores de los filmes –o de alguna distribuidora internacional que se hizo cargo de los mismos– y los resultados de esas operaciones no figuran en ninguna parte, sea por competencias interempresariales o para evadir tributos. Una carencia que revela el raquitismo económico y de proyección a futuro de muchos empresarios nacionales.

En 1986, durante la gestión del gobierno radical, se puso en funcionamiento un programa de comercialización de películas argentinas en el exterior, del que formó parte la distribuidora Argencine, con representación en la ciudad de Madrid. Esta fue la experiencia más importante desarrollada en las últimas décadas por el INC en ese rubro, ante la falta de iniciativas del sector privado local para atender los mercados internacionales, más allá del interés individual de cada pro-

VENTAS CONFIRMADAS DE ARGENCINE DE PELICULAS ARGENTINAS. AÑOS 1986-1990 (NO SE INCLUYEN TITULOS EN TRAMITACION)	
Número de copias vencidas y cobradas	79
Monto total de ventas (dólares)	582.000
Promedio de venta, por copia (dólares)	7,500

DISTRIBUCION DE LAS VENTAS SEGUN MEDIOS:

MEDIOS	CANTIDAD
Salas de cine	10
Canales de TV	66
TV-cine-video	3

DISTRIBUCION DE LAS VENTAS SEGUN REGIONES Y PAISES COMPRADORES

REGION	CANTIDAD
Europa Occidental (7 países)	48
Europa Oriental (2 países)	15
América Latina (4 países)	11
Asia (3 países)	6
Africa (1 país)	3
Australia	2

Fuente: Documento de trabajo del INC, 1990.

ductora por el manejo de sus películas. Dicho programa debió interrumpirse en 1990, a causa de la falta de recursos existente en ese período, para mantener el funcionamiento de la oficina madrileña de ventas.

Entre 1986 y 1990, período en el que Argencine funcionó según las directivas del INC, logró vender cerca de 80 copias de títulos nacionales, por un monto total de aproximadamente 580 mil dólares: un promedio de 7.500 dólares por copia. El 83% de las copias vendidas estuvo orientado a los canales de televisión y sólo un 12% a las salas de cine (el 5% restante correspondió a ventas para ambos medios, incluyendo el video).

El 79% de las copias vendidas tuvo como destinatarios los países europeos

(60% en Europa Occidental y 19% en Europa Oriental), correspondiendo un 13% a cuatro países de América Latina y un 12% a 5 países de Asia y Africa.

La actual ley de cine no faculta explícitamente al INCAA para promover una actividad de ese tipo, indispensable para el financiamiento internacional de nuestro cine (sea ejecutada con la participación directa del Instituto o a través del apoyo del mismo a las iniciativas del sector privado). Sin embargo deja abiertas las puertas para fijar normas a las que deberá ajustarse la comercialización de películas en el exterior, con el asesoramiento de representantes de la producción.

El INCAA queda facultado para exceptuar al productor, parcial o totalmente de dichas normas. También para *"intervenir en los contratos de venta y distribución; efectuar anticipos de distribución reitegrables solamente en la medida que lo permitan sus producidos en el exterior; y pagar o reintegrar hasta el 100% de los gastos por publicidad, copias y sus envios al exterior".* (Artículo 51).

En el rubro de comercialización de producciones argentinas, se autoriza a utilizar recursos del Fondo de Fomento Cinematográfico para *"la promoción, en el país y en el exterior, de actividades que concurran a asegurar la mejor difusión, distribución y exhibición de las películas nacionales"* y también a *"financiar la comercialización de películas nacionales en el exterior".* (Artículo 28).

La ley de cine, a diferencia de legislaciones de países de mayor desarrollo, no fija explícitamente ayudas a las empresas nacionales de distribución y de exhibición, limitándose a otorgar créditos para el mejoramiento de las salas (Artículo 41) y a disponer de un subsidio *"por aquellas películas que se proyecten superando la cuota de pantalla* (según la que estableza periódicamente el Poder Ejecutivo) *el que será aplicado sobre el producido bruto de boletería, deducidos los impuestos".* (Artículo 37).

En la práctica, la labor más importante del INCAA en materia de difusión y comercialización continúa siendo la de promover la imagen del país y de su cultura a través del cine en muestras y festivales internacionales, o en semanas de cine nacional organizadas por las respectivas embajadas y el Ministerio de Relaciones Exteriores.

Dentro de este panorama, se destaca el mercado español como fuente de significativos ingresos para un contado número de filmes argentinos. Contribuye a ello la existencia de convenios bilaterales de reciprocidad, a través de los cuales, ciertas producciones pueden gozar en uno y en otro país de los beneficios dispuestos por sus respectivas leyes de fomento. Así, por ejemplo, los últimos filmes de Aristarain, son "españoles" para la legislación de ese país y "argentinos" para la local, con lo cual se facilita el financiamiento de los proyectos. Otro tanto sucedió con películas realizadas por directores extranjeros, como *Las cosas del querer II* del español Jaime Chevarri, beneficiada también por las legislaciones de ambos países.

En este punto cabe resaltar que la coproducción o las ayudas internacionales facilitan la realización de determinados proyectos, pero no garantizan el éxito ni la amortización de los mismos. Numerosos ejemplos prueban, en el caso argentino y latinoamericano, tanto las posibilidades de éxito como las de fracaso en esta alternativa de financiamiento y comercialización.

Acuerdos y convenios bilaterales o multilaterales pueden servir sin embar-

RECAUDACIONES DEL CINE ARGENTINO EN EL MERCADO ESPAÑOL. AÑOS 1992-1996		
AÑO Y TITULOS	PESETAS	DOLARES (*)
1992		
Yo la peor de todas	6.355.994	52.098
Un lugar en el mundo	252.956.852	2.073.416
1993		
El lado oscuro del corazón	106.872.586	876.005
Tango Feroz	16.498.974	135.238
Hombre mirando al sudeste	10.634.468	87.168
1994		
Perdido por perdido	8.388.640	68.759
1995		
No te mueras sin decirme dónde vas	19.589.008	160.565
1996 (hasta finales de octubre)		
Caballos salvajes	17.200.773	140.989
Sol de otoño	sin datos	sin datos

(*) Se ha estimado una relación de U$S 1= 122 Ptas.

Fuente: Elaboración propia con datos suministrados por el ICAA en "Conferencia Extraordinaria de la CACI", Cochabamba, Bolivia, noviembre 1996.

go, para acometer proyectos destinados a mercados más amplios, cuyo éxito dependerá de la inteligente articulación de recursos, a fin de que el producto logre interesar efectivamente en aquellos.

En los últimos años, el mercado español ha representado ingresos significativos para algunos filmes locales. Ellos fueron más relevantes que los alcanzados en otros países de la región y del mundo, habida cuenta que el principal mercado de ventas de nuestros productos ha sido casi siempre el de la televisión europea –particularmente la estatal– y algunos pequeños circuitos de salas.

En lo referente al mercado latinoamericano, y a diferencia de lo que sucedía en otras épocas, la comercialización de películas argentinas no representa prácticamente nada para la absoluta mayoría de las producciones locales. El interés del mismo se limita en algunos pocos países a algunos títulos exitosos a nivel local, como las películas de Piñeyro y algunas de Subiela y Aristarain, que cubren sólo una reducida parte de los espacios ocupados años atrás por las películas de Jorge Porcel-Alberto Olmedo o las de Armando Bo-Isabel Sarli, y antes de ellos, por las figuras míticas de nuestro cine del período 1930-50.

En términos generales, el prestigio del cine de autor y de algunos directores-productores argentinos, se limita a algunos sectores cinéfilos o de mayores inquietudes culturales, sin demasiada significación en cifras de mercado. Una situación que podría ser diferente –por lo menos en el mediano o largo plazo– si se desarrollaran estrategias de promoción regional, vinculadas, por ejemplo, al proyecto de Mercado Común Cinematográfico que fuera acordado por los organismos oficiales del cine, pero carente todavía de implementación operativa.

Dentro de una tentativa de integración de mercados, se destaca la de instalar políticas y acciones concretas con los países vecinos, en el marco del Tratado del Mercosur. Un espacio que todavía no parece interesar suficientemente al gobierno nacional en lo relacionado con la cultura, pero que constituye una posibilidad de valor fundamental para el desarrollo de la industria audiovisual de nuestros países.

Los mercados uruguayo, paraguayo, chileno y boliviano (estos dos últimos, corresponden a países "asociados" al Tratado) no son, obviamente, de gran significación económica para el financiamiento o la amortización de nuestras producciones (aunque revisten enorme interés político-cultural para llevar a buen puerto la integración subregional). Sin embargo, pese a la dimensión relativa de los mismos, poco o nada se ha hecho para avanzar en las relaciones con ellos. La labor oficial en este tema sigue limitándose a la repetición burocrática de las conocidas semanas o muestras cinematográficas, propiciadas por nuestra cancillería.

El mercado brasileño resulta, en cambio, sumamente atractivo y deseable –lo saben bien las grandes empresas transnacionales– por razones tanto económicas como de intercambio e integración cultural. Más de 160 millones de personas representan un espacio idóneo para los proyectos de cualquier industria. Resultaría poco inteligente lanzarse a fabricar en Argentina cualquier tipo de manufacturas si se omitiera la inquietud por entrar en el mercado del país hermano.

Las dificultades para el intercambio son muchas y muy diversas y no habrán de tener una solución simplista o en el corto plazo. Plantean una labor de más largo aliento, como sería la de avanzar desde el conjunto de los medios audiovisuales, particularmente la televisión, hacia la creación de un público que hoy no existe en Brasil ni en Argentina, para que el mismo comience a interesarse realmente por las producciones locales. Ello supone conocer las características y tendencias del consumo de uno y otro mercado, elaborar estrategias de promoción y propiciar estímulos económicos a la distribución y a la exhibición de películas de uno y otro país.

Tema difícil de resolver, pero no menos difícil que seguir intentando entrar –con mayores dificultades cada vez– en el mercado europeo o norteamericano, espacios que, a fin de cuentas, sólo han representado para nuestra producción en las últimas décadas un papel económico totalmente subsidiario. Al menos, si nos referimos a la experiencia del conjunto del cine nacional en lugar de limitarnos a algún caso tan episódico como excepcional.

En este punto corresponde al Estado asumir un rol protagónico para facilitar los procesos integrativos, aunque no menor que el que tendrían que asumir también los productores y realizadores de nuestro cine, preocupados a menudo más por interesar a europeos o a norteamericanos que a quienes hablan su mismo idioma y tienen una cultura mucho más cercana a la suya. Además América Latina demostró tiempo atrás un interés por nuestro cine que estuvo siempre muy por encima del que existió en cualquiera otra región del mundo.

A estos propósitos podría servir una mejor relación con los medios televisivos a fin de promocionar a través de los mismos imágenes, actores y figuras de nuestro cine, tanto contemporáneo como de épocas pasadas. También el empleo de las viejas prácticas del *star system*, sólo utilizadas en la actualidad por la televisión para afianzar la exportación de sus telenovelas. Se agrega a ello la necesidad de incrementar las ayudas estatales en los rubros de subtitulado y doblaje, para estimular el intercambio de películas y de promoción entre nuestro país y el Brasil, principal mercado potencial del cine argentino e hispano-hablante.

Son temas tratados en numerosos encuentros iberoamericanos de funcionarios y productores de películas sobre los cuales será necesario continuar insistiendo. De su inteligente y resuelta implementación dependerá mucho el futuro del cine y el audiovisual argentino.

6. Nuevas "ventanas" de comercialización

Cine y video

En la última década han aparecido algunas situaciones que modificaron la situación del cine argentino. Ellas estuvieron dadas, por ejemplo, con la privatización de los canales televisivos, la nueva ley de cine, el desarrollo de nuevas tecnologías audiovisuales y una mayor conciencia –aunque todavía insuficiente– sobre las interrelaciones de estos campos con el desarrollo nacional.

Para el proyecto de una industria de las artes audiovisuales, cabría agregar a lo ya señalado, el papel cada vez más decisivo que han comenzado a tener las nuevas "ventanas" de comercialización del cine. Aunque ellas siguen estando manejadas casi exclusivamente por las *majors*, corresponde al Estado argentino y a los empresarios del sector, analizar acciones conjuntas para su aprovechamiento en beneficio de la producción de películas nacionales.

Un ejemplo de estas nuevas posibilidades de financiamiento audiovisual lo constituye el video pregrabado. Si veinte años atrás el número de hogares con videocaseteras era prácticamente insignificante, hoy supera los 4,5 millones, lo cual representa una penetración del 50%, aunque se estima que sólo entre el 35% y el 40% de las familias dueñas de estos equipos hace uso habitual de ellos.

Con la aparición del video en la época del conocido "deme dos" de los argentinos que podían viajar a Miami, se desarrolló la edición de entre 1.500 y

EDICION DE PELICULAS EN VIDEO, SEGUN ORIGEN AÑOS 1991-1996					
AÑO	TOTAL	NACIONALES		EXTRANJERAS	
		CANTIDAD	%	CANTIDAD	%
1991	2.245	35	1,5	2.210	98,5
1992	2.106	61	2,8	2.045	97,2
1993	1.596	85	5.3	1.511	94,7
1994	967	55	6,0	912	94,7
1995	861	33	3,8	828	96,2
1996	806	45	5,5	761	94,5

Fuente: Boletín "DEISICA", Nº 5, junio 1996.

2.000 títulos de películas por año –en su gran mayoría de origen norteamericano– y también, una manera distinta de apreciar el producto fílmico.

Basta recordar que sobre un total de 2.261 títulos editados en el país en 1988, 1.505 (68,7% del total) correspondían a películas originadas en los EE.UU. y alrededor de 400 (26%) a países europeos. Las producciones locales, 108 en total, representaban apenas el 4,5% de los títulos ofertados. Sin embargo, ese porcentaje de presencia en el mercado tuvo uno mucho menor en materia de financiamiento para los productos argentinos. Una situación que todavía se mantiene, con ligeras variantes.

De un total de 42 títulos nacionales comercializados en video en 1996, 11 de ellos correspondieron a películas de ese mismo año y sólo 3 títulos estuvieron concebidos especialmente para la venta en video, correspondiendo a los géneros documental, musical y erótico.

Según DEISICA, las reediciones, los documentales y las películas de género histórico editadas en 1996 *"han tenido buena salida en virtud de su función educativa, ante la demanda creciente de escuelas y centros de enseñanza".* Sin embargo, por quinto año consecutivo se observó una caída de las ventas y de los alquileres de video, mientras creció la venta directa de copias.[31]

La edición de videos se redujo, en 1997, a 762 títulos, según la asociación que nuclea a los videoeditores (UAV).

Sobre 861 videos correspondientes al año 1995, analizados por el investigador Rolando Santos, para DEISICA, los porcentajes de los diversos géneros fueron los siguientes:

---

[31] *Boletín* DEISICA *nº 6... (Ob. cit.)*

Erótico-porno	22.4%
Suspenso	17.0%
Drama	13.1%
Acción	12.3%
Comedia	12.1%
Aventuras	4.6%
Dibujo animado	3.9%
Terror	3.6%
Otros	10.9 %

La producción norteamericana ocupa entre el 80% y el 85% de los títulos ofertados por las distribuidoras y los videoclubes de todo el país. A su vez, el mercado tiende a concentrarse en un pequeño grupo de empresas editoras y distribuidoras, que representan a las diversas compañías estadounidenses o europeas (AVH, LK-Tel, TVH, Gati, TVE, Transmundo, Transeuropa). También ha crecido el interés de empresas norteamericanas como Blockbuster (continuadora de lo que fue Errol's, su filial chilena) de participar más activamente en el negocio de los videoclubes, como refuerzo a su actividad en la televisión por cable y en las salas de cine.

Precisamente el crecimiento de la TV cable influyó en un significativo retroceso del negocio de los alquileres de video, que afectó principalmente a los videoclubes, cuya cifra se redujo a menos de la mitad en sólo seis años: 8000 videoclubes, aproximadamente en 1990 contra una cifra estimada de 3300 en 1996.

Un reciente estudio de la consultora Media Research & Consultancy Spain observaba, para el período 1992-96, una caída asimismo en el número de copias producidas y alquiladas. Según dicho estudio, la producción de las mismas habría sido de 850 mil unidades en 1996 frente a casi 2 millones en 1992. De igual modo, la recaudación estimada por alquiler de copias se habría reducido, de unos 200 millones de dólares en 1992 a menos de 90 millones en 1996.[32]

La caída del negocio del video afecta también la comercialización de copias de películas argentinas. Si un filme norteamericano exitoso puede vender actualmente entre 4 mil y 6 mil copias en el circuito de los videoclubes, uno nacional también de éxito, como *Sol de otoño*, de Mignona, que convocó a más de 300 mil espectadores en las salas, habría editado sólo 2600 copias. (Se exceptúan de esta situación los casos, también inusuales del cine local, como *Caballos salvaje*", *Comodinos*, etc.).

Tratándose de películas de los países vecinos, la situación se agrava aún más. El filme brasileño *Tieta de Agreste*, que logró un millón de espectadores en su país en 1996, apenas logró tirar 200 copias de video en el nuestro. Una señal también de que difícilmente pueda estrenarse alguna vez en las salas, incluidas las que maneja el INCAA.

---

[32] *Media Research... (Ob. cit.)*

Sin embargo, algunos títulos nacionales han encontrado en este medio ciertas posibilidades complementarias de su financiamiento y que permiten confiar en un desarrollo de las mismas, cuando los productores sean capaces de crear mejores condiciones de comercialización para sus películas. Ellas pueden provenir de la organización de nuevas fuentes de ingresos, como son la venta de copias en supermercados, *shoppings*, quioscos, librerías, video-bares, transporte público, o acompañando libros, folletos y publicaciones períodicas. En este punto el modelo de comercialización de otras industrias no debería ser subestimado.

Cabe recordar los tirajes masivos logrados por algunos títulos nacionales especialmente concebidos para este medio a través de la venta directa, acompañando revistas o publicaciones locales. El video *Las patas de la mentira* de Rodríguez Arias, editado con imágenes extraidas de informativos y programas de televisión, habría vendido en su momento unas 50 mil copias, mientras que el filme *Tango Feroz*, de Marcelo Piñeyro, superó esa cifra en 1994 cuando acompañó a la revista semanal *"Noticias"*. Este sistema se instaló en el mercado para promover el tiraje de algunos medios impresos y también para evadir impuestos, ya que el video que acompaña una publicación está exento del IVA. Sigue siendo considerado mero "complemento" de la publicación anexa.

Tampoco cabría subestimar la producción de títulos en video especialmente destinados a su comercialización en dicho medio o en la televisión. Se destacan, en este sentido, algunas experiencias que surgieron como respuesta a la crisis de la producción de largometrajes a principios de esta década, cuando la inversión requerida para realizar una obra de bajo presupuesto en soporte magnético era diez veces inferior a la que representaba el soporte fílmico.

Los costos de un largometraje realizado originalmente en video varían entre 8 mil y 100 mil dólares. En el caso de la productora Diana Frey –a cargo de *¿Y dónde queda el paraíso?* de Beda Docampo Feijoo y otros títulos– las producciones habrían requerido unos 80 mil dólares como promedio, por título. Pero en el extremo opuesto, no superarían los 8 mil dólares, como pareció ocurrir con títulos de video "condicionado" de la empresa Bell Group (también, Buena Onda SA).

Aunque no se ha insistido en el aprovechamiento de esas experiencias realizadas a principios de esta década –entre otras cosas por la aparición de la nueva ley de cine y su régimen de mayores ayudas– no deberían descartarse. Ello obligaría a proponer temas y tratamientos audiovisuales de verdadero interés con los que la televisión y el cine no pudieran competir fácilmente. En este sentido, el video puede facilitar búsquedas expresivas, a la vez que comerciales, poco indagadas aún por nuestros realizadores y productores cinematográficos.

Las posibilidades de la videografía no se reducen a copiar los esquemas narrativo-representativos que son propios del cine convencional ("películas en video") ni tampoco los que son comunes en la programación televisiva, incluyendo finalidades educativas, institucionales, sociales, para difusión en señal abierta o en circuíto cerrado. Pueden extenderse, además, al empleo del video como medio específico, en el campo del llamado "video-creación" o "video-arte". En este caso, la actividad videográfica se ubica fuera de la problemática del cine y otros medios audiovisuales, pudiendo atender finalidades puramente estéticas –las "instalaciones" son un ejemplo de ello– más propias de las artes visuales que de la obra cinematográfica o televisiva.

HOGARES CON TV ABIERTA Y POR CABLE. AÑO 1996	
Población estimada	34.600.000
Hogares	10.745.345
Hogares urbanos	9.293.050
Hogares con TV	10.208.073
Hogares abonados a la TV cable	4.706.000
Hogares "pasados" por cable	8.166.459

Fuente: Revista "ATVC", marzo 1996.

También el video fue utilizado como formato específico para experimentar relaciones dialogales o interactivas, en el marco de actividades de promoción social, dentro de las cuales el valor de cada producto se mide, no como hecho en sí mismo ("video acto"), sino por la dinámica que puede desencadenar ("video proceso") rescatando algunos principios de la llamada teleducación "complementaria".

Por el momento, el mayor aporte del video al financiamiento cinematográfico sigue basado en el impuesto del 10% a la venta y alquiler de copias que según la nueva ley de cine, engrosa todos los años el fondo de fomento del INCAA (algo más de 2,6 millones de dólares en 1996).

Cine y televisión

Las emisoras locales de televisión comenzaron a recepcionar señales satelitales en 1986, facilitando la irrupción de la TV paga, por el sistema de "cable", un medio que empezaría a competir fuertemente con la TV abierta, además de hacerlo también con el video y la producción local de películas. Si en 1987 el número de abonados era de alrededor de 900 mil en todo el país, esa cifra saltaría a 4,7 millones a principios de 1996 y a 5,2 millones en 1997. Ello convirtió a la Argentina en el tercer país más importante a nivel mundial –detrás de EE.UU. y Canadá– en el empleo de este sistema, previéndose que para el año 2000 el

OFERTA DE PELICULAS EN TV POR CABLE. AÑOS 1994-1996

EMPRESA	1994	1995	1996
VCC	14.244	18.747	20.515
Cablevisión	14.993	21.206	22.467

Fuente: Boletín "DEISICA", Nº 6, abril 1997.

número de hogares abonados se elevará a cerca de 7 millones, cifra que representará el 70% de la población nacional.[33]

Bastó apenas una década para que este nuevo sistema televisivo desplazara a la TV tradicional en ingresos económicos. En 1996 la TV abierta participaba con unos 1.500 millones de dólares de facturación publicitaria, equivalentes al 47,7% de las inversiones totales en ese rubro. En cambio, los más de 1.300 sistemas de cable existentes en el país habían alcanzado, ya para ese entonces, una facturación por hogares abonados superior a los 1.700 millones de dólares, sin contar los casi 100 millones de la publicidad (2,91% de las inversiones publicitarias totales), derivados ese año a dicho medio.

Actualmente pueden captarse en el mercado local alrededor de 90 señales de TV originadas en su mayoría en el hemisferio norte. Algunos de los grandes operadores brindan a sus abonados alrededor de 65 canales diferentes, pero en general, las emisoras medianas y chicas ofertan sólo entre 25 y 30 canales.

El porcentaje mayor de dicha oferta radica en películas, telefilmes, *seriales* y documentales cinematográficos. Los principales sistemas de TV por cable han incrementado en el último período su oferta de películas, saltando de 14 mil títulos en 1994 a más de 20 mil en 1996.

De acuerdo al estudio realizado por DEISICA sobre la oferta referida, los títulos repetidos en la misma corresponden a un segmento que no supera el 30% y oscila entre las 2 y las 8 repeticiones anuales de un mismo título. Ello permite calcular en algo más de 15 mil películas la oferta "neta" existente en cada sistema principal de TV por cable. Las *majors* manejan, a su vez, el 80% o más de los títulos transmitidos.

La pluralidad relativa que caracterizó los inicios de la TV cable y que reactivó las inversiones y el empleo en la industria audiovisual argentina, fue cediendo paso a una concentración cada vez mayor en este sector, estimándose que en 1996, el 45% de la programación y del negocio, estaba en manos de tres grandes MSO (Operadores de Servicios Múltiples), vinculados a grandes conglomerados de multimedios, telecomunicaciones y negocios financieros (Multicanal, Cablevisión, y VCC). El proceso de concentración de este sistema se acentuó aún más en 1997 de tal modo que a fines de este año, el 53% del mercado del cable fue acaparado por sólo dos MSO.

Por su parte los canales de TV abierta están cada vez más obligados a competir con el video y el cable, elevando la calidad de los títulos ofertados, o acortando los tiempos entre la comercialización de los filmes en las salas (cuando ello sucede) y el momento de su emisión televisiva.

Los principales canales, ubicados en la Capital Federal (Artear, Telefé, Libertad, ATC y América), emitieron en 1996 un total de 1.831 largometrajes y 2.510 telefilmes, lo cual representó para dicho año, un volumen de 4.341 títulos.

La producción nacional incluida en la programación de estos canales, repre-

---

[33] *Revista* ATVC*, marzo 1996, Buenos Aires.*

HORAS DE PROGRAMACION SEMANAL EN CANALES DE TV ABIERTA DE LA CAPITAL FEDERAL, SEGUN GENEROS. AÑO 1994

	AMERICA	ATC	LIBERTAD	TELEFE	ARTEAR	TOTAL
GENEROS MAS PROGRAMADOS						
Periodístico	49	69	26	16	12	172
Cine	14	24	7	9	24	79
Infantiles	25	14	6	1	5	52
Telenovelas	---	---	20	5	15	40
GENEROS MENOS PROGRAMADOS						
Moda	---	1	---	---	---	1
Culturales	---	1	---	---	---	1
Religión	---	2	---	---	---	2
Drama (teledrama)	---	---	---	4	---	4
Documentales	---	7	---	---	1	8

Fuente: Diario "Clarín", 10-11-94.

OFERTA DE PELICULAS EN MEDIOS AUDIOVISUALES SEGUN ORIGEN Y PORCENTAJES. AÑO 1995

ORIGEN	SALAS	TV ABIERTA	TV CABLE	VIDEO
EE.UU	62,9%	88,0%	83,8%	85,6%
ARGENTINA	13,5	6,0	3,6	3,8
FRANCIA	6,2	6,0	3,6	3,8
INGLATERRA	5,6	---	2,8	2,4
ESPAÑA	1,7	1,5	1,3	0,6
ITALIA	1,7	1,4	2,1	1,5
OTROS PAÍSES	8,4	1,3	3,8	2,8

Fuente: Boletín "DEISICA" Nº 5, junio 1996.

sentó un total de 174 largometrajes (9,5% del total ofertados) y 121 telefilmes (4,8% del total). En relación a las películas locales de largometraje, la emisión fue de 239 títulos en ATC, 174 en Artear, 162 en América, 12 en Libertad y 4 en Telefé.

El 62,6% de la programación total de los canales de aire de la Capital se concentra en sólo cuatro géneros: "periodístico", 31,4% del total; "películas", 14,4%; "infantiles", 9,5%, y "telenovelas", 7,3%.

Si nos atenemos a la oferta de películas en las distintas "ventanas" audiovisuales, tomando como base el año 1995, la presencia del cine argentino es del 13% en las salas de cine, se reduce a más de la mitad en la TV abierta y sigue disminuyendo en la TV cable y en el video.

Estas cifras traducen el crecimiento, a niveles mayores que nunca, de la oferta de películas en las pantallas televisivas del país. Ello incide directamente en el conjunto del mercado audiovisual argentino y, de manera destacada, en las características de muchas películas producidas en el último período.

RELACIONES DE PODER EN LA TELEVISION DE SEÑAL ABIERTA AÑO 1996		
CANAL 13	**ARTEAR**	
	Grupo Clarín	100%
CANAL 11	**TELEFE**	
	Grupo Atlántida (Flia. Vigil)	42%
	Televisoras provinciales	32%
	Madanes-Fontán Balestra	18%
	Luis Zanon	10%
CANAL 9	**LIBERTAD**	
	Alejandro Romay	76%
	J.O Scioli	12%
	Héctor Pérez Picaro	12%
CANAL 2	**AMERICA**	
	E. Euernekian-TCI	100%
CANAL 7	**ARGENTINA TELEVISORA COLOR**	
	Estado Nacional	100%

Fuente: Raul Dellatorre, en "Página 12", 24-8-97.

El ingreso de la televisión a la cinematografía argentina, a partir de la sanción de la nueva ley de cine, forma parte de la consolidación de conglomerados de multimedios y se ve facilitada por el poder promotor de los mismos en los proyectos donde participan como coproductores. El riesgo es ínfimo y los beneficios que las empresas reciben hasta ahora en materia de ayudas y subvenciones, son similares a los que se aplican a los pequeños productores o a los directores de películas independientes.

Ello traduce a su vez un proceso más amplio y complejo, vinculado a intereses y proyectos transnacionales, de creciente aplicación en otras partes del mundo, pero relativamente inéditos en nuestro país y que tienen directa relación con el futuro de nuestro cine.

La ley de Radiodifusión Argentina Nº 22285 promulgada en 1980 por la dictadura militar, exige la nacionalidad argentina como condición previa para acceder a las licencias de estos servicios (Artículo 45). Sin embargo, el Congreso Nacional sancionó en 1992 la ley Nº 24124 que aprueba el tratado entre Argentina y EE.UU. suscripto en Washington en noviembre de 1991, destinado a estimular y a proteger recíprocamente las inversiones. Mediante este tratado se les reconoció a los inversores extranjeros un tratamiento igualitario al establecido para las inversiones o las sociedades nacionales (Artículo III, Apartado 1).

Este tratado adquirió plena vigencia en setiembre de 1994 al aprobarse, según la ley Nº 24.356, el canje de notas cursadas entre ambos gobiernos. La condición aludida del Artículo 45 de la Ley de Radiodifusión quedó así modificada para las personas y sociedades estadounidenses, por cuanto la Constitución Nacional, según la reforma de 1994, prevé que los tratados tienen jerarquía superior a las leyes (Artículo 75, inciso 22). De ese modo, las personas físicas o las sociedades comerciales norteamericanas pueden solicitar licencias y, también, vincularse con licenciatarios de servicios de televisión, por cable o vínculo radioléctrico.

A partir de esos tratados, el COMFER dictó en 1995 una reglamentación sobre "Condiciones, requisitos y procedimientos" que deberán observar las personas o sociedades estadounidenses interesadas en prestar servicios o participar en sistemas de TV cable (Resolución COMFER Nº 0350, del 27-3-95). Puede inferirse, por lo tanto, que la TV por cable tendrá que prepararse para una situación de competencia (o de convergencia) con las compañías telefónicas, ya que éstas podrían empezar a ofrecer servicios competitivos cuando finalice la concesión monopólica con la que operan actualmente.

Sin embargo, como era previsible, esta situación ha beneficiado hasta ahora a quién más posibilidades tenía para aprovecharse de la misma. La apertura del país hacia los inversionistas extranjeros en un sector estratégico para el desarrollo nacional, como es el de la información y la comunicaciones, permite la aparición de múltiples y poderosos intereses que superan ampliamente lo específico de la industria cinematográfica o audiovisual.

A finales de 1997, después de sorpresivos cambios de poder en las distintas empresas de la TV cable, la mayor parte de este mercado quedó en manos de dos grandes MSO, con más de 3 millones de hogares abonados, que representan el 56% del total nacional:

RELACIONES DE PODER EN LA TV POR CABLE. AÑO 1997[34]
(SEGUN ACUERDOS CONCRETADOS Y OTROS EN GESTION A FINALES DE 1997)

OPERADOR	INTEGRANTES	ABONADOS	PARTICIPACION SOBRE TOTAL ABONADOS
Cablevisión-TCI2	CEI (33,28%) TISA (33,28%) TCI (26,24%) E. Eurnekian (7,2%)	650.000	12,3%
Multicanal	Grupo Clarín (70 %) TISA (30 %)	1.300.000	24,7%
VCC	Cablevisión (CEI-TISA) (50%) Multicanal (50%)	700.000	13,3 %
Supercanal Holding	Grupo Vila (41,5%) Multicanal (30%) Mastec (28,5%)	570.000	10,8 %
Mandeville Cable	Cablevisión (CEI-TISA) (100%)	350.000	6,6 %
Cablevisión del Comahue	France Radio Stet Pérez Companc (51%) Rajneri (49%)	100.000	1,9 %
Otros		1.600.000	30,4%
TOTAL		**5.270.000**	**100,0 %**

Fuentes: Elaboración propia sobre datos de ATVC, 1996; "La Nación", 27-10-97; "Newline Report", octubre 1997.

[34] *CEI (Citicorp Equity Investments), brazo industrial y de servicios del Citibank, de Nueva York, con participación en las empresas locales Cointel (telefonía), Papelera Inversora, Celulosa Puerto Piray y otras.*

TISA (Telefónica Internacional S.A.) de España, con participación también en las telecomunicaciones y en la TV cable de Chile, Perú, Venezuela, Santo Domingo y Puerto Rico.

- **Cablevisión-TCI**, de las transnacionales Citicorp Equity Investments (CEI), de EE.UU., con el 33,28% de las acciones; Telefónica Internacional S.A. (TISA), de España (33,28%); TCI International Holdings, de EE.UU., (26,24%) y una pequeña representación del empresario argentino Eduardo Eurnekian (7,2%).
- **Multicanal**, del Grupo Clarín, de Argentina (70% del capital accionario) y de la compañía española TISA (30%).

Entre ambos MSO se repartieron por partes iguales los 700 mil suscriptores de VCC, una de las más importantes empresas. Multicanal, por su parte, manejaba también el 30% de Supercanal Holding, el tercer gran sistema de la TV cable.

Cine, telecomunicaciones y globalización

En la actualidad, ya no se trata sólo de producir películas o de vender sus derechos de comercialización. Tampoco de contar con canales de señal abierta o productoras independientes dedicadas a responder a las necesidades de programación televisiva. El espacio audiovisual se ha complejizado enormemente en los últimos años incorporando otros protagonistas.

De este modo aparecen junto a productores y comerciantes de películas o de programas de televisión:

- fabricantes de satélites y sistemas de codificación y decodificación, especializados según las respectivas áreas y bandas;
- señales de programación, de las cuales existe ya en el mercado local un total de 90, que pueden ser captadas por los distintos *carriers*;
- empresas distribuidoras que comercializan señales del exterior;
- proyectos competitivos y a la vez confluyentes para desarrollar nuevos sistemas televisivos, como la DTH (Televisión Direct to Home);

Todos ellos actores de sumo interés para la industria audiovisual, pero también para la de las telecomunicaciones, además de las industrias aeroespaciales, de guerra y otras.

TCI International Holdings, factura a nivel mundial 4.500 millones de dólares anuales, con participación en compañías de TV satelital, producción de programas de TV, video-juegos y otras.

Grupo Clarín, dueño del diario Clarín, controla, o participa, de Artear (Canal 13), Multicanal (cable), Supercanal (cable), Todo Noticias (cable), Televisión Satelital Codificada, Radio Mitre AM 80, Radio FM 100, CTI (telefonía celular), Editora Trasandina de Revistas, Artes Gráficas Rioplatenses, Agea Inversora, etc. Su facturación anual supera los 1.200 millones de dólares.

En el mes de octubre de 1997 la empresa Video Cable Comunicación (VCC) fue disuelta. Una mitad de sus abonados pasó a Multicanal y la otra a Cablevisión.

La compra de Mandeville Cable Partners por parte de CEI-TISA se hizo en el mes de octubre de 1997 a través de Cablevisión.

MERCADO DE LAS TELECOMUNICACIONES, LA TELEVISION Y EL CINE. AÑO 1996		
MEDIOS	**MILLONES U$S (VALORES ESTIMADOS)**	**%**
Telecomunicaciones (telefonía y datos internacionales, telefonía celular y servicios de valor agregado)	7.800	69,3
Televisión abierta (publicidad, ventas)	1.500	14,2
Televisión por cable (abonados, publicidad, ventas)	1.700	15,0
Cine (salas, ventas exterior, publicidad)	180	1,5
TOTAL	***11.180***	***100,0***

Fuentes: Elaboración propia sobre datos de revistas "ATVC" (julio 1995) y "Prensario/TV & Cable" (julio 1997).

Si nos atenemos solamente al negocio de las telecomunicaciones hogareñas en la Argentina, éste representa en la actualidad, más de 8 mil millones de dólares por año. Si al mismo se suma el de la telefonía celular, esa cifra supera los 9 mil millones. La posible articulación de las telecomunicaciónes con el mercado de la TV por cable, eleva el monto a entre 11 mil y 12 mil millones de dólares. Un negocio apetitoso si, quienes lo propician logran "cautivar" al conjunto de los hogares argentinos usuarios de estos servicios.

"Los expertos hablan de la "sinergía" del negocio para justificar la ligazón de este ambicionado proyecto con la operacion de los canales abiertos, medios gráficos y radiales, y hasta la explotación de espectáculos y producción cinematográfica. Un conjunto de negocios que superará, cómodamente los 20 mil millones de dólares por año, y cuyo control ofrecerá además un lugar privilegiado con el poder político".

Basta recordar que la facturación global de las telecomunicaciones argentinas se ha duplicado entre 1991 y 1994, pasando de 3.200 millones de dólares en el primero de esos años a 6.300 millones en el segundo. Esa cifra se elevó a 7.800 millones en 1996, y se esperaba que alcanzara los 9.200 millones en el transcurso de 1997.[35]

En este panorama global de las relaciones locales entre la industria audiovisual y las telecomunicaciones –ambas en pugna por el control del mercado– el cine resulta insignificante si se lo circunscribe al rubro de su dimensión económica en el mercado tradicional de las salas. Sin embargo, tiene un enorme

[35] *De la Peña y Asoc., en revista* Prensario/TV & Cable, *Nº 121, julio 1997, Buenos Aires.*

valor potencial cuando se lo ubica como recurso básico de los diversos sistemas de televisión y las relaciones que estos tengan con la telecomunicación, la computación y otros medios a futuro. En este sentido, la llamada "industria de contenidos", representa un sector vital –al cual no le damos en el país todavía suficiente importancia– para el futuro del universo audiovisual y de las comunicaciones a distancia.

Entre 1995 y 1997 el mapa del poder en este sector ha experimentado cambios sucesivos y profundos. De todos ellos emerge como factor dominante, la presencia cada vez más hegemónica y decisiva de compañías transnacionales –industria, comercio y finanzas– para las cuales el futuro de los argentinos sólo está pensado según lo que él mismo pueda redituarles como beneficio económico o estratégico.

Esto hace prever que, de no mediar una nueva legislación destinada a ordenar las relaciones de la telefonía con la televisión y la industria audiovisual, la carrera hacia la oligopolización experimentará dramáticos enfrentamientos, cuya principal perjudicada será la sociedad argentina. Incluida también su cinematografía.

La situación del espacio televisivo y las de sus relaciones con conglomerados de multimedios e intereses financieros, nacionales y extranjeros, reviste suma importancia si se observa que la televisión constituye, desde muchos años atrás, el principal medio de consumo audiovisual, o lo que es igual, de información, cultura y entretenimiento.

Una encuesta realizada por el CEOP (Centro de Estudios de la Opinión Pública), señalaba que, en 1995, el 45,5% de los argentinos miraba televisión entre 2 y 3 horas diarias; el 20,4% lo hacía entre 3 y 4 horas, y el 18,1% transcurría ante la pantalla chica más de 4 horas diarias. En resumen, casi el 84% de los televidentes argentinos permanecía frente al televisor más de 2 horas por día.[36]

Semejante consumo audiovisual, hegemonizado en un 80% por enfoques y narrativas de otras industrias y culturas, termina modelando las formas de percepción del teleespectador local y sus pautas de consumo. Lo cual se agrava aún más, cuando ni el Estado ni las organizaciones representativas de la comunidad desarrollan programas y actividades de educación audiovisual para incrementar la conciencia crítica sobre la calidad real de lo que ofertan los medios al consumo cultural cotidiano.

En consecuencia, el productor y el realizador locales están obligados a disputar, no sólo cuotas de pantalla en las salas de cine y en la televisión, sino también espacios en las tendencias del consumo del público, altamente condicionadas por la programación "única", y a la vez excluyente, que se le agenda día tras día.

Resumiendo: la situación tradicional de dependencia del cine argentino se ha acentuado más que nunca en los últimos años, a través de:

- su relación con el gobierno de turno –más que con el Estado– para determinar qué se filma, quién filma y cuándo se filma, lo cual incide en los temas, enfoques y tratamientos de cada proyecto;

---

[36] *Diario* Clarín, *10-9-95.*

- su relación con las grandes compañías de distribución y de exhibición, controladas cada vez más por las *majors* y sus socios locales;
- su relación con las tendencias del consumo local, altamente condicionadas por modelos casi excluyentes de narrativa, promovidos desde todas las pantallas audiovisuales y promocionados desde todos los medios de comunicación.

Una situación que obligará a concertar medidas entre el Estado, el sector privado y las asociaciones y sindicatos del sector audiovisual para redefinir el empleo de las capacidades reales existentes en aquél –creativas, técnicas y económicas– a fin de acrecentar y mejorar la producción de imágenes propias. Partiendo, obviamente, de las ventajas que proporciona la nueva legislación cinematográfica y las expectativas siempre vigentes en el pueblo argentino de autoreconocerse en las pantallas.

3
ideología y dependencia

III. IDEOLOGIA Y DEPENDENCIA

1. La censura: entre la "libertad de expresión" y la "libertad de elección" (*)

Censura y "proteccionismo" ideológico

Siglos atrás, la Iglesia constituía el principal ámbito de formación de la opinión de los individuos; luego, ese ámbito se desplazó en gran medida a la escuela. En la actualidad, los medios masivos de comunicación amenazan la hegemonía de la Iglesia y de la escuela, perfilándose como poderosos centros formativos. ¿Qué hacer entonces? Los poderes hegemónicos responden de manera aparentemente distinta, ya sea oponiéndose a los medios y recuperando las "cualidades" de la Iglesia y de la escuela tradicionales, o bien, intentando hacer de aquéllos la nueva "Iglesia-escuela" de la humanidad. El conflicto, como vemos, no existe; unos y otros coinciden en lo esencial de la respuesta.

El argumento de mayor peso esgrimido en nuestros países por los presuntos defensores de la cultura y la moral de los individuos, es que los medios, particularmente el cine, tienen un poder de influencia casi apocalíptico sobre la sociedad. En consecuencia, la censura queda enarbolada como un antídoto irrecusable. ¿Qué es lo que se esconde detrás de todo esto? Veamos algunos elementos de juicio, comenzando por los que se refieren a los efectos de los medios.

Es indudable la dificultad existente en la actualidad para fijar posiciones definitivas sobre este tema. No es lo mismo detectar los efectos ocasionados por el desarrollo industrial en la naturaleza o en el mundo material, que hacerlo sobre las consecuencias del desarrollo de la industria cultural en la ideología y en el

(*) *La información y los conceptos principales de este Capítulo 1 corresponden a lo publicado en el libro* Cine y dependencia *en 1990.*

espíritu de los individuos. En el primero de los casos, el deterioro producido en el ambiente o en la naturaleza por la inadecuada y desaprensiva utilización de la tecnología puede percibirse a simple vista, con el oído, el olfato y los pulmones. Pero tratándose del deterioro ocasionado por la también inadecuada y desaprensiva utilización de los medios tecnológicos de comunciación, los efectos no saltan directamente a primera, ni siquiera, a segunda vista.

Sin embargo, los medios masivos suelen convertirse, injustamente a veces, en los chivos expiatorios de los males de una sociedad. Se sustituye el análisis científico por la imprecación rápida y moralizante que trata de descargar en aquéllos la responsabilidad de ser algo así como en nuevo "opio" de los pueblos. Quienes intentan ocultar las causas profundas de los males de una sociedad encuentran, naturalmente, en los medios al gran culpable de problemas tales como la delincuencia juvenil, la disolución de la familia, la violencia o la inmoralidad. Del mismo modo, esa actitud implica el reconocimiento de que un cambio o transformación de los medios, sería factor fundamental para resolver la problemática social de un país. Ello es así porque un pensamientos que sobrevalora los efectos de los medios –subestimando en consecuencia la capacidad de los individuos receptores– conforma simultáneamente una actitud censora-paternalista, bastante común en nuestras sociedades.

La casi totalidad de los estudios realizados sobre los efectos de los medios indica hasta ahora, que la comunicación masiva nunca se constituye por sí misma en la causa suficiente de efectos sobre el espacio receptor; más bien operaría como agente capaz de contribuir –sin ser el origen– al reforzamiento de situaciones preexistentes, orientándolas hacia una u otra dirección.

Esas situaciones se conforman a través de múltiples factores e influencias mediadoras, que se modifican, a su vez, en el tiempo y varían en cada espacio, siendo ellas de tipo cultural, político, social, económico, religioso, geográfico, etcétera.

Un vistazo superficial a los "efectos" de las comunicaciones masivas –donde el cine constituyó siempre un elemento fundamental– permite observar en la Argentina ciertos rasgos, de algún modo nuevos: una mayor penetración económica extranjera; el consumo exacerbado de productos publicitados por los medios, en buena medida superfluos; una redistribución del tiempo "libre" de la población, volviéndolo a un mayor consumo de recursos tecnológicos como la TV; un debilitamiento de las comunicaciones directas y de las comunicaciones familiares, así como criterios de "modernización" que afectan muchas pautas culturales; nuevas formas de apreciación de los medios de comunicación, disminuyendo asimismo el uso de los medios tradicionales. Muchos otros efectos podrían agregarse; sin embargo todos ellos están en condiciones de admitir respuestas que probarían la influencia de otros factores, tanto o más importantes que los medios masivos.

Heriberto Muraro incorporaba nuevas facetas este tipo de observaciones, cuando analizaba el crecimiento del consumo de automotores, adjudicado por los "apocalípticos" a los medios y a la publicidad. Muraro se preguntaba: *"El desarrollo irracional de la industria automotriz en la Argentina, ¿no habrá sido provocado por un desarrollo más o menos deliberado de la industria de la construcción y la comercialización de tierras urbanas? ¿Qué relación hay entre los compradores de automóviles y los de casas, así como entre los precios de ambos bienes? En otros términos, ¿no sería posible que las pseudonecesidades de autos tuvieran un origen mucho más profundo, más objetivo y estructural que la manipulación publicitaria? En tal caso estaríamos considerando como producto de la persuasión a algo que, en realidad, se fundamenta en el dominio, en la dictadura del sistema monopólico sobre la economía nacional, más que en una irracional actitud de los consumidores".*[1]

¿Y en relación a la disminución de las comunicaciones populares y familiares? Es cierto que este problema apareció en la Argentina con mayor intensidad a partir de la irrupción de la TV, y el consecuente auge de la política "desarrollista", dirigida a facilitar las inversiones extranjeras y el consumismo.

Hacia la década del '60, en la que se afirmó la industria cultural imperial en nuestro país, las comunicaciones populares y familiares tenían niveles de solidez, que luego se irían resquebrajando. La vida popular en la vereda, en el café de la esquina o en el club social del barrio, cedió posiciones frente a las pantallas de televisión y al consecuente repliegue al interior de los hogares.

Sin embargo, un análisis más profundo de las causas de este problema no debería omitir, por ejemplo, que el repliegue de ese momento pudo tener también otros factores causales, como la derrota de las más grandes movilizaciones populares y obreras que hasta ese entonces se habían visto en la Argentina (nos referimos a las huelgas, manifestaciones, asambleas masivas, actividades públicas, ocupaciones fabriles con amplia solidaridad barrial, etc.). Fue precisamente en 1959, junto a la derrota de las huelgas nacionales de los más poderosos sindicatos, que se expandieron en el país, casi simultáneamente, los canales de TV comerciales controlados por las grandes cadenas norteamericanas.

Indudablemente, parecen haber contribuido a la disminución de las comunicaciones interpersonales al servir para disimular los silencios, ocultar los desencuentros, reemplazar aquello que el individuo no es capaz de producir por sí mismo. Sin embargo sería exagerado responsabilizar a los medios por ese tipo de situaciones.

La evasión de la realidad también pudo haber sido estimulada por los nuevos recursos comunicativos. ¿Pero era ella menor antes de su aparición? ¿No despertaron los medios masivos el conocimiento de ciertas circunstancias que hasta ese momento eran vedadas a los espacios receptores? Sukarno, en Indonesia, llegaba a afirmar, décadas atrás, que la aparición del cine en su país había significado un hecho positivo antes que negativo. ¿Por qué? Simplemente había facilitado a las masas la información del modo de vida del hombre norteamericano así como los derechos democráticos que pregonaban sus filmes; por comparación, la situación del pueblo indonesio aparecía como absurdamente injusta y movilizaba los ánimos en la tentativa de superarla, para alcanzar niveles más modernos y humanos de vida.

Es evidente que la tentativa de evasión aparece como algo innato de la comunicación masiva en un país dependiente; pero habría que distinguir el modo

---

[1] *Heriberto Muraro,* Neocapitalismo y comunicación de masas, *EUDEBA, Buenos Aires, 1973.*

en que el espacio receptor –en todo caso mucho más decisivo que el emisor para definir el valor de los mensajes– utiliza aquellas tentativas.

Al respecto, Umberto Eco destaca: *"Canturrear cada mañana el mismo estribillo o leer la misma historieta (que cambia en cuanto al texto exterior pero es en esencia la misma y precisamente por esto gusta), no constituye la degeneración de la sensibilidad o embotamiento de la inteligencia. Constituye un sano ejercicio de normalidad cuando representa el momento de 'pausa'. El drama de una cultura de masas consiste en que el modelo de pausa se transforma en norma, en sustitutivo de toda otra experiencia intelectual, en amodorramiento de la individualidad, en negación del problema, en rendirse al conformismo de los comportamientos, en el éxtasis pasivo exigido por una pedagogía paternalista que tiende a crear súbditos adaptados. Poner en tela de juicio la cultura de masas tachándola de situación antropológica en que la evasión episódica se transforma en norma, es muy justo. Y es un deber. Pero tachar de radicalmente negativa la mecánica de la evasión episódica es algo distinto, y puede constituir un peligroso ejemplo de 'ibris' intelectualista y aristocrática (profesada casi siempre en público, porque en privado el moralista severo aparece a menudo como el más ferviente y silencioso adepto a las evasiones que en público censura por profesión)".*[(2)]

¿Y la juventud? ¿Cómo ha sufrido los efectos de los medios? ¿No bastaría acaso reparar en el "hippismo" de las nuevas generaciones, el desaliño de su ropa y su peinado que vino a suplantar drásticamente el cabello engominado y el riguroso traje y corbata de la década del '40 o del '50? Es cierto que amplias capas jóvenes procedentes, en su mayor parte, de los sectores medios empobrecidos o de la clase trabajadora suburbana, recurrieron muchas veces al desaliño personal, a los vestuarios importados, o a estilos de comportamiento que sólo aparentaban una imitación de la seudoprotesta vigente en las juventudes de algunas naciones centrales. Sin embargo, en la Argentina, las capas juveniles también encontraron –a diferencia tal vez de otras latitudes– formas importantes de organización popular, sindical o política, a través de las cuales su insatisfacción y auténtica protesta halló canales positivos de exteriorización. Esa juventud de melenas largas, vestida con *blue jeans* o remeras saturadas de signos anglosajnes fue capaz de integrarse a las movilizaciones y acciones populares más importantes de su época, tanto para criticar como para construir afirmativamente.

Frente al poderío de los medios se alzó una fuerza mayor lograda por un pueblo organizado cuya ideología, valores y objetivos no estaban de ningún modo representados en las clases hegemónicas. Las ideas de éstas, antes que ser la expresión "dominante" del conjunto, no eran ni son otra cosa que la expresión "dominadora". Ello es así porque el poder, en los países dependientes, suele estar afirmado en núcleos que no representan la voluntad democrática de las grandes mayorías, como quizás ocurra en una nación central; por el contrario, acostumbra ser la negación más flagrante de aquélla.

Destaquemos un ejemplo clarificador: durante más de un siglo todos los medios de comunicación masiva, así como los recursos de la educación y la enseñanza, estuvieron dirigidos a propagandizar la idea de que un personaje de

---

(2) *Umberto Eco,* Apocalípticos e integrados ante la cultura de masas, *Lumen, Barcelona, 1968.*

la historia argentina, el gobernante nacional Juan Manuel de Rosas, no fue otra cosa que un "tirano sangriento". El país apareció a lo largo de decenios cubierto por esa idea, que al emerger de los dueños del poder, parecía ser también la idea "hegemónica". Durante más de un siglo, la enseñanza primaria, secundaria y universitaria, infinidad de actos y celebraciones públicas, conferencias y debates, programas de radio y televisión, publicaciones infantiles, campañas murales e incluso películas, se dirigieron a reforzar una situación "preexistente" pero sólo para la parcialidad de las élites gobernantes, dada la desvinculación de éstas con el conjunto de las fuerzas sociales nacionales. Sin embargo, lo efectivamente hegemónico no estaba en la cúspide del poder antinacional, sino en las masas aparentemente sometidas, que no sólo había sido capaz de rechazar, a lo largo de más de un siglo, las innumerables campañas de persuasión, sino que logró también persisitir como afirmación y exteriorizarse, sacando a luz aquello que era condenado a estar en lo subterráneo. Ello explica que cuando el pueblo alcanzó el gobierno del país, en 1973, exigiera desde los estrados parlamentarios la reivindicación oficial de Rosas, hecho que registró también un exitoso film de la época: precisamente el *Rosas* de Manuel Antín.

Todo indica, entonces, que el poder de los medios masivos no se sustenta principalmente en ellos mismos, sino en una compleja red de factores, cuya evolución y características no pueden medirse fácilmente, y mucho menos, trasplantarse de un espacio, o de un tiempo, a otro.

No hay duda que los medios inciden y condicionan diversos aspectos de la vida social de los pueblos; pero menos dudas existen aún de que es la vida social –educación, familia, religión, política, etc.– la que determina las características de los medios.

Acertadamente, Mattelart afirma: *"El mensaje no es el medio; el mensaje es la sociedad"*.(3)

A partir de esta realidad, los medios deben también adecuarse a las circunstancias vigentes para facilitar su operatividad; tales circunstancias actúan a su vez sobre la manipulación de los medios, cuando ellas se rigen por un presunto proteccionismo contra el papel depravado de los mismos.

La labor de quienes en una sociedad dependiente enarbolan la bandera de la "moralidad", la "defensa de la niñez", la "protección de la juventud" y muchos otros argumentos seudoprotectores suele producir comúnmente efectos más desastrosos que los medios mismos. Al intervenir paternalmente –con la idea constante de "pueblo inmaduro"– dificultan el desarrollo del juicio crítico por parte del espacio receptor, particularmente de la juventud, incorporando en cambio deformaciones de diverso tipo que coinciden con las intenciones de los poderes que se benefician de la dependencia.

Refiriéndose a los mensajes sentimentales de las telenovelas, radioteatros o películas, el Sindicato de Luz y Fuerza de Buenos Aires enjuiciaba así la situación vigente: *"Los mismos productores de este tipo de mensajes saben bien que éstos deben cumplir simultáneamente con dos requisitos básicos: por un lado no*

---

(3) *Armand Mattelart,* Agresión desde el espacio, *Siglo XXI, Buenos Aires, 1972.*

apartarse de la moral convencional, a fin de evitar las críticas de los funcionarios del Estado y de las llamadas 'ligas de padres' y, por otro lado, contener elementos realistas que estimulen al espectador, lector o televidente. Los productores saben que si la telenovela integrara su forma y contenido caerían en uno de los dos siguientes extremos, para ellos inaceptables: un programa 'moral', aceptable para los censores, pero aburrido para la mayoría del público, o bien un programa realista que enfocaría críticamente los problemas de nuestra sociedad y, por ende, sería objetado por el censor. La contradicción se resuelve generalmente apelando al erotismo (grandes besos prolongados en pantalla, tramas tortuosas, etc.) acompañado por un texto muy trivial que logra cumplir formalmente con las exigencias de la 'moral oficial'. El resultado es una comunicación disociada, integrada por dos mensajes mutuamente excluyentes y paralelos, sólo comparable al tipo de comunicación que según la siquiatría moderna caracteriza a los enfermos mentales (esquizofrénicos, double mind)".[4]

Limitarse a analizar los "efectos" de los medios por la labor específica que ellos están desarrollando implica siempre un análisis parcial. Los efectos deben ser contextualizados en lo que una comunidad no produce por sí misma, para autoabastecerse de acuerdo a sus legítimas necesidades de desarrollo. Poco servicio prestaríamos a una política cultural nacional si nos limitáramos a denunciar los efectos de la penetración, recomendando entonces medidas de prevención, cura o extirpación. Se trata de ver el problema en su conjunto, es decir, incorporando a él la existencia de una comunidad capaz de incrementar sus cualidades intrínsecas en todas las áreas, a pesar de la presencia dominante de fuerzas adversas.

¿Qué es más perjudicial en última instancia? ¿Que las transnacionales produzcan y nos envíen programas enlatados ajenos a nuestras necesidades, o que nosotros no hayamos sido capaces aún de articular una política de producción adecuada para ocupar gradualmente el espacio de pantalla necesario? ¿Podemos seguir reposando sobre la base de adjudicar al factor externo adversario, todos los problemas padecidos en la sociedad dependiente? ¿Qué responsabilidad le cabe a ésta si no es capaz de formular políticas que, según las posibilidades reales de cada momento, desplacen la presencia extranjerizante, pero sustituyéndola de manera positiva?

Una ideología crítica resulta válida, pero a un mismo tiempo, parcial. Los pueblos avanzan sobre la base de ideologías positivas, capaces de afirmar los valores, creencias, proyectos y esperanzas de las nuevas fuerzas históricas, superiores a las que son cuestionadas.

Una política que confía en la existencia de una comunidad capaz de incrementar su "salud", es muy diferente a otra que, suponiéndola enferma o proclive a las debilidades y contagios, se reduce a "curar", ya sea con analgésico o bisturí... Pese a proclamarse "preservadora", "proteccionista, o "profiláctica", suele encarnar los vicios de la más regresiva filosofía imperial.

Veamos cómo esa política, aplicada desde los sectores representativos de la dependencia, se ha explicitado en el caso argentino y con qué resultados.

---

[4] *Sindicato de Luz y Fuerza,* Pautas para una política nacional, *Buenos Aires, 1972.*

La Iglesia y la censura

Podríamos afirmar que la Iglesia Católica fue, y continúa de algún modo siendo, la institución que mayor interés puso en la Argentina en el estudio, el análisis y la política de orientación ideológica para la producción y difusión de películas. Mientras que el interés del Estado se redujo esencialmente al control de los problemas industriales y comerciales para el fomento de la actividad privada, la Iglesia tuvo especial injerencia, no sólo en la definición de orientaciones ideológicas generales, sino que controló, directa o indirectamente, las estructuras oficiales ocupadas de deteminar aquello que los argentinos podían o no ver.

Es así que el Instituto Nacional de Cinematografía se ocupó desde su constitución en los asuntos de fomento industrial (su participación en lo específicamente ideológico fue sensiblemente menor), y el Ente de Calificación Cinematográfica, cubrió, por su parte –a través de la "censura"– la función de controlar, aprobar o rechazar, cortar o recomendar, todo lo que tuviera que ver con los aspectos ideológicos y morales de la producción nacional y extranjera. Desde dicho Ente se explicitó una orientación cuyos rasgos generales fueron siempre definidos por hombres militantes de la Acción Católica y de la Iglesia.

Los sucesivos gobiernos parecieron coincidir, a través de los años, en otorgar a este respetable sector de la sociedad dependiente, una función rectora de tipo ideológico y cultural que ningún otro organismo se animó a cumplir, ni siquiera aquellos especialmente responsables de esa labor, como podrían ser el Ministerio ocupado de los problemas de la educación y la cultura, o el propio Instituto de Cine. Baste recordar que el Dr. Ramiro de la Fuente –hombre de confianza del episcopado argentino– estuvo a cargo del Ente de referencia durante los gobiernos del radical Arturo Illia, y de los generales Onganía, Levingston y Lanusse. Asimismo, Miguel Tato arrastró el cargo de censor desde del gobierno de Isabel de Perón hasta el de la dictadura militar.

La misión de la "censura" no se circunscribe obviamente a cuestiones de "decencia" o de "moral"; implica toda una política que rige el quehacer de la producción cinematográfica y afecta directamente a la cultura nacional. Para verificarlo veamos de manera sintética la experiencia seguida en el país por los defensores de la "moral" argentina.

Convengamos primeramente que "moral" y "decencia" no son términos unívocos o universales; por el contrario, suelen estar determinados siempre por fuerzas histórico-sociales y circunstancias de muy diverso tipo que cambian en el espacio y en el tiempo. Así, lo que puede ser "moral" o "decente" para una sociedad imperial –por ejemplo simular la defensa de la libertad individual para ejercer la opresión internacional– resulta totalmente inmoral e indecente para nuestros países. Otro tanto ocurre si se compara un hecho moralmente válido hace un siglo y el significado del mismo en nuestros días.

En la Argentina abundan todavía las entidades dedicadas a una pertinaz defensa de lo que se entiende como valores morales "universales'; son las conocidas sociedades o ligas de protección al menor, a la familia, a la joven, etc. Comúnmente dependen de la Iglesia y están sujetas a las orientaciones de sus respectivas jerarquías, cuya instancia superior no está en el país, sino en Roma. Precisamente desde Roma, la Iglesia Católica ha fijado una y otra vez lineamientos en materia de calificación de medios y de cine, con presunta validez "universal", traducidos rápidamente en lo interno del país por los órganos religiosos locales.

Es el caso, por ejemplo, de la "Encíclica Miranda Prorsus" de Pío XII, en cuya "Parte Especial", dedicada al "Cinematógrafo", se determinaba la política a seguir en las áreas de "Clasificación moral", "Crítica cinematográfica", "Empresarios", "Distribuidores", "Actores", "Productores y Directores", etc.(5) Es decir, una serie de temas fundamentales para la actividad cinematográfica y la cultura nacional, que ningún organismo oficial argentino se ocupó nunca de abordar con un mínimo de rigor.

El "Decreto Conciliar sobre los Medios de Comunicación Social", aprobado en el Concilio Vaticano II, además de proclamar *"que la primacía del orden moral objetivo ha de ser aceptada por todos, puesto que es el único que supera y congruentemente ordena todos los demás órdenes humanos, por dignos que sean sin excluir al arte"*, recomendaba que *"deben ser instruidos los laicos en el arte, la doctrina y las costumbres, multiplicando el número de las escuelas, facultades e institutos, donde los periodistas, los guionistas cinematográficos, radiofónicos, de televisión y demás interesados puedan adquirir una formación íntegra, penetrada de espíritu cristiano, sobre todo en la doctrina social de la Iglesia"*.(6)

Más adelante, el Cardenal Caggiano, en la Cuaresma del año 1962, recordaba en una Carta Pastoral, la Orden dada por Pío XI a los Obispos, de *"establecer en todas las naciones una Oficina permanente nacional para promover las buenas películas, clasificar las otras, y hacer llegar este juicio a los sacerdotes y fieles, y dirigir al mismo tiempo todas las actividades de los católicos en el campo del cinematógrafo"*.(7)

Como vemos, la Iglesia habrá podido ceder terreno, primero ante la escuela y luego frente a los medios masivos de comunicación; pero no ha descuidado en ningún momento su presencia en el interior de estas nuevas instituciones, para transmitir, a través de ellas, las orientaciones aprobadas en el Vaticano; no parece legítimo y coherente con sus intereses y finalidades, que procure introducir en todos los países valores y proposiciones que a su criterio conservan valor universal. Sin embargo, tampoco parece ser tan legítimo que el Estado argentino haya omitido casi permanentemente el hecho de elaborar por sus propios medios –y atendiendo a los intereses y peculiaridades nacionales–, normas y principios para este tipo de problemas. Aunque, si falta la legitimidad, no ocurre lo mismo con la coherencia, en tanto este abandono de un aspecto fundamental para la salud ideológica y espiritual de la población, se corresponde con la misma concepción de dependencia que rige en las restantes áreas de la vida nacional.

¿Cuál ha sido la política de orientación y calificación ideológica llevada a cabo por la Iglesia en el terreno del cine? ¿A qué fines sirvió la ausencia de una política nacional en dicha actividad, por parte de los sucesivos gobiernos? Repa-

---

(5) *Acción Católica Argentina. Dirección de Cine y Teatro,* Guía Cinematográfica 1954/64. *Buenos Aires, 1965.*

(6) *Ibid.*

(7) *Ibid.*

La imagen de Isabel Sarli bajo la mira de la censura . "Carne" (Armando Bo, 1968).

semos algunos datos. Así, por ejemplo, recordamos aún la labor de la Dirección Central de Cine y Teatro de la Acción Católica Argentina, ocupada durante muchos años de dictaminar en materia de calificaciones, aunque tal labor no tuviera hasta 1963, valor legal alguno. Comenzó, sin embargo, a tenerlo cuando se institucionalizó en la práctica, a través del decreto-ley 8.025/63 del gobierno de Guido, destinado a legalizar la "calificación", es decir, la censura, prohibida a su vez de manera expresa por la Ley de Cine promulgada en 1957 y que, naturalmente, dejaría de tener vigencia efectiva.

Para esta forma de entender la moral y la decencia, los tipos de calificación –antes de su institucionalización oficial– eran los siguientes: "Aceptable para todos", "Aceptable para adolescentes", "Aceptable para mayores", "Reservada", "Desaconsejable" y "Prohibida para todos".

¿Cómo se aplicaban estas calificaciones? Veamos algunos ejemplos.

En el área de las "desaconsejables", se ubicó a películas como *Morir en Madrid* (Rossiff), *La noche* (Antonioni), *La dolce vita* (Fellini), *El ángel exterminador* (Buñuel), *Disparon sobre el pianista* (Truffaut), *Elmer Gantry* (Brooks), *Barrio gris* (Soffici), *Los jóvenes viejos* (Khun), *Tres veces Ana* (Kohon), etc. Como "prohibidas para todos": *Alias Gardelito* (Murúa), *El milagro* (Rosellini), *Viridiana* (Buñuel), *El silencio* (Bergman), *Sin aliento* (Godard), *La señorita Julia* (Sjöberg), *Juana de los Angeles* (Kawalerowicz), *Gervaise* (Clement), *Los amantes* (Malle), etcétera.[8]

¿Qué se promovía en cambio, frente a ese tipo de filmes caracterizados por la "ofensa" a la "moral" y a la "decencia" de los argentinos? Entre las películas

(8) *Ibid.*

producidas en el país o por realizadores nacionales, se fijaba la categoría de "aceptables para todos", a los productos de la industria dominante, como *Canuto y Cañete, conscripto en el 7, Alias Flequillo, Las aventuras del Capitán Piluso, Abril en Portugal*, etc., es decir, a la línea de producción de "éxito seguro" y de finalidades esencialmente lucrativas.

Los filmes extranjeros que se ubicaban dentro de esta categoría, eran del mismo tono, pero ideológicamente más cuestionables aún: *El FBI en acción, Aventura en China, Aquí las de la Armada, Asesinos a sangre fría, Fuego sobre Corea, Furia en el Congo, Aventura en mares chinos, Almirante Canaris, Ataque submarino, Cuna de héroes,* etcétera.

Es decir, si la restricción atendía a películas que pasaron a figurar entre las obras más valiosas producidas por la cinematografía mundial, la promoción se dirigió a películas exaltadoras de la hipocresía y la inmoralidad real de buena parte de los productores tradicionales argentinos, o bien, a la exaltación de las instituciones militares y policíacas imperiales, particularmente norteamericanas, así como las actividades coloniales de las grandes potencias en los países del Tercer Mundo.

En el marco de esta promoción de la "moral" y la "decencia" figuraban también muchas comedias y dramas hollywoodenses, auspiciadores de un individualismo carente de sentido social y de los valores de una sociedad sustentada sobre la opresión de otras sociedades. Es decir, se promovían producciones ideológicas que, desde nuestra particular realidad, debieran inscribirse en las categorías más rotundas de inmoralidad e indecencia.

En suma, una política de calificación ideológica regida por la dependencia de criterios falsamente universales, coincide en la práctica concreta con la política de dependencia industrial y comercial cinematográfica. Ambas actúan complementándose en la tentativa de impedir el desarrollo autónomo de una industria y una producción ideológica, efectivamente nacionales.

Pero no sería solamente la Iglesia la encargada de perseguir temas o imágenes "conflictivos". De esa labor participarían activamente los diversos organismos de cada gobierno militar, a los que se sometían el cine y la cultura. Así, por ejemplo, si el censor Ramiro de La Fuente, propuesto por la Iglesia, ordenaba cortes a numerosas películas por resultar "pecaminosas" o "lascivas" –en el caso de *Intimidades de una prostituta*, de Armando Bo, los cortes dispuestos eran a *"la toma en que se alcanza a distinguir los órganos sexuales del hombre de la bata celeste" o "la parte en que la protagonista caminando hacia el lago se abre la bata"* (Memorandum del 11-12-72)– recurriría a los organismos de intelegencia y control de la dictadura para tratar los filmes tildados de "comunistas".

La Secretaría de Informaciones del Estado o el Ministerio de Interior serían organismos recurrentes para cualquier clase de consulta o de legitimación de las prohibiciones. Algunos ejemplos pueden refrescar la memoria de aquellos años. En octubre de 1971, Ramiro de La Fuente se dirigió al Secretario de la SIDE pidiendo su opinión sobre el film chileno *Voto más fusil*, calificándolo de antemano de *"indudable apología marxista, aunque habilmente disimulada bajo un enfoque tipo nacionalista, desde un punto de vista chileno muy particular y discutible".* (Recordemos que estaba en vigencia la ley Nº 17.401, de "Represión al comunismo"). Además, proseguía el censor de turno, si se autorizara la exhibición de

Ministerio de Cultura y Educación

Ente de Calificación Cinematográfica

BUENOS AIRES, 19 OCT. 1971

AL SEÑOR SECRETARIO DE INFORMACIONES DEL ESTADO:

Solicito de Ud. contemple la posibilidad de que esa Secretaría proceda al estudio de la película chilena "VOTO MAS FUSIL", con vistas a su posible calificación como "COMUNISTA" en los términos de la Ley 17.401 (Represión del Comunismo), lo que sería un trámite previo al encuadramiento de la misma dentro de la ley 18.019.

....

El citado filme es de indudable apología marxista, aunque hábilmente disimulada bajo un enfoque tipo nacionalista, desde un punto de vista chileno muy particular y discutible.

Consideramos que si se llega a exhibir "VOTO MAS FUSIL", por su temática, por su contenido altamente polémico y por su excelente realización artística tendría una considerable influencia en nuestros sectores universitarios de izquierda y en el medio artístico, particularmente en teatros vocacionales e independientes, en cuyo ambiente transcurre una buena parte de la acción.

Si, por el contrario, resulta prohibida, se desalentaría la importación chilena de futuros envíos de material cinematográfico similar (VOTO MAS FUSIL" es la primera película chilena que se somete a consideración de este ENTE desde la asunción al gobierno del Dr. Salvador ALLENDE).

....

Sin otro particular, saludo al señor Secretario muy atentamente.

EDUARDO M. ARES
SECRETARIO

RAMIRO ... LA FUENTE
DIRECTOR GENERAL

SR. SECRETARIO DE LA SECRETARIA DE INFORMACIONES DEL ESTADO
GRAL. DE BRIGADA HUGO MARIO MIATELLO
S. / D.

50680/71

Consulta del Ente a la SIDE sobre el film chileno "Voto más fusil" de Helvio Soto, sugiriendo su prohibición.

dicha película, *"por su contenido altamente polémico y por su excelente realización artística* (ella) *tendría una considerable influencia en nuestros sectores universitarios de izquierda y en el medio artístico, particularmente en teatros voca-*

cionales e independientes... Si, por el contrario, resulta prohibida, se desalentaría la importación chilena de futuros envíos de material cinematográfico chileno". (Recordar también que en ese entonces, Salvador Allende gobernaba en Chile por mandato democrático de su pueblo). (Memorandum de Ramiro de la Fuente a la SIDE, 19-10-72).

Un mes antes, el censor había remitido, también a la SIDE, otro memorandum en el que le lo consultaba sobre la actitud a seguir frente a la película *El camino hacia la muerte del viejo Reales*, de Gerardo Vallejo, fuertemente respaldada por organizaciones sociales de Tucumán, pero que había recibido ya, en el organismo a cargo de la censura, la recomendación de "prohibida", según el dictamente de los representantes de la propia SIDE, del Ministerio de Cultura y de Educación y de la entidad para-eclesial "Obras Privadas de Protección a la Joven". Según de La Fuente, el film *"plantea problemas de corte político y vinculados al orden público. Especialmente hacia la segunda mitad se hacen comentarios que afectan a la policía, incluso con claras imputaciones a la Policía Federal de determinadas actuaciones incorrectas".* (Memorandum del 11-9-72).

Tres años después, el mismo censor actuaría de modo similiar, frente al film *La hora de los hornos*, aunque en este caso, a instancias del entonces director del INC, Adolfo Ridruejo. En memorandum *"estrictamente secreto y confidencial"*, remitido por Ridruejo a de La Fuente, se lo hacía intervenir en la calificación de dicha película, recomendando su prohibición, pese a que Fernando Solanas, productor de la misma, no había requerido dicho trámite. Simplemente estaba solicitando del INC –no del Ente de Calificación– un "certificado de nacionalidad" para el film –equivalente al documento de identidad que no puede negarse a ningún ciudadano, piense lo que piense– un requisito burocrático obligado para tramitar la difusión del filme en algunos países. (Memorandum 15/127, del 16-4-69).

Sexo, moral, política, ideología, libertad de expresión, todo estaba bajo la lupa en momentos donde la Iglesia y los organismos gubernamentales de la represión coincidían en una misma misión, que era la de "vigilar y proteger el ser nacional y la moral de los argentinos".

Limitaciones de la libertad de expresión

Con el concepto de "libertad de expresión" ocurre como con los de "moral" o "decencia": se torna ambiguo cuando se lo recorta de las circunstancias culturales, políticas e históricas que lo explican y definen. La libertad es siempre una libertad de alguien y una libertad para algo. O lo que es lo mismo: libertad de quién, libertad para qué.

En el terreno de los medios de comunicación masiva, dependientes casi totalmente de las grandes potencias productoras, la reivindicación de la libertad de expresión en abstracto no es otra cosa que la defensa –en términos reales y concretos– de la libertad de empresa y de comercio de las naciones centrales; es decir, de su libertad para impedir el desarrollo autónomo de las industrias periféricas.

En 1951, cuando los argentinos debatían la posición a tomar frente a la familia propietaria del entonces poderoso diario "La Prensa", el diputado peronista John W. Cooke sostenía lo siguiente en el ámbito del Congreso Nacional: *"Noso-*

República Argentina
Instituto Nacional de Cinematografía

ESTRICTAMENTE SECRETO Y CONFIDENCIAL

MEMORANDUM Nº 15/127

Ref.: ENTE DE CALIFICACION CINEMATOGRAFICA
Calificación película "La Hora de los Hornos" Expte. 10.279/68/INC

0. ANTECEDENTES

.1. Por solicitud de fecha 18.12.68, agregada al expediente Nº 10.279/68/INC, el productor de la película "La Hora de los Hornos" solicitó certificado de nacionalidad para dicho film, a efectos de difundirlo y comercializarlo tanto en el país como en el extranjero.

.2. Por nota de fecha 9.4.69, el productor de la citada película desiste de la petición formulada el 18.12.68.

1. ACTUACION DEL INSTITUTO NACIONAL DE CINEMATOGRAFIA

1. Se procedió a visionar la película a los efectos de verificar el cumplimiento del artículo 7º de la Ley 17.741.

2. Se giró el expediente Nº 10.279/68/INC al Ente de Calificación Cinematográfica de acuerdo con lo dispuesto en el punto 4.2.1 de la Resolución Nº 464/020 de la Secretaría de Difusión y Turismo y artículo 3º de la Resolución Nº 491/68/INC.

2. CONTENIDO IDEOLOGICO DE LA PELICULA

Al visionarse la película en este Instituto, se comprobó que la misma es una pieza de propaganda comunista sumamente eficaz y de alto grado de penetración en todo tipo de público.
Este juicio fue ampliamente confirmado en el estudio realizado por la Secretaría de Informaciones de Estado, a solicitud de este Organismo.

3. OPINION DEL INSTITUTO NACIONAL DE CINEMATOGRAFIA

Si bien la producción del film cumple con las exigencias determinadas en el artículo 7º de la Ley 17.741, teniendo en cuenta su contenido ideológico, este Instituto considera que debe prohibirse la exhibición de la citada película.

ADOLFO RIDRUEJO
Director Nacional de Cinematografía .

Recibido 15 Abr. 1969 18.30 hs.

AR/MDR
Adjuntos:
Nota: Solanas, Fernando E.
(Expte.10279/68/INC.).

El INC violando la ley de Calificación Cinematográfica ordena al Ente la prohibición de "La Hora de los Hornos" (1968).

tros sabemos que para el imperialismo el principio de le libertad de comercio, como la libertad de concurrencia, el principio de la libre actividad privada y el principio de la libre empresa, son todos fantasmas y mitos que a la larga sirven para acentuar cada vez más la desigualdad que ya existe entre países coloniales y semicoloniales... ¡Qué nos vienen a hablar de libertad de expresión! El propósito es querer embaucarnos con una supuesta igualdad jurídico-formal que es el punto de arranque de la exacerbación de la desigualdad social y económica. Las empresas periodísticas como la que consideramos hoy, están en el mundo del trusts. de cartels, de holdings, de toda forma de integración monopolista. La llamada 'prensa grande' no ha escapado a este proceso: se han ido concentrando, integrando, y al final han venido todos los órganos de opinión de importancia comercial a quedar en manos de pocos propietarios que siempre están vinculados directamente a las altas finanzas y a los grandes negocios".[9]

Libertad de expresión para los medios masivos de un país dependiente suele significar principalmente una libertad de maniobras para quienes dominan tales medios, no para quienes los usan o consumen. Por ello no hay contradicción alguna entre el reclamo liberal planteado en abstracto, de "libertad de expresión" en el cine, y la censura efectiva sobre la cinematografía nacional, en tanto la libertad de ésta se halla totalmente restringida por quienes manejan el grueso de la producción comercializable. "Libertad de expresión", en este sentido, se transforma en el modo más sutil y efectivo de censura sobre el país dependiente. Y ello es así porque la libertad puede ser una capacidad más de quien aspira a lograrla, pero lo es sin duda de quien ya tiene el poder de decisión para imprimirle el uso que más le conviene. En nuestro caso, ese poder –esa libertad– no es otro que el de los grandes monopolios internacionales.

No es ésa, pues, la libertad de expresión que nos importa defender, en tanto implica una manifestación de restricción y censura para las posibilidades nacionales del país dependiente. Para nosotros la libertad de expresión es sólo aquella que el pueblo organizado elige y regula para su desarrollo efectivo, asumiéndola, además, no como mero derecho individual, sino, sobre todo, como indiscutible derecho social.

La lucha por la libertad de expresión en nuestro caso es, entonces, la lucha por el poder de decisión nacional –por la libertad de elección popular– enfrentando a quienes usufructúan actualmente de ese poder y se lo niegan a sus legítimos dueños. Es una lucha contra las fuerzas que impiden al pueblo de un país dependiente expresarse, también, en las pantallas del cine, tanto nacionales como internacionales. Cualquier restricción que surja a partir de este concepto basado en la defensa de la libertad del pueblo –y no de la "libertad" que quieren imponerle–, más que restricción es una confirmación de la libertad del pueblo mismo. Restringir todo lo que empuja o mantiene a los pueblos en la dependencia puede afectar ciertamente libertades de algunas potencias, fuerzas o empresas dominantes; sin embargo, si tal restricción confirma y fortalece la capacidad de decisión nacional y popular, ella constituye un hecho altamente positivo, en tanto corrige y niega

---

[9] *John W. Cooke, Diputado P. Peronista, Cámara de Diputados de la Nación. Trámite Parlamentario. Buenos Aires, 1951.*

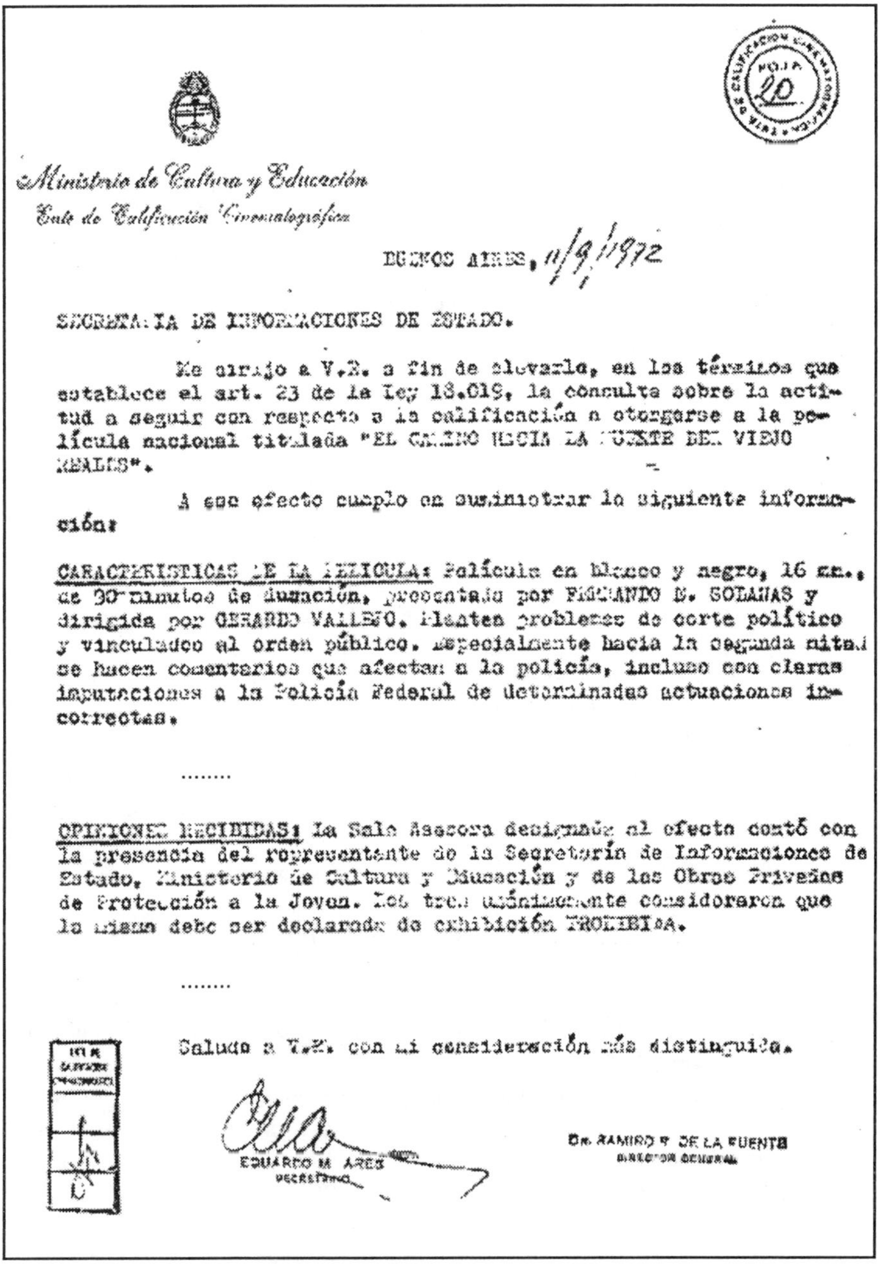

Ministerio de Cultura y Educación
Ente de Calificación Cinematográfica

BUENOS AIRES, 11/9/1972

SECRETARIA DE INFORMACIONES DE ESTADO.

Me dirijo a V.E. a fin de elevarle, en los términos que establece el art. 23 de la Ley 18.019, la consulta sobre la actitud a seguir con respecto a la calificación a otorgarse a la película nacional titulada "EL CAMINO HACIA LA MUERTE DEL VIEJO REALES".

A ese efecto cumplo en suministrar la siguiente información:

CARACTERISTICAS DE LA PELICULA: Película en blanco y negro, 16 mm., de 90 minutos de duración, presentada por FERNANDO E. SOLANAS y dirigida por GERARDO VALLEJO. Plantea problemas de corte político y vinculados al orden público. Especialmente hacia la segunda mitad se hacen comentarios que afectan a la policía, incluso con claras imputaciones a la Policía Federal de determinadas actuaciones incorrectas.

....

OPINIONES RECIBIDAS: La Sala Asesora designada al efecto contó con la presencia del representante de la Secretaría de Informaciones de Estado, Ministerio de Cultura y Educación y de las Obras Privadas de Protección a la Joven. Los tres unánimemente consideraron que la misma debe ser declarada de exhibición PROHIBIDA.

....

Saluda a V.E. con mi consideración más distinguida.

EDUARDO M. ARES
SECRETARIO

Dr. RAMIRO P. DE LA FUENTE
DIRECTOR GENERAL

Fragmento de la consulta efectuada por el Ente a la SIDE sobre la calificación a otorgar al film "El camino hacia la muerte del viejo Reales".

una situación de injusticia social y amplía las bases de la libertad de las naciones y de los individuos.

Por lo tanto, el *para quién* de la libertad de expresión, sólo encuentra respuesta legítima cuando a tal libertad se la concibe en un contexto de fuerzas histórico-sociales claramente definidas.

Otro tanto ocurre con el *para qué*. En este caso, la respuesta de quienes detentan el poder en nuestros países ya ha sido dada por infinidad de ejemplos a través de la historia. Su libertad tuvo siempre un para qué muy concreto, como era y es el de impedir el desarrollo libre y justo de las grandes mayorías, confirmando en cambio el poder injusto y autoritario de determinadas élites.

La libertad de expresión que nosotros reclamamos no se dirige pues a conquistar la libertad de hacer lo que los adversarios de nuestro desarrollo han hecho siempre, sino que pretende contribuir al fortalecimiento efectivo de las capacidades sociales e individuales, actualmente disminuidas o impedidas, por injustas situaciones de opresión y dependencia.

Una política de liberación, trasladada al plano de la cultura y los medios de comunicación social, aspira a una libertad de pensamiento mediante la cual el individuo se reconozca primeramente como ser social y nacional, diferenciado dentro del contexto mundial, y luego como individualidad en lo interno de la misión que lo une a los integrantes de su comunidad. No es lo mismo pensar y expresarse como individuos dentro de la humanidad, que hacerlo como argentinos, chilenos, peruanos o latinoamericanos dentro de esa misma humanidad. Una política de liberación cultural, en nuestros países, es pues la que se dirige a proporcionar al individuo todo aquello que le permita pensar y expresarse como ser social y nacional –es decir como argentino, por ejemplo– en el contexto universal, ayudándolo también a que como individuo en lo interno de esa misión común nacional, piense como se le ocurra.

La libertad de pensamiento y de expresión buscada, no admite fáciles esquematismos, sino que procura la unidad en la diversidad, y el derecho incluso a equivocarse.

La verdad de un dato, de una idea, de una información, en suma, de un mensaje, no se define como tal a partir de criterios de verdad universales, sino, principalmente, desde la realidad de un proyecto de desarrollo nacional, base prioritaria para medir el grado de validez de las cosas. Por ello es muy distinto estudiar un río en términos abstractos y generales, que hacerlo en función de determinados usos específicos y posibles: el resultado científico, la "verdad" resultante, siempre serán diferentes.

Las teorías generales suelen resultar insuficientes también en el caso de muchas investigaciones científicas –cuando carecen del proyecto que sirva de guía para medir la importancia de cada dato proporcionado. Es que el criterio de verdad resulta inseparable del de importancia o necesidad, siempre emergentes de proyectos diferenciados.

El estudio de cualquier situación produce generalmente "verdades"–ideas, imágenes, mensajes, etc.– distintas, según sean los proyectos que primen en su enfoque. Lo que en principio caracteriza una verdad como "trivial" o como "importante", no es otra cosa que el proyecto donde aquélla se encuadra. El valor de las cosas lo determina siempre el hombre, es decir, una comunidad, una nación, una clase social, a través de los proyectos y objetivos que los guían. De poco valen las "verdades" que pretenden escapar a uno u a otro proyecto, como de nada

Ministerio de Cultura y Educación
Ente de Calificación Cinematográfica

BUENOS AIRES, 2 NOV. 1971

MINISTERIO DEL INTERIOR:

Me dirijo a V.E. a fin de elevarle en los términos que establece el art. 23 de la Ley 18.019 la consulta sobre la actitud a seguir con respecto a la calificación a otorgarse a la pelpicula "UNA MUJER...UN PUEBLO" que presenta episodios de la vida de María Eva Duarte de Perón.

A ese efecto cumplo en suministrar la siguiente información:

CARACTERISTICAS DE LA PELICULA: Película en blanco y negro de 73 minutos de duración, presentada y dirigida por Juan Schröder hecha fundamentalmente con trozos de documentales diversos de la época peronista y algún otro material de archivo. Todo unido con un relato que elogia la labor de Eva Duarte de Perón y con abundantes tomas del sepelio de la misma.

....

OPINIONES RECIBIDAS: La Sala Asesora designada al efecto contó con la presencia del Representante de Defensa: Cap.Nav.(RE) D.Rafael PALCOEUE y los representantes de la S.I.D.E. Tcnel. (RE) Víctor M.RODRIGUEZ y My.(RE) Carlos E. CARRION, los tres unánimemente consideraron que la misma debe ser declarada de exhibición PROHIBIDA por las razones que se dan en los informes cuyas fotocopias acompaño a la presente.

Es de señalar que dado que parte de las escenas que aquí se proyectan son las mismas de la película "NI VENCEDORES, NI VENCIDOS" debe tenerse en cuenta que dicho filme fué prohibido por Decreto Nº 225 del 29-1-71 que no ha sido derogado.

....

Saludo a V.E. con la consideración más distinguida.

EDUARDO M. ARES

DR. RAMIRO R. DE LA FUENTE
DIRECTOR GENERAL

A V.E. EL SEÑOR MINISTRO DEL INTERIOR
DR. ARTURO MOR ROIG
S. / D.

Nota del Ente al Ministro del Interior Dr. Arturo Mor Roig, consultándolo sobre la calificación a otorgarse a "Una mujer... un Pueblo"...

serviría arrojar ladrillos al azar, a quien pretenda construir un edificio. El proyecto de éste determina el valor de cada uno de los elementos que habrán de conformarlo, e incluso definiría aquellos que no sirven, es decir, que no son "váli-

Ministerio del Interior
NOTA D.G.Coord.Nº 368.-

Buenos Aires, 30 noviembre de 197?

Señor Director del
Ente de Calificación Cinematográfica
Dr. Ramiro de Lafuente

....

Si bien la base del filme se constituye con material de época, trozos de noticieros y otras películas, fotos fijas, grabaciones de discursos, etc., el mismo ha sido dispuesto, conjuntamente con el comentario que acompaña las imágenes, de modo de lograr un impacto emocional en el auditorio, alimentando, con intención política claramente perceptible, el mito creado en torno a la figura de la Sra. María Eva Duarte de Perón. Así se acude reiteradamente a escenas de sus funerales, mientras el relator hace su exaltado panegírico. La apología alcanza, por otra parte, a actitudes claramente contrarias al espíritu republicano; y es susceptible, en consecuencia, de provocar reacciones impredecibles en vastos sectores de opinión.

Estas razones me llevan a expedirme en sentido favorable a la prohibición de la difusión de esta película.-

MINISTERIO DE CULTURA y EDUCACION
ENTE DE CALIFICACION CINEMATOGRAFICA

ENTRO	SALIO
2 - DIC. 1971	

.... respuesta del Ministro favorable a la prohibición de la película

dos" ni "necesarios", para la concreción del proyecto. Pero sin proyecto no hay edificio posible, sea él nacional, social o individual. Por ello, en la medida en que un proyecto apunta al esclarecimiento liberador y al desarrollo efectivo de una comunidad, otorga, desde su peculiar y tal vez irrepetible experiencia, el valor exacto de las cosas, aunque él no se corresponda con lo que pueda ser también científicamente válido para otra experiencia diferente. La "verdad", en suma, evoluciona y cambia en la medida en que ocurre otro tanto con los proyectos sociales y nacionales, es decir, en la medida en que la realidad nunca es la misma y los criterios de "necesidad" tampoco.

En consecuencia, "necesidad" y "verdad" sólo dejan de ser términos enfrentados cuando se integran en un proyecto de liberación, ya que para éste la noción de "verdad" no puede estar nunca desvinculada de la "necesidad" o de la de "valor" real. Tal proyecto, sin embargo, no es un hecho unívoco no cristalizado, sino una circunstancia, un proceso vital, sacudido por conflictos, experimentaciones, cambios, donde la imaginación audaz y creadora puede jugar un papel importante y necesario. Es decir, la experimentación y la creación –cuando están guiadas por un proyecto concreto de liberación– constituyen parte vital e indispensable de la verdad nacional.

Afirmar pues las verdades importantes, rebatir las triviales y negar aquellas cuyo valor es sólo aparente, supone una actividad esencial en el marco de nuestros proyectos nacionales. Ella rechaza las explicaciones simplistas, burocráticas o dogmáticas y exige, en cambio, amplitud y profundización intelectual para operar sobre las múltiples contradicciones de una realidad que minuto a minuto se transforma, exigiendo nuevos enfoques para cada verdad o cada necesidad.

Esto es más indispensable aún cuando lo que se pretende no es la formación de individuos-objeto, meramente consumidores y pasivos, sino sujetos insatisfechos y activos, capaces de discernir por sí mismos el valor de las cosas, atendiendo al fortalecimiento de un proyecto histórico dado. A partir de una actividad semejante, respetuosa de las individualidades que conforman una misión social común, y contraria a otras misiones sociales de tipo autoritario u opresivo, la política cultural de un proyecto nacional se hace efectivamente fuerte, como fuertes se harán también las conducciones o los gobiernos que la promuevan y sustenten. Sin tal posibilidad, auténticamente democrática, restarán sólo políticas, conducciones o gobiernos, cuando más, de fuerza; es decir, endebles, tal como la realidad de nuestros países lo ha demostrado siempre y la situación mundial lo prueba a diario.

En el caso de la Argentina, la política que debiera regir en materia de expresión, calificación y censura, no podría omitir las circunstancias históricas nacionales y continentales, cuyo proyecto continúa orientado hacia la posibilidad de integración, como forma de liberación.

¿Qué diferencias existen con otros espacios o con otros momentos de la historia mundial con respecto a la censura cinematográfica? Veamos algunos ejemplos.

Aproximadamente en una misma época, las grandes potencias productoras de cine aplicaron medidas altamente restrictivas contra la llamada "libertad de expresión" de sus productores y realizadores. La importancia y el valor de esa libertad, no se rigió en todos esos casos por meras formulaciones universalistas, sino por las circunstancias concretas de cada país, a partir de las cuales definió el valor, la verdad y la medida necesaria de cada mensaje ideológico producido.

Así, por ejemplo, en los preparativos de la Segunda Guerra Mundial, y en la disputa interimperialista para repartirse la superficie del planeta, el gobierno de Hitler nazificó oficialmente las artes y los medios de comunicación; Stalin impuso

Secretaría de Información Pública

Ente de Calificación Cinematográfica

BUENOS AIRES, 29 de Octubre de 1981

VISTO lo sugerido por el Consejo Asesor Honorario y en concordancia con ello resuelvo calificar la película "LA VIDA DE BRIAN" como de EXHIBICION PROHIBIDA, pues a pesar del indudable tono de comedia subida y a veces algo procaz, circunstancias estas que por di solas no habilitan a prohibir una película, en el caso que nos ocupa se ha abordado con triste; resultado pasajes de la vida de Nuestro Señor Jesucristo, dado que si bien no se lo nombre taxativamente el personaje Brian es un burdo remedo de aquel de donde resulta que se agravia a toda la Cristiandad ridiculizando vidas, actos y personajes historicos que en mayor o menor medida participaron o gestaron episodios de los origenes del Cristianismo.

....

Notifíquese al interesado y expídase el Certificado de Calificación correspondiente.

EDUARDO M. [illegible]
DIRECTOR ADJUNTO

La religión como pretexto de la censura.

el "realismo socialista" como estilo y métrica oficiales; Mussolini reglamentó un tono rosado y amable para la producción cinematográfica, prohibiendo incluso que un personaje se llamara "Regina" (Reina), por estimarse irrespetuoso hacia la monarquía. El régimen autoritario japonés prohibía a su vez "todo film que trate de la felicidad individual, de la libertad o haga elogio del amor". Por su parte, en el reino de la "democracia", los grupos monopolistas norteamericanos, manejados por las bancas de Morgan y Rockefeller, imponían a las cinco grandes compañías que dominaban ("Los cinco grandes de Hollywood"), acuerdos de uniformidad y de censura que más adelante serían complementados con el "maccarthismo" y la detención o expulsión de los Estados Unidos de importantes figuras del cine.

¿Qué resultados arrojaba esa política, dirigida a restringir la tan mentada "libertad de expresión", en naciones dueñas del mercado mundial cinematográfico? Simplemente, lo observable fue una drástica involución de las industrias de esos países hacia sus propios mercados, obligados a su vez a consumir la producción nacional frente a la violenta censura impuesta al material extranjero, o

Ministerio de Cultura y Educación
Ente de Calificación Cinematográfica

Fo 16

BUENOS AIRES, diciembre 11 de 1972

REF.: PELICULA "INTIMIDADES DE UNA PROSTITUTA"

La película "INTIMIDADES DE UNA PROSTITUTA" ha sido vista en tres versiones, la primera y segunda fueron consideradas de características tales que no podrían autorizarse.

Coincido con la Sala Asesora a considerar que esta nueva versión puede autorizarse mediante algunos cortes. Son ellos tan numerosos que resulta difícil, por no decir imposibles al enumerarlos en la forma habitual. Por otra parte la similitud de algunos con lo que se ha autorizado deja como única garantía de fiscalización de lo cortado el hecho de que los mismos quedan en depósito y así se hará constar en el certificado.

....

Una vez completado los títulos de acuerdo a lo ofrecido a fs. 10 deberá presentarse nuevamente el 1er. acto a consideración del organismo.

Dr. RAMIRO R. DE LA FUENTE
DIRECTOR GENERAL

El sexo también como pretexto.

procedente de países no “aliados”. Obviamente, las respectivas políticas cinematográficas no se definían desde le ámbito específico de las necesidades de la industria del cine, sino desde el proyecto nacional, a cuyo servicio estaban los medios masivos en cada país.

La política de censura o promoción cinematográfica estaba en todos esos ejemplos encaminada a fortalecer el espacio interno a fin de militarizarlo en función de guerras de agresión o de defensa frente a naciones competitivas. No existía entonces interés ninguno en el diálogo o la comunicación hacia afuera, ni desde Alemania con los ingleses, ni desde la Unión Soviética con los italianos, o viceversa.

Las políticas de restricción y censura se integraban a la política de cada Estado, aunque sufrieran como costo la imposibilidad de proyectar el cine más allá de las fronteras nacionales. ¿Qué público, fuera del italiano, del ruso, del

EXPTE. N.º 342/70

ACTA VOLANTE N.º 6402

Secretaría de Estado de Cultura y Educación

Ente de Calificación Cinematográfica

En Buenos Aires, a los VEINTICUATRO días del mes de ABRIL de 1970, se reune la Sala del Consejo Asesor Honorario del Ente de Calificación Cinematográfica (Ley 18.019), integrada por los señores abajo firmantes, para considerar la película con "cola" titulada "FELLINI - SATYRICON" - EE.UU. - UA SOUTHAMERICAN Co.

aconsejando: prohibir su exhibición

....

RESOLUCION DEL DIRECTOR: Fecha: 24 de abril de 1970

Califíquese la película de largometraje y cola "Fellini- Satiricon" como de "exhibición Prohibida"

DR. RAMIRO R. DE LA FUENTE

DIRECTOR GENERAL

UA South American Corporation

Buenos Aires, 28 de abril de 1970.

Pub. 1679

342/70

Señor Ramiro de la Fuente
Presidente Honorario del
Ente de Calificación Cinematográfica
PRESENTE

Distribuidora Nº 030
Nº Afiliación Caja Comercio: 7074

De nuestra consideración:

Nos dirigirmos a Ud. con el objeto de solicitar la reconsideración del dictámen de "Prohibida" que ha recaído sobre la película de nuestro sello

FELLINI-SATIRICON

ofreciendo practicar los cortes necesarios para lograr una calificación que nos permita exhibirla comercialmente.

Al respecto, informamos que la copia actual se presenta en una nueva versión, con cortes substanciales que también sometemos a su consideración.

Dichos cortes se encuentran en los siguientes actos:

Acto 1º : 2 cortes.
Acto 2º : 5 cortes.
Acto 3º : 2 cortes.
Acto 4º : 1 corte.
Acto 5º : 1 corte.
Acto 6º : 1 corte.
Acto 7º : 2 cortes.
Acto 9º : 5 cortes.
Acto 13º: 3 cortes.

Acompañamos cheque por $ 300.- para dar comienzo al trámite.

Sin otro particular, saludamos a Ud. muy

Teresa Yuño
Jefa de Publicidad

MINISTERIO DE CULTURA Y EDUCACION
ENTE DE CALIFICACION CINEMATOGRAFICA
ENTRO 4 MAY 1972 | SALIO

Expte. Nº342/70

Ministerio de Cultura y Educación
Ente de Calificación Cinematográfica

BUENOS AIRES, 11 de Mayo de 1972

REF; PELICULA Y COLA: "FELLINI-SATIRICON".

Visto la nueva versión presentada y el dictamen de la Sala del Consejo Asesor Honorario, califíquese el filme titulado "FELLINI-SATIRICON" como PROHIBIDO PARA MENORES DE DIEZ Y OCHO AÑOS, quedando en depósito en el organismo los cortes realizados.-

Dr. RAMIRO R. DE LA FUENTE
DIRECTOR GENERAL

Trámite de "cortes" impuesto a la empresa distribuidora para aprobar la exhibición del film "Fellini-Satiricon", de Federico Fellini.

japonés, del alemán, del español, o incluso del norteamericano de la época de preguerra o de guerra, podía tener interés en concurrir a salas de cine donde sólo existían visiones esquemáticas, panfletarias, rosadas o simplistas impuestas por la circunstancia histórica de un proyecto nacional? Sólo aquél público –como era el de nuestros países– obligado a consumir lo que no estábamos en condiciones de producir mediante nuestros propios recursos.

En las naciones dominantes la industria cinematográfica se "militarizó", en función de las necesidades de la guerra misma, aún a costa de la restricción de mercados externos.

Los respectivos estados pasaron a constituirse en los grandes subsidiadores de sus respectivas industrias (y en menor medida, nosotros, obligados consumidores, principalmente del cine estadounidense).

La expansión de esas industrias más allá de sus respectivas fronteras surgió nuevamente tras la política de desmilitarización acaecida al final de la segunda guerra, y que se ejemplificó en el auge del cine italiano, japonés, norteamericano y en el "descongelamiento" del soviético. Y a partir de ello, su renovada expansión sobre los mercados mundiales dependientes.

Es decir, una política cultural sobre el cine incide directamente sobre sus propias posibilidades o imposibilidades industriales y económicas. Sustancialmente forma también parte integral de las llamadas "infraestructuras".

Argentina, como cualquier otro país latinoamericano, no se apresta –al menos básicamente– a encarar proyectos de agresión contra países vecinos, sino, esencialmente, a planes de acercamiento e integración regional. Ello condiciona y determina cualquier política de comunicaciones en el área, más aún tratándose de la actividad cinematográfica, cuya importancia es vital ya sea en las salas de cine o en las pantallas de TV. Siendo así, la producción cinematográfica nacional apunta –y no sólo por razones fundamentales de mercado– hacia los países vecinos, en vistas a un acercamiento cada vez mayor, es decir, a una creciente comunicación e integración cultural.

Sin embargo, esta tentativa se efectúa en espacios controlados por las metrópolis centrales. No se desarrolla, como sería deseable, en el marco de una situación de autonomía nacional en la que nosotros tengamos libertad de decisión sobre nuestra actividad industrial e ideológica, como fue el caso de las grandes potencias en la década del '30 y parte de la del '40. Ello cuestiona, como mínimo, toda tentativa de propiciar un cine simplista o mojigato, "rosado o amable", como lo soñaba Mussolini, salvo que los respectivos estados se hallaran en condiciones de subvencionar totalmente la producción industrial, cosa que no ocurre ni pareciera tener visos de ocurrir por el momento.

La situación es muy clara: frente a industrias poderosas, que además de manejar los circuitos de distribución y exhibición tienen la "valentía" de indagar en su problemática, "criticando" las estructuras o determinadas instituciones nacionales, así como valores o principios que dieron sustentación a esos países, nuestro cine suele resultar ingenuo, simplista, castrado, –regimentado siempre por burócratas temerosos de "ofrecer una mala imagen".

Paradójicamente, la situación de dependencia y la obligatoriedad de competir con las grandes metrópolis en los espacios de países hermanos nos obligan a una política mucho más audaz, agresiva y abierta, dirigida a promover la indagación crítica de nuestras realidades en el marco de una misión común emancipadora.

Por otra parte, ese tipo de cine ha probado numerosas veces sus ventajas para la industria misma; baste recordar los mejores filmes argentinos, brasileños, chilenos, bolivianos, peruanos, mexicanos, etc., capaces no sólo de alcanzar gran repercusión en sus respectivos países, sino también de proyectarse más allá de sus fronteras, como un medio eficaz de acercamiento y comunicación ideológico-cultural. (Es indudable que una producción mojigata o de "éxito seguro", también puede alcanzar importantes mercados dentro de cada país o en países vecinos, tal como ocurre con diversos filmes erótico-humorísticos, o comedias alienantes, ¿pero son acaso estos ejemplos los que ayudan efectivamente a proyectos nacionales dirigidos a acercar e integrar a nuestros pueblos?).

Existe algo más importante aún que todo aquello que hace a la problemática de la libertad de expresión de los productores y realizadores de cine. Se trata de la libertad de elección de las grandes masas consumidoras en los países periféricos. Obligados como estamos a consumir producciones cinematográficas extranjeras, el problema mayor no está por el momento en la libertad de expresión de nuestra industria, sino en la capacidad de elección de nuestros pueblos.

Todo indica que durante algunos años –por no decir siglos– las masas latinoamericanas estarán obligadas a consumir la producción cinematográfica efectuada en las grandes potencias. Ni siquiera la suma de toda la producción anual de películas en nuestro continente alcanza a cubrir el 50% del consumo de cada país (200 largometrajes realizados cada año en América Latina, frente a un promedio de 400-500 que se importan también anualmente por cada país). Es decir, que ni la disposición de que todos los países estuvieran obligados a comercializar prioritariamente la producción latinoamericana alcanzaría a resolver el problema.

A ello se agrega, como déficit, la colonización ideológica y cultural de la gran mayoría de productores y realizadores en nuestros países; proceso que perdurará hasta que las circunstancias políticas nacionales cambien radicalmente de signo y puedan formarse nuevas generaciones de productores ideológicos.

En suma, la llamada "libertad de expresión" de nuestros productores no garantiza, siquiera en la mejor de las hipótesis, una posibilidad de libre expresión de nuestros pueblos a través de las pantallas de cine, ya sea por la dominación industrial y comercial de Europa y los Estados Unidos, o por la hegemonía cultural e ideológica de esas mismas regiones sobre nuestros países.

Durante varias, tal vez muchas décadas, estaremos obligados a consumir productos que no elegimos, o que si lo hicimos fue ateniéndonos a criterios de consumir el "mal menor", como está ocurriendo en Cuba. (El Instituto Cubano de Arte e Industria Cinematográfica, ICAIC, único organismo dedicado en Cuba a producir, distribuir y exhibir películas, está obligado –tras casi dos décadas de Revolución– a adquirir también en el mercado mundial aquellas producciones "menos nocivas" para satisfacer las demandas del mercado interno).

El problema básico a encarar en la presente etapa –hasta que cada país pueda resolver libremente los aspectos industriales, comerciales y culturales de su propio espacio, es decir, conquistar la libertad de expresarse– reside por lo tanto en incrementar la libertad de elección popular, a fin de utilizar, productivamente, los mensajes de las metrópolis dominantes, dado que ellos serán, durante una etapa más o menos larga, los que abastezcan, en su mayor parte a nuestros mercados.

No nos es posible por el momento desarrollar un nivel productivo suficiente para resolver las necesidades de autoabastecimiento; tampoco nos es dable contar con cineastas cuantitativa y cualitativamente preparados para garantizar una producción ideológica capaz de expresar en profundidad el pensamiento, el sentimiento y la cultura de nuestros pueblos.

Todo ello conforma un proceso a resolver en el tiempo y cuya complejidad impide establecer plazos más o menos previsibles. Sin embargo, existe ya una producción extranjera que domina nuestros espacios, potencialmente apta para ser sometida a riguroso análisis y calificación, facilitando de ese modo la conciencia crítica de nuestro público ya sea sobre los valores, mensajes y "verdades" de las sociedades centrales, como de lo que aquellos pueden aportar al conocimiento de nuestra propia realidad. No se trata ya de una inversión a largo plazo, sino de una actividad inmediata y permanente de tipo educativo y formativo, para aprovechar la inversión hecha por las grandes productoras transnacionales a fin de revertirla en nuestro favor.

Es una labor difícil y compleja sin duda. Requiere de la combinación de esfuerzos nacionales así como de su adecuada planificación para permitir resultados positivos.

En la Argentina, tal labor estaba prevista en el marco del Proyecto de Ley elaborado entre 1973-1974. Aquél contemplaba, junto con medidas destinadas a incrementar la cantidad y calidad de la producción cinematográfica nacional, una actividad permanente a través de los organismos de calificación, mediante la cual la "descompresión" de la censura se iría acompañando de intensas campañas formativas en las grandes masas –a través de los medios masivos, actividades educativas, debates públicos, participación popular, etc.– con el objetivo de incrementar la libertad de elección del público, es decir el poder de decisión popular para analizar, criticar y juzgar la ideología propuesta en cada film llegado al país, procedente de las grandes metrópolis.

Un público preparado para enfrentar las "verdades", positivas o negativas de las naciones hegemónicas, es también un público mucho más apto para afirmarse en sus propias verdades; ello es así porque ha sido capaz, o puede serlo, de rechazar los valores adversos, no por ignorancia sobre ellos, sino por el conocimiento adecuado de los mismos.

Una superior capacidad de juicio crítico en las grandes masas, no sólo contribuye a una acertada libertad de elección, sino que implica al mismo tiempo un estímulo y una obligatoriedad para que la producción interna nacional incremente la calidad de sus mensajes, desarrollando, en suma, una auténtica libertad de expresión. Pero todo indica que la mayor posibilidad de ésta no radica tanto en propiciar la libertad de expresión de los productores, cuanto la de elección y de juicio crítico del pueblo.

En la Argentina pudo experimentarse durante 1973 la puesta en marcha de una actividad como la que estamos describiendo. Las calificaciones de algunos filmes nacionales o extranjeros en público –previstas además como labor permanente y obligatoria en el Proyecto de Ley de Cinematografía– apuntaban precisamente a desarrollar la capacidad de análisis y de crítica por parte de grandes masas de espectadores. Recordamos aún el debate efectuado en octubre de

CINE

LA OPINION ♦ Viernes 5 de octubre de 1973 ♦ Pág. 20

Octavio Getino propició una experiencia hasta ahora inédita

Por primera vez se debatió en público la calificación moral de una película

Crónica de la primera calificación en público realizada en el país (3 de octubre de 1973).

1973 en el Sindicato de Luz y Fuerza de Buenos Aires ante un millar de espectadores, donde se calificó públicamente un film nacional de corte vanguradista (*La civilización está haciendo masa y no deja oír*, de Ludueña). En esta especie de asamblea realizada en el marco de un proyecto diferente para la calificación cinematográfica, los niveles de reflexión emergentes sirvieron a la maduración de productores y realizadores nacionales, es decir, a su libertad de expresión, más de lo que hubiera significado una mera calificación burocrática. Productores, realizadores y público –aunque sólo fuera en escala experimental y reducida– comenzaban a debatir así el complejo mundo de la producción ideológica para beneficio del país.

Las medidas previstas, dirigidas a un control mayor sobre la importación de películas, así como a la difusión pública de los fundamentos de calificación de cada film, a la puesta en marcha de campañas de esclarecimiento y debate en los medios de comunicación y en la actividad escolar y educativa, conformaban un proyecto destinado precisamente a facilitar la libertad de elección por parte del público.

Fue en esa etapa, precisamente, cuando también la producción cinematográfica nacional se expresó más libremente que nunca con un amplio y efectivo respaldo popular. Sería exagerado adjudicar a aquella política de "descompresión" de la censura y de inicios de una labor de debate público y de control ideológico nacional sobre el área, el brusco crecimiento de las cualidades y el volumen de producción cinematográfica argentina; sin embargo, no cabe duda que tal política renovadora fue uno de los factores que más contribuyó desde lo interno del cine a dicho crecimiento.

Al menos así lo manifestaban en septiembre de 1974 los gremios representativos de la industria nacional, nucleados en la Cámara de Cine; refiriéndose a la gestión llevada a cabo en el área de la calificación y la censura, sostenían que: *"La política de cambios llevada a cabo en este terreno por el Gobierno fue uno de los hechos que contribuyó al auge de la cinematografía nacional que volvió, como en sus mejores épocas, a encarar la problemática argentina sin temores, acorde con la madurez cultural, política de nuestro pueblo".*[10]

A partir de 1974, la censura recrudeció rápidamente hasta hacerse totalmente restrictiva tras el golpe militar del '76, en un proceso simultáneo al de la reducción de espectadores y de la cantidad de películas nacionales producidas.

En la época del "Proceso", la necesidad del gobierno militar de ofrecer una imagen más "favorable" en el plano internacional, llevó al Instituto Nacional de Cine a fomentar una mayor producción del filmes y al Ente de Calificación a ser algo más "flexible", aunque tal flexibilidad sólo alcanzó a parte de la producción extranjera.

La única liberalización observada en las películas nacionales se dio en mayor medida en los filmes del género "erótico-humorístico", plagados de situaciones que ningún argentino sensato podría reconocer como expresión de sus más auténticos valores culturales. Los títulos son bien elocuentes al respecto: *Custodios de señoras, Los éxitos del amor, Expertos en pinchazos, El rey de los exhortos*, todos ellos producidos por Aries Cinematográfica en 1979; *Hotel de señoritas, Cuatro pícaros bomberos*, de la productora Transmundo y del mismo año; etcétera.

Esta promoción del cine "argentino" en el exterior del país, antes que ayudar a ofrecer una imagen adecuada de nuestra cultura y nuestra problemática, agrava aun más la soledad de una política nefasta; soledad que se acentúa cuando se la compara con la relativa adultez con que otros países promueven su industria y cultura cinematográfica, tal el caso de numerosas películas latinoamericanas producidas en Brasil, México, Venezuela, Cuba o Perú.

Buenos Aires-Lima-México, 1976-1980

2. Fin de la censura formal y nuevas formas de control

La política gubernamental que se instaló con la dictadura del Proceso, tuvo su correlato inmediato y directo en la actividad cinematográfica. A diferencia de lo que ocurría con otras industrias, condenadas por el régimen a su desmantelamiento, la del cine prosiguió sus actividades, aunque bajo el férreo control de las FF.AA.

Una de las primeras medidas tomadas tras el golpe militar del '76, fue la confirmación de Miguel Paulino Tato en la dirección del Ente de Calificación Cinematográfica, cargo que venía desempeñando desde que fue designado al frente de la censura cinematográfica, en septiembre de 1974, por el gobierno de Isabel Martínez de Perón y José López Rega. Durante su renovada gestión, ejecutó en el terreno del cine la misma política represiva que los militares desarrollaban en el resto de la sociedad. Si estos hacían desaparecer impunemente a miles de ciu-

[10] *De una declaración emitida por los gremios y organizaciones nucleados en la Cámara del Cine (Sindicato de la Industria Cinematográfica Argentina, Asociación Argentina de Actores, Asociación de Productores de Películas Independientes, y otras entidades).*

dadanos, Tato actuaría con la misma impunidad en materia de censura, prohibiendo durante su mandato unas 600 películas. Un verdadero *record* si se lo compara con la labor no menos represiva de Ramiro de la Fuente, primer director del Ente, desde su creación en 1968 hasta las elecciones democráticas de 1973.

La censura que apareció con el gobierno de Isabel Perón estuvo además claramente relacionada con la inmoralidad y la hipocresía, adelantándose a lo que proseguiría en la época de la dictadura. Los ejemplos fueron tan numerosos como perjudiciales para la industria y la cultura cinematográfica nacional. Basta recordar uno de ellos. El 19 de junio del '75, Tato, entonces al frente del organismo censor, envió al dramaturgo y guionista Ricardo Talesnik unas líneas manuscritas en papel oficial de la Secretaría de Prensa y Difusión, en las que pretendía tranquilizarlo por los rumores sobre una posible censura a su guión del proyecto fílmico *Acabemos de una vez*. Tato afirmaba en esa nota *"Mi caro Talesnik: Su libreto no ha sido rechazado. Quédese tranquilo. Pero trate de cambiarle ese título... Saludos cordiales"*. Sin embargo, en nota oficial remitida dos meses antes, al entonces director del INC, Juan B. Llabrés, calificaba entre otras cosas de *"procaz"* y *"pornográfico"* el proyecto, concluyendo que *"dadas esas condiciones, francamente negativas, no es aconsejable ni entrar a considerar este libro como argumento de una película cuya realización, basada en tan deleznable estructura, no ofrecería ninguna perspectiva de interés para el arte, la cultura y la industria"*. (Expediente Nº 27.442/75-INC).

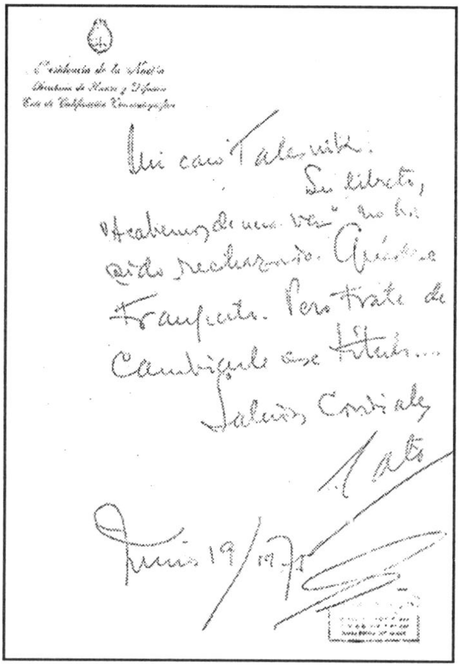
Mi caro Talesnik:
Su libreto, "Acabemos de una vez" no ha sido rechazado. Quédese tranquilo. Pero trate de cambiarle ese título...
Saludos Cordiales
Tato
Junio 19/975

"Mi querido Talesnik: Su libreto 'Acabemos de una vez' no ha sido rechazado. Quédese tranquilo. Pero trate de cambiarle ese título... Saludos cordiales, Tato. Junio 18, 1975".
El censor Miguel P. Tato se disculpa ante Ricardo Talesnik, mientras que dos meses antes había recomendado la prohibición de su proyecto.

Los términos empleados, al igual que conducta simuladora utilizada, se adelantaban a la cultura represiva que habría de emplear la dictadura militar en otros temas más dramáticos, como sería el de los desaparecidos. En este sentido los cortes y los tijeretazos aplicados a una película, o inclusive su "desaparición" –como había sucedido años atrás con *La hora de los hornos*– remiten a las prácticas seguidas con los torturados o los desaparecidos. A fin de cuentas una obra cinematográfica es algo tan vivo –por su inserción en la dinámica social y cultural– como cualquier ser humano.(11)

A un mes del golpe militar de 1976, el capitán de fragata Jorge Bitleston, en ese entonces al frente del INC, dictó las primeras pautas del "Proceso" en este campo, legitimando y reforzando la labor que Tato venía llevando a cabo. Ellas estaban destinadas a "*crear una actitud popular optimista en el futuro*", tanto para las películas ya realizadas como para las que dentro del país se encontraran en proceso de producción.

En mayo de ese mismo año, otro capitán de fragata, Carlos Corti, Director de Prensa de la dictadura, hizo conocer lo que se denominaron "Pautas para la Orientación y Calificación de la Producción Cinematográfica", distinguiendo en las mismas tres categorías de filmes: Una, *"la de los exaltadores del hombre en su lucha eterna... por su religión"*; otra, los de entretenimiento; y una tercera, donde se ubicaban las películas *"que atenten contra los propósitos de reintegrar y revitalizar nuestra comunidad"*. En este caso, ellas no serían permitidas *"y su exhibición será prohibida en forma parcial o total, temporaria o permanente"*.(12)

Una de las primeras películas, ya realizadas, que debió afrontar dificultades con la censura de esa época, fue *Piedra libre*, de Torre Nilsson. No habría después muchos episodios de ese tipo ya que el temor o la complicidad de más de un productor y director de películas hacia el nuevo régimen, facilitaron la labor de quienes estaban al frente del Ente de Calificación y del Instituto de Cine.

La impunidad de la represión cinematográfica argentina no reconoció en ese entonces fronteras y llegó a practicarse también en otras partes del mundo. Valga un ejemplo: la delegación del INC que concurrió al Festival de Moscú, en 1979, presidida entonces por un civil, el Dr. Ernesto Rodríguez, exigió a sus organizadores la programación de una película nacional en la muestra competitiva (*El poder de las tinieblas*, de Mario Sábato, adaptación de la obra de su padre, Ernesto Sábato) condenando enérgicamente, al mismo tiempo, la presencia de un filme europeo que trataba algunos aspectos de la situación argentina durante el Proceso (*Murallas de libertad,* de la cineasta sueca Marianne Ahrne). Los argumentos del representante de la dictadura y de quienes formaban parte de la delegación nacional, eran de que la presencia de dicho filme en la muestra vulneraba los "*principios del lema del Festival*–"Para Humanizar el Arte del Cine, por la Paz y la Amistad entre las Naciones"– *hiriendo nuestros sentimientos patrióticos*".(13)

Las autoridades del festival moscovita no tuvieron reparo alguno en pedir disculpas vía diplómatica a las autoridades del INC –aplicando la política de buenas relaciones que tenía el gobierno de la URSS con la dictadura militar– e hicieron retirar simultáneamente el filme sueco. *El poder de las tinieblas* –valga la paradoja del título– logró imponerse así a miles de kilómetros de Buenos Aires, aunque para ese entonces, funcionarios, actores y realizadores de la delegación se habían diseminado ya por Europa a la búsqueda de otros festivales que estuvieran dispuestos a exhibir la película.

---

(11) *Como forma de recuperar parte de la memoria de esos años e ilustrar el clima político y cultural que entonces se vivía, puede ser útil la lectura de la declaración pública que me tocó elaborar y difundir desde Lima, en 1980, a raíz de un pedido de detención, embargo de bienes y extradición que me dictó la justicia argentina durante el Proceso. Ver al final del libro Anexo Documental 3.*

(12) *Jorge Abel Martín,* Cine Argentino '76, *Ed. Metrocop, Buenos Aires, 1977.*

(13) *Jorge Abel Martín,* Cine Argentino '79, *Ed. Corregidor, Buenos Aires, 1980.*

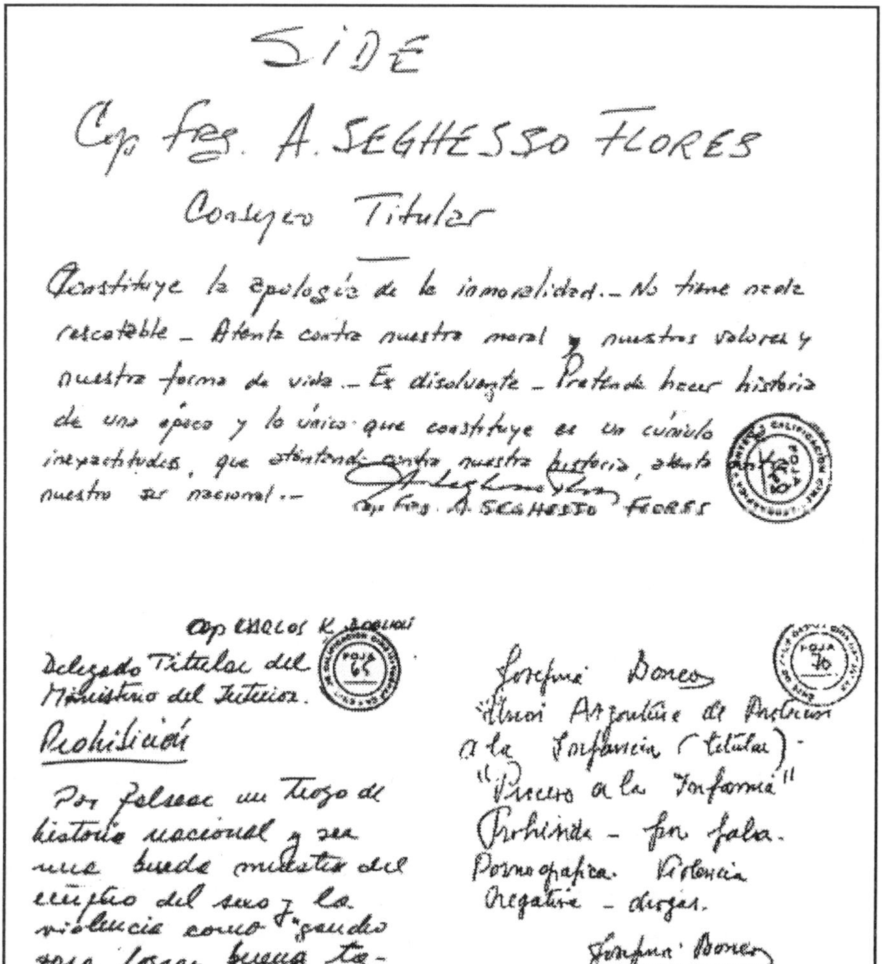

SIDE

Cap. Frag. A. SEGHESSO FLORES

Consejero Titular

Constituye la apología de la inmoralidad.– No tiene nada rescatable – Atenta contra nuestra moral y nuestros valores y nuestra forma de vida.– Es disolvente – Pretende hacer historia de una época y lo único que constituye es un cúmulo inexactitudes, que atentando contra nuestra historia, atenta nuestro ser nacional.–

Cap. Frag. A. SEGHESSO FLORES

Cap. CARLOS K. [illegible]

Delegado Titular del Ministerio del Interior.

Prohibición

Por falsear un trozo de historia nacional y ser una burda muestra del empleo del sexo y la violencia como "gancho" para lograr buena taquilla.

30 Jul 76

Carlos [illegible]
Cap.

Josefina Bonco

Unión Argentina de Protección a la Infancia (Titular) -

"Proceso a la Infamia"

Prohibida - por ser falsa. Pornográfica. Violencia negativa - drogas.

Josefina Bonco

Ruiz Toranzo Raimundo

Liga Decencia [illegible]

Prohibida por disolvente, pornográfica, con abundancia de violencia, y [illegible]

R. Ruiz Toranzo

En papeles de rezago, las "ligas de decencia" y los organismos de la dictadura justifican las prohibiciones

No eran éstas, sin embargo, las expresiones dominantes entre los cineastas argentinos. Ya en 1978, la Asociación General de Productores, entidad que nucleaba a las empresas más importantes del sector, se animaba a observar el proyecto de ley de cine elaborado por la Secretaría de Información Pública, entonces al mando del Contralmirante Oscar Franco. Un proyecto destinado a fijar lineamientos de *"seguridad nacional... estilo nacional de vida... pautas morales y culturales de la comunidad ... intereses de la Nación..."* para quienes tramitasen certificados de exportación y de exhibición de películas o aspiraran a beneficiarse de las ayudas y subvenciones del INC.

La asociación de productores señalaba, en los términos diplomáticos que imponía la situación, la falta de fomento al cine de entretenimiento, las restricciones a la temática de los proyectos y el propósito estatal de adjudicarse funciones de productor de películas, papel que, según los empresarios, sólo debía estar a cargo del sector privado.

Poco después diversas entidades convocaron a la realización de una Semana del Cine Argentino, bajo el lema de "El cine argentino aún es posible". Ellas representaban a los directores, actores, técnicos y cronistas cinematográficos, movilizados para reclamar contra la censura y en favor de mejoras en la política crediticia y en la apertura de mercados externos.

En 1979 se creó el Comité Permanente en Defensa del Cine Argentino, conformado por las entidades antes referidas, a las cuales se sumó Argentores y cuyo propósito fue el de tramitar ante el gobierno militar *"libertad creadora sin ningún tipo de discriminación"*.

Los reclamos se acentuaron poco después, simultáneamente con el deterioro del poder de la dictadura, haciéndose más enérgicos tras el fracaso de las Malvinas. Ello desembocó en sucesivas "marchas por el cine nacional y contra la censura", en las que incluso llegó a reclamarse, pocos meses antes de la realización de las elecciones del 83, la *"aparición con vida de Gleyzer, Juárez y otros (cineastas) desaparecidos"*.[14]

No faltaba mucho tiempo para que el flamante Congreso Nacional, surgido del nuevo proceso democrático, aprobase la ley Nº 23.052, la que vendría a derogar el Decreto-Ley Nº 18.019, dictado en 1968 por la dictadura del Gral. Onganía, y sobre cuyas normas se asentaba el Ente de Calificación Cinematográfica y la censura de películas. Concluía así una etapa verdaderamente nefasta para la cultura cinematográfica en general y para la producción de cine argentino, en particular.

El especialista en este tema, Eduardo Pánik, señala que el nuevo sistema de calificación de películas vino a consagrar *"la existencia de una Comisión Asesora de Exhibiciones Cinematográficas (CAEC) cuya misión habrá de ser la de definir las edades mínimas de acceso a las salas cinematográficas según las películas que se proyecten allí (nótese que el anterior sistema cortó o prohibió 727 títulos). Instaura, además, dos principios que regirán esa labor: el de proteger a los menores de edad y el de prevenir a los adultos inadvertidos"*.[15]

Pronto se puso en vigencia el Reglamento de la Ley, a través del Decreto

---

(14) *Jorge Abel Martín,* Cine Argentino '83, *Ed. Legasa, 1986, Buenos Aires.*

828/84, modificado luego por el Decreto 3899/84, en los que se establece el fin de la censura y "*se definen las categorías, los organismos que estarán representados en la nueva instancia calificadora y, en forma global, los alcances y limitaciones de las "salas condicionadas", destinadas a exhibir el material más fuerte, como grado de máxima advertencia*".(16)

Desde ese entonces, la calificación de películas se define a través de una serie de categorías:

- Apta para todo público.
- Sólo apta para mayores de 13 años.
- Sólo apta para mayores de 16 años.
- Sólo apta para mayores de 18 años.
- De exhibición condicionada.

A estas calificaciones pueden adicionarse algunas referencias aclaratorias:

- Recomendable para público infantil.
- Con reservas.

Retomando el estudio realizado por Pánik, se observa la modalidad de esta calificación en el rubro de las películas de largometraje que se difunden por canales de televisión. En este punto, la Ley de Radiodifusión Nº 22.285 establece que pueden ser emitidos por los canales, en cualquier horario, los filmes calificados de "aptos para todo público". En cambio sólo podrán ser emitidos después de las 22 horas –una vez que termina el llamado "horario de protección al menor"– las películas calificadas como "sólo aptas para menores de 13 años" y "sólo aptas para mayores de 16 años".

Finalmente, se prohibe la emisión televisiva de toda película calificada como "sólo apta para mayores de 18 años" o de "exhibición condicionada".

Estas normas comenzaron a aplicarse recién en 1987, el mismo año en que se inicia el despegue de la TV por cable, con el consiguiente incremento de la emisión de películas y la dificultad de calificar las mismas, dada su entrada al país por la vía satelital.

La censura autorregulada

La calificación cinematográfica funcionó normalmente mientras que la cifra de estrenos en las salas era del orden de 150 a 300 por año. Buena parte de las películas calificadas iniciaba luego su difusión en los circuitos televisivos, más

---

(15) *Eduardo T. Pánik,* La calificación cinematográfica, *INC, 1989, Buenos Aires. Eduardo T. Pánik, "La calificación cinematográfica", INC, 1989, Buenos Aires.*

(16) *Ibid.*

difíciles de controlar, dado que su oferta no se limita a los filmes estrenados en salas y puede superar el número de 1500 títulos anuales. Las dificultades de la calificación se hicieron prácticamente irresolubles cuando la oferta de películas, a través de la TV por cable, saltó a más de 15 mil títulos por año.

La película ha dejado de ser una manufactura industrial que puede manipularse físicamente ante la moviola de cine o la editora de video. Simplemente, es energía codificada que se transmite por el éter a cualquier sistema receptor preparado para decodificarla. Esto ha impedido calificar hasta ahora las emisiones satelitales en virtud de la modalidad tecnológica de ingreso de la señal.

El control relativo a la radiodifusión sobre el horario de protección al menor es de exclusiva responsabilidad del COMFER. Ello se traduce en castigos y multas a varios canales de televisión abierta y por cable que, en la práctica, no se pagan o se pagan con largas demoras. Los argumentos de las empresas del cable se remiten a la imposibilidad de pagar multas por el elevado monto de las mismas. El COMFER terminó aceptando los reclamos del sector y condonó las deudas existentes. Pero el problema no fue resuelto.

La política del sector privado se orientó casi siempre a marginar en todo lo posible al Estado de lo que tuviera que ver con sus negocios sectoriales, como en lo referente a los contenidos de las obras emitidas. El concepto de "autoregulación" al mejor estilo norteamericano, guió las gestiones de las entidades del sector (canales de TV abierta, TV por cable y distribuidores de señales satelitales) ante el INCAA para modificar el régimen calificatorio. El INCAA aceptó esas iniciativas y por Resolución 869/96, estableció las normas para la calificación de las producciones que se emiten por vía satelital.

Dichas normas establecen que los distribuidores de señales televisivas transportadas por vía satelital –TV cable, codificada, etc.– entregarán al Instituto, con 20 días de anticipación, una nómina de las películas que proyectan emitir cada mes, la que debe acompañarse de datos complementarios, como son la calificación asignada en el exterior y la que pueda serle hecha en el país. Para ello, dentro de los 10 días hábiles de recibida la declaración jurada de los distribuidores, el organismo podrá seleccionar algún título para verificar que las calificaciones asignadas se ajustan a los decretos que fundamentan la labor de la CAEC.

La creciente presencia de títulos extranjeros, imposible de controlar a la manera que años atrás lo hacían las aduanas, condiciona aún más el espacio audiovisual argentino a las relaciones de poder mundial existentes en este campo. Si hace algunas décadas, la dependencia audiovisual era el rasgo distintivo de nuestras pantallas, también tiende a serlo el de la calificación de películas, aunque sólo sea con el propósito de *"proteger a los menores de edad y prevenir a los adultos inadvertidos"*, tal como lo señala la ley.

Aunque estos mecanismos de autoregulación empresarial fueron prácticamente aceptados por los organismos estatales de control –INCAA y COMFER– la censura estuvo flotando en los últimos años como una amenaza concreta a diversas producciones.

Tratándose de películas ya realizadas, algunos títulos soportaron los embates de la ideología autoritaria tanto en la Capital Federal como en el interior del país. Por ejemplo, el gobierno de Alfonsín debió enfrentar fuertes presiones destinadas a impedir el estreno comercial en salas y en video del filme *Yo te saludo, María*, de Jean Luc Godard, título que, a su vez, fue prohibido por los gobiernos de las provincias de Corrientes y de Catamarca, al margen de cualquier otra decisión nacional.

Algo parecido sucedió con *La última tentación de Cristo*, de Martin Scorsese, que vió impedida hasta el momento, su difusión comercial. La presión de algunos sectores fundamentalistas arraigados en la iglesia católica y en la sociedad civil, sigue teniendo la misma fuerza de años atrás, cuando en 1973 amenazaron con incendiar salas si en ellas se proyectaba el film *Jesucristo Superstar*.

Religión y sexo volvieron a aparecer como pretexto de prohibición, cuando un juez porteño procedió, en 1987, al secuestro en su sala de exhibición de la copia de *El diablo en el cuerpo*, del italiano Marco Bellochio, argumentando infracciones al art. Nº 128 del Código Penal. Otro juez invocaría años después una presunta "corrupción de menores" por parte del film *Kindergarten*, de Jorge Polaco, impidiendo de una forma o de otra su estreno, pese a que dicha prohibición fue revocada.

A estos temas se sumarían otros de carácter social o político, como los que llevaron al canal estatal ATC a "rehusar" la transmisión, en 1987, de las producciones argentinas *El rigor del destino*, de Gerardo Vallejo, y *Hospital Borda*, de Marcelo Céspedes. También a realizar cortes, como sucedió en 1991, cuando el canal privado Telefé, eliminó la escena final del filme *Otra historia de amor*, de Américo Ortiz de Zárate. Ni siquiera el derecho privado que otorga la suscripción a la TV por cable, permitió la retransmisión de la película *Bajos instintos*, de Paul Verhoeven, negada por el COMFER en 1994.

Estos casos aluden a la censura presente en parte de la sociedad argentina, aquel sector cuya importancia no debe ser subestimada, temeroso de que la libertad de expresión atente contra sus principios e intereses.

En este punto, esa ideología restrictiva coincide en ciertos aspectos con la que a nivel global define lo que los espectadores del mundo y en particular los argentinos, podemos visionar en las pantallas grandes o chicas, y aquello que nos está prácticamente vedado.

El espectador de un país como el nuestro está obligado a optar ante lo que se le ofrece, que sólo traduce una parte mínima de la oferta potencial de películas y obras audiovisuales producidas mundialmente, ya que un amplio caudal de imágenes procedentes de numerosos países, regiones y culturas, tiene impedido su acceso en la programación de productos audiovisuales en las salas de cine y en la televisión. No se trata con ello de sobrevalorar o mitificar la calidad artística o testimonial de dichos productos, los que a menudo sólo imitan las producciones de la industria norteamericana o europea, en peores términos que el original. Se trata de reivindicar el derecho democrático de los productores y creadores de competir equitativamente en las pantallas, para que una vez conocidas sus propuestas, el público elija. Pero no por un desconocimiento de las múltiples posibilidades que ofrece la narrativa audiovisual en todo el mundo, sino por lo que conoce de ella.

Por ello, la defensa de la libertad de expresión no puede quedar circunscripta a la denuncia o a la protesta contra las acciones de la censura –explícitas o implícitas–, sino que obliga a reclamar también la existencia de una programación audiovisual realmente democrática en todos los medios, que facilite lo que denominamos libertad de elección de los espectadores. La ideología de la globalización niega en la práctica dicha libertad, como niega también muchas otras libertades. Y al hacerlo restringe las enormes posibilidades de los pueblos a expresar sus características particulares y diferenciadas. Es decir, un verdadero universalismo que imprima diversidad y complejidad a la existencia humana.

Oponerse a quienes intentan serializar la labor creativa y estandarizar el consumo de imágenes, asume entonces tanta o mayor importancia que el hecho de protestar por la prohibición o censura de una determinada película.

Esta situación está muy relacionada con la necesidad de implementar políticas educativas relacionadas con la comunicación y la expresión audiovisual, capaces de incrementar la capacidad crítica de los individuos y por lo tanto, elevar su nivel de exigencias y sus aptitudes selectivas, frente a una programación que debe ser democrática y abierta. Inquietudes de este tenor han sido incorporadas en los últimos años por las nuevas legislaciones de cine de varios países latinoamericanos (Venezuela, Perú, Bolivia) y por programas de desarrollo integrado de la cultura y la producción audiovisual, como es el que se propone en Brasil el gobierno de Río de Janeiro, a través de su proyecto Riofilme.

En este tema, no basta la "autorregulación" de las empresas privadas para garantizar una comunicación audiovisual democrática en el interior de la comunidad o a nivel internacional. Al Estado le cabe una función indelegable, que es la de anteponer el interés del conjunto de la sociedad al de una de sus partes, con el fin de garantizar su funcionamiento equitativo y democrático. En términos de percepción o consumo de productos audiovisuales, esto se traduciría en el desarrollo de la libertad de elección, tanto a nivel individual como colectivo.

3. El cine como producción de ideología [*]

El cineasta como intermediario

En tanto medio de comunicación social, el cine interesa primeramente por lo que comunica. De ahí su importancia como hecho ideológico que contribuye o se opone al desarrollo cultural de los pueblos.

Ciertos sectores adhieren, en cambio, a una visión del cine como objeto meramente económico o industrial. "Sin industria cinematográfica no existiría el cine", suele sostenerse. Lo cual es cierto; tanto, como que sin ideología no sería posible la existencia de un solo film, ya que toda producción, sea del género o la temática que fuere, se sostiene en contenidos ideológicos y culturales siempre detectables.

Precisamente, la concepción industrialista que ubica al cine antes que nada

---

[*] *Este Capítulo 3 se corresponde con lo publicado en el libro* Cine y dependencia, *en 1990.*

como hecho económico, material y comercial, traduce también una forma de ideología, de cultura y de moral: aquella que supone al hombre mero objeto de lucro, limitándose a medir los resultados de una película por las cifras que arroja la taquilla.

Es evidente que la existencia de una industria y un comercio cinematográfico fuertes contribuyen a la posibilidad de un mayor espacio en la comunicación social que cada comunidad busca. Restan asimismo espacio a la producción transnacional, ofreciendo también las bases para un incremento de las cualidades estético-expresivas. Sin embargo, lo que no puede perderse de vista nunca es que el desarrollo industrial y comercial de una cinematografía se sostiene, a su vez, en la calidad de sus productos. Sin ésta, el desarrollo puede mantenerse a costa de recursos de dominación económica o política, pero ellos son a todas luces insuficientes para alimentar a una cinematografía si ésta no mejora sus cualidades.

El qué comunica una pantalla –para satisfacción de las necesidades y expectativas populares– es un hecho sustancial también para el propio "negocio" de la cinematografía. En este sentido, basta verificar el éxito o el fracaso de una línea de producción, cotejando ésta con las circunstancias que atraviesan los pueblos en cada etapa de su desarrollo. Sin respaldo de público no hay actividad industrial que se mantenga durante mucho tiempo. Y aunque este respaldo puede ser buscado para canalizar expectativas populares en dirección a respuestas perversas –tendiendo a convertir lo popular en masivo, y al pueblo en masa– nos interesa recuperar la íntima conexión que existe entre lo ideológico y lo industrial, entre la dimensión simbólica y la material.

En este sentido, no entendemos la ideología como la parte superior de cierto tipo de estructuras, es decir, como la llamada "superestructura" ubicada por encima de las infraestructuras materiales. No es el friso que culmina la arquitectura de una comunidad, sino más bien –como señala Gramsci– el cemento que afirma el conjunto de la arquitectura. Entendida de este modo, la ideología está presente en todas las circunstancias que hacen a la existencia de un pueblo, es decir, a la forma en que él y quienes lo conforman asumen su realidad. Como "cemento" no está por encima, sino en todas las cosas, arriba, abajo, y en el medio, sirviendo de nexo, de explicación, representación o creencia sobre los hechos que hacen a la vida de los hombres y a su devenir histórico. Sin ese "cemento" sustentador de la arquitectura social, no habría posibilidad siquiera de arquitectura. Ella se constituye entonces, no ya como mera "superestructura", sino como parte esencial para la vida y desenvolvimiento de la propia base material, es decir, de la llamada "infraestructura".

En este marco, la ideología podría ser definida no como mero marco de instancias teóricas o racionales, sino como conjunto de representaciones, valores y creencias, dotado de coherencia relativa, para definir la manera en que un individuo, un sector social, o un pueblo, asumen su mundo. La ideología no es el mundo en sí, sino la forma o el modo bajo el cual lo encaran los individuos, las clases sociales o los pueblos.

Desde esta perspectiva podríamos sostener que el cine no es otra cosa que producción de ideología a través de imágenes audiovisuales, plasmadas tanto en lo que el film expresa o informa, cuanto en el modo en que lo hace. Ella no nace necesariamente de un cálculo premeditado del productor industrial ni del cineasta; su explicación consciente suele ser la excepción antes que la norma.

José Agustín Ferreyra en el rodaje de una de las primeras películas del cine mudo.

Sin embargo, la ideología, argamasa con la cual se conforman los mensajes y las estructuras audiovisuales, está presente siempre en el modo en que aquéllos se manifiestan, obligando a un análisis, riguroso y racional, cuando se quiere desentrañar su verdadero significado.

La ideología de una producción cinematográfica posee dos niveles principales a tener en cuenta: el de la fuente emisora, cuyo valor es tan sólo de propuesta, y el del espacio receptor, ámbito donde se define el valor real, coincidente o antagónico del ofrecido por el emisor. Una producción ideológica no tiene otro valor que el que los hombres, o algún sector de la humanidad, le adjudican; es decir, carece de valor intrínseco y propio. Sin ella, o hasta que ello no ocurra, la producción es, en la práctica, una mera propuesta, o incluso, una inexistencia. Por tal razón, si una producción artística o comunicacional perdura en el tiempo, lo es sólo por la continuidad de ciertos valores de legitimación en el espacio receptor, observador o crítico. Cuando éstos cambian, el cambio afecta también a la misma producción. Es decir, el valor de las producciones ideológicas se modifica en el tiempo y en el espacio, de acuerdo con las transformaciones que tienen lugar en la sociedad.

Es obvio que la sociedad se halla sujeta a influencias y condicionamientos de muy diverso tipo, que hacen ál conjunto de sus campos y, por ende, inciden en las distintas percepciones y representaciones de la misma; es decir, en su ideología.

El cineasta es un mediador; está encargado de realizar determinadas producciones de imágenes audiovisuales, portadoras de una ideología, aceptable por la fuente de producción, pero al mismo tiempo reconocida también como válida por el gran público. Este espacio comunicacional tendido desde el emisor industrial al consumidor potencial, antes que conformar una circunstancia coincidente, suele caracterizarse por tensiones y conflictos cuya intensidad y orientación se modifican también en el tiempo. Por tal razón, así como es posible encontrar una ideología predominante a través de la historia del cine nacional, traducida por distintos cineastas y en distintas épocas, también podemos hallar diversas "ideologías" manifiestas en un mismo realizador, según sea la época en la cual éste concretó sus filmes.

La historia del cine argentino, sin embargo, está conformada por una argamasa ideológica cuyo signo predominante es la dependencia; ella oscila desde la ilustración erudita –con visos de "culta", incluso– hasta la imitación simiesca. Conserva también, dentro de sí, los elementos potenciales de superación, pero ellos no son aún la norma. Es más, tratándose del cine, tales elementos no hallan fácil acogida en los sectores sociales de mayor concurrencia a las salas (medios y altos). Aspirar a la construcción de una instancia más válida obliga entonces a abordar algunos aspectos de la problemática ideológica y cultural presente en la historia del cine nacional.

Productores de ideología y desarrollo nacional

Antes que nada, precisemos el significado de algunas palabras; cuando hablamos de cine nacional somos de algún modo magnánimos. Nos referimos al conjunto de la producción efectuada en lo interno de las fronteras geográficas y políticas nacionales. Sin embargo, lo "nacional" no puede definirse –si queremos ser rigurosos– dentro de la estrecha óptica de semejantes fronteras. Se define esencialmente en el espacio de aquello que explica, condiciona y determina la vida de una nación: su pueblo organizado.

La categoría pueblo organizado, como indicador de la existencia o no de lo nacional, permite establecer que, dentro de este término, deberían ubicarse aquellos hechos que sirvan efectivamente al desarrollo material y espiritual, armónico e integral, de los integrantes de una nación, o de un proyecto de nación.

Los aportes para la construcción de lo nacional pueden existir entonces en lo interno de las fronteras políticas o incluso fuera de ellas, tal como ocurre con lo no nacional.

Es decir, que los productos "extranjeros" no son aquellos elaborados más allá de las fronteras de un país, sino los que no sirven a éste para avanzar en la consolidación de una personalidad nacional autónoma y diferenciada. A partir de este enfoque, cualquier análisis de la cinematografía argentina no tardaría en descubrir que lo más numeroso de su producción peca, antes que nada, de características no nacionales, pese a estar realizada con capitales, técnicos y cineastas argentinos.

En suma, la historia del cine conocido como "nacional", no conforma otra cosa que una serie de varia-

Leopoldo Torre Ríos.

ciones sobre la ideología de la dependencia. Lo auténticamente nacional, en cambio, es cuantitativamente menor, por más que, cultural e históricamente, constituya la expresión de un proyecto fundamental; aquel que aspira a construir una identidad, también en el interior del cine.

Este problema es el de la mayor parte de la intelectualidad argentina, cuyo sometimiento tradicional a los modelos establecidos por Europa, todavía se proyecta en nuestros días, aunque sin la intensidad del siglo pasado o de las primeras décadas del presente. En ello incidió la estructuración oligárquica del país, dedicada a servir de granja a la industrializada metrópoli, y la consecuente formación de élites en el terreno del pensamiento, del arte y de la cultura, circunstancia que fue alentada y consolidada mediante la inmigración masiva de población europea.

Un país peculiar creció así en el contexto latinoamericano, vinculado más al viejo continente que al resto de las naciones vecinas. Este proceso, que tendió a desarraigar al país de su circunstancia geográfica e histórica, fue contemporáneo de la afirmación del proyecto "civilizador" oligárquico, y de la derrota de los proyectos de desarrollo autónomo en el siglo XIX.

Desde entonces, lo "nacional", expresado principalmente en los sectores sociales relegados, fue para el intelectual una circunstancia necesaria de alcanzar. Lograrlo, supuso y supone aún, desembarazarse de la ideología suministrada a lo largo de esta historia de dependencia, y auscultar y verificar la realidad sobre la cual el intelectual elige ser objeto o sujeto.

Es que, tal como decía el pensador Hernández Arregui, en nuestros países la cultura suele hacerse bilingüe, *"no por el uso de una doble lengua, sino por la colindancia de dos patrones culturales de pensamiento. Uno, el nacional, el del pueblo; y otro, extranjerizante, el de las clases supeditadas al exterior. La admiración que las clases altas profesaban a los Estados Unidos o Europa es el cupo indiviso de su doblegamiento. Con la colonización de las clases superiores, la cultura del imperialismo introduce indirectamente en las masas conocimientos no fiscalizables".*[17]

Los sectores medios fueron y son los más eficaces receptores de esa colonización, debido a su ambivalente condición de clase y a su mayor acceso a los productos enviados por las metrópolis. Dentro de tales sectores, la intelectualidad neocolonizada –dominante en el caso argentino– operó habitualmente como intermediadora del proyecto ideológico y cultural metropolitano, para traducirlo con mayor o menor brillantez hacia su clientela inmediata: las clases alta y media. Ello fue así, al menos, hasta que las grandes masas adquirieron presencia protagónica en la vida nacional, obligando a buena parte de esa intelectualidad a redefinir su labor, so pena de quedar cada vez más marginada de la realidad y del reconocimiento y el prestigio, siempre buscados.

Los cineastas fueron, dentro de este panorama, una especie de subintelectualidad; se diferenciaron de aquella otra dedicada a las artes elitistas, por circunstancias tanto personales como sociales. En primer término, los realizadores

---

[17] *J. J. Hernández Arregui,* Imperialismo y cultura, *Ed. Hachea, Buenos Aires, 1972.*

argentinos, aunque procedentes de la clase media o clase media baja en su totalidad, se destacaron casi siempre por su escasa formación intelectual. Muy pocos alcanzaron formación universitaria, y casi ninguno desarrolló estudios cinematográficos en centros calificados. La profesión fue creciendo en ellos a través de la propia práctica, que incluyó, en la mayor parte de los casos, prolongadas etapas de ayudantía primero y de asistencia después, para lograr suplir al técnico o realizador de turno. Sólo a partir del '60 se dio la aparición de algunos jóvenes cineastas amamantados en el cineclubismo o en las revistas especializadas, pero ello no fue la norma, sino la excepción, dentro de la historia del cine nacional.

Lucas Demare, durante la filmación de "La guerra gaucha" (1942).

Esto, por un lado, podría significar un demérito, pero por otro, constituyó hasta cierto punto una virtud, ya que el nivel de colonización mental desarrollado dentro del cine tenía como fuente esencial al cine mismo, sin que agravaran aún más esa colonización factores propios de otras actividades artísticas o culturales: la teoría, la crítica, etc., todas ellas definidas también desde las metrópolis centrales. En este sentido, los cineastas fueron menos ilustrados que otros intelectuales, pero al mismo tiempo su formación cultural e ideológica se caracterizó por una menor cristalización y una mayor flexibilidad para adecuarse a las circunstancias de la realidad.

Aquí se incorpora otro factor a tener muy en cuenta: el medio social con el cual el cineasta procura una comunicación indispensable para su sobrevivencia: las grandes masas. Mientras que un escritor, un músico, un artista plástico, etc., pueden desarrollar su labor profesional con el respaldo de sólo algunos miles de receptores consumidores a veces alcanza con pocos cientos (por ejemplo en el caso del artista plástico) la producción cinematográfica demanda cientos de miles y de millones de espectadores; sin ellos, aunque se hallen diseminados en múltiples espacios, no hay labor profesional cinematográfica que pueda mantenerse.

Cabe incorporar aquí alguna reflexión sobre el papel del emisor en la industria cultural de masas, como es la del cine. En ella el productor de ideología está obligado a contemplar y atender profundamente las expectativas y exigencias del espacio receptor. Este, con su aprobación o rechazo, define la existencia misma del emisor. Lo cual nos lleva a deducir, que los emisores de nuestro tiempo, al menos donde el receptor tiene aún ciertas posibilidades de "elección", forman también parte de éste, aunque de manera muy peculiar.

Es obvio que la libertad del espacio receptor en una sociedad dependiente se halla condicionada por la hegemonía ejercida en un sinfín de campos: económico, político, educativo, religioso, etc. Sin embargo, en tanto el dominio sea resistido de una u otra forma, los condicionamientos influyen, pero no determinan la direccionalidad de un proceso.

El emisor está obligado a introducirse en las características del espacio sobre el cual desea operar, indagando en su problemática, inquietudes, sensibilidad, lenguaje, etc., para incidir exitosamente en dicho contexto. Por ello, aunque se reduzca a la apropiación de formas, está haciéndolo también de contenidos que pueden serle antagónicos. Vive una especie de "dependencia" al revés, en la medida que la ocasiona.

"Una de las conclusiones más importantes a que hemos arribado –señalan los investigadores Héctor Schmucler y Margarita Zires– *se refiere al papel retroalimenteador que ejercen los medios sobre el sector social del cual –a su vez– son reflejo. El medio no sólo representa los intereses de un grupo social determinado, sino que actúa sobre él para reafirmar sus pautas ideológicas a través del control selectivo de la información proveniente del mundo exterior. El medio capta determinados hechos de acuerdo a la visión de su grupo referencial y ofrece pautas de interpretación que repercuten sobre dicho grupo. Este, receptor y a la vez actor, toma conocimiento de la situación exterior y actúa sobre ella. Modifica su visión de las cosas y regula su conducta con el objeto de consolidar el lugar que ocupa en la sociedad. Consecuentemente, las variaciones producidas en el sector que refleja aún sobre el medio (...) El emisor, justamente por ser reflejo de un sector social, debe ser considerado también dentro del campo de los receptores".* [18]

El cine nacional fue asumiendo, a lo largo de su historia, las características, no tanto del productor o del realizador, como las del espacio receptor elegido. Un espacio que a su vez fue modificándose en el tiempo. Así, por ejemplo, la elección de un destinatario eminentemente popular impuso, en la década de los '30, una peculiar fisonomía a la producción argentina, que poco tuvo que ver con la de los '40 y '50, donde el mercado correspondía a los sectores medios culturalmente colonizados. La transformación operada en éstos, como fue la de la década del '60, incidió nuevamente sobre la industria, verificándose sus resultados en muchas de las realizaciones de fines de esa década y en los inicios de la del '70. Tales adecuamientos, no sólo fueron vividos por el conjunto de la industria, sino por cada realizador –productor de ideología–, en particular.

José Agustín Ferreyra, por ejemplo, realizó filmes de gran valor cultural, pero también otros dedicados a facilitar la mistificación ideológica en las grandes masas; películas sensibilizadas por la realidad popular, como *Calles de Bue-*

---

[18] *Héctor Schmucler y Margarita Zires,* El papel político ideológico de los medios de comunicación: Argentina 1975, *en revista "Comunicación y Cultura", Nº 5, México, 1978.*

Mario Soffici.

nos Aires o *Mañana es domingo*, y dramones burgueses del tipo de *La que no perdonó*.

Torres Ríos, uno de los grandes realizadores nacionales, produjo películas importantes, como *La vuelta al nido*, pero también otras, como el desatino afrancesado de *El juego del amor y del azar*. Mario Soffici, que aportó fundamentales obras a la cinematografía nacional, osciló desde *Prisioneros de la tierra* o *Kilómetro 111*, hasta algunos melodramas sostenidos en obras literarias europeas, como *La indeseable* o *La dama del mar*. El mismo Lucas Demare, pese a muchas de sus producciones, ideológica y culturalmente endebles, logró aciertos, como en *Los isleros*.

¿Y qué decir de los más recientes? ¿No es el mismo Olivera, director de filmes netamente comercialistas como *Psexoanálisis*, quien poco después realizara *La Patagonia Rebelde*, para caer luego en los pasados vicios? ¿O Manuel Antín, primero con su elitista *La cifra impar* y la influencia de la nouvelle vague, y más tarde en la búsqueda de contenidos nacionales, como en *Rosas*?

Evidentemente, los productores de ideología en imágenes tradujeron, de una manera u otra, las circunstancias de una industria obligada a competir con la producción hegemónica, su temática, lenguaje e ideología, además de tener que prestar atención a la forma en que la realidad nacional operaba sobre la conciencia y las expectativas del público.

La imitación de aquellos productos exitosos introducidos por las grandes potencias fue uno de los principales rasgos distintivos –si no el mayor– de la producción ideológica nacional. La causa hay que buscarla en la dependencia de la industria y el comercio cinematográficos, pero también en la dependencia de la cultura y de la intelectualidad argentina respecto de las grandes metrópolis. En lo interno del cine el problema naturalmente se complicó, dada la imposibilidad de sobrevivir profesionalmente sin considerar las preferencias consumísticas de las grandes masas.

Fue necesario también apropiarse de las formas del cine dominante para procurar un presunto nivel "moderno" de realización, es decir, de contemporaneidad con los productos y modas que introducían las distribuidoras extranjeras. Pero este tema, el de la contemporaneidad, no indica sólo una cuestión de tiempo, sino también de espacio. La incorporación al país de lo "moderno" o "actual", implica a su vez una incorporación del espacio que ha impuesto semejantes valores de modernidad. Junto a las formas imitadas, existe una introducción de los contenidos que dieron vida a aquéllas y no a otras.

"Por ejemplo –señalaba Roberto Raschella– *cuando una parte de nuestros jóvenes realizadores se coloca bajo la férula de Antonioni, detrás de la elección de estilo se cuelan los elementos de la multiplicidad sensible, que son el arsenal de imágenes artísticas, pero o ya imágenes. Como consecuencia de esta degradación de las imágenes a meros elementos de multiplicidad sensible, el estilo deja de ser visión –que es lo fundamental en el arte– y toda la carga crítica de Antonioni –la alienación en medio de la estabilización capitalista italiana– se transforma en una simple participación en el sentido común de las clases dominantes. En una palabra, por falta de contacto con la realidad nacional, la particularización se resiente, y se resiente la posibilidad de crear imágenes (contenido), sin las cuales no hay 'forma', sino manera, retórica".*[19]

El ejemplo que Raschella refiere sobre Antonioni puede ser extendido sin limitaciones de ningún tipo a cualquier otro realizador, intelectual o artista prestigiado de las metrópolis, provenga de una posición ideológico-estética, o de otra.

La dependencia cultural llegó así a afectar también a los cineastas mejor intencionados, ya sea en parte de su producción o, incluso, en lo interno de sus mejores películas. Ello fue más visible todavía en los casos de realizadores dedicados a intelectualizar y racionalizar su obra en base a los esquemas dominantes consumidos, o en aquellos cuya práctica social se dio esencialmente en las clases medias o altas, desvinculadas de las grandes masas y opuestas a ellas, y finalmente en quienes hicieron de la imitación del cine dominante realizado en las metrópolis, el proyecto de su labor profesional.

No es casual, entonces, que la obra más recuperable del cine argentino se encuentre en algunos realizadores de escasa formación intelectual, pero de gran sensibilidad popular, como Ferreyra, o en algunas películas dirigidas a ganar un respaldo de los sectores más explotados, respetando su problemática más sentida y aspectos esenciales de su lenguaje como en el caso de películas de Soffici, Del Carril, Torres Ríos, Favio, etcétera.

Existió y existe sin duda una voluntad y un proceso de entronque entre el intelectual y el pueblo, entre diversos cineastas y las masas nacionales, pero ello es dificultado aún por las circunstancias generales que gobiernan al país.

La búsqueda de lo nacional y popular explicita, antes que nada, una caren-

---

[19] *R. V. Raschella, en revista* Lyra, *número especial dedicado al cine argentino, Buenos Aires, 1963.*

Hugo del Carril dirigiendo "Una cita con la vida" (1957).

cia: la voluntad de resolver algo todavía no resuelto y que en las sociedades centrales se ha dado de manera más o menos legítima y natural. En nuestro caso, podríamos sostener que la línea dominante –salvo muy contadas excepciones– es la presencia de ciertos cineastas que a través de la historia del siglo han filmado a propósito del pueblo, o han tratado de interpretarlo y expresarlo. No existieron, en la misma medida, cineastas populares que simplemente filmaran...

El peso relativo de los cineastas que procuran, al menos, sentar las bases de una auténtica cinematografía nacional es ínfimo, si se lo compara con los niveles de producción de los realizadores de la industria sometida: frente a los 60 largometrajes de Enrique Carreras, los 50 de Julio Saraceni o los 40 de Enrique Cahen Salaverry –líderes del cine "de masas" comercialista– la producción verdaderamente comprometida con la búsqueda de lo nacional o latinoamericanista, es evidentemente débil: Fernando Birri, 2 largometrajes; Lautaro Murúa, 4; Rodolfo Kuhn, 6; David J. Kohon, 5; Manuel Antín, 6; Leonardo Favio, 6; Fernando Solanas, 2; Gerardo Vallejo, 2; etcétera.

Todos ellos reunidos quizá no alcancen un volumen de producción y de espacio que llegue a la mitad del que maneja uno solo de los grandes directores comercialistas. Las limitaciones impuestas a un cine efectivamente nacional son, como vemos, una constante en la historia de nuestra industria.

El realizador como sujeto o como objeto

En la Argentina todavía continúa el debate sobre quién es realmente el *autor* de una película. El gremio que nuclea a los guionistas y escritores de libretos u obras teatrales –Argentores– sostiene desde sus orígenes que el autor de un film es el guionista, al igual que en una obra de teatro lo sería el dramaturgo y no

Ulyses Petit de Murat

René Mugica

quien pone aquélla en escena. Los directores, por su parte –nucleados en DAC, Directores Argentinos Cinematográficos– defienden la autoría del realizador. Pero al margen de este tipo de polémicas, ¿qué papel cumple efectivamente el realizador o el director de cine en el contexto de la producción cinematográfica?

Como respuesta a este interrogante, Edgar Morin sostiene: *"el gran arte nuevo, arte industrial, como lo es el cine, ha instituido una rigurosa división de trabajo análoga a la que se opera en una fábrica desde la entrada de la materia bruta hasta la salida del producto terminado: la materia prima del film es la sinopsis o la novela que es necesario adaptar; la cadena comienza con los adaptadores, los escenógrafos, los dialoguistas incluso a veces los especialistas del 'gag' o del 'human touch'; después intervienen el realizador, al mismo tiempo que el decorador, el operador, el ingeniero de sonido, y finalmente el ingeniero de montaje y el músico consuman la obra colectiva. Que el realizador sea considerado como el autor, no impide que el film sea el producto de una creación concebida según las normas especializadas de la industria cinematográfica (...) esta división de un trabajo transformado en colectivo es un aspecto general de la racionalización a la que apela el sistema industrial, racionalización que comienza con la fabricación de los productos, continúa en los planes de producción y distribución, y termina con los estudios del mercado industrial".*[20]

La producción industrial cinematográfica adjudica al director o realizador de un film una determinada

---

[20] *Edgar Morin,* La industria cultural, *Eudeba, Buenos Aires, 1970.*

parte del trabajo, consistente en la ejecución de un producto ideológico, que supone siempre un discurso sobre la realidad, para reorganizarla e interpretarla, a través de la conducción de distintas actividades productivas: producción de personajes, producción de imágenes, producción de sonidos, producción de estilos; es decir, producción de elementos eminentemente ideológicos, por más que para difundirse ellos requieran de soportes y estructuras materiales en cuya concreción el realizador no tiene ninguna participación directa.

El director utiliza ciertamente soportes materiales para definir una escenografía, aptitudes físicas para elegir también a un actor, materiales sensibles para registrar imágenes y sonidos; sin embargo, el objeto de su valor no es otro que la producción de imágenes audiovisuales, es decir, ideas, valores, climas, estilos, estímulos sensoriales, informaciones, en fin, ideología. Tal es la función que cumple, en mayor medida, de acuerdo a la distribución del trabajo impuesta por la industria. Pero aunque su misión sea realmente importante en la concreción ideológica de un film, cabe tener muy en cuenta que ella, en sus términos básicos y esenciales, es propuesta o por lo menos aprobada, por los dueños de la producción industrial, es decir, por los capitalistas, en tanto éstos conservan en todo momento el poder de decisión sobre los elementos fundamentales de una película.

En nuestros países quien maneja los recursos económicos decide no sólo los temas aptos para ser filmados, sino que también acepta o rechaza el elenco de un film, el equipo técnico interviniente, el tratamiento, el montaje y la edición final. El productor capitalista se transforma así en la mayor autoridad, no sólo ya en el manejo de los recursos materiales, sino también en los lineamientos generales –y a veces también particulares y estéticos– de la producción ideológica que conforma cualquier película.

Son muy contadas las experiencias, dentro del cine destinado a una comercialización en los circuitos convencionales, de realizadores con la potestad de operar a su libre albedrío, salvo en los casos donde el realizador es también productor capitalista. Han pasado muchos años desde aquellas primeras experiencias en la historia del cine, en las que el productor concebía también los temas, los filmaba, actuaba incluso, editaba y llegaba a procesar sus propias películas. Autor-productor-director, se personificaban entonces en un mismo y único individuo. El "cineasta" de la época, llamémosla artesanal del cine, no era otra cosa que el heredero de la tradición artística burguesa. Filmaba como podía componer una sinfonía, pintar un cuadro o escribir una novela.

Bastó, sin embargo, que el cine adquiriera dimensión de industria, para que la división del trabajo actuara en ella como en cualquier otro tipo de industria capitalista, a tal punto que en la propia metrópoli estadounidense, un director como Frank Capra debía reconocer: *"Sólo existe media docena de directores en Hollywood capaces de filmar lo que se les antoje y que retienen algo de autoridad para supervisar el corte o edición de las películas que hayan filmado"*.[21]

En lo interno de nuestra realidad, un guionista de los más experimentados en el trabajo de la industria cinematográfica argentina, Ulises Petit de Murat, con-

---

[21] *Ulises Petit de Murat,* El guión cinematográfico, *Alameda, México, 1954.*

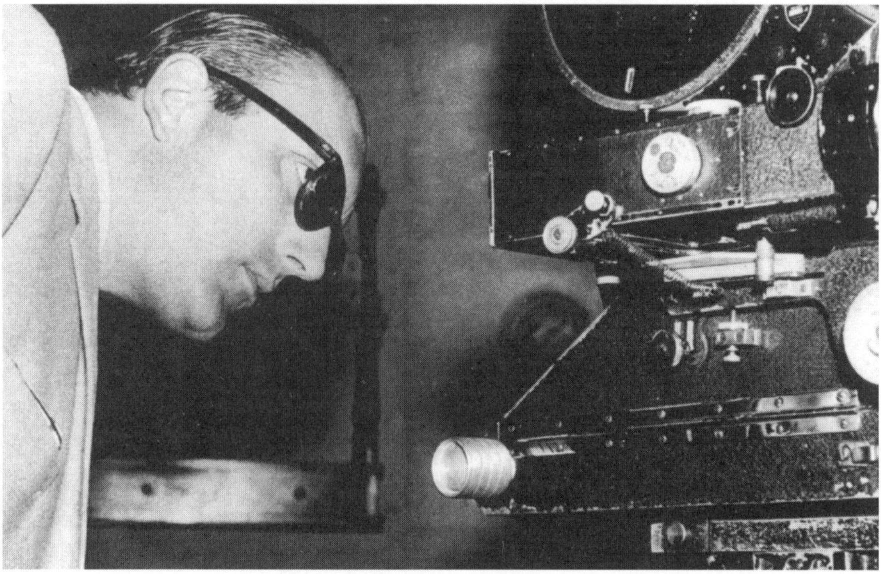

Leopoldo Torre Nilsson

firmaba el mismo proceso: "(La todopoderosa producción) *está encarnada en el hombre o en el conjunto de hombres que deciden las películas que deben realizarse, ya sea porque dispongan de dinero propio o porque pueden disponer del dinero que otros capitalistas ponen en sus manos. El reino absoluto del director se fragmenta notoriamente desde tal instante, aunque continúe siendo el hilo de comunicación visible entre el departamento literario y el técnico. Todas las resoluciones finales están en manos del productor...".*[22]

¿Quién es entonces el "autor" de un film? ¿El guionista? ¿El director?... ¿O el productor?[23]

Indudablemente, al productor de un film le corresponde el mayor poder de decisión para determinar lo que aquél se ocupará de informar y también el modo en que lo hará, ya que al tener el control de los recursos, siempre le cabe la

---

(22) *Ibid.*

(23) *A finales de 1997, el Congreso de la Nación aprobó por unanimidad modificaciones a la Ley de Propiedad Intelectual Nº 11.723, del año 1933, reconociendo para el director de películas cinematográficas y obras audiovisuales, la titularidad de la autoría de las mismas, derecho que hasta ese momento, sólo correspondía, según el Art. 20 de dicha ley, al guionista, al compositor de la banda sonora y al productor del film. Sin embargo, el presidente Menem, a requerimiento de las entidades que se sintieron desplazadas del derecho referido, como Argentores y Sadaic, vetó los cambios aprobados. De cualquier modo, la modificación introducida por el Congreso no afecta sustancialmente los intereses del productor de películas, por cuanto aquella considera autor de la obra al director,* "salvo convenios especiales y sin perjuicio de los derechos de explotación que se pacten en beneficio del productor". *Ello explica que los empresarios del sector no hayan objetado los cambios que fueron inicialmente propuestos por la DAC, entidad que nuclea a los directores de cine.*

libertad de contratar al director cuyo estilo o modo de representar se adecue mejor a sus intereses.

El director, entonces, en tanto no maneje la inversión capitalista de una película se reduce al papel de intermediario, de ejecutor, de manipulador por cuenta y orden del productor económico. Es, a fin de cuenta, un trabajador más –aunque diferenciado de los otros trabajadores de un film– ocupado de cumplir uno de los roles en la cadena productiva cinematográfica.

La ideología que emerge, por ello, de la producción de películas, no es la de los realizadores en primera instancia, sino la de los productores capitalistas, a los cuales los realizadores prestan servicio. De tal manera que la historia del cine hegemónico en nuestros países, más que traducir diferencias o luchas ideológicas entre distintos realizadores, lo hace con las diferencias y luchas de los grupos capitalistas productores, condenados, como dijimos antes, a vivir contradictoriamente su dependencia con el mercado al cual intentan vender sus productos.

Esta situación no impide en absoluto la existencia de ciertos realizadores que, por una u otra razón, alcanzan a desarrollar un poder personal propio y suficiente como para expresarse con cierta "autonomía". Pero ellos no son la norma, sino la excepción, limitada casi siempre a ciertas grandes "estrellas" (Fellini, Bergman, Buñuel, etc.) cuyos espacios de recepción no son además las grandes masas, sino sectores de clase media y alta o cinéfilos, al menos, fuera de sus países de origen, o lo que es lo mismo, en nuestros países...

Aún así, tal autonomía no existe en la realidad; ella no pasa de ser una diferenciación de nivel técnico, expresivo o estilístico, pero para expresar de modo más "bello" el mismo tipo de ideología que se halla presente en el grueso de la producción comercial. O cuando más, para representar las contradicciones que atraviesan la ideología y los intereses dominantes en las grandes metrópolis productoras, al enfrentarse a fuerzas histórico-sociales con las cuales están obligadas a comunicarse para procurar sobrevivir y obtener utilidades de uno u otro tipo.

Los países dependientes somos los eternos consumidores de la ideología –coherente, contradictoria o en crisis– de las naciones centrales. La producción ideológica que surge en nuestros espacios, determinada por intereses capitalistas con escasa o nula vocación auténticamente nacional reproduce, con las características del subdesarrollo, la ideología de las naciones-clases hegemónicas. Al director a sueldo le corresponde desarrollar las aptitudes necesarias para ser el más eficaz intermediario ante productores y consumidores, sabedor de que su éxito descansa en la capacidad que demuestre al cumplir tal función.

Esa condición de intermediario, para servir a los intereses y criterios estandarizados, propios de la producción industrial, sólo permite al realizador el desarrollo de aquellas capacidades que se concilian de mejor modo con tales criterios e intereses.

Dada la distribución del trabajo existente en la industria capitalista, el director es un engranaje en la cadena de producción, aunque se diferencia de los otros componentes de esa cadena en un hecho esencial: está bien pagado. Cabe observar, no obstante, que en los países dependientes, el director cinematográfico –en la medida que no cuente con sus propios recursos productivos– percibe honorarios que lo ubican a veces por debajo de otros integrantes del equipo de

Rodolfo Kuhn

realización: directores de producción, directores de fotografía, montajistas, etc. Mientras éstos pueden constituirse en pequeñas empresas, con maquinarias propias y personal contratado, el director carece de otro capital que no sea el de su propia fuerza de trabajo, su imagen y su prestigio.

Su capital no tiene un valor constante, como suele ser el de un técnico o el de un trabajador manual, sino que fluctúa de acuerdo a las pautas exitistas, promocionales, culturales, etc., vigentes en la industria cultural. Su trabajo no termina, como el del técnico o el del operario, una vez concluida la labor física o material, sino que se extiende más allá de ella, a fin de reafirmar, promover, vender en suma una imagen, capaz de interesar para futuros trabajos. Esa es la característica no sólo del director, sino de los profesionales cuya actividad radica principalmente en la producción de ideología, sea ella traducida a fantasías, valores, imágenes, etc., y que se extiende sobre libretistas, actores, músicos, iluminadores, en fin, sobre el conjunto de los trabajadores intelectuales.

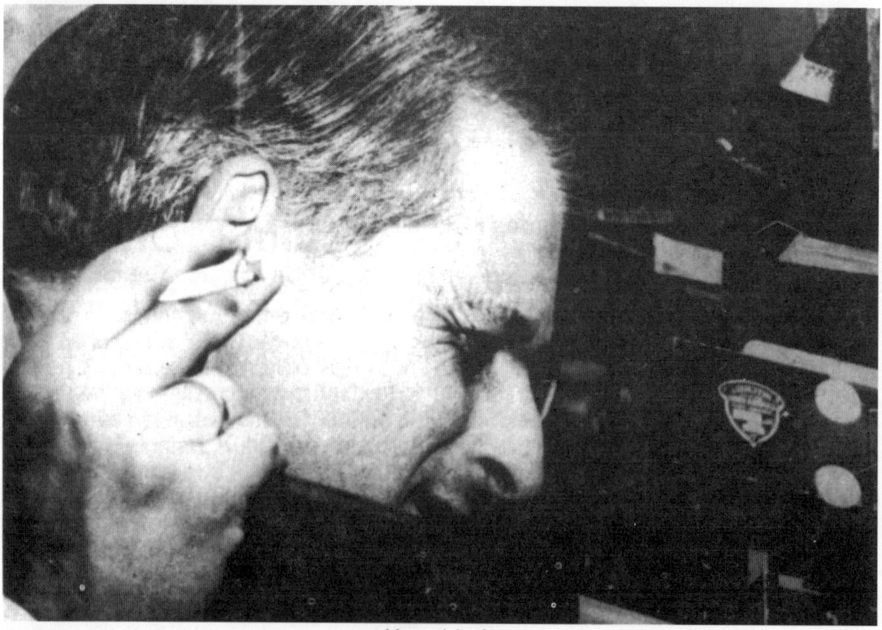

Manuel Antín

Intermediario, bien o casi bien remunerado, el director cinematográfico –ejecutor de la producción ideológica– es empujado, en nuestros países, a una marginación de los elementos que sustentan la ideología y los sentimientos de las masas nacionales por más que ellas se expresen aún a través de un proyecto contradictorio o inmaduro. La industria cultural tiende permanentemente a recortarlo de las circunstancias populares más hondas y trascendentales –del drama– permitiéndole cuando más apropiarse de la peripecia, es decir, de algunos aspectos anecdóticos, formales y superficiales representados a través de la ideología y de los sentimientos de los sectores hegemónicos.

Fernando Ayala.

Socialmente hablando, el origen del director cinematográfico reconoce ya las contradicciones y la ambigüedad de una clase que durante muchos años fue directo instrumento de las políticas de dominación y extranjerización.

Intelectualmente, su formación está condicionada y a veces determinada, por el contexto cultural, político, educativo e institucional donde se forman las élites destinadas a manipular o reprimir las expectativas populares.

Económicamente, se le proporcionan los recursos necesarios para –por lo menos– mantener prudentes distancias con todo lo que pudiera significar un estilo y un modo de vida, propio de las grandes masas.

Lautaro Murúa.

A nivel social, intelectual,

Fernando Birri

político o económico, la sociedad actúa desde sus instancias dominantes, para imponer al director criterios y estilos de producción ideológica, acordes con los intereses de quienes contratan sus servicios, que no son solamente los productores cinematográficos, sino el conjunto de la industria cultural y las fuerzas que tal industria expresa o representa. Incluso la retribución que percibe el director por su trabajo no sirve, en primera instancia, al refuerzo de su situación social o económica; apunta a la consolidación de un tipo de producción ideológica controlable por quienes dominan la sociedad dependiente.

El director de cine vive condiciones de existencia que hacen también de su tiempo de no-realización, un tiempo productivo, y que están destinadas a facilitar la producción de una ideología; lo cual, en términos generales, reafirma la dominante, y en nuestro caso la de la dependencia. El conjunto de normas impuestas por la industria cultural manejada desde las grandes metrópolis, tiende permanentemente a separar al realizador cinematográfico de su realidad nacional, es decir de la principal matriz de una producción ideológica válida. Representar cualquiera de los aspectos de la vida social sobre la cual el realizador sustenta su trabajo, demanda de aquél un permanente accionar para evadir los condicionamientos de la industria dominante. Lo obliga además a la búsqueda de aquellas verdades profundas –por más dolorosas y angustiantes que ellas puedan ser– escondidas tras la primera visión impresionista de la realidad.

La representación de las múltiples y contradictorias facetas de cualquier realidad obliga a nuestros países a la investigación, al estudio y al conocimiento, dado el *smog* de banalidad y tergiversación que invade hasta el último de los alvéolos del país dependiente. Pero tales actividades requieren asimismo de una práctica social orientada a transformar positivamente aquello que se aspira a conocer, sin lo cual será difícil o imposible la factibilidad de conocimiento real.

Esta práctica social –abiertamente política en algunos casos de nuestro cine– produjo en los últimos años películas que se han convertido en inevitables puntos de referencia para toda revisión que, de ahora en más, quiera hacerse de la historia del cine argentino. Se suman a las que también evadieron, de un modo u otro, ciertas imposiciones de la industria cultural, ya sea recurriendo a esquemas

Raymundo Gleyzer

de trabajo no encuadrables en las normas de la pujante industria (como fue el caso de Ferreyra en su primera etapa); utilizando temas o interpretaciones surgidos fuera del ámbito del cine, en la literatura, la investigación social o el periodismo (Alfredo Varela, *Las aguas bajan turbias*; Osvaldo Bayer, *La Patagonia rebelde*; Jorge Cedrón, *Operación Masacre*; etc.); disputando espacio de pantalla frente al monopolio de la exhibición (como sucedió en buena parte de la producción independiente nacional); abriendo nuevos canales de distribución al margen de los convencionales (como ocurrió con Cine Liberación, Cine de la Base, etcétera).

Contra esas tentativas actuó siempre la industria cultural dominante, queriendo hacer de la llamada "libertad de expresión" del "autor" una vaga utopía. Por último, contra la práctica político-social de muchos de los jóvenes realizadores de la última etapa se lanzó en los últimos años la mayor represión vivida por nuestro cine en toda su historia.

Buenos Aires-Lima-México, 1976-1980

4. La *"industria de contenidos"* y la identidad cultural

Volvamos a la problemática del cineasta en su relación con la producción de "contenidos", lo cual tiene que ver con la ideología subyacente o explícita de las obras audiovisuales, presente tanto en el tema elegido, como en el enfoque conceptual y en la manera o forma de tratarlo. Un campo de creciente importancia en los principales países productores y que ha dado pie a una la industrias más requeridas en nuestro tiempo: la "industria de contenidos". Un término éste, que abarca todo lo relacionado con la producción de *software* audiovisual –el "bien cultural" o la "obra cinematográfica"– es decir, aquello que el espectador no podrá manipular nunca físicamente, pero que afectará en mayor o menor profundidad sus diversos niveles de percepción y de formación, junto con sus pautas de consumo.

De poco o nada valdría poseer modernos estudios y laboratorios, manejar tecnología de alta sofisticación, e incluso, controlar poderosos circuitos de distribución y comercialización, si no existiera una buena elaboración de contenidos coherentes con las demandas y expectativas, racionales o instintivas, de cada espacio receptor.

La hegemonía del cine norteamericano sobre el conjunto de las pantallas grandes y chicas del país ha contribuido a reforzar las preferencias del público en favor de determinadas narrativas y de los valores y las ideas que les son propias. No es que el cine hollywoodense determine o imponga por sí mismo las pautas del consumo del espectador local. Ellas están determinadas, antes que por las películas que se ofertan, por un complejo sistema sociocultural, en el que interactúan elementos diversos y a la vez complementarios, como son la edad y el sexo, la profesión o el empleo, el poder adquisitivo, la educación, la vida familiar y social, el *habitat*, el uso del tiempo libre, la crisis de las instituciones tradicionales, la competencia feroz para sobrevivir, el individualismo, la segregación, la pérdida de solidaridad, los miedos y, también, como compensación, las utopías.

El cine publicitario ha sido tradicionalmente la principal puerta de entrada para una dependencia estilística y formal –a la vez que ideológica– habiendo logrado influenciar poderosamente a los cineastas más vinculados con esa actividad. La expansión económica de las grandes naciones sobre las regiones periféricas –como es el caso de América latina– y su necesidad de convertirlas en mercados de consumo de sus productos, ha tenido en la publicidad, particularmente la audiovisual, su principal forma de irradiación ideológica y cultural. Una publicidad que no siempre apareció explícitamente en los cortos de las tandas de la TV y del cine, sino que se manifestó también, de manera solapada, en el interior de las películas y los programas de entretenimiento de la industria norteamericana. La promoción de un "estilo de vida", dada por la identificación con determinados signos de consumo y de bienestar fue, en tal sentido, mucho más efectiva que un *spot* publicitario.

Numerosos productores cinematográficos argentinos han dedicado buena parte de su profesión a la publicidad audiovisual, siendo a veces obligados a realizar *spots* que fueran exactamente iguales a las muestras que proporcionaban las agencias de los países centrales. Esto era una práctica bastante común años atrás, cuando la legislación protegía aún a la industria nacional, impidiendo la emisión de productos publicitarios realizados en otros países. El fotógrafo debía "calcar" entonces el mismo tipo de iluminación y de ángulos de cámara que tenía la versión original, como lo hacían también los técnicos ocupados de ambientación, vestuario y maquillaje. Al músico le correspondía grabar en los estudios locales el mismo jingle y a los modelos gesticular o moverse como lo hacían los de la industria que había producido el *spot-master*.

No fue ésta, obviamente, la única manera de operar en el rubro publicitario. También se estimuló la creatividad local donde ella podía resultar más competitiva. Pero en todos los casos, la publicidad sirvió de trampolín a la ideología de quienes incentivaban cada vez más el consumo y las formas expresivas y narrativas, a través de las cuales aquella se hacía presente en las pantallas.

Luis Puenzo dirigiendo actores en "Gringo Viejo".

Basta ver sino la notable influencia formal y técnica del cine publicitario en algunas cinematografías de la región, particularmente en aquellas, como la argentina, la chilena y la venezolana, donde mayores inversiones se efectuaron en las últimas décadas. Repásese la filmografía de algunos realizadores locales, como Subiela, Puenzo, De la Torre, Solanas, Sorín, Jusid y otros.

En la última década se ha sumado a esa influencia la del *video-clip*, una forma también de publicidad para globalizar y estandarizar el consumo de la industria fonográfica y videográfico-musical. Pocas expresiones como ésta han incidido más en la homogeneización del gusto en millones de adolescentes y jóvenes en casi todos los países del mundo. La aparición del *walkman* potencializó aún más los efectos este tipo de productos. También en este caso, la producción audiovisual ha multiplicado sus habilidades para publicitar intérpretes y conjuntos locales, valiéndose de los mismos o parecidos recursos a los que se utilizan en las grandes metrópolis.

Un tercer estadio de este proceso de asimilación de las técnicas formales y de las concepciones que hegemonizan la producción audiovisual, es la realización con actores locales y en escenarios vernáculos de algunos largometrajes en cuyo diseño –*story board* mediante– el director y los técnicos del filme imitan casi al mínimo detalle escenas de películas exitosas de la cinematografía hollywoodense. No resulta nada difícil reconocer en estos casos, las fuentes diversas de muchas de las escenas que conforman un filme, principalmente, cuando éste aborda temas de acción y de excitación audiovisual. Un claro ejemplo de ello son algunas películas de Desanzo, Galletini, Piñeyro y otros, o algunas series de televisión, como *Poliladron*, de Adrián Suar, trasladada luego al cine en *Comodines*, con no menos éxito que en la pantalla chica.

Resulta evidente que, desde una perspectiva estrictamente industrialista, este tipo de opciones ha resultado beneficiosa para la actividad productiva y comercial, dinamizando inversiones y empleo. Inclusive, desde una visión crítica, no podría culpárselas fácilmente de la desectructuración cultural que padece buena parte de la población argentina. A fin de cuentas, una pieza comunicacional no es otra cosa que una propuesta, cuyo sentido final lo determina el espacio perceptor según la capacidad de juicio crítico que éste tenga, influido en buena medida por el consumo audiovisual cotidiano, pero también, y en términos más decisivos, por los múltiples campos socioculturales –educación, empleo, familia, religión, vida social y política, etc.– donde cada persona procesa su existencia.

Sin embargo, el hecho cultural que está presente en el contenido manifiesto o latente de una película, merece ser perfeccionado a fin de que legitime su pertenencia al contexto histórico en el cual se genera. Ello es lo que permite el autoreconocimiento de una comunidad en ciertos productos que asume como propios –aunque puedan ser producidos más allá de sus fronteras– y la ajenitud frente a otros, pese a que ellos se originen dentro del propio país.

Aunque toda la historia del cine está marcada por la internacionalización de las industrias culturales y de la comunicación social, hubo momentos en que era fácil reconocer la identidad nacional de una película, particularmente cuando aquella proveía de culturas sólidas y definidas. Era el caso de las cinematografías nacionales de Alemania, Dinamarca, Italia, Unión Soviética, Estados Unidos, Francia, etc. Ellas podían trabajar a veces con géneros semejantes, pero inclusive en ese caso, se distinguían por el tramiento de los mismos. A eso se sumaba el estilo personal de algunos realizadores, fuertementes consustanciados con el color, el ritmo, la personalidad y el temperamento, los modos de ser, la memoria y todo cuanto conformara el "alma" de sus espacios culturales. Con el tiempo, la hegemonía estadounidense sobre el mundo permitió a Hollywood proyectar como "universal", algo que sólo correspondía a su cine "nacional". La falta de competencia en ese terreno, producto entre otras cosas de las dos grandes guerras que desangraron a Europa y que no ocasionaron daño alguno (sino todo lo contrario) a los EE.UU., hizo que las fuerzas hegemónicas de este país pudieran cumplir el viejo sueño de "globalizar" su poder en las pantallas del mundo.

Quedaron, es cierto, intersticios difíciles de cubrir y algunos pequeños bolsones de resistencia, expresados por algunos autores más que por sus respectivas industrias, a través de los cuales lograron sobrevivir los proyectos de algunas cinematografías nacionales, aunque cada vez con menos posibilidades de narrativas y estilos propios.

La producción cinematográfica argentina creció apropiándose de géneros de otras culturas –particularmente la europea y la norteamericana– adaptándolas hasta el punto de imprimirles características finales propias, que dieron vida a lo que fue en su momento la expresión inconclusa de una "cinematografía nacional". Ello estuvo presente en los mejores realizadores con que contó el país y en numerosos filmes de distintos géneros y estilos.

El público local resignificó esas propuestas según su particular campo de experiencias, estimulado por los personajes, los escenarios, los modos de hablar y aquello que aludía de algún modo a su propia realidad. De esa manera convirtió en sujeto propio lo que inicialmente era una propuesta ajena. La "comedia musical" en el cine argentino, como la "ranchera" en el mexicano o la "chanchada" en Brasil, tienen sus orígenes cinematográficos en la narrativa genérica diseñada en

Europa o en los EE.UU., pero incorpora elementos de la cultura y de los procesos de autorreconocimiento de cada país, que las hace fácilmente distinguibles entre sí.

El cine de géneros sigue siendo un recurso fundamental para la existencia de la actividad productiva en la mayor parte del mundo. En Europa sostiene al conjunto de la producción destinada al mercado interno, a partir de que aparece como la principal fuente –a menudo única– de recursos para la amortización de las inversiones, ya que la casi totalidad de la producción en los países europeos no circula más allá de sus propias fronteras.

Alberto Fischerman.

Es un cine de bajos presupuestos, pero que tiene la virtud de desarrollar productos de interés local, por su estilo, tema, actores, escenarios, música, etc. que a menudo contrarresta eficazmente la presencia del cine norteamericano en las pantallas de cada país. Y que, en sus mejores ejemplos forma parte de lo que los franceses bautizaron en los años '70 como *cinema de qualité*, cuando se quiso superar el relativo aislacionismo –cultural y económico– del *cinéma d'auteur* de los '60.

María Luisa Bemberg.

Sin reducir la importancia de una producción genérica destinada al público local, existe también la necesidad de producir obras competitivas a escala internacional. Europa ha elegido en este campo, la jerarquización de un "cine de autor", que a veces se confunde con el "cine de calidad" en su voluntad de "cine de mayorías", a través de sus realizadores más destacados: aquellos que representan desde sus fuertes personalidades creativas lo que aún sobrevive de sus cinematografías nacionales.

El autor recurre en estos casos a modelos narrativos y estilos propios, marcadamente personales, en los que los géneros tradicionales son dejados de lado, o bien se mixturan con enfoques totalmente originales. Es el caso, en Europa de aquellos autores de trascendencia y proyección universal, fieles a sus estilos estrictamente personales, como sucede con Peter Grenaway, Ken Loach, Emir Kusturica, Pedro Almodóvar, Bertand Tavernier, Wim Wenders, Alain Corneau,

Eliseo Subiela.

Bernardo Bertolucci, Werner Herzog, Billie August, Lars von Trier, Kristof Kieslowsky, y otros, todos ellos herederos y continuadores de los movimientos cinematográficos nacionales de la postguerra: el neorrealismo, la *nouvelle vague*, el *free cinema* y el "nuevo cine alemán", o bien del cine de los Fellini, Resnais, Bergman, Vajda, Fassbinder, Godard y todos los que marcaron hitos en la historia del cine en la segunda mitad del siglo.

Algo de esto sucede también con cineastas norteamericanos, influídos por la cinematografía y la cultura europea, como puede observarse en las películas de Jim Jarmush y Hart Hartley o en algunas obras de los hermanos Coen, Spike Lee, Paul Schrader, Woody Allen y el propio Martin Scorsese, sea rehuyendo la narrativa genérica o bien, adoptándola sólo parcialmente, según las obras particulares, o los estudios para los cuales trabajan.

En el caso latinoamericano, los ejemplos serían los manifestados, a escala obviamente menor, en diversos países de la región: Arturo Ripstein, Paul Leduc, Jaime Hermosillo, Tomás Gutierrez Alea, Julio García Espinosa, Jorge Sanjinés, Carlos Diegues, Rui Guerra, Geraldo Sarno, Raúl Ruiz, Miguel Littin, Francisco Lombardi, Sergio Cabrera, Alejandro Agresti, Fernando Solanas, Nelson Pereira dos Santos, Leonardo Favio, Silvio Caiozzi, Ricardo Larrain, Román Chalbaud, también continuadores de las primeras obras de Leopoldo Torre Nilsson, Fernando Birri, Luis Alcoriza, Felipe Cazals, Glauber Rocha, Julio Bracho y otros realizadores de América latina.

Precisamente, este cine "autoral" o de "calidad", no sujeto a la imitación de los géneros propuestos o impuestos por la industria hollywoodense, es el que ha logrado a través de la historia una mayor repercusión cultural, tanto en el interior de la región, como en otros continentes. Sin que ello lo hiciera antagónico de los "géneros nacionales" que tuvieron la virtud de apropiarse de narrativas de otras naciones, o directamente universales, y "metabolizarlas" según el imaginario de cada público y de cada cineasta.

5. El cineasta: entre la televisión y la interactividad

Desde el nacimiento de la televisión, el tema de las identidades culturales y su relación con la producción de contenidos, ya no se restringe al campo del cine, sino que se extiende sobre el conjunto de los medios audiovisuales.

La televisión fue una clara muestra de la posibilidad de experimentar algunas narrativas de carácter localista, junto con otras calcadas de otros países o importadas directamente. Aunque proceda de la literatura europea del siglo pasado, la telenovela es un buen exponente de ello. Con la ventaja, además, de que, en este caso, han podido probarse rasgos nacionales, de acuerdo con el país productor, dentro de un mismo género.

Leonardo Favio (arriba) y Fernando "Pino" Solanas (abajo).

Existe, como convención, la referencia a la "telenovela latinoamericana", pero al mismo tiempo, resulta fácil distinguir dentro de ella, lo que sería la telenovela argentina, la mexicana, la brasileña, la chilena, la venezolana, la cubana, la peruana, la colombiana, etc., cada una con sus rasgos particulares y diferenciados. En este sentido la televisión logró un nivel de intercambios y de reconocimiento de las diversidades culturales que fue privativo durante mucho tiempo del cine, pero que ha cedido lugar a los productos registrados en *tape*.

Convertida la telenovela en el principal producto de exportación de los canales y las productoras de TV de América latina, el perfil de los destinatarios de la misma condicionó habitualmente el diseño de los productos. Novelas de bajo presupuesto y menores inquietudes culturales, para un público latinoamericano de escasos recursos, como sucede con la mayor parte de la producción mexicana de Televisa; novelas de "calidad" producidas a menudo en la Rede Globo de Brasil, con el concurso de excelentes guionistas, actores y profesionales del género, y destinadas a internacionalizar lo local; y también, novelas "de lujo", con gran despliegue productivo, temas a-históricos y desterritorializados, concebidas para un supuesto mercado universal.

Existen sin duda tendencias hacia la "globalización" del género, estimuladas por las coproducciones internacionales que se desarrollaron en nuestro país después de la desrregulación del sistema televisivo europeo y de la privatización de los canales locales. Un ejemplo de ello son los proyectos de Omar Romay y

Raúl Lecouna con el italiano Silvio Berlusconi u otros productores europeos. El coproductor internacional participa entonces de manera más protagónica, tal como señala la investigadora Nora Mazziotti al referirse a la incidencia de Berlusconi en algunas novelas locales destinadas al mercado mundial. Incidencia presente en *"el sistema de contratación de actores (casting); la posibilidad de introducir modificaciones en la trama; la comercialización; la publicidad de lanzamiento; la industrialización de productos derivados".*

El concepto ideológico dominante en este caso –a veces presente también en algunas coproducciones cinematográficas– es neutralizar los lugares, lenguas y problemáticas locales, partiendo de la base de que, como bien observa Mazziotti, *"para penetrar en el extranjero hay que 'lavar' cualquier rasgo nacional, regional o local del producto".*[24]

El localismo y, por amplitud, el latinoamericanismo en el diseño de estos productos, pareciera ser su principal virtud antes que su limitación, tal como lo demuestra el éxito internacional de las *soap operas* de la industria norteamericana, parecidas a nuestras telenovelas por una semejante estructura serializada, pero muy diferentes como concepción ideológica y formal.

Como vemos, el tema de las identidades culturales no es privativo del cine, sino de la mayor parte de la producción audiovisual y hace a las posibilidades de desarrollo o de estancamiento de un proyecto de "industria de contenidos" en el país o a escala regional. En este punto interesa seguir de cerca la experiencia realizada por la televisión local.

Con la excepción de algunas tentativas en materia de coproducción internacional, la televisión ha sido desde sus orígenes el principal medio productor y difusor de imágenes nacionales en cada uno de nuestros países. A menudo, fatalmente distorsionadas. Distorsión que obedeció a la dependencia de este medio de los poderes políticos y económicos (gobiernos de turno y grandes anunciantes), que suele ser aún superior a la que experimenta el cine.

Pese a tales condicionamientos la teleaudiencia local, como sucede en cualquier otro país del mundo, ha ubicado históricamente a los programas nacionales a la cabeza del *rating*, pese a confrontarse con múltiples y atractivas ofertas procedentes del exterior. Es lo que sucede, por ejemplo, con la telenovela, los deportes, los programas de humor, los *shows* de fin de semana, los informativos, algunos programas de opinión, etc. Una situación que creció aún más desde que el público dejó de interesarse por las películas nacionales, o dicho de otra manera, desde que las películas nacionales dejaron de interesarse por su propio público.

La preocupación por "seducir" a la teleaudiencia nacional guió siempre el interés de los canales y los productores de programas, habida cuenta de la falta de ayudas y subsidios estatales y la necesidad de conquistar las inversiones publicitarias de los anunciantes, principal vía del financiamiento del medio. Inversiones que, a su vez, no son motivadas por la calidad temática, ideológica o formal de los programas, sino por la cantidad de personas que ellos logran "cautivar" o "seducir" (*rating*).

---

[24] *Nora Mazziotti,* La industria de la telenovela, *Ed. Paidós, 1996, Buenos Aires.*

Lo que un canal televisivo vende al anunciante, no es en primera instancia un determinado programa, sino un público "cautivo" o factible de ser "cautivado" por aquél. Público, a su vez, concreto y definido, fácilmente testeable según su edad, sexo, nivel educativo, profesión, ingresos, lugar de residencia, ideas políticas o religiosas, etc., para facilitar la toma de decisiones por parte del inversor publicitario. A mayor volumen de público "cautivado", mayor rentabilidad (ideológica, cultural y económica) para los dueños de los medios y los grandes anunciantes. Una situación ventajosa sin duda, pero al mismo tiempo, vulnerable. Contener el interés de millones de televidentes, puede producir beneficios de distinto tipo, pero obliga al mismo tiempo, a financiar estructuras "pesadas" (instalaciones, tecnología, personal, gastos fijos, etc.), así como programaciones de igual nivel, difíciles de modificar fácilmente, en la medida que están concebidas con suficiente antelación para conquistar mercados masivos.

La hegemonía de la TV abierta sobre el audiovisual nacional comenzó a verse amenazada con la aparición de los nuevos medios. La TV paga –satelital o de cable–, por ejemplo, irrumpió prescindiendo, desde su inicio, de las inversiones publicitarias y también, de la necesidad de disponer de grandes recursos económicos para la creación y mantenimiento de enormes instalaciones, con sus correspondientes gastos fijos, y para la producción de programas propios de interés masivo. En su primera época, este nuevo medio requería sólo de inversiones casi insignificantes para bajar la señal satelital y derivarla –cableado mediante– a un reducido número de hogares. Apenas 3 mil suscriptores bastaban para que el negocio comenzara a estar asegurado. Ello explica que en muy poco tiempo, mucho menos del que necesitó la televisión abierta para hacer entrar al cine en crisis, aparecieran en nuestro país más de un millar de pequeñas y medianas empresas dedicadas a este negocio (capaces además, de incrementar el nivel de empleo que había sido seriamente afectado por la privatización de los canales tradicionales).

El nuevo sistema –al margen del proceso de concentración del poder que se dio en el último período– se manejó con una rapidez y una agilidad que hubiera sido impensable en la televisión abierta. Ya no se proponía conquistar masas de público con producciones propias, sino operar directamente sobre franjas diferenciadas de televidentes (segmentación), ofertando programaciones de la televisión internacional a las que podía acceder, a menudo sin costo alguno.

El propio carácter de medio "liviano" que definió la existencia del nuevo sistema, le permitió competir exitosamente con la televisión "pesada" de la industria tradicional, obligándola a redefinir sus funciones básicas, so pena de perder públicos "cautivos" y, en consecuencia, posibilidades de financiamiento.

Ello introdujo situaciones también nuevas en lo referente a los problemas de la identidad cultural y la globalización, también a la producción nacional de contenidos –tanto para cine como para televisión– fuertemente condicionados por los cambios en el consumo y en los mercados locales.

Los contenidos ofertados por el nuevo sistema no respondieron necesariamente al mismo tipo de inquietudes de la televisión abierta –obligada ésta a responder a las expectativas de grandes teleaudiencias– sino que antepusieron a las mismas, la inmensa agenda de programas y títulos previamente diseñados por las productoras internacionales y concebidos para el mercado mundial. Un

Simón Feldman.

Octavio Getino, dirigiendo actores en "El Familiar" (1972).

mercado conformado por muchos sub-mercados específicos, presentes a nivel reducido en cada país pero muy voluminosos y lucrativos cuando se los dimensiona a escala internacional por parte de quienes controlan, vía satélite, la circulación mundial de imágenes. Además, ya no se trata sólo de una programación originada en el exterior, sino de una penetración de capitales multinacionales procedentes de la industria y las finanzas, como lo prueba la reciente experiencia argentina. Lo audiovisual se conjuga así, cada vez más, con prácticas empresariales destinadas a globalizar la imagen, como manera de facilitar la dominación económica.

Si la TV abierta debió prestar más atención a las demadas locales para diseñar la correspondiente oferta de programación, la TV paga realizó un proceso totalmente inverso, privilegió la inmensa gama de ofertas externas para imponerlas en el mercado interno, confiando en las nuevas demandas que ella podía provocar. Demandas que en muchos casos existían con anterioridad, pero a las

Adolfo Aristarain (izq.) en el rodaje de "Un lugar en el mundo".

cuales la TV abierta no podía responder por la especificidad de su propia función consistente en actuar sobre grandes e indiscriminadas audiencias. Por ello cabría afirmar que el exponente más efectivo de la globalización audiovisual en nuestro país –como en cualquier otro país dependiente– haya sido, desde su aparición, la TV paga, por la facilidad con que puede introducir en los hogares imágenes de otras partes del mundo, aunque ellas interesen inicialmente a muy pocas personas.

Video-clips, *fashion*, dibujos animados, economía y finanzas, turismo, ciencia y técnica, religión, gastronomía, información, pornografía, artes visuales, música y danza, caza y pesca, medicina, *hobbies*, historia, documentales bélicos, y una infinidad de géneros y temas destinados a públicos específicos, atraviesan satelitalmente las fronteras de las naciones y "organizan" audiencias de carácter multinacional, unidas por inquietudes afines. Y también, cada vez más, por formas narrativas relativamente serializadas, que responden a patrones supuestamente universales. Se redefine así lo nacional, en relación a otros países, y también en el interior mismo de cada país, donde lo local es percibido cada vez más como nacional y esto impone un sello más fuerte que nunca a cada uno de los espacios que lo conforman, por más distante que parezcan.

Si la publicidad, incluido el *video-clip*, es la principal herramienta comunicacional para la globalización económica, la televisión vía satelital de alcance planetario, refuerza aún más ese proyecto, en la medida que potencializa la internacionalización del cine y el audiovisual, y también la de los múltiples mensajes y contenidos que antes solían estar limitados a algunos medios de comunicación y cultura. La imagen en movimiento puede circular en tiempo real de un extremo a otro del planeta, transportando la información y las formas de expresión cultural, de los agentes nacionales o transnacionales que cuentan con la capacidad de hacerlo. Ello explica, por ejemplo, que los grandes estudios norteamericanos obtengan a menudo para su nación una mayor rentabilidad económica, cultural y política en los territorios extranjeros, que en el propio. Haciendo que lo "nacional" y lo "internacional" se confundan cada vez más, sobre todo para quienes ejercen un poder casi planetario.

A los diversos sistemas televisivos y a la tecnología del video se han agregado en los últimos años otros medios, algunos ya consolidados y otros en fase de implementación, como la digitalización, los ordenadores, la interactividad y las autopistas de la información. Un ejemplo de ello es la "imagen infográfica" o "imagen informatizada" (digital, numérica o sintetizada a través del ordenador). El historiador Román Gubern la describe como *"autonóma respecto a las apariencias visibles del mundo físico y no depende de ningún referente... Su gran novedad cultural radica en que no es una tecnología de la reproducción, sino de la producción, y mientras la imagen fotoquímica postulaba 'esto fue así', la imagen anóptica de la infografía afirma 'esto es así'. Su fractura histórica revolucionaria reside en que combina y hace compatibles la imaginación ilimitada del pintor, su libérrima invención subjetiva, con la perfección performativa y autentificadora propia de las máquina. La infografía, por tanto, automatiza el imaginario del artista con un gran poder de autentificación".*[25]

En la pantalla de la computadora personal ya es posible practicar, al menos por algunos sectores de la población, el procesamiento combinado de información y artes, finanzas y entretenimiento, cine y televisión, religión y pornografía. En los videoclubes de la flamante tecnología del Digital Video Disc (DVD) –alguno de los cuales ha comenzado a funcionar en Buenos Aires– podemos encontrar las primeras películas donde el espectador tiene la facultad de interactuar, repetiendo, por ejemplo una misma escena desde ángulos diferentes. Asimismo, las autopistas informáticas, allí donde han comenzado a ser experimentadas, revolucionan las prácticas culturales y, en particular, las de carácter audiovisual, previéndose que no tardarán en incorporarse a nuestro país.

El mayor tiempo de exposición del individuo frente a la pantalla televisiva –un millar de veces mayor que frente a la pantalla cinematográfica– ha hecho que el perfil del espectador tradicional de películas se haya modificado drásticamente en los últimos años y que el cine haya perdido su carácter central en el contexto audiovisual, ubicándose cada vez más en un lugar subsidiario del mismo. *"Se ha convertido él mismo, en actividad marginal en un contexto hegemonizado por los soportes electrónicos, por la televisión y en menor medida por el video. El estudio del estatuto del espectador contemporáneo no puede prescindir de estas mutaciones".*[26]

Estos cambios obligan a los productores de imágenes en movimiento –"materia prima" del cine– a replantearse los contenidos y el diseño (conceptual-formal) de cada nuevo proyecto, optando por alguno de los esquemas narrativos clásicos –todavía vigentes en muchos productos destinados específicamente a la programación televisiva y cinematográfica– o por la amalgama de géneros y subgéneros propios de las nuevas teorías y prácticas audiovisuales. Lo importante es no perder de vista la evolución que está teniendo el espacio socio-cultural destinatario de cada proyecto, cada día más influido por la globalización de la imagen, pero, quizás en la misma medida, por la necesidad de revalorizar los contenidos y las formas de lo local para compensar (y complementar) lo internacional.

---

(25) *Román Gubern,* El cine después del cine... *(Ob. cit.).*

(26) *Manuel Palacio,* La noción de espectador en el cine, *en "Historia general del cine", Vol. XII, Ed. Cátedra, 1995, Madrid.*

Como señala el experto chileno Diego Portales, *"la ausencia de televisión local es un instrumento de destrucción de la cultura del pueblo. No estar presente en la televisión es como no existir o, por lo menos, no tener el valor suficiente para subsistir (...) La televisión global se enfrenta a una poderosa fuerza constituida por el gusto de los públicos (...) Allí está la fuerza de la televisión local y nacional: en la capacidad de descubrir y alentar esta demanda y en la creatividad para producir programas audiovisuales que atrapen el interés de esos públicos. Pero también está en el diseño de estrategias empresariales y culturales que pongan freno a las estrategias monopolistas que vienen del mundo de la televisión global".*[27]

El desarrollo del cine en la Argentina reconoce una vertiente inicial, que fue aquella donde nuestro papel se limitó al consumo de las "cintas" importadas de Europa o de los EE.UU. Recién años más tarde devino la necesidad de producir imágenes propias para reestablecer el necesario equilibrio entre lo "local" y lo "no-local". Por su parte, la televisión abierta estuvo obligada en sus comienzos a operar con imágenes propias antes que ajenas, cuando las transmisiones eran en directo y no existían enlatados ni *tapes.* Pero apenas estos recursos se instalaron en el mercado, las imágenes locales y extranjeras se complementaron en la programación de los canales.

Los operadores de TV cable se iniciaron en la industria audiovisual limitándose a la sencilla y económica labor de bajar señales satelitales. Durante algunos años su papel principal fue el de retransmitir contenidos ajenos. Una vez satisfechas las primeras expectativas del mercado –entre otras no menores, la de recibir con mejor calidad técnica las señales de la TV abierta– pronto se hizo sentir la necesidad de imágenes propias, acordes con las necesidades explícitas o implícitas de los abonados. Hoy, buena parte de la producción del cable en la Argentina, es realizada en la Capital Federal, pero también, en capitales provinciales y en pequeñas localidades. Un relevamiento de esa producción permitiría detectar rápidamente que, en menos de diez años de vida, la TV cable ha logrado acumular más imágenes del país que la televisión abierta y el cine en toda su historia.

El proyecto de una "industria de contenidos", inseparable del de una "industria del audiovisual" debería afrontar de manera sistemática y rigurosa este tipo de situaciones para proponer obras capaces de responder a las demandas emergentes, tanto en lo específico de una localidad como de una provincia; en una determinada región cultural o en el conjunto de la sociedad. Incluyendo también los, cada vez más, necesarios intercambios de contenidos audiovisuales con América latina y con el mundo.

6. De lo "universal-global" a lo "universal-situado"

Refiriéndose a la vastedad y complejización del espacio audiovisual, donde la producción de contenidos cinematográficos podría encontrar sus nuevos rumbos, Gubern observa lo siguiente: *"Ya podemos constatar que el cine, tal como lo han conocido tres generaciones de espectadores, se ha volatilizado y ha pasado*

---

[27] *Diego Portales Cifuentes,* Utopías en el mercado, *Ed. Las producciones del Ornitorrinco, Santiago de Chile, 1994.*

a ser subsumido en la vasta provincia cultural del audiovisual, un magma heterogéneo de imágenes y sonidos en el que figura la publicidad comercial, los videojuegos, las estampas de viajes familiares, los hologramas móviles de los museos, las teleseries, las imágenes de síntesis de los ingenieros y de los diseñadores, las telenovelas, los videoclips musicales, las intrucciones a los pasajeros en el interior de los aviones, los programas pedagógicos para las escuelas, los artículos de los sex-shops, los registros de reconocimiento aéreo tras los bombardeos, las fabulaciones de las multinacionales de Hollywood, las experiencias artesanas y narcisistas del cineasta amateur, las observaciones registradas en el espacio por la NASA, los documentales de los biólogos y de los etnólogos, los registros del rádar, de la ecografía y del escáner, los ejercicios de práctica en las escuelas de cine y de televisión, las investigaciones de campo de los antropólogos, las pruebas a candidatos a actores para los castings, los experimentos estéticos conceptuales de los videastas, los trabajos de los ciber-artistas, la celebración de las bodas y cumpleaños, los videos en que la policía graba la identidad de los manifestantes, etc... El resumen de este nuevo estado de cosas es que, si el cine ha muerto como tal, es porque ha sido reemplazado por el audiovisual, por este magma de prácticas representacionales, comunicativas o estéticas, utilitarias, perversas o triviales, extremadamente heterogéneas, sobre soportes y formatos tan diversificados".[28]

La diversificación de los posibles usos del cine afecta a los mercados y también al diseño de los productos, según cual fuere el destino de los mismos. Ella no se da en un momento cualquiera de la historia, sino en tiempos como los actuales, donde la diversidad productiva, antes que ser real, obedece a un imperativo de la ideología de la globalización económica y cultural y de la sustitución de la hegemonía del capital industrial por el capital financiero. Tiempos, además, en los que predomina la crisis de las viejas ideas de "modernidad" en las naciones más industrializadas; el relativo auge de las teorías "post-modernistas" –que nacieron para reflexionar sobre la arquitectura y las artes visuales y se elevaron luego al plano filosófico–, y un creciente "descentramiento" cultural.

El *"Dios ha muerto"* invocado por Nietzsche es retomado hoy –como un *"entonces, todo vale"*– por quienes pretenden la extinción de las ideologías para perpetuar las propias. Ello afecta, en el espacio audiovisual, a las identidades culturales y autorales, allí donde éstas no pueden ser controladas o reguladas por el paradigma de las "mil y una ventanas" que ofrece la globalización y que, como puede corroborarse cuando hacemos uso del *zapping* audiovisual, no se abren a los "mil y uno espacios" diferenciados y deseados, sino, casi siempre, a un solo espacio, a una misma concepción de la vida y a un único modo de describirla, entre el infinito número de espacios posibles.

Para una concepción auténticamente democrática, la pluralidad y la diversidad de identidades no es un hecho antagónico de lo "universal", sino su más importante sustento. Además, la cultura de un país es, antes que nada, una "coproducción" en la que coparticipan otras culturas, en un mutuo y enriquecedor intercambio. Implica la presencia de una indispensable "bio-diversidad" (cultural)

---

[28] *Román Gubern,* El cine después del cine, *(Ob. cit.).*

Alejandro Agresti.

–tan necesaria como en el medio ambiente y la ecología– para el verdadero desarrollo humano. Más aún en nuestros días, las identidades culturales tienden a dejar de ser "unitarias" y a expresarse como "amalgama" de fragmentos (racionales y sensibles) de referentes muy diversos, los que se incorporan a cada cultura gracias a la mayor cantidad de información circulante y disponible. (Para el investigador y teórico Jesús Martín Barbero, esto incide no sólo en los cambios que se están produciendo en los contenidos de las identidades culturales, sino también en el modo que percibimos las mismas).[29]

Tratándose de la creatividad cinematográfica, ese intercambio es aún mayor que en otras manifestaciones de la actividad humana. La identidad nacional ha dejado paso a la "poli-identidad", haciendo que cada cineasta contenga, simultáneamente, una combinación de identidades que va desde la estrictamente personal y familiar a la transnacional, pasando por la regional, la nacional e, inclusive, la confesional.

Sin embargo, en ese proceso de tensiones y de cambios que implica todo crecimiento, sigue manteniendo características distintivas: las de una personalidad arraigada en su propia y específica circunstancia. En lo que, según el filósofo Mario Casalla, sería el espacio particular de una *"universalidad situada*" desde la cual se *"es capaz de participar creativamente de un diálogo planetario y, ahora sí, auténticamente universal".*[30]

---

(29) *Jesús Martín Barbero,* Culturas populares e identidades políticas, *en "Entre públicos y ciudadanos", A. Alfaro (Coord.), Calandria, Lima, 1992.*

Esa es, al menos, la experiencia de las grandes cinematografías del mundo, según lo ha demostrado la historia de este siglo.

El fortalecimiento de las identidades culturales en nuestros países dependerá precisamente de la capacidad que tengamos para articular de manera armónica, la diversidad cultural con la adopción o la adaptación de los cambios aparecidos en la ciencia, la técnica y la economía, de acuerdo a las características de cada comunidad. Y aunque en un momento histórico como el que atravesamos, sin principios y sin centros referenciales básicos, la única diversidad admitida es la que regula el mercado, se trata necesariamente, como bien señala Alain Touraine de *"unir el universo de los medios, en el que todo el mundo participa, con el de los fines, de los valores, que cada vez son menos diferentes. Por consiguiente no hay que buscar más el universalismo en un principio superior, sino más bien, en la necesidad de cada individuo y de cada comunidad de estar definido por identidades* (culturales) *y, a la vez, por la participación en el mundo técnico-económico".*[31]

Hace más de 60 años, en los preámbulos de la II Guerra Mundial, dos de los fundadores de la Escuela de Frankfurt, Max Horkheimer y Theodor W. Adorno, analizaban los conflictos del cine con el arte y la sumisión previsible de aquel a las estrategias de la manipulación política autoritaria (léase nazismo, en ese entonces) o del poder del capital y de la sociedad de consumo masificado. Tesis que luego adoptarían y actualizarían otros teóricos de la comunicación, con principios no menos apocalípticos, en diversas partes del mundo, incluido nuestro país.

Algunos pensadores formados también en el pensamiento crítico de la cultura, como Walter Benjamin, asociaban sin embargo el cine y los nuevos medios con las necesidades y demandas de las masas emergentes, es decir, con el "internacionalismo" –sea "proletario" o de los "pueblos revolucionarios"– sosteniendo que aquellos difícilmente pudieran servir a los regímenes autoritarios.

Más recientemente, otras teorías han señalado que la percepción de una obra audiovisual o de un medio comunicacional, no es un hecho puramente individual, sino un acto social o cultural, donde el universo de experiencias, valores y prácticas de cada persona determina el sentido particular de los mensajes. El poder decisorio de estos no radica ya, según este enfoque, en los receptores, sino en los sujetos –a su vez, espectadores– según su edad, sexo, religión, nivel social, educación, organización social, etc., de tal modo que el control del producto comunicacional, no garantiza de ningún modo su aceptación pasiva o reproductora por parte de quien lo recibe.

Obviamente, estos temas parecen importar más al campo académico que a los productores o realizadores de películas. Sin embargo, son de mucho interés también cuando se trata de diseñar obras cuyos contenidos, narrativas y formas de expresión deben "funcionar" exitosamente entre el público. Un funcionamiento que, desde la perspectiva de los intereses reales de una comunidad, debe integrar de manera efectiva, la oferta y la demanda (implícita o explícita), lo ideológi-

---

[30] *Mario Casalla,* "Los dilemas del laberinto", *en* Globalización e identidad cultural, *R. Bayardo y M. Lacarrieu (Comp.), Ed. CICCUS, Buenos Aires, 1996.*

[31] *Alain Touraine, en diario* "Clarín", *6-11-97.*

co y lo artístico, la producción y el mercado. Para nosotros, producción y mercado de obras culturales, remiten antes que nada a la cultura.

A fin de cuentas, el productor de películas y el autor de obras cinematográficas se afirman allí donde logran arraigarse en sus propias comunidades y en sus propias culturas. Para ello están obligados a conocer –científica o intuitivamente– lo que está sucediendo en aquellas, según las circunstancias de cada sociedad, altamente influenciadas además, por los proyectos de globalización económica e ideológica que alcanzan a todos los campos de la vida nacional.

4
cine e integración regional

IV. CINE E INTEGRACION REGIONAL

1. Algunos antecedentes[1]

Estas líneas podría servir de apéndice o anexo, pero también de prólogo a un proyecto de integración cinematográfica continental; aquel que responda a las necesidades históricas de la etapa que hoy vive América Latina, y que demanda más que nunca de esfuerzos comunes para unir capacidades nacionales, so pena de quedar condenados a la dominación total. Ello es así, porque si para las grandes potencias Latinoamérica es en términos de la industria cinematográfica apenas un mercado de regular o menor cuantía, para nosotros es fundamentalmente un espacio de necesaria integración y de destino común.

Este proceso de integración, que se hace extensivo al conjunto de los aspectos socio-económicos, culturales y políticos, obliga a ir sentando con más solidez y coherencia las bases de una cinematografía latinoamericana, como instancia superior a las que hoy todavía constituyen las cinematografías nacionales de cada país. Hablar entonces de *cine nacional* en nuestro caso, es hacerlo –cada día más– de un cine latinoamericano formulado apenas como necesidad y como proyecto. Ese proyecto tiene, además de sus alcances culturales y políticos integradores, una función vital para la suerte del propio cine: de su concreción o no, depende la sobrevivencia o extinción de las industrias ya existentes, así como la posibilidad de aquellas otras que aún no pudieron afirmarse.

Ya hemos dicho que las grandes masas de los países dependientes consumen casi totalmente productos comunicacionales elaborados en las grandes metrópolis; cabe destacar ahora que, en el caso del cine, dicho consumo antes que disminuir crece. Ello es así porque mientras la población de las naciones centrales accedió a formas nuevas para el empleo de su tiempo "libre" (automotor, televisión, etc.) –circunstancia que también ha sido visible en algunos sectores de

---

(1) *Los textos de este capítulo 1 corresponden al libro* Cine y dependencia, *publicado en 1990.*

nuestro continente– el individuo de los países dependientes va introduciéndose, lentamente, en el consumo de películas, estando lejos aún de utilizar los recursos tecnológicos comunicacionales en sus horas de "ocio" (que por lo general son de falta de trabajo). Grandes masas campesinas de América Latina, en suma, desconocen todavía no sólo el uso del medio televisivo, sino también del cinematográfico. Constituyen, por lo tanto, un espacio potencial fundamental para ampliar las posibilidades comunicacionales de este tipo de medios.

En 1974, según cifras de la UNESCO, la cantidad de butacas por cada mil habitantes era de 101 en la Unión Soviética, 45 en Europa y 41 en los Estados Unidos. Ese índice descendía abruptamente a 24 en América de Sur, 8 en Asia y 5 en Africa(2). Potencialmente, como vemos, los países dependientes constituyen un espacio tanto o más importante que el de las naciones centrales. Nos corresponde organizarlo en función de nuestros propios objetivos, o depositar la responsabilidad en las industrias culturales de las metrópolis para que ellas lo hagan en su propio beneficio.

La tentativa de latinoamericanizar las pantallas de cine no obedece, en primer término, a una pretensión meramente "industrialista"; radica antes que nada en la vocación y la necesidad de llevar a ellas nuestros problemas, sentimientos y proyectos. En función del cumplimiento de tales objetivos aparece como consecuencia la necesidad de cierto tipo de desarrollo industrial para atender la producción y difusión del cine destinado al consumo de las grandes salas y también al que puede cumplir funciones más específicas, pero no menos importantes, como son las películas destinadas a la infancia, los filmes pedagógicos, materiales para extensión educativa, para TV, etcétera.

El cumplimiento de tales propósitos requiere de un proceso de creciente integración de esfuerzos, primero a nivel interno, con los sectores que coinciden en un proyecto de desarrollo autónomo diferenciado de los intereses de las grandes metrópolis, y en segundo lugar, en el plano regional o continental: coproducciones, acuerdos de política aduanera y de legislación, construcciones de redes de distribución y exhibición, intercambio de personal especializado, producción de maquinarias y productos básicos, y todos aquellos aspectos que la producción ideológica y cultural sustentada en el cine requieran para su desarrollo.

La construcción de infraestructuras que permitan atender las necesidades internas de cada país resulta casi utópica, dada la orfandad de recursos económicos, técnicos y humanos existente. Por ello, tareas tales como las de coordinación y complementación de esfuerzos nacionales destinados a una integración gradual, conforman una estrategia indispensable, y que además no es una novedad.

Para remitirnos sólo a la última etapa, recordamos que en 1965 confluían en Buenos Aires distintas delegaciones oficiales procedentes de España, Brasil, México y Chile para realizar lo que se denominó el Primer Congreso de Cinematografía Hispano-Americana. Integrado principalmente por núcleos vinculados al área industrial y comercial, dicho Congreso acordó, sin embargo, algunos puntos importantes. El primero de ellos, señalado en el "Despacho General", observaba: *"En lo que concierne a la posibilidad de crear un Mercado Común Iberoamericano*

---

(2) *UNESCO, Anuario de estadística, 1974.*

y, por ende, a fomentar el desarrollo de las correspondientes industrias; comprobadas que han sido las dificultades con que tropieza la inmediata construcción de un Mercado Común Cinematográfico para los países de habla castellana, meta a la que aspiran los reunidos y cuya causa es, fundamentalmente, la disparidad de las legislaciones vigentes en los diversos países, recomienda a los organismos representativos de la producción, y en su caso, a las autoridades cinematográficas respectivas, adoptar las siguientes medidas:

a) Celebración de convenios que fomenten la coproducción y el intercambio y regulen la libre circulación de las películas en los respectivos países, así como la convertibilidad de los fondos procedentes de rendimientos o que exijan la financiación de las películas;

b) Supresión de los contingentes y gravámenes de películas actualmente establecidos, con relación a los países iberoamericanos;

c) Fomentar conjuntamente la política de apertura de mercados;

d) Adopción de medidas eficaces para la defensa de la propiedad cinematográfica, evitando la circulación de copias clandestinas;

e) Recomendar a la "Unión Cinematográfica Hispanoamericana" la adopción de una política común ante organismos internacionales o cualquier manifestación de índole cultural o comercial." (3)

Estas tentativas no alcanzaron en ese entonces mayores resultados, salvo algunos acuerdos que tuvieron como eje a la industria cinematográfica más poderosa del espacio "hispanoamericano", es decir, España.

De ese modo se concretaron en aquellos años, por ejemplo, el Acuerdo de Intercambio de Películas entre España y México (1966); el Convenio Hispano-Argentino (1969); el Convenio de Coproducción entre España y Chile (1970), y el de Coproducción entre España y México (1978).

Una excepción la constituyó el Convenio de Reciprocidad celebrado entre Chile y Cuba en 1971, y frustrado tras el golpe militar que derrocó al gobierno democrático de la Unidad Popular. Dicho convenio aparecía como una tentativa mucho más ambiciosa que los suscriptos entre España y otros países del continente, ya que procuraba una integración gradual y en igualdad de condiciones para las cinematografías cubana y chilena. Además del estímulo a la coproducción de largometrajes, contemplababa el intercambio de filmes de corta duración, noticiarios, asesoramiento técnico y formativo, encuentros y seminarios de estudios, edición de publicaciones, etcétera.

Paralelamente a estas tentativas, los sectores del cine con mayores inquietudes ideológico-culturales, realizaron a su vez diversas actividades de coordinación para insertar la producción cinematográfica en la concreta realidad socioeconómica y política de cada país latinoamericano. Se sucedieron así diver-

---

(3) *"Informe I Congreso de Cinematografía Hispanoamericana", Instituto Nacional de Cinematografía, 1965.*

El Festival de La Habana habitual punto de encuentro para la integración del cine latinoamericano.

sos encuentros a partir de 1965: Viña del Mar (Chile), Mérida (Venezuela), Caracas, Canadá y luego, nuevamente, Mérida a mediados de 1977.

Ya sea desde los sectores que sólo aspiran a un desarrollo industrial-comercial, o desde aquellos que enfatizan los aspectos ideológicos, la cinematografía latinoamericana ha tendido habitualmente a encontrar formas de integración y de desarrollo; si la solución no apareció todavía, ello se debió no sólo a la impotencia y falta de claridad suficiente de los sectores involucrados, sino principalmente a circunstancias objetivas, socioeconómicas, y sobre todo, políticas, de las cuales depende siempre la posibilidad de toda producción cinematográfica.

La integración creciente del cine latinoamericano y el de habla hispano-lusitana, no constituye una opción más entre otras, sino la única posibilidad de existencia de una industria productora de contenidos (ideología), acorde con nuestras características nacionales. Pero tal integración escapa, como objetivo, de las intenciones de quienes manejan la industria a nivel mundial y también de sus asociados a nivel local. Los únicos sectores realmente interesados en su concreción, son los trabajadores, productores, realizadores, técnicos, actores e industriales nacionales.

El problema es de índole ideológica, cultural y política, y también económica, industrial y tecnológica: sin la aparición de infraestructuras relativamente sólidas, capaces de posibilitar un nivel adecuado de producción, resultará improbable, si no imposible, la propia difusión de aquélla.

Es evidente que la organización de este espacio esencial para los destinos de nuestra producción ideológica a través del cine, tropieza con dificultades enormes, como son las diferencias de desarrollo socioeconómico e industrial entre diversas regiones o países, las coyunturas políticas proclives a veces a conflictos de diverso género entre una y otra nación, la competencia de las burguesías o las oligarquías para lucrar a cualquier costa, las insuficiencias de la burocracia cinematográfica y de los industriales y productores...

Ciertamente hasta hoy han fracasado las actividades de los sectores puramente "industrialistas" –y la ideología lucrativa que sostienen como justificativo de su accionar– y aquellos que enfatizaron en el "ideologismo", reduciendo en la práctica su preocupación industrial y comercial a términos también ideales.

Sin embargo, lo cierto es que cuando ambas concepciones actuaron armónicamente integradas, los resultados fueron positivos. Baste observar alguna de las experiencias de producción cinematográfica del *cinema novo* brasileño, el cine chileno durante el gobierno de la Unidad Popular e incluso antes, el de la mayor parte de los filmes bolivianos de Sanjinés y Eguino, el de las películas argentinas realizadas entre 1973 y 1974, el ejemplo del más reciente cine peruano y algunos filmes venezolanos, o el mejor cine español, consolidado pese a las dificultades existentes en la etapa anterior.

Puede sostenerse que los mercados de habla hispana de los Estados Unidos, de Puerto Rico o de Centroamérica, por ejemplo, "demandaban" sólo una producción mistificadora y superficial, cuando no abiertamente pornográfica; pero de igual modo cabe afirmar que inmensas masas de público, aparentemente colonizadas en el plano cultural, responden con gran aceptación a productos de elevados valores ideológico-culturales. Todo país latinoamericano conserva ejemplos al respecto: *Chuquiago*, un importante film boliviano de Antonio Eguino, alcanzó un éxito sin precedentes en su país en 1977; otro tanto había logrado años atrás Miguel Littin en Chile con *El chacal de Nahueltoro*, o Héctor Olivera en la Argentina del '73 con *La Patagonia rebelde*, y más recientemente, *Muerte al amanecer* de Francisco Lombardi, en el Perú.

En suma: no es de ningún modo fácil interesar al público de nuestros países en una producción latinoamericana, sobre todo, cuando las salas permanecen cultural y comercialmente dominadas por la industria hegemónica y sus efectos consiguientes en la capacidad de apreciación de los espectadores. Menos fácil es aún coordinar fuerzas estatales o privadas en ciertas regiones. Por ello el planteo de la integración cinematográfica continental, reviste por ahora sólo características de proyecto. Asumirlo, corresponde a empresarios, trabajadores, realizadores, y principalmente gobiernos que se propongan servir de verdad a las necesidades de liberación y desarrollo en el continente, presentes como nunca en el terreno de la cinematografía. La vida de ésta depende sin duda de la forma, claridad y decisión con que se aborde el problema.

Organización de mercados, coproducciones, intercambio técnico, asistencia, capacitación, complementación industrial, informaciones, política común en los mercados internacionales, unidad de esfuerzos, complementación de legislaciones, acuerdos sobre cine educativo, películas para la infancia, noticiarios, publicaciones, en suma, todas las labores posibles de desarrollar, demandarán de un esfuerzo enorme y constituirán un desafío a la imaginación, la lucidez y el coraje de funcionarios y hombres de cine.

Habrá que atender a las realidades peculiares de cada país, para no caer en nuevas formas de dependencia, dados los diversos niveles de desarrollo existentes, y que puedan favorecer a los países más fuertes, reduciendo a los débiles a formas de explotación iguales o peores que las actuales.

Finalmente, el trabajo en pos de la integración conduce también a la construcción de nuevas formas de comunicación con el público, a un modo de uso del cine que responda a las inquietudes culturales, ideológicas y políticas de un proyecto diferente de desarrollo, del cual el sujeto es el pueblo organizado. Un participante activo y no un individuo espectador, consumidor y pasivo.

En esta tarea habrá que abordar también un uso mucho mayor del medio cinematográfico, más allá de las salas de exhibición convencionales, haciendo del mismo un instrumento vivo de culturalización que llegue hasta los más recónditos espacios nacionales y continentales.

De la claridad que tengamos para abordar un proyecto de semejantes dimensiones depende mucho el éxito de la producción ideológica cinematográfica en el conjunto de América Latina y, obviamente, de la que rige en lo interno de cada país.

Como vemos, nos encontramos apenas en el prólogo...

Buenos Aires-Lima-México 1976-1980

2. El espacio cinematográfico iberoamericano

La cinematografía iberoamericana, como parte del espacio audiovisual regional, está hoy condicionada más que nunca por la relación de fuerzas existente en los mercados. Protegiendo política y económicamente a la MPEA, asociación de productores de cine de los EE.UU., el gobierno de ese país ha tratado siempre de impedir cualquier medida proteccionista que restrinja la llamada "libertad de comercio" en las pantallas de la región. En la medida que consideran a las películas como simples manufacturas –y no lo que en realidad son, bienes culturales– cualquier tentativa de regulación del mercado tensiona las relaciones con la Nación del norte. Se repite aquí la experiencia de los países europeos, aunque en mucha menor dimensión, dado que la casi totalidad de las naciones latinoamericanas no otorgan al cine ni al audiovisual, la importancia cultural, económica y estratégica que es habitual en Europa y en otras regiones.

En consecuencia, la práctica común lleva a los exhibidores locales a negociar por su cuenta con las *majors* la programación anual de las salas, espacio que aquellas dominan totalmente, sobre todo en los países que no cuentan con una competencia productivo-comercial significativa. Los acuerdos comerciales en base a "paquetes" de películas a exhibir (algún título de mucho interés comercial junto a otros de resultado incierto o nulo), reducen los espacios o tiempos de pantalla de los cines locales para la oferta de otras cinematografías, incluida la nacional, allí donde ella existe. Ese dominio se hace todavía más evidente en las otras ventanas de la comercialización audiovisual, como el video y los diversos sistemas televisivos.

Tal como se ha reseñado, los espacios principales del cine latinoamericano se concentran en muy pocos países. Sólo tres de ellos –Brasil, México y Argentina– representan el 74% de los espectadores globales, el 75% de las salas y el

EL ESPACIO CINEMATOGRAFICO IBEROAMERICANO. CIFRAS ESTIMADAS PARA EL PERIODO 1995-1996

RUBRO	ARG.	BOL.	BRA.	COL.	C. R.	CUBA	CHILE	ESP.	MEX.	PERU	URU.	VEN.	TOTAL
Producción anual de largometrajes	25	2	20	2	---	3	2	80	20	2	---	8	164
Nº salas	490	70	1200	270	40	430	150	2325	1700	120	50	220	7065
Espectadores anuales (millones)	19	2	90	21	2	12	7	101	75	8	1	13	351
Recaudaciones salas (millones U$S)	120	3	300	40	3	0.6	20	380	170	17	3	25	1082
Precio medio entradas (U$S)	6	1,5	3,5	2,3	2	0,06	4	4,2	2,	3	5,5	2,5	
Promedio concurrencia persona/año	0,6	0,3	0,6	0,7	0,7	3,3	0,6	2 4	0,9	0,4	0,3	0,6	
Estrenos anuales	180	170	250	150	130	60	300	370	260	130	140	200	
Porcentaje de películas origen EE.UU	70	80	92	90	92	40	90	75	80	85	90	85	

ARG.:Argentina. **BOL.** Bolivia. **BRA.**: Brasil. **COL.**: Colombia. **C. R.**: Costa Rica. **ESP.**: España. **MEX.**: México. **URU.**: Uruguay. **VEN.**: Venezuela. **Fuentes:** Elaboración propia con datos de CACI, organismos oficiales, cámaras empresariales y revistas especializadas.

83% de las recaudaciones. Si a ellos se suman otros dos de mediana dimensión, como Colombia y Venezuela, los porcentajes se elevan al 87% en el rubro espectadores, al 85% en número de salas y al 90% en recaudaciones. Esa misma proporción en relación a los mercados se repite en la producción de películas.

En el cuadro de la página anterior no se han introducido datos de algunos países (Ecuador, El Salvador, Guatemala, Honduras, Nicaragua, Panamá, Paraguay, Puerto Rico y República Dominicana) por carecer de información fidedigna sobre los mismos. Ellos representan, en conjunto, una población estimada en 55 millones de personas, lo cual puede significar una cifra de aproximadamente 40 millones de espectadores en las salas de cine, si se parte de un promedio de concurrencia equivalente al de los otros países analizados. La recaudación estimada por año para los mismos, equivaldría a 80 y 120 millones de dólares, que puede ser agregada en el cuadro de referencia. En materia de producción ella es casi insignificante y, salvo Puerto Rico, que puede realizar entre 3 y 5 largometrajes por año, incluidas las coproducciones, los países restantes son sólo utilizados, por lo general, como escenarios para algunas producciones norteamericanas o europeas.

Partiendo de esas cifras, de valor aproximativo, el panorama global y de valor potencial de dicho espacio en el año 1996 incluyendo también a Portugal, era el siguiente:

Población total iberoamericana (millones)	550
Películas producidas	180
Número de salas	7.200
Espectadores anuales (millones)	390
Recaudaciones anuales (millones de dólares)	1.250

Pero la potencialidad del mercado no se limita a estas cifras. Deben incluirse otros datos de no menor importancia, como son las características relativamente semejantes de los países de la región en cuanto a idiomas, culturas, religión, memoria histórica y proyectos de integración y desarrollo, que muestran una clara ventaja sobre otras regiones para el intercambio de productos culturales y audiovisuales.

También podría agregarse como factor ventajoso la relativa estabilización que se observa en el mercado tradicional de las salas, y el crecimiento del número de las mismas, así como el de espectadores y recaudaciones en las principales ciudades de la región. Situación ésta que ha incidido, sin duda, en las grandes empresas del audiovisual norteamericano y mundial para intentar adueñarse directamente de algunas franjas de la comercialización de películas.

En esta situación regional cabe destacar también la existencia de nuevas y crecientes ventanas de comercialización audiovisual, a las que nuestro cine no ha podido (o no ha sabido) acceder todavía, para financiar una parte significativa de sus inversiones.

Ellas están representadas por las siguientes cifras, de valor aproximado, para el conjunto de los países de Iberoamérica:

100 millones de hogares con televisión;
17 millones de hogares con TV paga;
35 millones de videocaseteras;
25 mil video-clubes.

A ello se agrega la aparición de nuevas ventanas de explotación comercial, como los sistemas de DTH, informática, telecomunicaciones, interactividad y los nuevos medios audiovisuales que en la actualidad se encuentran en fase de experimentación o de desarrollo.

Estos datos ilustran la existencia de grandes recursos y posibilidades para la industria de contenidos audiovisuales de la región.

En este orden, la creciente articulación e integración de mercados habrá de jugar un papel fundamental para facilitar la producción de películas y el intercambio cultural que la región demanda. A ese fin estuvieron orientadas las sucesivas tratativas intrarregionales que se llevaron a cabo en nuestros países, casi desde las primeras películas sonorizadas producidas en Latinoamérica.

En los años '80, se sucedieron diversos encuentros regionales, en los que se creó la Organización Cinematográfica Iberoamericana (OCI), la Asociación Cinematográfica Latinoamericana (ACLA), junto con otras tentativas en los sectores de la distribución alternativa, los archivos fílmicos, las revistas especializadas y la capacitación.

Cabe destacar el papel desempeñado por algunos organismos oficiales del cine latinoamericano en favor de la integración. Se destaca en este sentido la labor del gobierno cubano que, a través del ICAIC, convocó anualmente en La Habana a los festivales de cine más representativos de la producción regional (festivales del "Nuevo Cine Latinoamericano"), de los que formaron parte importantes actividades complementarias, como fue el Mercado del Cine Latinoamericano (MECLA), encuentros de archivos fílmicos, escuelas de cine, revistas especializadas, realizadores y técnicos y numerosos seminarios orientados a los problemas contemporáneos de nuestro cine: desde el diseño de las obras hasta lo concerniente a su comercialización en los mercados.

Fue allí, precisamente, donde en 1984 debatimos por primera vez en la región –juntamente con especialistas e investigadores del sector– las relaciones del cine con los otros medios audiovisuales, instalando el concepto de "espacio audiovisual latinoamericano" que luego comenzaría a ser recogido en otros países. Ello se trasladó durante algunos años a los festivales de La Habana, permitiendo la realización de muestras y encuentros del audiovisual de la región en los que convergieron el cine, la televisión y el video.

Uno de los factores que permitió dar continuidad a esa labor del ICAIC fue, precisamente, la estabilidad de su política latinoamericanista y también los funcionarios que estuvieron a cargo de dicho organismo. Una estabilidad de políticas y de funcionarios que fue inusual en los restantes países de la región, pese a la

Octavio Getino suscribe en nombre de la Argentina, los convenios de integración cinematográfica de Iberoamérica. Caracas, noviembre de 1989.

buena voluntad y al esfuerzo ejemplar de alguno de sus coyunturales representantes, particularmente, en los casos de México, Brasil, Venezuela y España.

Los más importantes acuerdos suscriptos hasta el momento en la región, tuvieron lugar en noviembre de 1989, en la ciudad de Caracas. Allí nos tocó firmar, con carácter plenipotenciario, el "Convenio de Integración Iberoamericana", cuyo propósito principal es el de *"contribuir al desarrollo de la cinematografía dentro del espacio audiovisual de los países iberoamericanos, y a la integración de los referidos países, mediante una participación equitativa en la actividad cinematográfica regional"*. De ese modo, el término "espacio audiovisual" se incorporó por primera vez al léxico de los documentos de los organismos oficiales del cine iberoamericano.(4)

También se firmó en esa oportunidad, el "Acuerdo Latinoamericano de Coproducción Cinematográfica", *"conscientes de que la actividad cinematográfica debe contribuir al desarrollo cultural de la región y a su identidad, y convencidos de la necesidad de impulsar el desarrollo cinematográfico y audiovisual de la región, y de manera especial la de aquellos países con infraestructura insuficiente"*.

Un tercer documento suscripto en aquella oportunidad fue el "Acuerdo para la Creación del Mercado Cinematográfico Latinoamericano" que, al igual que los anteriores, fue ratificado como Ley Nacional por los congresos de la mayor parte de los países de la región que cuentan con actividades en este sector: México (1990), Perú (1990), Venezuela (1991), Cuba (1991), Ecuador (1994), Panamá (1995), al cual se sumó la adhesión del gobierno de Colombia (1995). Dicho acuerdo *"tendrá por objeto implantar un sistema multilateral de participación de espacios de exhibición para las obras cinematográficas certificadas como nacionales por los Estados signatarios del presente Acuerdo, con la finalidad de ampliar las*

(4) *Ver Convenio al final del libro, en Anexo Documental 4.*

posibilidades de mercado de dichos países y de proteger los vínculos de unidad cultural entre los pueblos de Iberoamérica y el Caribe".

España legitimó sólo el de "Integración Iberoamericana", en la medida que, según sostuvo dicho país, la firma de los dos restantes resultaba incompatible con los acuerdos sobre cine y audiovisual celebrados previamente con las naciones de la Unión Europea.

En nuestro país, los tres acuerdos referidos fueron convertidos por el Congreso de la Nación en sendas leyes nacionales, en el año 1993: ley Nº 24.201 de Convenio de Integración Iberoamericana; ley Nº 24.202 de Acuerdo de Coproducción Latinoamericana; ley Nº 24.203 de Acuerdo de Mercado Común Latinoamericano.

Como parte del Convenio de Integración se creó la Conferencia de Autoridades Cinematográficas de Iberoamérica (CACI), con una Secretaría Ejecutiva de la Cinematografía Iberoamericana (SECI) que, desde 1989, tiene su sede en Caracas, operando a través del organismo oficial del cine de ese país, el Centro Nacional Autónomo de Cinematografía (CNAC).

Son funciones de la CACI, de acuerdo al Art. 18 del Convenio de Integración: formular la política general de ejecución del mismo; evaluar los resultados de su aplicación; aceptar la adhesión de nuevos miembros; estudiar y proponer a los estados miembros modificaciones al Convenio, designar al Secretario Ejecutivo y conocer y resolver todos los asuntos de interés común.

Sin embargo, ningún convenio formal ni ley nacional han logrado tener aplicación efectiva alguna. Ello seguirá siendo así si no cuentan con el respaldo de fuerzas políticas y sociales, firmemente resueltas a su implementación.

Esa es la historia de los países latinoamericanos, desde aquella Segunda Cumbre Hemisférica de Presidentes que, en 1967, proclamó la necesidad de poner

Representantes de organismos del cine iberoamericano en la Primera Conferencia de la CACI, realizada en Buenos Aires, 1990. Aparecen, entre otros: Julio Sosa (Venezuela), Ignacio López (México),Carmelo Romero (España), Roberto Farías (Brasil) y, por Argentina, Salvador Sanmaritano, Jaime Lozano, David Blaustein, Bernardo Zupnik, Humberto Ríos, Juan Carlos Añón y Octavio Getino.

en marcha un Mercado Común Latinoamericano para el conjunto de las actividades productivas. Tampoco obtuvieron suficiente éxito los acuerdos de libre comercio firmados en 1960 (ALALC) y en 1981 (ALADI). La tentación voluntarista de unir en este terreno a todos los países latinoamericanos, ha tenido hasta el momento un valor más retórico que concreto. Los antecedentes no permiten forjar demasiadas esperanzas sobre un éxito a corto plazo dentro de esta intención integrativa para el mercado de nuestro cine.

Sin embargo debería prestarse suma atención a los más recientes proyectos de integración subregional, alguno de los cuales, como el del Mercosur, pueden servir de base para incluir lo relativo a la industria y a la cultura cinematográfica y audiovisual, en términos quizás más efectivos que las anteriores tentativas de carácter regional. Aunque dicho Tratado –Mercado Común del Sur– firmado por los presidentes de Argentina, Brasil, Paraguay y Uruguay en 1991, en la ciudad de Asunción, originalmente no incluía ningún punto relacionado con la cultura

CINE Y MERCOSUR (INTEGRANTES Y ADHERENTES) AÑO 1996
(LOS VALORES ESTAN DADOS EN DOLARES)

RUBROS	ARGENTINA	BOLIVIA	BRASIL	CHILE	PARAGUAY	URUGUAY
Población (millones)	34,6	7,4	161,8	14,3	4,9	3,2
Espectadores año (millones)	34,6	7,4	161,8	14,3	4,9	3,2
Salas de cine	499	70	1.300	150	s/d	50
Precio entrada	6	1,5	4	4	s/d	5
Recaudaciones salas	110	3	300	25	s/d	5
Películas estrenadas p/año	180	170	300	2	s/d	140
Producción local media anual	25	2	20	2	---	---
Legislación cine	Sí	Sí	Sí	No	No	No

Fuentes: Elaboración propia con datos de organismos oficiales del cine (INCAA, CONACINE, Mterio. Educación de Chile; CACI); Riofilme de Brasil; "Made in Spanish 97", T. Toledo (Comp.), Festival de San Sebastián; "La industria audiovisual iberoamericana. Datos de sus principales mercados, 1997", MRC; "Las industrias culturales en la Argentina", O. Getino, Colihue, 1995; "Mercosur: la dimensión cultural de la integración", G. Recondo (Comp.), CICCUS, 1997.

y la comunicación, y menos aún con el cine y el audiovisual, en los últimos años se han incorporado algunos temas y proyectos, al menos en la letra de los documentos suscriptos en las sucesivas reuniones de autoridades de organismos culturales de los países miembros. Sin la concreción de los mismos, el Tratado tendrá la corta duración que suelen tener todos los proyectos de integración de carácter puramente economicista.

El Mercosur ha comenzado a implementarse efectivamente en enero de 1995, representando para los países de la subregión y por extensión para todos los de América del Sur, un hecho realmente histórico ya que por primera vez une lo "luso" con lo "hispano", habida cuenta que se suma la presencia del Brasil, sin la cual no podría existir una verdadera comunidad latinoamericana. Particularmente, si se considera que dicho país ha mantenido hasta hace pocos años una situación de relativo aislamiento y autosuficiencia en relación al resto de la región.

Además, como bien señala Methol Ferré, el proyecto de "mercado común" implica un paso mucho más adelante que el de "zona de libre comercio", como es el suscripto entre México, EE.UU. y Canadá. El primero apunta *"a la libre circulación de las personas (lo que significa confluencia de pueblos, compenetración cultural), en tanto el NAFTA es sólo libre circulación de mercaderías y no de personas (lo que significa separación y no proceso de identificación de culturas)".*[5]

Esta nueva situación –que tiene como antecedente las tentativas de integración ABC de los años '50 y '60 entre Argentina, Brasil y Chile– puede servir para diseñar y poner en marcha mecanismos de integración de mercados para el cine de la subregión, más factibles de llevarse a cabo que los ambiciosos trámites de integración latinoamericanista. Precisamente, las tentativas subregionales, en la medida que se adecúen a las características socioculturales comunes entre varios países, pueden servir como base orientadora, para el proyecto, cada vez más necesario, de integración regional.

De lo nacional a lo subregional y a lo regional: tal pareciera ser el camino más viable en la actualidad para implementar el viejo y soñado proyecto de integración latinoamericana, también en los rubros del cine y del audiovisual.

---

[5] *Alberto Methol Ferré,* Una bipolaridad cultural, *en "Mercosur, la dimensión cultural de la integración", Gregorio Recondo (Comp.), Ed. CICCUS, 1996, Buenos Aires.*

5

a manera de prólogo

V. A MANERA DE PROLOGO

"No es fácil hacer luz.
Tenemos que conformarnos con transmitir la luz de un fósforo.
Ya sería algo importante intentar encenderlo."

Eugenio Montale
citado por Antonio Tabucci en "La gastritis de Platón"

Cine y televisión: complementariedad y competencias en la globalización (*)

Medios y fusiones

El proceso de globalización que, en la actualidad, caracteriza a las relaciones económicas internacionales está también presente en los campos de la información, la comunicación y las industrias culturales, afectando particularmente a los medios audiovisuales. Si bien en el terreno de la cultura esta globalización no alcanza la misma intensidad que es observable en la economía, nunca como hoy las identidades culturales nacionales estuvieron tan sujetas a las leyes propias de la *coproducción internacional.* Esto hace que cualquier identidad cultural nacional sólo pueda ser concebida como *coproducción internacional*, sujeta a las relaciones de poder superestructural que rigen entre las culturas coparticipantes.

El cine sirvió durante más de medio siglo –hasta ya avanzada la etapa de la televisión abierta– para reforzar, desde los principales países productores, la labor de propagandización y de legitimación de los valores y los sistemas de vida que les eran propios. Incluidos, los que sustentaron modelos para los cuales la medida principal del desarrollo de un país la establecían simplemente sus índices de consumo, o lo que es igual, la dimensión de sus mercados.

A esa labor persuasiva del cine, se sumarían después la televisión y las transmisiones satelitales. Recientemente, la integración del audiovisual con la transmisión de datos, las telecomunicaciones y la incipiente interactividad, reforzaron las estrategias de globalización en todos los campos del desarrollo. A ellas

---

(*) *Ponencia presentada en el* Encuentro Iberoamericano por los 100 años del cine. *Universidad de Lima-FELAFACS-Fundación Konrad Adenauer. Lima, 18-22 septiembre 1995. Publicada en "Cine y nuevas tecnologías audiovisuales", Universidad de Lima, 1997.*

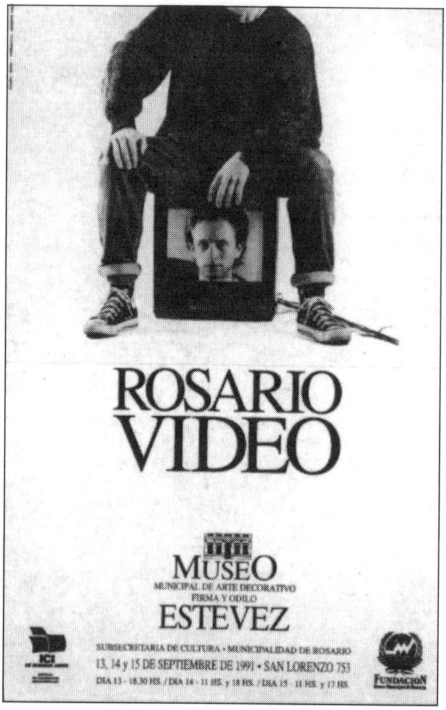

Nuevas imágenes y narrativas audiovisuales.

se incorporarán los avances que ya se están verificando en otros sectores de la tecnología informativa y comunicacional como el código numérico en la reproducción y transporte de datos, y la televisión de alta definición (HTVS).

Algunos estudiosos que privilegiaron un enfoque tecnologista de las comunicaciones han querido ver en estos hechos una sucesión de momentos "generacionales" a través de la cual una determinada "ola" tecnológica suplantaba a la precedente. Sin embargo, ningún medio comunicacional por más novedoso que resulte, anuló nunca a los anteriores. Por el contrario, redefinió su rol e inclusive, a menudo vino a potencializarlo. La comunicación gestual tiene en nuestros días, gracias a los medios masivos –no a pesar de los mismos– una importancia todavía mayor en las comunicaciones de nuestro tiempo, que la que tuvo en sus orígenes.

La informática y las telecomunicaciones se integran así cada vez más a la labor de los medios audiovisuales y textuales a escala mundial. Controlar en nuestros días una gran empresa de teléfonos es hacerlo también con el recurso técnico que además de servir para las comunicaciones interpersonales sirve para el acceso a los "quioscos audiovisuales", a las "autopistas informáticas" y a los complejos de multimedios donde se articulan diversos recursos, entre ellos los de la comunicación audiovisual.

Lo que hasta hace muy pocos años era privativo de normas eminentemente industriales y económicas, como es el caso de las telecomunicaciones, está confluyendo, empresarial y políticamente, con el sector de los servicios televisivos, regulado por pautas políticas y culturales. De este modo, la convergencia se orienta hacia la integralidad de los recursos principales de cada nación desarrollada (economía, industria, política y cultura) y, a partir de ello, hacia las otras naciones, en un proceso de creciente mundialización. Las comunicaciones punto-punto se ven complementadas por las de punto-masa, a las que se agregan más recientemente las de punto-masa-punto, en una compleja cadena de articulaciones que permite interactuar al conjunto y a cada uno de sus componentes, formando sistemas sinérgicos.

Entramos así en una nueva era del audiovisual, sintetizadora de las anteriores: la del audio-tex-visual, definida por la integración de textos a la imagen y al sonido; una era donde la energía reduce día a día el papel de los soportes tradicionales en los procesos de circulación.

Ni la televisión de señal abierta suplantó al cine ni el cable lo hizo con la señal abierta. Tampoco el video podría subsistir sin esos y otros medios audiovisuales, de igual modo que las computadoras requieren cada vez más de la imagen en movimiento. La fotoquímica, el soporte magnético y lo digital se integran cada vez más en la producción y circulación de las narrativas cinematográficos y de los contenidos simbólicos que les son inherentes. Y ello se reproduce también en el campo de la economía, a través de la creciente fusión o articulación de las empresas de producción, servicios y comercialización del audiovisual.

Si la compañía japonesa Sony adquirió años atrás los derechos sobre la norteamericana Columbia Pictures –aunque no haya tenido luego el éxito buscado– no fue para suplantar con las tecnologías del video a las que son propias del cine, sino para utilizar éste a fin de poder vender más *hardware* y *software* audiovisual. De igual modo, si la Tele Communications Inc. (TCI), una de las principales compañías de la TV por cable de los EE.UU., se asocia a la Bell Atlantic, gigantesca empresa telefónica del mismo país, no es para sustituir el video por la transmisión telecomunicacional de imágenes en movimiento, sino para articular e integrar ambos recursos en una instancia nueva, de mayor rentabilidad económica, política y sociocultural.

Algo parecido ocurre con los recientes acuerdos interempresariales entre la empresa de computación Microsoft Network y la cadena de televisión norteamericana NBC para el desarrollo conjunto de CD ROM, servicios y productos de TV interactiva, que confirma, tal como anunciaron los protagonistas de la fusión, que el mundo interactivo puede ser complementario, antes que sustitutorio o antagónico, de los medios radiales y televisivos.

El individuo recurre en nuestro tiempo a la computadora, a la telefonía, a la radio, al medio impreso y al gesto más primitivo, todo ello complementándose como parte de las comunicaciones cotidianas. Cualquier antiguo quiosco de diarios se ha convertido en un espacio de multimedios, en el que convive la prensa periódica con el libro, el video, el disco compacto, los video juegos y el CD ROM, a los que se suma la insustituible comunicación interpersonal.

Lo gestual, lo oral, lo escrito, lo sonoro y lo audiovisual son medios complementarios antes que antagónicos y ninguno tiene sobre el otro ventajas en abstracto, sino que ellas, en caso de existir, están determinadas por la circunstancias concretas en las que cada medio habrá de ser empleado. Sin embargo, los cambios ocurridos en la tecnología audiovisual, han introducido fuertes modificaciones en las tradicionales formas de producción y comercialización del audiovisual que deberían ser tratadas específicamente.

Diversificación de la oferta

Un estudio sobre el impacto de las nuevas tecnologías en la industria del cine europeo, realizado a finales de los años '80, anotaba un decremento de las capacidades productivas y de los mercados tradicionales que sólo podía compararse con lo sucedido en los años '50 y '60, a partir de la expansión de la televisión.

Entre 1980 y 1986, se redujo en Europa, en casi una cuarta parte el número de películas producidas y, en un 35% el volumen de espectadores en las salas.

Además, sólo uno de cada 10 films producidos tuvo ganancias; 2 de cada 10, cubrieron apenas sus costos y 7 de cada 10 dieron pérdidas.

Si en los años '50 y '60, los monopolios estatales de la televisión europea sirvieron para atenuar la crisis de las industrias cinematográficas con sus inversiones en la producción fílmica, en los '80 y en los '90, la privatización de los canales estatales, las dejó libradas a su propia suerte, con lo cual las *majors* norteamericanas consolidaron, a niveles más poderosos que nunca su presencia en las pantallas grandes y chicas del Viejo Continente. De ese modo, entre el 72% y el 78% de los filmes comercializados en Europa provienen de los EE.UU., y poca efectividad parecieran tener hasta el momento las políticas proteccionistas de la Comunidad. Una vez producidos, los filmes locales no consiguen otro mercado que no sea el propio, de tal modo que apenas el 14% de las películas ofertadas en las salas del Viejo Continente han sido producidas en algún país de la región.

Mientras tanto, el proteccionismo cinematográfico tampoco ha impedido en la Unión Europea, que las salas hayan perdido importancia en el conjunto del mercado audiovisual, representando apenas el 16% del conjunto, contra el 12% del video y el 57% de la televisión.

Estos datos son un claro espejo donde también los latinoamericanos podríamos mirarnos, con el agregado de que nuestra situación es aún más dramática. Sobre todo si la comparamos con la de países que constituyeron a lo largo de estos primeros cien años del cine, una de las vertientes más importantes de la industria y la cultura audiovisual.

Basta observar que el conjunto de los países de América Latina, apenas produce en la actualidad entre 70 y 80 largometrajes por año, frente a los más de 200 que se realizaban una década atrás. Una disminución que, en porcentajes más o menos semejantes, se repite en el número de salas y en la cantidad de espectadores.

Veamos un ejemplo que, con algunas variantes, podría tener validez también en la mayor parte de América Latina. En 1975, en la Argentina, las salas de cine de todo el país tuvieron un total cercano a los 85 millones de espectadores. Veinte años después, esa cifra cayó a menos de 18 millones. En el mismo período, el número de salas pasó de un total cercano a las 1500 a menos de 300 en 1995.(En 1997 esa cifra se había elevado a más de 400, como producto de inversiones de compañías norteamericanas y australianas, que pasaron a controlar directamente cerca de un 30% de las salas más rentables). Asimismo, la producción de películas, que superaba el número de 30 en el primero de los años referidos, no alcanzará a la decena en el presente año.

Casi simultáneamente, la imagen en movimiento se desplazó fuera de las salas tradicionales y multiplicó su presencia en todos los hogares del país. Bastó apenas una década para que, incluso sin ninguna legislación precisa al respecto, se instalaran en todas las provincias del país cerca de 1.600 canales de TV por cable, con una penetración que sobrepasa el 50% de los hogares argentinos.

La incidencia cultural de estos ejemplos, corre a la par de su crecimiento ecónomico. Si en las salas de cine argentinas se estrenan algo menos de 200 títulos anuales, la televisión de señal abierta oferta entre 1600 y 2000 títulos de

El video en función social. "Proyecto PIRCA" (CECICO, 1988).

El video como arte. "Tiempo de descuento". Instalación (Margarita Paksa, 1978).

largometrajes por año, la TV por cable lo hace con más de 16 mil películas y el video –cuyo peso se ha reducido con el crecimiento del cable– lanza al mercado unos 800 a 1000 títulos cada año.

¿Estamos, entonces, asistiendo a una crisis de la industria basada en las imágenes en movimiento, o por el contrario, participamos de un proceso acelerado de expansión sin precedentes en todo lo que se refiere al potencial cultural, social y económico de dicho recurso? Convengamos que nunca como en nuestros días existió un volumen semejante de producción y circulación de bienes y servicios culturales audiovisuales.

La imagen en movimiento, con soporte fílmico o magnético, o convertida en simple energía, se impone crecientemente como la dimensión hegemónica de la cultura de nuestro tiempo. No sólo sirve para reforzar la globalización de los mercados en general, sino también para acrecentar la rentabilidad del marketing del mismo audiovisual, convertido en una de las ramas económicas de más rápido crecimiento en todo el mundo.

"Imagen global" para una "aldea global"

En este contexto las *majors* norteamericanas globalizan como nunca su hegemonía en la producción y la comercialización de bienes audiovisuales. No se reducen ya a manejar el tradicional modelo hollywoodense con el cual universalizaron sus mensajes y las formas de percepción del texto audiovisual. Por el contrario, incorporan hoy nuevas estrategias con las que, además de reforzar dicho modelo, hacen otro tanto con las que son propias de la información, la comunicación masiva y las industrias culturales.

Una de ellas consiste en complementar el consabido cine de géneros, que sigue contando con una fuerte demanda, tanto en los EE.UU. como en el resto del mundo, con otro modelo más reciente en el que aprovecha las nuevas tecnologías –particularmente las de la informática y la digitalización– para desarrollar superproducciones destinadas a las generaciones de consumidores más jóvenes, en las que precisamente, la tecnología aparece como protagonista central de la narratividad. No se desplaza ni se sustituye a la acción drámatica ni a la construcción tradicional de los personajes –presentes incluso en el más sofisticado videojuego– pero ellas quedan sometidas a las nuevas exigencias de una virtualidad manifiesta, donde la fantasía y los deseos no satisfechos se conjugan con impactantes propuestas sobre la modernidad y el futuro.

A estos modelos, Hollywood comienza a incorporar otros, en una clara estrategia de dominio de las pantallas del mundo en el próximo siglo. Entre ellos se destaca el concebido, no ya para las salas de cine, ni siquiera para la televisión tradicional, sino dirigido a ocupar el espacio intersticial de las nuevas tecnologías de circulación audiovisual, como la TV segmentada, los ordenadores, los multimedios y las telecomunicaciones. Con ello, el film, además de adaptarse a las exigencias de la globalización comercial, es decir, a la reducción al máximo de lo que es propio de una cinematografía "nacional", o un cine de "autor", debe contemplar las características de los medios por donde habrá de circular (televisión, video, multimedios).

Participantes de uno de los primeros encuentros realizados en América Latina, para analizar las relaciones del cine con las nuevas tecnologías audiovisuales. La Habana, diciembre de 1986. De izquierda a derecha: Jorge Fraga (Cuba), Patricio Guzmán (Chile), Octavio Getino (Argentina), Julio García Espinosa (Cuba), Fátima Fernández (México), Hebert Schiller (EE.UU.), Michelle Mattelart (Francia), Enrique González Manet (Cuba), Elizabeth Safar (Venezuela) y Luis Fernando Santoro (Brasil).

Esta combinatoria de estrategias tiende a conformar un nuevo modelo de hegemonía planetaria: el que convencionalmente podríamos definir como de la imagen global, expresión de la política de globalización de los mercados y de la economía en el espacio audiovisual: una "imagen global" para el proyecto de una "aldea global".

Los efectos de esta imagen son ya fácilmente observables en muchas industrias y mercados del mundo. También aparecen, aunque en menor medida, en los procesos de percepción y apreciación que conforman la cultura audiovisual de los diversos públicos. Las imágenes en movimiento pueden ser ahora editadas en forma de ejemplares que caben en cualquier bolsillo. Y si tradicionalmente la lectura de un texto fílmico, en cine o en televisión, estaba condicionada por la técnica analógica o secuencial *(on line)* de la proyección en la sala de cine o en la emisión del canal de TV, basta ahora un diminuto control remoto o un complejo sistema multimedial para percibir simultáneamente dos o más textos con lectura no lineal y digitalizada *(off line)*.

Como recuerda Jesús M. Barbero, cada uno puede armarse su propio palimpsesto con fragmentos o restos de películas o programas –a lo cual habría que agregar textos escritos o sonoros– explorando y atravesando transversalmente así, infinidad de informaciones, géneros y discursos. El desarrollo de éstas y otras nuevas formas de lectura audiovisual, modifican cada vez más las tradicionales gramáticas tecnoperceptivas del cine y de la televisión y con ello las maneras de percibir también la propia existencia social e individual.

Estamos frente a una memoria audiovisual distinta a la de la década anterior. Un nuevo sistema de identificación de códigos y de signos que, a su vez, tiende a modificarse frente a la diversificación de las nuevas formas de consumo, sea éste de productos audiovisuales, o de medios en general.

Es dentro de este contexto que cabría apostar a un reposicionamiento de las industrias audiovisuales nacionales, así como a las de interés meramente sectorial, en la medida que éstas podrían satisfacer necesidades y expectativas difíciles de atender por parte de la imagen global y de las industrias culturales de la globalización. Las reflexiones sobre este tema revisten enorme importancia, no ya desde la simple especulación ideologista o academicista, sino desde lo que es propio al desarrollo integral de nuestras comunidades.

Producción y mercados nacionales

La llegada del sonido al cine no significó para Hollywood, al menos en un primer momento, una expansión de su industria sobre las restantes. Por el contrario, le cerró las puertas en la mayor parte del planeta y promovió el rápido florecimiento de iniciativas en países que, hasta entonces, estaban dominados por el cine de géneros hollywoodense. El público local eligió escuchar su propio idioma, su música, y visualizar la imagen de su contexto y de sus formas de ser. En ese entonces, y no antes ni después, se afirmaron los primeros grandes emprendimientos industriales del cine en América Latina.

De manera parecida, la industria de la globalización audiovisual está, por el momento, impedida de establecer intercambios comunicacionales sobre determinados aspectos de la información y la cultura, particularmente los de carácter local o sectorial, quedando abierta una posibilidad que es también un claro desafío para la iniciativa de los empresarios, creadores y técnicos de nuestros países.

Algunos datos están a la vista: la mayor demanda de programas televisivos ha correspondido históricamente a las producciones nacionales, que son las que continúan al tope del *rating* (comedia, telenovela, deportes, entretenimiento, etc.). De igual modo, el mayor consumo de programas en la TV segmentada (cable o codificada), se orienta a sintonizar los canales locales de señal abierta –ahora mejor recepcionados con la nueva tecnología– o algunos de interés casi específicamente sectorial o local, que no podrían disponer de espacio en aquellos.

Se vislumbran también otros datos de importancia. La base de sustentación de las escasas industrias, o proyectos industriales, del audiovisual latinoamericano continúan siendo aquellos productos destinados, antes que nada, a satisfacer las expectativas de cada mercado nacional. Muchas de las películas de mayor impacto en nuestros países, fueron producidas con criterios localistas en cuanto a sus temas y tratamientos fílmicos, logrando competir exitosamente con productos extranjeros destinados al mercado internacional. De igual modo, y pese a sus muchos maquillajes y esfuerzos, la producción local concebida para ocupar franjas de mercado en las naciones más industrializadas, apenas logró el respaldo de algunos canales de la televisión estatal europea –ahora replegados para afrontar la creciente competencia privada–, o el de muy pocos circuitos de salas de Europa o de EE.UU., generalmente de "cine de arte" o de público hispanohablante.

Sólo en ocasiones muy excepcionales, el cine latinoamericano logró ocupar con algunos títulos –tan esporádicos como infrecuentes– franjas de cierta importancia en los mercados de las naciones más industrializadas. Y cuando ello ocurrió, se trató invariablemente de producciones diseñadas para satisfacer, antes que a nadie, al público local.

Algo parecido se repite con la producción televisiva. La mayor circulación internacional de programas locales, responde invariablemente a estructuras melodramáticas heredadas de la literatura europea, pero se nutre de anécdotas, personajes y formas de ser, que son propias de los principales países productores, como Brasil, México, Argentina, Venezuela o Colombia, donde la telenovela constituye el 80% o más de la exportación audiovisual.

Esta demanda de producciones capaces de expresar, con superficialidad o verosimilitud, la imagen de cada comunidad o de la región en su conjunto, no implica una negación de las películas o programas originados fuera de la región. No son antagónicas en las demandas de los mercados internos, sino que se complementan, tal como sucede con otro tipo de medios y productos en sociedades crecientemente complejas, donde lo global coexiste con lo local y lo social y público con lo intrínsecamente personal y privado.

Pero la idea emergente de esta situación es que no parecerían viables en nuestros países los proyectos guiados por una afán competitivo frente a la que denominamos *imagen global*, si es que los mismos se limitan a intentar copiar sus estrategias. La brecha imperante a nivel mundial en los campos del poder económico y político hace prever que dicha imagen sólo podrá ser hegemonizada por quienes detenten, precisamente, la hegemonía en los procesos de globalización de las tecnologías y del *marketing*.

Por ello, el desarrollo de una fuerte capacidad productiva que exprese las características diferenciadas de cada cultura nacional o regional –en el marco de las crecientes interrelaciones con otras culturas del mundo– podría ser el mejor antídoto para neutralizar aquellos efectos homogenizadores, de arrasamiento de la diversidad de identidades que son inherentes al proyecto de la *imagen global*.

Sería también una manera positiva y constructiva de resignificar esa imagen, introduciendo en ella el reconocimiento de la diversidad y de la verdadera democratización de la cultura como sustentos de un verdadero universalismo. Es decir, la complementariedad cultural –y no, necesariamente, el antagonismo– de lo local con lo global, o la de lo global (como unidad), con lo local (como diversidad).

Los nuevos desafíos

Es precisamente en este punto, donde aparece el principal desafío que el cine y el audiovisual de cada uno de nuestros países enfrentan. Volver los ojos hacia las expectativas culturales cambiantes de cada comunidad local, atendiendo a los nuevos modos de lectura y percepción, para diseñar y producir las películas y los programas que satisfagan, en términos positivos, esa realidad. Lo cual supone condicionamientos de diversa índole, incluidos los relacionados con las técnicas de producción y realización, el volumen de los mercados reales y las formas de financiamiento multimedial de cada espacio sociocultural.

Ello supone otro desafío, como es la articulación de recursos y capacidades entre los distintos medios y a escala subregional o regional, de producciones concebidas para disputar mercados en otras regiones, acudiendo incluso a estrategias multimediales basadas en el uso de sofisticadas tecnologías. En este punto, la globalización de los mercados permite a muchos países periféricos acceder

Nuevas generaciones de cineastas y videastas argentinos debaten el futuro del cine y el audiovisual. (UNCIPAR, 1985).

casi simultáneamente que en las naciones productoras, a los nuevos adelantos tecnológicos.

Lo que debería tenerse bien en cuenta es que, las ventajas en la competencia entre los países productores, no están condicionadas sólo y, necesariamente, por la calidad del diseño y la técnica aplicada en la fabricación de productos, sino muy a menudo, por relaciones de poder en campos distintos a los del audiovisual, como el de la economía en general y el de las políticas de globalización, en particular.

Los años venideros reclamarán de los empresarios, junto con inversiones de riesgo, lucidez y rápida capacidad de decisión para asumir las nuevas relaciones del cine con las otras tecnologías del audiovisual y de la información, sin una intensa articulación regional de emprendimientos multimediales, resultará muy difícil competir a escala interna e internacional. Elevar las capacidades competitivas locales frente a las *majors* del audiovisual se hace cada vez más indispensable para la existencia de industrias culturales en América Latina, sin las cuales correrá serio peligro la sobrevivencia de las culturas audiovisuales nacionales, e inclusive buena parte de la cultura regional en su conjunto.

También los próximos años exigirán de los poderes públicos el diseño de políticas que tiendan a sustituir las viejas formas de proteccionismo –que en realidad protegen cada vez menos– por nuevos y más eficientes estímulos a la producción y a la circulación audiovisual, concebidos para lograr una verdadera autosuficiencia del sector privado, superando las conocidas prácticas de la prebenda política o personal. Que no reduzca su gestión al plano productivo, sino que la extienda al conjunto de aquellas estructuras, como la promoción y la comercialización de multimedios, que posibilitan el desarrollo del conjunto del audiovisual. Con la clara conciencia de que quienes manejen los espacios multimediales de la cultura, poseerán también una fuerte influencia en las ideas y en los sentimientos de la población y, por ello, en la orientación de sus proyectos para el futuro.

La nueva etapa exigirá de los creadores del audiovisual –realizadores, autores, artistas y técnicos– precisamente creatividad, tanto para legitimarse en el interior de sus propios espacios culturales, como para renovar la estética y los lenguajes y fortalecer los intercambios culturales con otras naciones. La creatividad no es un simple valor que se agrega a un determinado mensaje, sino el insumo indispensable en los proyectos de verdadero desarrollo audiovisual, sea aplicado al diseño de bienes culturales o la fabricación de tecnología y a los sistemas de producción, circulación y financiamiento.

También reclamará del pensamiento académico y de los estudiosos de la problemática del desarrollo una atención especial al tema de las comunicaciones sociales en general, y de los medios audiovisuales en particular. Son asuntos que no pueden ni deben quedar reducidos al estrecho mundo de los comunicadores, sean ellos empresarios, artistas o investigadores del sector. Antes bien, requieren de enfoques interdisciplinarios y globales, capaces de profundizar de manera particular, no solamente en las estrategias de quienes hegemonizan las comunicaciones ni en las formas en que estructuran los mensajes, sino, además, en los sentidos que imprimen a los mismos quienes los recepcionan o consumen.

A lo largo de este siglo nuestros países han ido acumulando un importante capital en materia de producción de imágenes propias, creatividad, técnica y cultura audiovisual. Depende ahora de cada una de nuestras comunidades reflexionar y decidir sobre los usos que habremos de darle a ese patrimonio en el siglo próximo. Y si entendemos que imagen es sinónimo de identidad y que ésta constituye un requisito indispensable para el desarrollo, la decisión que adoptemos comprometerá a quienes nos continúen, además de hacerlo con nuestra propia existencia.

Finalmente ¿cuál es el futuro del cine en este contexto? Podríamos coincidir con Roman Gubern en que el cine ha muerto en su forma de producción, distribución y consumo tradicional, tal como ha alimentado culturalmente el imaginario de varias generaciones de espectadores en las grandes salas. Pero la mayor parte de lo que existe en el complejo espacio audiovisual de hoy es herencia viva del cine, con el cual éste pervive "*como modelo expresivo fundacional y matricial irrenunciable para el gran magma omnipresente de la cultura audiovisual contemporánea*".[1]

Una sobrevivencia dinámica y activa que, sin dudas, seguirá enriqueciendo el imaginario de cada pueblo en el futuro.

---

[1] *Roman Gubern,* El cine después del cine, *en "Historia general..." (Ob. cit.).*

BIBLIOGRAFIA UTILIZADA

Libros y documentos

ACCION CATOLICA ARGENTINA. *"Guía cinematográfica. 1954-1964"*, Dirección Central de Cine y Teatro, Buenos Aires, 1965.

AUTORES VARIOS. *"Historia general del cine"*, Vols. X y XII, Ed. Cátedra, Madrid, 1995, 1996.

"Historia del cine argentino", Centro Editor de América Latina, Buenos Aires, 1984.

"Cine argentino 1996-1997", INCAA, Buenos Aires, 1997.

"Reportaje al cine argentino. Los pioneros del sonoro", Anesa-Crea, Buenos Aires, 1978.

"La época muda del cine argentino", Cinemateca Argentina, Buenos Aires, 1996.

"Buenos Aires Video", ICI, Buenos Aires, 1993.

BAYARDO, R. y LACARRIEU, M. (Comp.). *"Globalización e identidad cultural"*, Ed. CICCUS, Buenos Aires, 1997.

BIRRI, Fernando. *"La Escuela Documental de Santa Fe"*, Ed. Documento del Instituto Cinematográfico de la U.N.L., Santa Fe, 1964.

COUSELO, Jorge Miguel. *"El Negro Ferreyra:un cine por instinto"*, Ed. Freeland, Buenos Aires, 1969.

"Leopoldo Torres Rios: el cine del sentimiento", Corregidor, Buenos Aires, 1974.

DI NUBILA, Domingo. *"Historia del cine argentino"*, Cruz de Malta, Buenos Aires, 1960.

DOS SANTOS, Estela. *"El cine nacional"*, Centro Editor de América Latina, Buenos Aires, 1972.

ECO, Umberto. *"Apocalípticos e integrados en la cultura de masas"*, Lumen, Barcelona, 1968.

FELDMAN, Simon. *"Cine argentino. La generación del 60"*, INC/Legasa, Buenos Aires, 1990.

FUDEAN. *"Cuadernos del Espacio Audiovisual Nacional"* Nº 1, Buenos Aires, 1992.

GETINO, Octavio. *"Cine y dependencia. El cine en la Argentina"*, Punto Sur, Buenos Aires, 1990.

"Notas sobre cine argentino y latinoamericano", Edimedios, México, 1984.

"Las industrias culturales en la Argentina", Colihue, Buenos Aires, 1996.

"La tercera mirada", Paidós, Buenos Aires, 1996.

GETINO, Octavio y SOLANAS, Fernando. *"Cine, cultura y descolonización"*, Siglo XXI, México-Buenos Aires, 1973.

GONZALEZ, Horacio y RINESI, Eduardo. *"Decorados: Apuntes para una historia social del cine argentino"*, Manuel Suárez Editor, Buenos Aires, 1993.

GUNDER FRANK, André. *"La inversión extranjera en el desarrollo latinoamericano"*, Causachum, Lima, 1976.

HERNANDEZ ARREGUI, Juan José. *"Imperialismo y cultura"*, Hachea, Buenos Aires, 1972.

INC. *"Informe anual de gestión 1990"*, Buenos Aires, noviembre 1990.

LOPEZ, Daniel. *"Catálogo del Nuevo Cine Argentino 1984-86"*, INC, Buenos Aires, 1987.
"Catálogo del Nuevo Cine Argentino 1987-88", INC, Buenos Aires, 1989.

LOZANO, Jaime. *"El síndrome del cine nacional"*, EDI-SICA, Buenos Aires, 1984.

LUMERMAN, Juan Pedro. *"Historia social argentina"*, Universidad Abierta y a Distancia "Hernandarias", Buenos Aires, 1991.

MAHIEU, José Agustín. *"Breve historia del cine argentino"*, EUDEBA, Buenos Aires, 1966.
"Historia del cortometraje argentino", Ed. Documento del Instituto de Cinematografía de la U.N.L., Santa Fe, 1961.

MARTIN, Jorge Abel. *"Cine argentino. Diccionario de realizadores contemporáneos"*, INC, Buenos Aires, 1987.
"Cine argentino '82", Ed. Legasa, Buenos Aires, 1983.
"Cine argentino '83", Ed. Legasa, Buenos Aires, 1986.
"Cine argentino '84", Ed. Legasa, Buenos Aires, 1987.

MATTELART, Armando. *"Agresión desde el espacio"*, Siglo XXI, Buenos Aires, 1972.

MAZZIOTTI, Nora. *"La industria de la telenovela"*, Ed. Paidós, Buenos Aires, 1996.

MEDIA RESEARCH & CONSULTANCY SPAIN. *"La industria audiovisual iberoamericana. Datos de sus principales mercados, 1997"*, Madrid.

MONTEAGUDO, Luciano. *"Fernando Solanas"*, Centro Editor de América Latina, Buenos Aires, 1993.

MORIN, Edgar. *"La industria cultural"*, EUDEBA, Buenos Aires, 1970.

MUJICA, René. *"En el principio fue la imagen"*, EUDEBA, Buenos Aires, 1989.

MURARO, Heriberto y CANTOR, José. *"La influencia transnacional en el cine argentino"*, en revista "Comunicación y Cultura" Nº 5, México, 1978.
"Neocapitalismo y comunicación de masas", EUDEBA, Buenos Aires, 1973.

PANIK, Eduardo T. *"La calificación cinematográfica: análisis y estadísticas 1984-87"*, Instituto Nacional de Cinematografía, Buenos Aires, 1989.

POGGI, Alberto. *"Cine argentino en democracia: una historia no oficial"* (folleto), Buenos Aires, 1989.

PORTALES CIFUENTES, Diego. *"Utopías en el mercado"*, Ed. Las Producciones del Ornitorrinco, Santiago de Chile, 1994.

POSADA, Abel. *"El cine argentino se fue sin decir adiós"*, en revista "Unidos", nº 22, Buenos Aires, diciembre 1990.

PUIGGROS, Rodolfo. *"El proletariado y la Revolución Nacional"*, Buenos Aires, 1970.

RECONDO, Gregorio (Comp.). *"Mercosur, la dimensión cultural de la integración"*, Ed. CICCUS, Buenos Aires, 1997.

ROSADO, Miguel Angel. *"Período 1970-83"*, en "Historia del cine argentino", Centro Editor de América Latina, Buenos Aires, 1985.

SICA. "DEISICA", Departamento de Estudio e Investigación de SICA, años 1994-97, Buenos Aires.
"SICA: 40 Aniversario", Buenos Aires, setiembre 1988.

SILVIO, Héctor. *"Historia de la televisión argentina"*, Centro Editor de América Latina, Buenos Aires, 1972.

SINDICATO DE LUZ Y FUERZA. *"Pautas para una política nacional"*, Buenos Aires, 1972.

SCHMUCLER, Héctor y ZIRES, Margarita. *"El papel político ideológico de los medios de comunicación: Argentina 1975"*, en revista "Comunicación y cultura" Nº 5, México, 1978.

SCHUMAN, Peter B. *"Historia del cine latinoamericano"*, Cine Libre-Legasa, Buenos Aires, 1987.

VELLEGGIA, Susana (Comp.). *"El video en la educación no formal en América Latina: de la práctica a la reflexión"*, Edic. CICCUS, Buenos Aires, 1994.
"Cine y Espacio Audiovisual Argentino", INC-CICCUS, Buenos Aires, 1990.

WOLF, Sergio. *"El cine del proceso: estética de la muerte"*. En "Cine argentino: la otra historia", Ed. Letra Buena, Buenos Aires, 1993.

Revistas y boletines

"Hablemos de cine".
"Cuadernos de cine".
"Lyra" (número especial dedicado al cine argentino, 1962).
"Heraldo de cine".
"Amante - Cine".
"Film".
"Cine libre".
"Sin cortes".
"Cine boletín."
"Cine en la cultura argentina y latinoamericana".
"Contraluz".
"DEISICA".
"APIMA".
"ATVC".
"Broadcasting".
"Newsline Report".
"La Maga".

Legislación

- Leyes de Cine N°s. 17.741-20.170 (sustituídas por la ley Nº 24.377).
- Ley de Cine Nº 24.377.
- Ley Nº 23.052 de Calificación Cinematográfica.
- Ley Nº 24.201 de Acuerdo de Integración Cinematográfica Iberoamericana.
- Ley Nº 24.202 de Convenio de Coproducción Latinoamericana.
- Ley Nº 24.203 de Convenio de Mercado Común Latinoamericano.

GLOSARIO DE ORGANISMOS E INSTITUCIONES

AAA - Asociación Argentina de Actores.
AAPCI - Asociación Argentina de Productores Cinematográficos Independientes.
AECI - Agencia de Cooperación Internacional (España).
APIMA - Asociación de Productores Independientes de Medios Audiovisuales.
ARPROART - Asociación de Realizadores y Productores de Artes Audiovisuales.
ATA - Asociación de la Teleradiodifusoras Argentinas.
ATVC - Asociación de Televisión por Cable.
CADISSA - Cámara Argentina de Distribuidores de Señales Satelitales.
CAIC - Cámara Argentina de la Industria Cinematográfica.
DAC - Directores Argentinos Cinematográficos.
FAPAE - Federación de Asociaciones de Productores Audiovisuales Españoles.
ICAA - Instituto del Cine y las Artes Audiovisuales (España).
ICAIC - Instituto Cubano del Arte y la Industria Cinematográfica.
INC - Ex Instituto Nacional de Cinematografía.
INCAA - Instituto Nacional de Cine y Artes Audiovisuales.
IMCINE - Instituto Mexicano del Cine
SAPA - Sociedad Argentina para la Promoción de las Artes Audiovisuales.
SATV - Sociedad Anónima de TV.
SICA - Sindicato de la Industria Cinematográfica Argentina.
UAV - Unión Argentina de Videoeditores.
VCC - Video Cable Comunicación.

DIRECTORIO DEL CINE ARGENTINO

■ *Organismos oficiales*

Instituto Nacional de Cine y Artes Audiovisuales (INCAA)
Lima 319 - (1073) Capital Federal

■ *Asociaciones*

• **Argentores** - Sociedad General de Autores de la Argentina
Pacheco de Melo 1820 - (1431) Capital Federal

• **Asociación Argentina de Actores** (AAA)
Alsina 1762 - (1088) Capital Federal

• **Asociación de Cronistas Cinematográficos Argentinos** (ACCA)
Maipú 621 - (1006) Capital Federal

• **Asociación de Productores Independientes de Medios Audiovisuales** (APIMA)
Alsina 943, 4º, 402 - (1088) Capital Federal

• **Asociación General de Productores Cinematográficos de la Argentina**
Lavalle 1860, 1er. piso - (1051) Capital Federal

• **Cámara Argentina de la Industria Cinematográfica** (CAIC)
Av. Callao 157, 8º, B - Capital Federal

• **Directores Argentinos Cinematográficos** (DAC)
Av. Sarmiento - (1424) Capital Federal

• **Sindicato de la Industria Cinematográfica Argentina** (SICA)
Juncal 2029 - (1116) Capital Federal

■ *Escuelas de cine*

• **Centro de Experimentación y Realización Cinematográfica** (CERC)
INCAA
Salta 327 - (1027) Capital Federal

- **Carrera de Diseño de Imagen y Sonido**
  Facultad de Arquitectura y Urbanismo
  Ciudad Universitaria Pabellón 3 - (1428) Capital Federal
- **Instituto de Arte Cinematográfico de Avellaneda**
  San Martín 797 - Avellaneda - Pcia. de Buenos Aires
- **Facultad de Bellas Artes**
  Universidad Nacional de La Plata
  Diagonal 78, Nº 680 - (1900) La Plata, Pcia. de Buenos Aires
- **Escuela Provincial de Cine y TV de Rosario**
  Alem 3084, 6ª Piso - (6000) Rosario, Pcia. de Santa Fé
- **Escuela de Arte**
  Universidad de Córdoba
  Ciudad Universitaria. Pabellón México - (5000) Córdoba
- **Escuela Nacional de Cuyo**
  San Martin 1202, Godoy Cruz - (5501) Pcia. de Mendoza
- **Fundación Universidad del Cine (FUC)**
  Pasaje Giuffra 330 - (1064) CapitalFederal

anexos estadísticos

Cuadro 1: ESTRENOS DE PELICULAS NACIONALES Y EXTRANJERAS. AÑOS 1931-1997

AÑO	NACS.	EXTRS.	TOTAL	AÑO	NACS.	EXTRS.	TOTAL
1931	4	S/D		1965	30	417	447
1932	3	S/D		1966	33	409	442
1933	6	S/D		1967	27	424	451
1934	6	S/D		1968	32	411	443
1935	14	S/D		1969	31	186	217
1936	17	S/D		1970	28	391	419
1937	30	S/D		1971	35	360	395
1938	41	S/D		1972	32	409	441
1939	50	S/D		1973	40	326	366
1940	49	S/D		1974	39	328	367
1941	47	S/D		1975	33	221	254
1942	56	S/D		1976	21	224	245
1943	36	S/D		1977	21	260	281
1944	24	S/D		1978	22	247	269
1945	23	390	413	1979	31	267	298
1946	32	378	410	1980	34	313	347
1947	38	410	448	1981	26	317	343
1948	42	377	419	1982	17	237	254
1949	47	301	348	1983	20	212	232
1950	58	131	189	1984	24	270	294
1951	55	199	254	1985	23	311	334
1952	35	286	321	1986	35	359	394
1953	39	202	241	1987	32	350	382
1954	45	323	368	1988	29	278	307
1955	43	393	436	1989	13	178	198
1956	36	576	612	1990	12	216	231
1957	15	697	712	1991	17	269	286
1958	32	527	559	1992	10	258	270
1959	23	429	452	1993	13	182	193
1960	31	430	461	1994	11	160	171
1961	26	468	494	1995	23	154	177
1962	32	421	453	1996	38	142	182
1963	27	396	423	1997	28	162	190
1964	37	434	471				

Fuentes: INCAA, INC, Revista *"Heraldo de cine"*, Boletín *"SICA, 40 Aniversario"*.

Cuadro 2: ESPECTADORES, SEGUN PELICULAS NACIONALES Y EXTRANJERAS Y NUMERO DE SALAS. AÑOS 1980-1996

AÑO	NACIONALES		EXTRANJERAS		TOTAL	SALAS
	CANTIDAD	%	CANTIDAD	%		
1980	13.765.810	16,26	47.639.280	83,74	61.405.090	996
1981	7.269.810	14,71	42.143.583	85,29	49.413.393	970
1982	6.419.397	14,35	38.287.117	85,65	44.706.514	910
1983	8.260.533	15,60	44.737.366	84,40	52.927.899	901
1984	12.201.058	19,25	51.156.050	80,75	63.357.108	902
1985	7.501.107	13,71	47.268.107	86,29	54.769.214	915
1986	11.867.457	21,54	43.202.490	78,46	55.069.947	863
1987	7.556.937	19,63	30.938.594	80,37	38.495.531	760
1988	4.641.398	16,35	23.739.235	83,65	28.380.633	752
1989	1.214.259	4,76	25.268.187	95,24	25.482.446	738
1990	855.320	3,86	21.246.322	96,14	22.101.642	427
1991	1.157.129	7,59	15.243.220	92,41	16.400.349	342
1992	1.483.298	10,07	13.246.070	86,93	16.400.349	342
1993	2.721.956	14,00	16.716.680	86,00	19.438.636	350
1994	323.513	1,91	16.567.784	98,09	16.891.297	326
1995	2.123.830	11,08	17.032.306	88,92	19.156.136	427
1996	1.653.460	7,96	19.694.829	92,04	21.348.289	499

Fuentes: INC, INCAA, Boletín "Deisica", Revista "Argentina Audiovisual".

Cuadro 3: RECAUDACIONES GLOBALES ESTIMADAS. AÑOS 1980-1996			
AÑO	PRECIO MEDIO	ESPECTADORES ENTRADA (U$S)	RECAUDACIONES BRUTAS GLOBALES (*) (U$S)
1980	5,00	61.405.090	307.000.000
1981	3,00	49.413.393	148.000.000
1982	2,20	44.706.514	98.000.000
1983	1,70	52.927.899	90.000.000
1984	0,80	63.357.108	50.000.000
1985	1,00	54.769.214	54.000.000
1986	1,30	55.069.947	71.000.000
1987	1,10	38.495.531	42.000.000
1988	0,90	28.380.633	20.000.000
1989	1,50	25.482.446	38.000.000
1990	3,20	22.101.642	70.000.000
1991	4,00	16.400.349	65.000.000
1992	4,00	16.400.349	65.000.000
1993	5,00	19.156.136	95.000.000
1994	5,00	16.891.297	84.000.000
1995	5,00	19.156.136	95.000.000
1996	6,00	21.348.289	115.000.000

(*) Las cifras de recaudaciones –pese a que no coinciden con las declaradas por el Instituto de Cine– fueron calculadas sobre la base de la cantidad de espectadores reconocida por dicho organismo y el promedio del precio de las entradas a nivel nacional. Debe estimarse un porcentaje de evasiones en las declaraciones de las salas, lo cual condicionaría las menores cifras declaradas por el Instituto en materia de recaudación global.

CUADRO 4: PRECIO MEDIO DE LAS ENTRADAS, EN DOLARES MERCADO LIBRE. AÑOS 1939-1997

AÑO	U$S	AÑO	U$S
1939	0,45	1983	1,70
1948	0,35	1984	0,80
1959	0,30	1985	1,00
1969	1,40	1986	1,30
1973	0,35	1987	1,10
1974	1,20	1988	0,90
1975	0,90	1989	1,50
1976	0,60	1990	3,20
1977	1,20	1991	4,00
1978	2,20	1992	4,00
1979	2,30	1993	5,00
1980	5,00	1994	5,00
1981	3,00	1996	6.00
1982	2,20	1997	6.00

Fuentes: Revista "Heraldo del Cine"; Boletín "Deisica"; INC; INCAA.

Cuadro 5: PELICULAS ARGENTINAS MAS TAQUILLERAS AÑOS 1983-1997			
TITULO	DIRECTOR/PRODUCTOR	ESPECTADORES	AÑO
"Camila"	María Luisa Bemberg/ GEA Cinematog. (Argentina) Impala SA (España)	2.305.000	1984
"La historia oficial"	Luis Puenzo / Cinemanía SA- Historias Cinematográficas SA	1.722.000	1985
"Tango feroz"	Marcelo Piñeyro/Mandala	1.600.000	1993
"Los colimbas se divierten"	Enrique Carreras/ Aries Cinematográfica	1.508.000	1985
"Comodines"	Alejandro Nisco	1.385.125	1997
"Pasajeros de una pesadilla"	Fernando Ayala/ Aries Cinematográfica	1.168.000	1984
"Dibu, la película"	Oliveri y Stoessel	1.162.905	1984
"Rambito y Rambón, primera misión"	Enrique Carreras/ Aries Cinematográfica	1.126.000	1986
"Los extraterrestes"	Enrique Carreras/ Aries Cinematográfica	1.125.000	1983

Cuadro 5 (cont): PELICULAS ARGENTINAS MAS TAQUILLERAS AÑOS 1983-1997

TITULO	DIRECTOR/PRODUCTOR	ESPECTADORES	AÑO
"Atrapadas"	Anibal Di Salvo/ Carlos L. Mentasti-Luis A. Scalella	1.050.000	1984
"La furia"	Juan Bautista Stagnaro	1.046.266	1997
"Los fierecillos se divierten"	Nicolás Carreras/ Aries Cinematográfica	925.000	1983
"Caballos Salvajes"	Marcelo Piñeyro/ Mansala	920.000	1995
"La República perdida"	Miguel Perez/ Noran SRL-E Vanoli	902.000	1983
"Mingo y Anibal contra los fantasmas"	Enrique Carreras/ Cinematog. Victoria	855.000	1985
"Ico, caballito valiente"	García Ferré	827.000	1987
"El desquite"	Juan C. Desanzo/Artediez	823.000	1983
"Hombre mirando al sudeste"	Eliseo Subiela/ Films Cinequanon	823.000	1985
"Los reyes del sablazo"	Enrique Carreras/ Aries Cinematográfica	805.000	1983

Cuadro 6: DISTRIBUCION TERRITORIAL DEL MERCADO DE LA TV POR CABLE. AÑO 1996

DISTRITOS	CANTIDAD SISTEMAS	CANTIDAD ABONADOS	CANTIDAD VIVIENDAS SOBRE TOTAL VIVIENDAS	PORCENTAJE DE ABONADOS
CAPITAL FEDERAL	7	710.000	1.200.076	59,16
GRAN BUENOS AIRES	60	1.020.000	2.305.848	44,23
RESTO PROVINCIA BUENOS AIRES	247	859.000	1.560.477	55,05
CATAMARCA	12	24.000	62.638	38,32
CORDOBA	172	280.000	766.769	49,56
CORRIENTES	34	75.000	176.722	42,44
CHACO	42	81.000	186.035	43,54
CHUBUT	22	68.000	96.963	70,13
ENTRE RIOS	59	150.000	260.643	57,55
FORMOSA	33	38.000	87.383	43,48
JUJUY	21	50.200	111.799	43,48
LA PAMPA	52	52.000	79.199	65,66
LA RIOJA	14	27.000	49.534	54,51
MENDOZA	30	210.000	335.901	62,52
MISIONES	23	71.000	178.913	39,68
NEUQUEN	22	53.300	96.790	55,07
RIO NEGRO	26	71.000	136.957	51,84
SALTA	32	87.000	177.919	48,90
SAN JUAN	13	43.000	115.081	37,36
SAN LUIS	10	40.500	72.568	55,81
SANTA CRUZ	15	27.000	41.999	64,28
SANTA FE	191	410.000	785.432	52,25
SGO. DEL ESTERO	17	50.000	145.694	34,32
TIERRA DEL FUEGO	4	14.500	20.802	69,70
TUCUMAN	25	91.000	240.908	37,77
TOTAL	*1.183*	*4.706.00*	*9.293.050*	*50,64*

Fuentes: Boletín "Industrias Culturales", septiembre 1996, y Revista "ATVC", marzo 1996.

Cuadro 7: ESTRUCTURA Y DIMENSION ECONOMICA DE LA INDUSTRIA AUDIOVISUAL EN LA ARGENTINA. AÑO 1996

ESTRUCTURA	
Población	34.600.000
Hogares	10.745.345
Hogares urbanos	9.293.050
Hogares con TV	10.208.073
Hogares con TV por cable y paga	4.706.000
Hogares equipados con videocaseteras	4.500.000
Canales de TV abierta	42
Sistemas de TV por cable	1.183
Videoclubes	3.500
Salas de cine	499
Espectadores de cine por año	21.300.000
Penetración TV	97,8 %
Penetración TV por cable y paga	50,5 %
Penetración de video	41,8 %
Habitantes por sala de cine	69.336
Indice concurrencia sala de cine persona/año	0,6
DIMENSION ECONOMICA (VALORES EN DOLARES)	
Costo abono mensual TV por cable	30
Costo entrada de cine	6
Costo alquiler video	3
Ingresos publicidad TV abierta	1.600.000
Ingresos TV por cable y paga	1.700.000
Ingresos video	150
Ingresos cine	110
Total industrias audiovisuales	3.560
PBI/Industrias audiovisuales	0,98
Importaciones industrias audiovisuales	441.500.000
Exportaciones industrias audiovisuales	11.500.000
Balanza comercial industrias audiovisuales	-430.000.000

Fuentes: Elaboración propia con datos de "La industria audiovisual iberoamericana. Datos de sus principales mercados, 1997", Media Research & Consultancy Spain; "Las industrias culturales en la Argentina", O. Getino, 1995; INDEC.

ANEXOS DOCUMENTALES

ANEXO 1

INFORME FINAL FORO "EL ESPACIO AUDIOVISUAL NACIONAL"

LINEAMIENTOS Y PROPUESTAS GENERALES PARA SU DESARROLLO

1. Liberación, cultura y medios de comunicación

Argentina no cuenta todavía con políticas destinadas a encauzar coherentemente las actividades del Estado y de la comunidad nacional para el mejor aprovechamiento social de los medios de comunición y cultura, en función de sus objetivos de liberación. El origen de esta carencia radica en el proceso histórico que marcó y continúa marcando la situación de dependencia y la consecuente imposibilidad de afirmar con plenitud nuestra identidad cultural. A esta situación contribuyó recientemente la dictadura militar con su secuela de destrucción de procesos sociales de comunicación y proscripción de las instituciones democráticas; así como la tentativa de desmantelamiento de las formas organizativas -a la vez que eminentemente comunicacionales- del campo popular.

Se suma también la política neoliberal del actual gobierno, para el cual la mejor política sería no tener ninguna. A partir de cuyo razonamiento, la que se impone en el interior de la sociedad es la elaborada por los grandes centros de poder mundial. Esta política ajena, que condiciona el campo de las comunicaciones sociales internas, se complementa con aquellas otras dirigidas a reforzar el proyecto dependiente en todas las áreas de la vida nacional.

La situación afecta al conjunto de la sociedad argentina. Sus efectos más visibles son el acentuamiento de la dependencia y el deterioro creciente de la economía, con su impacto directo sobre los derechos humanos más legítimos, como son el trabajo, la salud, la educación y la vivienda. Ello va conformando una Patria en la que el achicamiento es cosa de todos los días y los argentinos sobramos cada vez más, cercenándose también uno de los derechos humanos más elementales, como es el derecho a la información y a la comunicación.

La contradicción centro-periferia presente en las relaciones entre los grandes centros de poder transnacional y nuestro país se reproduce entre la ciudad capital y el interior, mediante un modelo comunicacional centralista y uniformizador que obstaculiza la libre expresión de la diversidad cultural de las distintas regiones. Porque no se trata de distribuir más ampliamiente un mismo mensaje central, sino de posibilitar el protagonismo de cada espacio social y nacional. Principio para una verdadera democratización de los medios de comunicación y para la construcción de una auténtica cultura argentina. Cultura que se sustenta en el respeto a la diversidad de las expresiones culturales populares y a la pluralidad de los medios y canales de procesamiento y difusión, lo cual se opone a toda tentativa de uniformidad, masificación y centralización.

La afirmación de nuestra identidad se ejercita, entonces, en un proceso que reconoce al pueblo y a sus múltiples formas de expresarse como el componente esencial y a la vez protagonista y fin último de la liberación nacional. Esta liberación implica también la de la cultura, en tanto ella no se circunscribe a las manifestaciones rotuladas como "cultas" por el neliberalismo, precisamente para relegar a segundo plano las populares. La cultura nacional se define, en consecuencia, por los valores y las prácticas de un pueblo. Por sus modos se sentir, soñar, pensar y actuar en todos los campos de la vida social. Con ellos se cimentan sus procesos de identidad, autoconocimiento y memoria, así como su voluntad de ser hacia el futuro.

Desde esta perspectiva, la identidad nacional no se refiere a un universo de formas congeladas en el tiempo, ni a la nostalgia por lo autóctono o lo vernáculo, sino a la cultura que la memoria y el protagonismo del pueblo argentino fuera forjando en su confontación con los factores económicos, sociales, políticos y culturales dominantes, y al proceso de apropiación y recreación de los productos de otras culturas que resultan convenientes a su proyecto histórico. Así concebida, la identidad es el componente dinamizador esencial de la cultura nacional y el aporte principal a una verdadera universalidad cultural.

La función primordial de los medios de comunicación social radica en su contribución a esos procesos. Tanto a partir de los recursos tecnológicos más avanzados, como desde las prácticas comunicacionales más elementales elaboradas por el pueblo.

Por ello se entiende como Política Nacional de Comunicación a la que confiere a los medios un carácter social y de interés público, anteponiendo los intereses y el bienestar de todos al de unos pocos. Esto no debe ser confundido con el monopolio estatal o de algún sector de la comunidad. Estado, iniciativa privada y organizaciones sociales deben reorientar la labor de los medios para que ellos cumplan la finalidad social de la que ahora carecen, promoviendo una verdadera gestión democrática de los mismos, mediante la participación y administración de los organismos representativos de la comunidad nacional.

A los sectores sociales y políticos que confluyen en un común proyecto de liberación, les corresponde intervenir activamente para fortalecer el sentido democrático, nacional y popular de los medios de comunicación. Se observa en este punto insuficiencias no superadas, que impiden ejecutar verdaderas políticas de desarrollo de la cultura y de las comunicaciones sociales, allí donde el pueblo ha optado mayoritariamente por alternativas de liberación, como es el caso de las provincias gobernadas por el Justicialismo.

Aunque se experimentan actividades relativamente importantes en algunas de esas provincias, predominan aún, limitaciones profundas que han impedido la generación de modelos comunicacionales suficientemente exitosos y demostrativos, frente a los que maneja el neoliberalismo.

Todavía no se ha sabido recoger y enriquecer la sólida experiencia realizada por nuestro pueblo, para el cual los medios de comunicación no se circunscriben a los de carácter tecnológico, sino que se amplian con la creación de técnicas sociales de comunicación, ejercitadas en el tiempo de trabajo y en el llamado tiempo libre, las que resultan tanto o más efectivas que los medios masivos.

Superar estas insuficiencias exige de nosotros una resuelta actividad de elaboracióm teórica y práctica, sostenida principalmente en una ética de la transformación. Sus principios básicos serían los de respetar y promover todas aquellas formas de información, expresión, comunicación y cultura que nuestro pueblo vaya generando, recreando o adaptando para su verdadera liberación.

Esta ética alcanza a los comunidadores sociales, en tanto políticos de la comunicación, y también a las dirigencias políticas del campo popular, depositarias de una responsabilidad principal, como es la de servir al pueblo argentino en su proceso de liberación comunicacional y cultural.

Tales lineamientos son, por último, indesligables de una vocación federalista y de integración latinoamericana, sin la cual resultará imposible superar la antinomia Liberación o Dependencia que sigue trabando el desarrollo integral de nuestra Patria.

2. El Espacio Audiovisual Nacional

A nivel mundial, el espacio audiovisual, en el doble aspectos de máquinas y equipos (hardware) y contenidos de difusión (software), está controlado por las grandes potencias y por un reducido número de centros transnacionales de poder político, económico, cultural y militar. La capacidad de incidencia de los países del Tercer Mundo en dicho espacio es notablemente reducida y, por momentos, nula. Lo cual traduce y acentúa a la vez su situación de subordinación en el contexto de las relaciones mundiales de poder.

El desarrollo científico y tecnológico actual, más que disminuir la brecha existente entre países centrales y periféricos, tiende a acrecentarla.

El Espacio Audiovisual Nacional se ubica en el marco de la situación interna y en el campo mundial referido, expresando y reproduciendo las contradicciones más profundas emergentes de la interrelación de ambas problemáticas.

Conformado principalmente por los medios de radiodifusión y cine, el Espacio Audiovisual Nacional soporta en la actualidad el impacto de las nuevas tecnologías, exigiendo de los políticos de la comunicación social una redefinición sobre el futuro de cada medio.

Cine, televisión, radio, video, e inclusive telemática, constituyen medios con características específicas y diferenciadas, aunque también con interrelaciones que se multiplican a partir de los cambios operados en la ciencia y en la tecnología mundiales. Los mismos afectan las áreas de la economía, la industria, la tecnología, el comercio, la información, las estructuras del relato y del lenguaje, la cultura y los modos de percepción de lo audiovisual, impactando en consecuencia en todos los campos del desarrollo nacional.

El término "espacio audiovisual" es abarcatorio de un amplio espectro de problemas, los que, pese a la especificidad de cada uno, encuentran su explicación en la integralidad del conjunto.

Decenas de miles de satélites comunicacionales, retransmisores de cientos de emisoras de TV, tienden a incrementar el consumo de antenas parabólicas y los nuevos usos de la televisión. Miles de películas de largometraje ocupan las pantallas televisivas, mientras que el volumen de espectadores de las mismas, a través de videocasetes grabados, supera el de las salas de cine. Cientos de emisoras de radio FM de corto alcance proliferan, a su vez, facilitando usos diferentes de este medio. Otro tanto ocurre con las emisoras de TV cable y las de carácter local o comunitario. Decenas de instituciones educativas y de organizaciones sociales implementan islas de grabación y edición de video en todas las provincias del país.

Las pantallas de TV pasaron a convertirse también en terminales de bancos de datos y de información, o de diseño gráfico dinámico. Las transnacionales europeas, japonesas y norteamericanas informan ya de la existencia de nuevos sistemas televisivos, como el de alta definición, que amenazan revolucionar en muy pocos años el conjunto del espacio audiovisual. Nunca como en nuestros días este espacio estuvo tan cargado de posibilidades, pero también de riesgos, dadas las relaciones de poder establecidas en torno a los medios de comunicación audiovisual y las limitaciones locales para compensarlas o revertirlas.

La ausencia de políticas para imprimir un sentido social y comunitario a los medios –en las áreas de educación, información, cultura y entretenimiento– agrava cada vez más el temor de que el auge de la tecnología transnacional –en su doble aspecto de hardware y software– termine provocando más daños que beneficios.

El estado neoliberal de nuestros días, con su dejar hacer a los que tienen el poder de hacerlo, amenaza la sobrevivencia de los medios audiovisuales nacionales e inclusive de la memoria audiovisual existente. Decenas de millones de dólares han sido invertidos en los últimos años en la compra de enlatados para TV mientras no existen recursos suficientes para sostener una producción adecuada en el cine nacional. Dependiendo de una misma Secretaría como es la de Cultura, el Instituto Nacional de Cinematografía y las emisoras de TV estatales, mantienen una incomunicación prácticamente total, similar a la que domina entre estas últimas. Miles de títulos de películas copiadas en videocasetes circulan en el país, sin que exista reglamentación alguna para dicho medio, ni tampoco para promocionar una producción sostenida de video a nivel de las provincias, los organismos gubernamentales o sociales, las instituciones educativas, o destinadas a mejorar la programación de la televisión argentina.

Siendo el cine y la TV medios cada vez más interrelacionados, los proyectos de ley de cine no se refieren a la televisión ni al video, como tampoco los de radiodifusión mencionan la palabra cine, pese a que este medio alimenta más de la cuarta parte de la programación televisiva.

La censura sigue predominando en la mayor parte de los medios audiovisuales, principalmente los del sector privado, que persiguen como objetivos el lucro y el incremento de la dependencia con respecto a las transnacionales de la información y la cultura. Por medio de esa censura, no legislada pero impuesta en la práctica, se restringe el desarrollo de la producción nacional y se impone la dominación externa del tiempo de pantalla de las salas de cine, del tiempo de transmisión musical en las emisoras de radio, y de buena parte de los espacios de programación televisiva. Una industria y una actividad productiva nacional impedida de ocupar el espacio que naturalmente les corresponde en los medios nacionales, constituyen una industria y una actividad relegadas.

A esto se suma además, la restricción impuesta por los dueños de los medios de emisión y difusión a productos que expresen las cultural nacionales y populares y en particular de América Latina y el Tercer Mundo. Esta situación es más visible aún en el interior del país, sometido al centralismo de Buenos Aires, además de estarlo a los enlatados extranjeros.

Algo semejante ocurre en el campo tecnológico, donde desde el Estado no se dictan ni se ejecutan políticas destinadas a incentivar la innovación y producción de tecnologías que sean convenientes al proyecto nacional de liberación. Tampoco se promueven convenios regionales o internacionales que tiendan a reducir las relaciones de dependencia y a sustituirlas por otras, donde prevalezca la equidad.

Asimismo, las áreas de frontera están desprovistas de medios comunicacionales suficientes, al igual que estratégicas regiones del país, quedando ellas sometidas a los impactos de las emisiones externas e impedidas de acrecentar el intercambio con los países hermanos.

Tampoco las políticas educativas nacionales han incorporado los medios audiovisuales a la educación en sus diversos niveles, formal y no formal, a pesar de que estos medios son los de mayor utilización por parte de la infancia y la juventud.

Nada se hace para mejorar la capacidad de lectura crítica de los mensajes audiovisuales, ni contribuir, a través de estos recursos, al mejoramiento cualitativo y cuantitativo de los procesos educacionales.

Por otra parte, no existen estudios ni investigaciones de carácter sistemático sobre el campo de las comunicaciones audiovisuales y sus relaciones con la economía, la tecnología, la cultura, la educación y el desarrollo social.

En medio de un panorama de insuficiencias como las señaladas, las acciones del Estado y del sector privado se circunscriben en la actualidad a una competencia mercantilista con productos que en nada contribuyen al desarrollo integral del país.

En esta competencia, el sector privado es el que más sigue destacándose al frente de una programación culturalmente degradada y de una manipulación amarillista de la información. La libertad de expresión que reivindica habitualmente este sector es la que mejor sirve a los dueños de los medios privados para usar a la comunidad en beneficio propio. De este modo, la publicidad se erige como el centro de la programación de los medios; se repite y multiplica en todos ellos, quedando reducidos los programas y emisiones a un papel francamente subalterno.

Este panorama resulta extremadamente perjudicial para el futuro de nuestra Patria, de no mediar políticas coherentes y explícitas que sean capaces de revertir la situación y que se articulen con las también necesarias para los otros campos de la comunicación social y la cultura, concebidos como herramientas del desarrollo y la liberación nacional.

A quienes están trabajando en estos procesos, y particularmente a los políticos de la comunicación, les corresponde impulsar la transformación de esta realidad.

3. Principios y Lineamientos Generales

En tanto la comunicación es un derecho humano básico, ligado al derecho social a la identidad cultural, la libertad de expresión no debe quedar restringida al ámbito de los medios, sino que es privativa de todos los ciudadanos, para que éstos puedan hacer de aquella un ejercicio permanente y pleno.

De acuerdo a este principio y a la situación descripta en los puntos anteriores, se proponen los siguientes lineamientos como aporte al debate en torno a la formulación de políticas para el Espacio Audiovisual Nacional.

1. Los medios de comunicación social deben servir prioritariamente a la educación, la cultura, la información y el desarrollo integral de la comunidad. Ellos constituyen un servicio público de interés nacional, vinculado al logro de la independencia económica, la soberanía política y la justicia social.
2. En términos socioculturales, los medios deben contribuir al desarrollo de los procesos que hacen a la identidad cultural, al autoconocimiento y a la creación de una cultura nacional autónoma, con sentido federalista y latinoamericano, así como al intercambio enriquecedor con las culturas de los otros pueblos.
3. Es prioridad de los medios posicionar en términos positivos la imagen de los sectores sociales, regionales y étnicos más relegados, prestando particularmente atención a los problemas de la mujer y de la infancia.

4. Los medios audiovisuales deben basarse en un régimen de propiedad mixto, en el cual el Estado, la iniciativa privada y las organizaciones sociales, concentren y resguarden la pluralidad informativa, la diversidad de contenidos, canales y modo de procesamiento, y las relaciones equitativas y democráticas entre emisores y receptores, impidiendo cualquier tentativa de monopolio, tanto en lo que se refiere a los medios de producción y circulación, como en materia de contenido de los mensajes.
6. Debe promoverse la mayor participación de las organizaciones sociales e institucionales educativas en la producción y emisión de mensajes audiovisuales, según los objetivos que libremente ellas determinen para lo cual habrá de concurrir la cooperación del Estado Nacional y los Estados Provinciales.
7. La jurisdicción sobre el espacio audiovisual debe ser compartida entre el Estado Nacional y los Estados Provinciales y Municipios, correspondiendo a éstos garantizar la autonomía administrativa y operativa sobre los de alcance provincial y municipal. Para esos fines promoverá la participación de la comunidad en el diseño y ejecución de las políticas comunicacionales que se formulen.
8. Nuestra comunidad, usuaria principal de los medios, debe ser reconocida en su derecho como tal, garantizándosele la libertad de elección y de réplica, con igual criterio que debe regir para la libertad de información.
9. Corresponde al Estado promover y ejecutar políticas y programas de estudio e investigaciones sobre el espacio audiovisual y su mejor aprovechamiento para los objetivos del desarrollo integral nacional.
10. Deben fortalecerse las actividades de capacitación en la producción y circulación de medios audiovisuales, tanto en el plano profesional, como en aquellos otros niveles que correspondan a un uso comunitario y popular de los mismos.
11. Se hace también necesario diseñar e implementar una política nacional para la producción y selección de tecnologías convenientes a nuestro espacio audiovisual, ya sea en lo referido a las de origen nacional, como para la incorporación de las importadas.
12. A través de la concentración entre el Estado, el sector privado y las organizaciones sociales, debe incrementarse, en términos cuantitativos y cualitativos, la presencia de la producción nacional en los medios audiovisuales, regulando para ello la circulación de productos extranjeros, a fin de que los mismos incidan en beneficio de nuestro espacio audiovisual y de nuestra cultura, en lugar de perjudicarlos.
13. Debe prestarse particular atención a los mensajes que contribuyan al desarrollo educativo y a la promoción sociocultural de nuestro pueblo, mediante estímulos a la producción y circulación de los mismos.
14. Al Estado y a las organizaciones sociales les corresponde, particularmente, concentrar políticas para articular los medios audiovisuales masivos, con otros de carácter comunitario, destinados a operar en sectores delimitados.
15. La concentración de estos lineamientos y principios demanda de la elaboración de un conjunto integral de leyes -más que de medidas aisladas- a fin de articular los campos de la educación, la cultura, las comunicaciones sociales y el espacio audiovisual, con los objetivos de un proyecto nacional de liberación.
16. Estos lineamientos generales apuntan a la instalación de un modelo comunicacional que, en suma, deberá estar imbuido de un profundo espíritu social, pluralista,

federal, multidireccional y antimonopólico, en el cual puedan participar todos los sectores de la sociedad argentina.

Buenos Aires, 28 noviembre 1988.

Comisión convocante (por orden alfabético)

Gabriel Arbós, Juan Carlos Añón, David Blaunstein, Francisco D'Intino, Luis Durán, Envar El Kadri, Jorge Falcone, Carlos Galetini, Martín García, Octavio Getino, Hugo Heguy, Nemesio Juárez, Horacio Lavragna, Jaime Lozano, Juan Carlos Manoukian, Carlos Obes, Martín Oyuela, Eva Piwowarski, Pablo Rovito, Nicolás Sarquis, Pino Solanas, Gerardo Vallejo, Orlando Vargas, Susana Velleggia, Bernardo Zupnik.

ANEXO 2

PLAN FEDERAL DE CULTURA 1990. SECRETARIA DE CULTURA DE LA NACION.

Los Objetivos Generales recogidos en dicho Plan para la actividad cinematográfica, eran los siguientes:

a. Incrementar y mejorar con una concepción pluralista y democrática la calidad industrial y técnica de la producción cinematográfica y audiovisual nacional y su promoción, difusión y comercialización a nivel interno e internacional.

b. Federalizar la actividad cinematográfica y audiovisual atendiendo a las necesidades socio-culturales de las distintas regiones del país.

c. Propender a la cooperación, el intercambio y la integración cinematográfica y audiovisual latinoamericana.

d. Establecer relaciones orgánicas con los otros medios audiovisuales, particularmente la televisión y el video en materia de legislación, producción, comercialización, promoción, capacitación y preservación de la imagen.

e. Implementar la preservación del espacio audiovisual nacional y realizar estudios, investigaciones y centros de documentación sobre el cine, que atiendan sus relaciones con los otros medios audiovisuales y con la comunicación y la cultura.

f. Fortalecer las acciones de capacitación en cine y audiovisuales, de técnicos y realizadores, orientando la práctica académica hacia la realidad nacional y latinoamericana, proyectando también dichas acciones sobre los sectores de la industria y los profesionales del audiovisual, en carácter de especialización y/o posgrado.

g. Mejorar la regulación y la fiscalización del comercio cinematográfico atendiendo principalmente a las necesidades de desarrollo industrial nacional y regular la calificación de películas de modo que la misma sirva para preservar y fortalecer la cultura nacional y la libertad de expresión y de elección de los argentinos.

h. Racionalizar y modernizar, con criterios de economicidad y eficiencia, la administración del INC, a fin de que sus recursos presupuestales se destinen en términos ampliamente mayoritarios a la promoción de la actividad cinematográfica en sus diversas áreas.

i. Promover la participación de las entidades del cine y del espacio audiovisual, así como la de los organismos y entidades representativas de los medios de comunicación y cultura de todas las regiones del país en el asesoramiento de políticas para la cinematografía, reforzando los niveles de información e intercambios.

j. Incrementar las relaciones del INC con otros organismos y entidades de la cultura y la comunicación, gubernamentales, sociales o privados, a fin de concertar acciones comunes dentro o fuera del país que sirvan al intercambio y a la cooperación entre los mismos.

ANEXO 3

PLAN TRIENAL PARA LA CINEMATOGRAFIA ARGENTINA. 1974-77
Secretaría de Prensa y Difusión de la Presidencia de la Nación, julio 1974.
Direcciones de Industria y Comercio y de Economía Cinematográfica

1. Fomento y regulación de la actividad cinematográfica.

1.1. Objetivos del Programa:

a) Formular y ejecutar medidas de protección y fomento a la industria cinematográfica, endientes a desarrollarla en sus aspectos culturales, artísticos, industriales, técnicos y comerciales;

b) Fomentar y estimular una producción privada, de calidad internacional y en armonía con los objetivos nacionales;

c) Preservar y desarrollar los rasgos y modos propios y naturaleza de la cultura nacional;

d) Reactivar los cuadros creadores y productores, estimulando la incorporación y participación de valores nuevos y superiores;

e) Reactivar las regiones del país a nivel cultural cinematográfico.

1.2. Descripción del Programa:

a) Conformación de un sistema que permita la adecuada regulación del mercado cinematográfico interno, tendiente a liberarlo de la presión que ejerce sobre el mismo la presencia masiva de películas de origen extranjero;

b) Creación de los medios técnicos que hagan posible la progresiva traducción a formas idiomáticas nacionnacionales, de toda la producción fílmica extranjera que se proyecte por las pantallas de TV;

c) Concesión de créditos que concurran a:

1) reactivar la producción de las empresas constituidas ya existentes;

2) facilitar el afianzamiento de nuevas fuentes de trabajo estables, especialmente grupos cooperativos integrados que incluyan las ramas creativas y laborales de la producción;

3) mejoramiento de las posibilidades técnicas de la producción, del procesamiento y de la exhibición cinematográfica.

d) Distribución racional del subsidio estatal, considerando que:

1) Resulta indispensable para el desarrollo y subsistencia de la industria;

2) Debe acudir preferentemente en beneficio de aquellas películas que, independientemente de su rendimiento comercial, signifiquen un real aporte por sus altos valores temáticos, artísticos y culturales.

Dirección de Estudio y Calificación Cinematográfica

1. Investigación, defensa y acrecentamiento de la cultura cinematográfica nacional.

1.1. Objetivos del programa

a) Estudiar y analizar los medios audiovisuales, particularmente el cine y la TV, en su relación con el contexto nacional, cultural y social.

b) Investigar y experimentar las nuevas tecnologías y formas de lenguaje en el campo de la comunicación audiovisual, para su aplicación a la Reconstrucción y Liberación Nacional.

c) Formar integralmente realizadores y técnicos comprometidos con la realidad nacional y la profundización de nuestro proceso liberador en las áreas de enseñanza (primer nivel), y producción experimental, capacitación y especialización cinematográficas (segundo nivel).

d) Archivar y conservar los materiales audiovisuales más relevantes, referidos a la cinematografía nacional, latinoamericana, de los países del Tercer Mundo y de otros países, a fin de utilizarlos ante un público especializado, o en el plano de la promoción y orientación popular.

e) Archivar y conservar aquellos medios audiovisuales producidos por nuestro pueblo o por otros pueblos hermanos en los procesos de liberación nacional y que aporten por su originalidad, tratamiento o testimonio, en el terreno de la comunicación audiovisual.

f) Promover una actividad popular a través de proyecciones, debates, publicaciones o cualquier otra vía, para desarrollar la capacidad crítica del espectador en relación a los medios audiovisuales, especialmente el cine.

g) Calificar previamente a su exhibición pública y comercial todo el material cinematográfico, registrado en película o tape, de cualquier paso, género o duración, que se pretenda difundir en cine o TV.

h) Informar ampliamente al pueblo, a través de todos los recursos posibles, de las características del material que se difunda, a fin de que pueda elegir con mayor libertad.

i) Promover u observar la difusión de materiales cinematográficos, atendiendo a las necesidades de la minoridad y a la defensa de la cultura del país y los intereses nacionales.

1.2. Descripción del Programa:

a) Crear una Dirección de Estudio y Calificación Cinematográfica en el Ente Nacional de Cinematografía para atender dos áreas de trabajo:

- Estudios
- Calificación

b) El área de Estudios estará sustentada en tres subáreas:

- Enseñanza y Capacitación Cinematográfica;
- Estudios y Conservación de Medios Audiovisuales;
- Promoción y Orientación Popular.

c) El área de Calificación atenderá los Departamentos de:

1. Cine
2. Contralor.

d) Las subáreas referidas a estudios atenderán las siguientes actividades:

1. Enseñanza y Capacitación

Se ocupará de:

Centro Experimental Cinematográfico (enseñanza primer nivel) para atender las áreas de:

- instrumentación tecnológica;
- instrumentación expresiva;
- realización;
- formación político-cultural.

Escuela Superior de Capacitación Cinematográfica (segundo nivel) para atender:

- áreas de especialización en actividades específicas de la cinematografía (producción, iluminación, sonido, animación, laboratorio, etcétera).

2. Estudio y Conservación de Medios Audiovisuales

Atenderá las actividades de:

- Investigación de medios;
- Cinemateca Nacional;
- Biblioteca Nacional de Medios;
- Archivos sonoro y fotográfico;
- Publicaciones especializadas;
- Microcine.

3. Promoción y Orientación Popular

Se ocupará de actividades populares, a través de proyecciones públicas, debates, conferencias, especios en medios masivos, publicaciones diversas, etcétera.

e) Las subáreas referidas a Calificación atenderán:

1) Departamento de Cine:

Calificación de películas de corto, medio y largometraje, de cualquier paso, filmes publicitarios, noticieros, o cualquier otro material nacional o extranjero, que se difunda comercialmente en salas cinematográficas o en televisión.

2) Departamento de Contralor:

Se ocupará de la atención legal, particularmente referida a Calificación, e inspeccionará el fiel cumplimiento de las disposiciones que se tomen en esta área.

Dirección de Gestión Cinematográfica Estatal

1. Departamentos de Producción, Distribución y Exhibición

1.1. Producción

1.1.1. Objetivos del Programa:

a) Producir películas de largo, medio y cortometraje de todos los géneros y pasos, que sirvan a las necesidades del pueblo y el gobierno para consolidar un cine con personalidad propia, que proyecte una imagen cultural sólida de la Argentina, tanto en el país como en el exterior, a través de un lenguaje y una concepción temática modernos, nacionales y populares.

b) Producir especialmente películas dedicadas a la infancia y a la juventud.

c) Encargarse de las películas que los ministerios, organismos y reparticiones nacionales necesiten.

d) Encargarse de todo el material cinematográfico que pudieran requerir las televisoras nacionales y/o privadas.

e) Estimular la constitución de Centros Regionales de Producción, tomando como bases las regiones culturales existentes y tendiendo a una cinematografía que atienda las condiciones particulares de cada región.

f) Producir y realizar películas que informen y propagandicen la obra que pueblo y gobierno realizan en su conjunto en el proceso de Liberación y Reconstrucción Nacional, previéndose la difusión interna, latinoamericana y mundial.

1.1.2. Descripción del Programa:

a) Creación de un Complejo de Producción Cinematográfica Estatal que posibilite la realización integral de películas, desde la concepción de la idea hasta la edición de copias, incluyendo la realización de todos los pasos intermedios.

b) Estímulo y asistencia para la creación de Centros Regionales de Producción Cinematográfica teniendo en cuenta las áreas culturales de Córdoba, Litoral, Noroeste, Cuyo, Patagonia-Comahue.

1.2. Distribución y Exhibición

1.2.1. Objetivos del Programa:

a) Desarrollar en el área específica de la distribución y exhibición, los objetivos generales del Ente Nacional de Cinematografía, tendiendo a asegurar:

1) La presencia en las pantallas nacionales de aquellas expresiones que contribuyan al desarrollo y afianzamiento de la personalidad nacional, al autorreconocimiento del pueblo, y a la más completa información sobre el proceso de liberación de América Latina y el Tercer Mundo, y sobre todo lo que haga a la compresión de la etapa que se vive en lo nacional y en lo internacional.

2) La presencia de lo mejor de nuestra cinematografía en todos los países donde la marcha del plan nacional de Gobierno lo haya marcado como prioritario, tendiendo a reforzar la unidad continental y nuestra mejor inserción en el conjunto de las naciones.

3) El desarrollo de una red de difusión cinematográfica popular en pasos reducidos. La misma complementará la acción de formación, educación e información que se genere dese otras áreas de Gobierno, y apoyará la que surja del pueblo mismo

1.2.2. Descripción del Programa:

a) Creación de un Complejo de Distribución Cinematográfica Nacional e Internacional; se ocupará de la aquisición y distribución de producciones nacionales y extranjeras, instalando agencias en las cabeceras de las regiones:

- Zona Norte (Tucumán);
- Zona Cuyo (Mendoza);
- Zona Rosario (Rosario);
- Zona Litoral (Santa Fe);
- Zona Sur (Bahía Blanca);
- Zona Oeste (General Pico).

y en las áreas internacionales:

- América del Norte (Nueva York)
- Norte y Centro América (México)
- Brasil (Río de Janeiro)
- Región Andina (Lima)
- Europa: Madrid - París - Praga
- Africa (Argel)
- Asia (Tokio).

b) Creación de un Complejo de Exhibición Cinematográfica Nacional e Internacional, para lo cual se efectuarán las aquisiciones necesarias, así como acuerdos con otros organismos estatales, educativos y municipales.

ANEXO 4

DECLARACION PUBLICA A PROPOSITO DE UN PEDIDO DE DETENCION, DE UNA SOLICITUD DE EXTRADICION Y DE UN EMBARGO DE BIENES PERSONALES POR RAZONES POLITICAS.

Octavio Getino. Lima, mayo 1980.

Según información recogida en periódicos argentinos de fecha 19 de abril del corriente año (1980), tuve conocimiento de que un juez de ese país, el Dr. Norberto Angel Giletta, dictó tiempo atrás mi "prisión preventiva", solicitó al gobierno del Perú mi detención y extradición, y finalmente decidió embargar mis bienes personales, todo ello por "haber autorizado la exibición del film *Ultimo tango en París* durante mi gestión como funcionario del gobierno argentino en 1973, al frente del Ente de Calificación Cinematográfica.

La respuesta del gobierno y de la justicia del Perú ha sido clara y terminante. En Sesión Plenaria del 10 de septiembre de 1979, la Corte Suprema de la Justicia de la República del Perú denegó la extradición solicitada por el gobierno argentino. En marzo de 1980, el gobierno peruano, a través de una Resolución Suprema (Nº 0048-8-PM/ONAJ) suscripta por el señor Presidente de la República, el señor Primer Ministro y el Ministro de Interior, encargado de la Cartera de Relaciones Exteriores, resolvió *"declarar que no procede la extradición"* pedida por dicho juez.

El hecho de que una causa iniciada en octubre de 1973 –siete años atrás– por presunto delito de "imágenes obscenas haya movilizado a decenas de empleados judiciales, funcionarios de la justicia, agentes de la Interpol, tanto en Argentina como en Perú, todo ello a instancias de un juez argentino, y que finalmente, por si resultaran aún insuficientes las miles de horas invertidas en personal y en comunicaciones, o los cientos de oficios remitidos, se llegara a distraer, inclusive, el tiempo y la atención de las más altas autoridades del Perú, reduce la imagen de los funcionarios de la justicia argentina a un lamentable papel tragicómico. (...)

En el mes de agosto de 1973 fuí desginado Interventor del Ente de Calificación Cinematográfica por decreto del Poder Ejecutivo Nacional argentino, para actuar con plenas atribuciones en la aplicación de la ley vigente y para elaborar el anteproyecto de una nueva ley de calificación y censura. Era la primera vez que la dirección de tal Ente no procedía de los grupúsculos ultramontanos, asesorados por numerosas, como desconocidas, ligas y asociaciones de protección al menor, a la infancia, etc., responsables a su vez, de las más nefastas políticas de restricción y represión de la cultura cinematográfica en la Argentina.

En virtud de las facultades que me otorgaban el decreto y la ley en vigencia, designé un Consejo Asesor Honorario, integrado por primera vez, con especialistas de renombre nacional en diversas disciplinas: sociólogos, pedagogos, intelecutales, sacerdotes, estudiosos y críticos de cine, realizadores, etc. Con ellos estaban también los funcionarios designados por los organismos del Gobierno vinculados al área: ministerios de Educación, Relaciones Exteriores, Interior, etc. Asimismo se invitó a participar del Consejo Asesor a representantes del sindicato de trabajadores cinematográficos (SICA) y de la Confederación General del Trabajo (CGT), máxima representación de la clase obrera (principal consumidora de productos cinematográficos). (...)

Por primera vez en la historia del cine argentino, la calificación cinematográfica comenzó a realizarse a puertas abiertas, no ya en las catacumbras y el hipócrita anonimato de la época anterior. Por eso se trasladaron diversas sesiones de calificación al ámbito de grandes colegios y sindicatos, a fin de que la población pudiera irse compenetrando de la problemática del Ente a cargo de la censura y emitir también su opinión democrática.

La nueva política del Ente significó una contribución al desarroldlo del cine argentino, expresada en la calidad cultural de la producción, en la cantidad de películas realizadas y en el incremento de espectadores. Todo ello fue respaldado abiertamente a través de los medios de comunicación masiva, por las entidades y asociaciones representativasds de la actividad cultural y cinematográfica nacional. (...)

La aprobación de *Ultimo tango en París* y su prohibición para menores de 18 años, fue propuesta por los integrandes del Consejo Asesor, sin que ello implicase una identificación de los mismos con los contenidos ideológicos del film. La autorización recomendada se basaba en el hecho de que ciertas escenas de corte erótico –que hoy, a siete años de distancia, resultan anacrónicamente ingenuas– se justificaban en el marco de una producción cultural de valor testimonial sobre los conflictos internos de algunos sectores sociales de los países más desarrollados.

En octubre de 1973, a iniciativa de dos fiscales que concurrieron a visualizar el film cuestionado, se procedió a la apertura de una causa judicial en la que primeramente intentó involucrarse a los exhibidores, al Instituto Nacional de Cine, entonces a cargo del realizador Mario Soffici, y a mí, en cuanto Interventor del Ente de Calificación. En esa causa –sostenida por presunto delito de 'obscenidad'– prestamos declaracón ante la justicia tanto los exhibidores como los responsables del INC y del Ente, y los integrantes del Consejo de Asesores. El juez federal, Dr. Teófilo Lafuente, terminó dando por sobreseída definitivamente la causa y no se procesó entonces a persona alguna. (...)

En el mes de junio del '76, uno de los numerosos grupos paramilitares (que se acrecentaron después del golpe militar) asaltó en horas de la madrugada mi domicilio, aterrorizando a mis hijos, y retirándose frustrado tras haber fallado en su tentativa de convertirme en un 'desaparecido' más. Todo ello con motivo de mi clara definición política de respaldo al gobierno elegido democráticamente por el pueblo. Valga también señalar que pocos meses atrás, diversos trabajadores de la cultura y del cine habíamos recibido amenazas de muerte por parte de las llamadas "AAA". Varios realizadores de cine 'desaparecieron' en ese entonces. (Uno de ellos fue Raimundo Gleyzer).

En la tentativa de preservar mi vida, resolví salir de la Argentina, cosa que hice con absoluta normalidad el 8 de julio de 1976, viajando entonces a Perú, país que me acogió sin reserva alguna. Veinte días después de mi salida de la Argentina, la Sala Penal de la Cámara Federal, revocó el pronunciamiento que había sobreseído definitivamente la causa, y ordenó tomarme indagatoria personal (se aceptaba solamente el sobreseimiento de los exhibidores). Con dicha medida se intentaba obligarme a regresar al país del cual había tenido que salir por falta de garantías mínimas para mi propia vida, en momentos donde ningún sector de la justicia osaba denunciar, tomar indagatoria o encausar a las decenas y cientos de asesinos políticos que se movían con absoluta impunidad. (...)

Recientemente, supe, sólo a través de los diarios argentinos, que el susodicho juez, Dr. Giletta, dictó contra mí nada menos que la prisión preventiva; dispuso el embargo sobre mis bienes 'por 300 mil pesos', y si ello fuera poco, solicitó al gobierno peruano mi detención en este país y mi extradición a la Argentina.

Por medio de esos mismos diarios tuve conocimiento también que la Corte Suprema y el Gobierno del Perú, en gestos que los honran y destacan, denegaron el requerimiento del susodicho juez.

Hasta aquí, información objetiva que puede ser fácilmente documentada y probada.

¿Qué es, sin embargo, lo que se oculta tras esa tenaz persecución por parte de algunos funcionarios de la justicia argentina? ¿Se trata verdaderamente de procurar mi extradición, embargo de bienes y detención en la Argentina, sólo por el presunto delito de haber autorizado siete años atrás la difusión de una película? (...)

Evidentemente, no. Si por primera vez en la historia argentina se intenta la detención, procesamiento y condena –además de facilitar la labor de los grupos paramilitares contra mi persona– de un 'ex-censor' que simplemente trasladó al terreno del cine la política democrática resuelta por la absoluta mayoría del pueblo argentino para todas las áreas de la vida nacional, es porque detrás de esas acusaciones de obscenidad, se oculta una mentalidad antidemocrática y revanchista, dirigida a destruir todo aquello que signifique renovación y cambio en nuestras sociedades. Al perseguirme a mí, se intenta perseguir y aplastar una política que sigue viva para millones de argentinos.

¿Qué clase de moralidad pueden enarbolar aquellos que han resuelto embargar bienes que no poseo, ya que incluso para poder adquirir el boleto de salida del país, en 1976, debí hacerlo gracias a una colecta solidaria de cineastas, intelectuales y hombres de pueblo de la Argentina?

¿Qué tipo de moralidad se invoca para obligarme a retornar a un país del cual debí salir por falta de garantías para mi propia vida, igual que ocurría con cientos de miles de argentinos?

No respondo entonces a la obscenidad que perdura lamentablemente en la cabeza y en el corazón de algunos funcionarios de la actual justicia argentina. Me dirijo solamente a la única autoridad que siempre he reconocido como tal: aquella que nace democráticamente del pueblo argentino y de sus legítimos representantes.

Ante ella expongo que me siento orgulloso de haber cubierto una pequeña –pero para mí, inolvidable– etapa, en su política cultural cinematográfica y de servicio al gobierno elegido por el pueblo. Agrego además, que ratifico todos y cada uno de mis actos: ellos respondieron y responden a una auténtica convicción sobre la necesidad de democratización y de liberación en la Argentina, lo cual implicará también la existencia de una verdadera justicia, que esté a la altura de lo que dicha Nación será capaz nuevamente de imponer y consolidar.

A esa Justica, emanada de la democracia del pueblo, me remito ahora, como me he remitido siempre.

Entretanto, sólo me cabe rechazar las espúreas acusaciones de los funcionarios de la justicia, implicados en esta causa contra una política democrática. Y destacar que mi caso no es individual, sino el de millones de argentinos, impedidos de decir públicamente aquello que a mí me es hoy permitido; o imposibilitados todavía de regir por sí mismos el país hacia un destino inevitable de libertad, justicia social y grandeza nacional.

Documento aparecido en medios internacionales. Los textos anteriores fueron extraídos de la publicación "Der Film Latenamerikas", Filmwoche Mannheim, Alemania, 1980.

ANEXO 5

CONVENIO DE INTEGRACION CINEMATOGRAFICA IBEROAMERICANA

Conscientes de que la actividad ciinematográfica debe contribuir al desarrollo cultural de la región y a su identidad;

Convencidos de la necesidad de impulsar el desarrollo cinematográfico y audiovisual de la región y de manera especial la de aquellos países con infraestructura insuficiente;

Con el propósito de contribuir a un efectivo desarrollo de la cumunidad cinematográfica de los Estados Miembros;

Han acordado lo siguiente:

Art. I: El propósito del presente Convenio es contribuir al desarrollo de la cinematografía dentro del espacio audiovisual de los países iberoamericanos, y a la integración de los referidos países, mediante una participación equitativa en la actividad cinematográfica regional.

Art. II: A los fines del presente Convenio se considera obra cinematográfica aquella de carácter audiovisual registrada, producida y difundida por cualquier sistema, proceso o tecnología.

Art. III: Las Partes en el presente Convenio, a fin de cumplir sus objetivos, se comprometen a realizar esfuerzos conjuntos para:

- Apoyar iniciativas a través de la cinematografía, para el desarrollo cultural de los pueblos de la región.
- Armonizar las políticas cinematográficas y audiovisuales de las Partes.
- Resolver los problemas de producción, distribución y exhibición de la cinematografía de la región.
- Preservar y promover el producto cinematográfico de las Partes.
- Ampliar el mercado para el producto cinematográfico en cualquiera de sus formas de difusión, mediante la adopción en cada uno de los países de la región, de normas que tiendan a su fomento y a la constitución de un mercado común cinematográfico latinoamericano.

Art. IV: Son miembros del presente Convenio, los Estados que lo suscriban y ratifiquen o se adhieran al mismo.

Art. V: Las partes adoptarán las medidas necesarias, de conformidad con la legislación vigente en cada país, para facilitar la entrada, permanencia y circulación de los ciudadanos de los países miembros que se encarguen del ejercicio de actividades destinadas al cumplimiento de los objetivos del presente Convenio.

Art. VI. Las Partes adoptarán las medidas necesarias, de conformidad con su legislación vigente, para facilitar la importación temporal de los bienes procedentes de los Estados Miembros destinados al cumplimiento de los objetivos del presente Convenio.

Art. VII: Las Partes estimularán la firma de Acuerdos de Cooperación y Coproducción dentro del marco del presente Convenio.

Art. VIII: Las Partes procurarán establecer o perfeccionar sistemas y mecanismos de financiamiento y fomento de la actividad cinematográfica nacional.

Art. IX: Las Partes impulsarán la creación, en sus Cinematecas, de secciones dedicadas a cada uno de los Estados Miembros.

Art. X: Las Partes considerarán incluir en su ordenamiento legal normas que favorezcan la actividad cinematográfica.

Art. XI: Las Partes considerarán la posibilidad de crear un fondo financiero multilateral de fomento de la actividad cinematográfica.

Art. XII: Dentro del marco del presente Convenio, las Partes estimularán la participación conjunta de las instituciones y asociaciones representativas de productores y distribuidores de películas nacionales en los principales eventos del mercado audiovisual internacional.

Art. XIII: Las Partes promoverán la presencia de la cinematografía de los Estados Miembros en los canales de difusión audiovisual existentes o por crearse en cada uno de ellos, de conformidad con la legislación vigente de cada país.

Art. XIV: Las Partes intercambiarán documentación e información que contribuya al desarrollo de sus cinematografías.

Art. XV: Las Partes preservarán y defenderán los derechos de autor, de conformidad con las leyes internas de cada uno de sus Estados Miembros.

Art. XVI: Este Convenio establece como sus órganos principales: la Conferencia de Autoridades Cinematográficas de Iberoamérica (CACI) y la Secretaría Ejecutiva de la Cinematografía Iberoamericana (SECI). Son organos auxiliares las Comisiones a que se refiere el Artículo XXII.

Art. XVII: La Conferencia de Autoridades Cinematográficas de Iberoamérica (CACI) es el órgano máximo del Convenio. Estará integrada por las autoridades competentes en la materia, debidamente acreditadas por la vía diplomática, conforme a la legislación vigente en cada uno de los Estados Miembros. La CACI establecerá un reglamento interno.

Art. XVIII: La CACI tendrá las siguientes funciones:

- Formular la política general de ejecución del Convenio.
- Evaluar los resultados de su aplicación.
- Aceptar la adhesión de nuevos miembros.
- Estudiar y proponer a los Estados Miembros modificaciones al presente Convenio.
- Aprobar Resoluciones que permitan dar cumplimiento a lo estipulado en el presente Convenio.
- Impartir instrucciones y normas de acción a la SECI.
- Designar el Secretario Ejecutivo de la Cinematografía Iberoamericana.
- Aprobar el presupuesto anual presentado por la Secretaría Ejecutiva de la Cinematografía Iberoamericana (SECI).
- Establecer los mecanismos de financiamiento del presupuesto anual aprobado.
- Conocer y resolver todos los demás asuntos de interés común.

Art. XIX: La CACI se reunirá en forma ordinaria una vez al año y extraordinariamente a solicitud de más de la mitad de sus miembros o del Secretariado Ejecutivo, de conformidad con su reglamento interno.

Art. XX: La Secretaría Ejecutiva de la Cinematografía Iberoamericana (SECI) es el órgano técnico y ejecutivo. Estará representada por el Secretario Ejecutivo designado por la CACI.

Art. XXI: La SECI tendrá las siguientes funciones:

- Cumplir los mandatos de la Conferencia de Autoridades Cinematográficas de Iberoamérica (CACI).
- Informar a las autoridades cinematográficas de los Estados Miembros acerca de la entrada en vigor del Convenio y la ratificación o adhesión de nuevos miembros.
- Elaborar su presupuesto anual y presentarlo para su aprobación a la Conferencia.
- Ejecutar su presupuesto anual.
- Recomendar a la Conferencia fórmulas que conduzcan a una cooperación más estrecha entre los Estados Miembros en los campos cinematográfico y audiovisual.
- Programar las acciones que conduzcan a la integración y fijar los procedimientos y los plazos necesarios.
- Elaborar proyectos de cooperación y asistencia mutua.
- Informar a la Conferencia sobre los resultados de las Resoluciones adoptadas en las reuniones anteriores.
- Garantizar el flujo de la información a los Estados Miembros.
- Presentar a la Conferencia el informe de sus actividades, así como de la ejecución presupuestaria.

Art. XXII: En cada una de las Partes funcionará una comisión de trabajo para la aplicación de este Convenio, la cual estará presidida por la autoridad cinematográfica designada por su respectivo gobierno.

Art. XXIII: El Secretario Ejecutivo gozará en el territorio de cada uno de los Estados Miembros de la capacidad jurídica y los privilegios indispensables para el ejercicio de sus funciones, de conformidad con la legislación interna de cada una de las Partes.

Art. XXIV: En el caso de que existiesen acuerdos bilaterales con disposiciones más favorables sobre las materias establecidas en el presente Convenio, las Partes podrán invocar aquellas que consideren más ventajosas.

Art. XXV: El presente Convenio no afectará cualesquiera acuerdos o compromisos bilaterales asumidos, en el campo de la cooperación o coproducción cinematográfica entre los Estados Miembros.

Art. XXVI: El presente Convenio queda abierto a la adhesión de cualquier Estado Iberoamericano, del Caribe o Estados de habla hispana o portuguesa, previa aprobación de la CACI.

Art. XXVII: Cada Parte comunicará por vía dioplomáticas al Estado Sede de la SECI el cumplimiento de los procedimientos legales para la aprobación del presente Convenio y el Ministerio de Relaciones Exteriores del país sede a los demás países miembros y a la SECI.

Art. XXVIII: Las dudas o controversias que puedan surgir en la interpretación o aplicación del Presente Convenio serán resueltas por la CACI.

Art. XXIX: El presente Convenio estará sujeto a ratificación y entrará en vigor cuando tres (3) de los Estados signatarios hayan efectuado el depósito del Instrumento de Ratificación en los términos del Artículo XXVII y para los demás Estados a partir de la fecha del depósito del respectivo Instrumento de Adhesión.

Art. XXX: Cada una de las Partes podrá en cualquier momento denunciar el presente Convenio mediangte notificación dirigida al Depositario por vía diplomática. Esta denuncia surtirá efecto para la Parte interesada seis (6) meses después de la fecha en que la notificación haya sido recibida por el Depositario.

Art. XXXI: Se elige como Depositario del presente Convenio al Estado sede de la SECI.

Art. XXXII: Será sede de la SECI la ciudad de Caracas, República de Venezuela.

Hecho en Caracas a los once días del mes de noviembre de mil novecientos ochenta y nueve en dos ejemplares, en idioma castellano y portugués, igualmente auténticos.

Firmado:

por la República Argentina, Octavio Getino, Director del Instituto Nacional de Cinematografía;

por la República Federativa del Brasil, Renato Prado Guimaraes, Embajador Extraordinario y Plenipotenciario;

por la República de Colombia, Enrique Daníes Rincones, Ministro de Comunicaciones;

por la República de Cuba, Julio García Espinosa, Presidente del Instituto Cubano del Arte y la Industria Cinematográfica;

por la República de Ecuador, Francisco Huerta Montalvo, Embajador Extraordinario y Plenipotenciario;

por el Reino de España, Miguel Marías, Director General del Instituto de la Cinematografía y de las Artes Audiovisuales del Ministerio de Cultura;

por la República del Perú, Elvira de la Puente de Besaccia, Directora General de Comunicación del Instituto Nacional de Comunicación Social;

por la República de Venezuerla, Imelda Cisnero, Encargada del Ministerio de Fomento;

por la República Dominicana, Pablo Guidicelli, Embajador;

por la República de Bolivia, Guillermo Escobari Cusicanqui, Encargado de Negocios.

Indice

Dirección Editorial: Susana Velleggia - Juan Carlos Manoukian

EDICIONES **CICCUS**
Centro de Integración, Comunicación, Cultura y Sociedad

Riobamba 67, 2º Piso (1025) Buenos Aires - Argentina
Tel./Fax: 954-0080

Otros títulos de **CICCUS**

"Desarrollo y Política cultural"
Ezequiel Ander Egg

"La práctica de la animación sociocultural y el léxico del animador"
Ezequiel Ander Egg

"Animación sociocultural e integración territorial"
Toni Puig Picart

"El video en la educación no formal en América Latina"
Susana Velleggia y otros

"La gestión cultural de la ciudad ante el próximo milenio"
Susana Velleggia y otros

"Hacia una gestión participativa y eficaz"
David Burin - Istvan Karl - Luis Levin

"Mercosur. La dimensión cultural de la integración"
Gregorio Recondo y otros

"Didáctica de la biblioteca"
Cora Céspedes

"La biblioteca popular, pública y escolar"
Una propuesta para su organización
Ana Dobra

"Globalización e identidad cultural"
Rubens Bayardo, Monica Lacarrieu y otros.

"Soportes en la biblioteca de hoy"
Desarrollo de las habilidades de información
Dora Gazpio - Marcela Alvarez

"Haciendo escuela"
Alternancia, trabajo y desarrollo en el medio rural.
Floreal Forni, Guillermo Neiman, Laura Roldan, Juan P. Sabatino

Este libro se terminó de imprimir en el mes
de julio de mil novecientos noventa y ocho
en Caligraf S.R.L. - Av. de Mayo 1430
1085 Buenos Aires - Argentina
Tel./Fax 383-1011